ANIMAUX
DE TOUS LES PAYS

ANIMAUX

DE TOUS LES PAYS

Texte de Jana Horáčková
et de ses Collaborateurs

GRÜND • PARIS

Troisième tirage 1983
Texte de J. Horáčková, J. Čihař, J. Felix, V. Hanák, J. Lellák,
J. Moucha, I. Novák, J. Zahradník
Traduction de Barbora Faure, A. Delcourt, M.-P. Ellie,
M. Gasnier, K. Stevens, K. Zych
Illustrations de A. Čepická, K. Hísek, J. Malý, P. Rob, B. Vančura

© 1982 ARTIA, Prague

Pour la traduction française :
© 1982 GRÜND, Paris
ISBN 2-7000-1513-4
Dépôt légal : juin 1982

Imprimé en Tchécoslovaquie par TSNP, Martin
3/13/04/53-03

Table

L'évolution du règne animal

L'homme a de tout temps cherché à savoir comment, quand et pourquoi la vie est apparue sur terre, à expliquer la différenciation des animaux et des végétaux, à découvrir leurs lointains ancêtres. De nos jours, seule une faible partie de ces questions a trouvé une réponse. Quand il s'agit du plus lointain passé de notre planète, les savants en sont réduits à se contenter d'hypothèses et de théories, mais plus on se rapproche des temps contemporains, plus on a de chances de pouvoir un jour répondre aux nombreuses interrogations qui se posent à nous.

Personne n'a encore réussi à découvrir le moment exact de l'apparition de la vie sur la terre et à élucider les raisons de cette apparition. Nos connaissances restent ici très pauvres, car nous ne disposons vraiment que de quelques rares découvertes remontant à ces temps vertigineux. La partie est déjà plus aisée pour les paléontologues qui peuvent quelquefois s'appuyer sur l'étude de fossiles, qui sont surtout les restes rigides de portions de corps animaux ou végétaux. Mais même ces découvertes restent rares et leur nombre diminue plus on s'enfonce dans la nuit des temps. Cependant, les efforts conjugués de chercheurs appartenant à diverses branches scientifiques ont permis d'éclairer certains moments-clés de l'évolution historique (la phylogénèse) du monde animal, moments qui servent de points de départ à de nouvelles déductions. Il n'est pas inutile de rappeler ici au moins quelques-uns des événements déterminants de cette évolution, événements qui ont permis aux êtres vivants de gravir peu à peu les échelons de leur progrès, depuis les formes les plus rudimentaires, jusqu'à un haut degré de complexité.

Cependant, il ne faut jamais perdre de vue le fait que l'évolution de la matière vivante s'est déroulée en rapport étroit avec le milieu environnant et qu'elle a dû obéir à un certain nombre de règles bien précises. Les êtres vivants sont doués de caractères et d'aptitudes fort divers : il est impossible dans la nature de rencontrer deux individus absolument identiques, même lorsqu'ils appartiennent à la même espèce. Donc, même lorsqu'ils se trouvent exposés aux mêmes dangers, aux mêmes conditions climatiques et alimentaires, les êtres vivants réagissent de manière variable. Ils ont beau s'efforcer, chacun à sa façon, de trouver la meilleure nourriture, le site le plus adéquat, de se protéger, eux-mêmes et leurs jeunes, contre toutes sortes d'ennemis, de faire front contre le froid, la chaleur, ou l'humidité, de braver la concurrence, seuls quelques-uns réussissent véritablement dans cette entreprise. Ceux qui se montrent capables de résister aux agressions de l'environnement finissent par s'adapter et survivent dans cette perpétuelle lutte pour la vie. Les autres peuvent être à tel point perturbés par les effets du milieu qu'ils ne s'adaptent jamais et finissent par s'éteindre à plus ou moins long terme. Réciproquement, des représentants d'une même espèce sont doués de facultés de survie inégales et résistent donc inégalement à la pression des conditions hostiles du milieu. Cette pression, la sélection naturelle, est une sorte de tamis qui ne retient que les êtres les plus doués, éliminant le déchet, les êtres les plus faibles. La différence biologique entre les individus d'une même espèce constitue le fondement de la loi de la sélection naturelle. Celle-ci se réalise par l'intermédiaire de la lutte pour la vie et représente la force motrice de l'évolution.

Les conclusions des plus récentes recherches scientifiques laissent à penser que la vie est apparue sur la terre il y a environ 2,5 à 3 milliards d'années. L'explication de cette apparition en est encore à l'état d'hypothèse. On pense que l'apparition de composés organiques simples eut un rôle déterminant dans cette apparition. Sous l'effet de diverses influences physiques, ces composés ont donné naissance à des substances de plus en plus complexes, parmi lesquelles les protéines se sont avérées particulièrement intéressantes pour le développement ultérieur de la matière vivante. Ces protéines ont continué à s'assembler en structures de plus en plus complexes. C'est vraisemblablement dans ces amas protéiques qu'a lieu la première manifestation de vie sous la forme d'un échange nutritif. Il a encore fallu de nombreux millions d'années pour que ce processus d'échange nutritif se développe. Là, où les processus de synthèse ont réussi à l'emporter sur les processus de décomposition, l'organisation de la matière vivante s'est perfectionnée peu à peu. Cette matière d'abord inorganisée, informe, s'est peu à peu différenciée en cellules constituées par un protoplasme et un noyau. La cellule devint alors l'unité structurelle et fonctionnelle de base de la matière vivante et servit de tremplin au développement, au cours de la phylogénèse, de l'immense variété des espèces animales et végétales. Tous les êtres vivants, depuis les organismes unicellulaires les plus simples jusqu'aux êtres les plus complexes passent en effet à un moment de leur existence par le stade d'une cellule unique. L'organisation cellulaire représente un nouveau degré, plus avancé, d'évolution de la matière vivante. Les cellules constituèrent également les premiers organismes vivants autonomes (Protobiontes). Leur différenciation donna naissance, il y a quelque 1,5 milliard d'années aux plus simples des organismes végétaux (autotrophes) et animaux (hétérotrophes). (Les plantes chlorophylliennes, capables de synthétiser des substances organiques complexes à partir d'éléments minéraux simples n'ont pas besoin de consommer des matières organiques pour se nourrir. Ce phénomène reçoit le nom d'autotrophie. Les plantes achlorophylliennes, au contraire, ainsi que les animaux, tirent leur énergie essentiellement de substances organiques prélevées sur d'autres organismes animaux ou végétaux et sont donc hétérotrophes.)

Le degré suivant de l'évolution de la matière vivante fut lié à l'assemblage des organismes unicellulaires, les Protozoaires, en colonies. Les différentes cellules perdant alors leur autonomie sont devenues les éléments d'un nouvel ensemble supracellulaire – la colonie. Ce développement d'une organisation dépassant le stade de la simple cellule est de toute évidence le moment clé amorçant l'apparition d'organismes pluricellulaires, les Métazoaires. Dans le cadre de ces colonies, les différentes cellules ont pu acquérir une certaine spécialisation et n'exécuter que certaines fonctions bien précises : digestives, excrétrices, reproductrices. Les cellules spécialisées se sont ensuite regroupées à leur tour en tissus pluricellulaires diversifiés tant au point de vue de leur forme que de leur fonction.

L'apparition de cellules nouvelles, leur croissance et leurs transformations sont des conditions fondamentales de la croissance, du développement et de la multiplication des êtres vivants. La reproduction sexuée constitua un autre pas important de l'évolution. Elle est caractérisée par la fécondation : la fusion de deux cellules sexuelles parentales (les gamètes) en une cellule unique, le zygote. Cette cellule unique constitue le point de départ du développement de tout

nouvel individu. Dans la reproduction sexuée, les Métazoaires passent donc, comme les organismes les plus rudimentaires, par un stade unicellulaire qui est l'ovule fécondé. Les gamètes présentent des caractères héréditaires spécifiques qu'ils transmettent au zygote au moment de leur fusion. Le zygote présente donc une hérédité élargie, une capacité encore accrue à s'adapter aux conditions variables du milieu. Seuls survivent donc les zygotes dont les aptitudes correspondent le mieux aux conditions vitales du milieu. La fécondation a donc pour effets d'une part d'élargir le rayon des caractères héréditaires du zygote, d'autre part de stimuler, d'activer, le développement de l'œuf. L'ovule fécondé se transforme en embryon. Les premiers temps de la vie embryonnaire comprennent plusieurs étapes significatives. La première est la segmentation qui aboutit à la formation d'un grand nombre de cellules, puis vient la gastrulation au cours de laquelle se forment les feuillets embryonnaires, la troisième phase est la formation, à partir de ces feuillets embryonnaires, des ébauches d'organes. Parmi ces phases, la gastrulation est un processus particulièrement important, aboutissant à la différenciation du feuillet embryonnaire externe ou ectoblaste, et du feuillet interne ou entoblaste (endoderme), si bien que l'embryon, de simple qu'il était, devient diblastique. L'entoblaste débouche à la surface de la gastrula par une ouverture nommée blastopore. La gastrulation n'a pas lieu de la même manière chez tous les groupes animaux. Elle s'accompagne d'une part d'une division cellulaire intempestive, d'autre part par le glissement de complexes cellulaires tout entiers. Chez les organismes perfectionnés, elle s'accompagne parfois du développement d'un troisième feuillet, le mésoblaste ou mésoderme. Les transferts de complexes cellulaires correspondent à l'apparition des ébauches d'organes. Les différentes parties de l'embryon prennent alors une position nouvelle et certains de leurs contacts réciproques entraînent une interaction qui influe sur le développement ultérieur de l'embryon. Il existe un certain rapport entre les feuillets embryonnaires et l'apparition des organes : l'ectoblaste donne naissance aux téguments, au système nerveux, aux organes sensoriels, aux cristallins oculaires, à une bonne partie des glandes endocrines, aux trachées. L'entoblaste est à l'origine du tube digestif, du foie, du pancréas, de l'ébauche de la corde dorsale et du système respiratoire. Le mésoblaste donne naissance aux tissus de remplissage, au tissu conjonctif, aux os, aux cartilages, à la musculature et aux globules sanguins.

Une étude comparative de la segmentation et de la gastrulation de différents animaux a permis aux

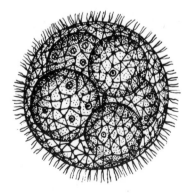

Volvox globator – colonie avec à l'intérieur des colonies filles

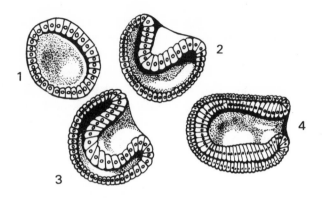

Coupe transversale de plusieurs phases de développement de *Branchiostoma lanceolatum* : 1 — blastula, 2—4 — gastrulation, a — blastopore.

savants de tirer certaines conclusions concernant l'apparition des animaux pluricellulaires et les relations phylogénétiques fondamentales entre leurs différents groupes.

Le degré de complexité de l'être venu au monde dépend de la longueur de la vie embryonnaire qui dépend à son tour de la quantité de matières de réserve (jaune) contenues dans l'œuf. Les animaux présentant une petite quantité de jaune ont un développement plus court. L'œuf donne naissance à une larve simple, sensiblement différente de l'être adulte. C'est seulement pendant le déroulement de la vie larvaire que l'organisme atteint peu à peu sa forme parfaite, soit par une transformation progressive, soit par des mutations brutales (altération des organes larvaires et formation de nouveaux organes caractéristiques de l'adulte. Ce phénomène reçoit le nom de métamorphose. Les œufs à plus forte proportion de vitellus ont un développement plus lent. Chez certains groupes, l'organisation du corps correspond dans ses grandes lignes à celle de l'organisme adulte, avec une taille et des proportions quelque peu différentes. Le stade larvaire est ici inexistant. La même chose compte aussi pour le développement de l'embryon à l'intérieur du corps maternel ß, il s'agit d'un développement direct. Certains groupes animaux dont l'œuf contient une forte proportion de vitellus — insectes, amphibiens — ont un développement indirect. Leurs larves ont une organisation parfaite, mais fortement différente de celle de l'individu adulte. Elles subissent également des métamorphoses.

Les formes d'abord primitives des organismes pluricellulaires (Métazoaires) se sont différenciées en une multiplicité d'aspects avec des degrés d'évolution variables. L'apparition des téguments embryonnaires constitue un nouveau grand pas en avant dans l'évolution animale. Ces enveloppes sont une adaptation à la vie terrestre. Elles contiennent un liquide qui permet à l'embryon de se développer en milieu aquatique et le protège en même temps de façon mécanique contre les effets du milieu. Parfois, ce liquide assure en même temps les échanges nutritifs de l'embryon. Il existe chez les insectes et les vertébrés supérieurs.

L'apparition des trachées représente l'échelon évolutif suivant. Les trachées assurent la distribution des gaz respiratoires dans tout le corps qu'elles allègent par la même occasion. Elles transmettent l'oxygène directement aux cellules internes et assurent donc une respiration interne qui prend le relais du système circulatoire en ce qui concerne les échanges gazeux. La respiration trachéenne existe dans le groupe le plus important d'organismes invertébrés, les trachéates.

L'apparition d'un support interne, la corde dorsale, fut un processus capital, annonçant la venue des vertébrés. La corde dorsale est le prédécesseur évolutif direct de la colone vertébrale et constitue un des caractères principaux de l'embranchement le plus évolué des organismes vivants, celui des cordés.

Parmi les autres échelons de l'évolution, citons la formation d'une enveloppe crânienne rigide protégeant le cerveau, le développement des mâchoires et l'apparition de membres symétriques. Le développement des mâchoires constitue un grand pas en avant car il permet la recherche active de la nourriture. Les vertébrés s'affranchissent alors définitivement de l'alimentation passive, jusqu'alors répandue dans l'ensemble du règne animal et typique des cordés inférieurs.

Les membres symétriques, les nageoires, eurent une grande importance d'une part pour l'apparition des nageoires modernes des poissons supérieurs, d'autre part pour celle des membres locomoteurs des vertébrés terrestres.

Une étape capitale, qui se répercuta ensuite sur toute l'évolution des vertébrés, fut le passage du milieu aquatique à la terre ferme. Celle-ci offrait des ressources de nourriture aussi riches que nouvelles. Les poissons pouvaient les atteindre lorsqu'ils venaient profiter du soleil en eau peu profonde et ils s'avançaient même jusqu'à sortir de l'eau pour en bénéficier. D'autre part, les eaux qui abritaient les ancêtres des vertébrés terrestres subissaient des assèchements périodiques, au cours desquels il était d'importance capitale pour leurs habitants de pouvoir regagner en rampant les retenues d'eau non asséchées. Bref, de nouvelles ressources alimentaires et un assèchement périodique des retenues furent les deux raisons principales de l'occupation progressive de la terre ferme.

Un séjour prolongé, voire permanent, des vertébrés

sur la terre sèche exigeait de leur part certaines modifications anatomiques radicales. Les organes respiratoires devaient être à même d'utiliser l'oxygène aérien et l'appareil branchial se trouva donc remplacé par des sacs pulmonaires et les poumons. La transformation du système respiratoire s'accompagna d'un remaniement du système circulatoire. Les nageoires paires durent donner naissance à des membres ambulatoires. La tête dut devenir plus mobile, ce qui entraîna une différenciation de la région cervicale de la colonne vertébrale avec l'apparition d'une articulation entre le cou et le corps. Les os crâniens connurent également des modifications essentiellement liées aux transformations du système respiratoire et à la mobilité de la tête. Le corps n'était plus porté par l'eau et il lui fallut un squelette rigide pour le soutenir, et notamment une puissante cage thoracique. Les écailles furent peu à peu remplacées par de nouveaux téguments.

Les premiers vertébrés exclusivement terrestres furent les reptiles et la transformation de la structure de l'œuf et de leur mode de reproduction par rapport à celui des formes amphibiennes a une importance presque comparable à celle du passage de la vie aquatique à la vie terrestre. Tandis que les œufs des amphibiens se développent exclusivement en milieu liquide, les œufs de reptiles, puis ceux des oiseaux et finalement des mammifères monotrèmes se développent toujours en milieu sec. Les œufs des reptiles sont des entités autonomes qui peuvent se développer sur la terre en toute sécurité. Un tel œuf possède sa propre réserve alimentaire (le vitellus), son propre milieu liquide (le liquide amniotique), ses enveloppes embryonnaires assurant les échanges alimentaires et le métabolisme de l'embryon, et une enveloppe protectrice solide au sein de laquelle se déroulent tous les processus de développement embryonnaire. La fécondation de l'ovule intervient à l'intérieur du corps maternel. Du point de vue phylogénétique il n'est pas trop osé de dire que seule cette adaptation marque la conquête définitive du milieu terrestre.

La suite des événements évolutifs importants concerne essentiellement la classe des mammifères. Il s'agit surtout de la viviparité, de l'apparition des glandes mammaires et de la formation du placenta qui permet un développement complexe et prolongé de l'embryon dans le corps maternel.

Le développement du système nerveux fut d'importance primordiale pour l'évolution de tout l'embranchement des cordés.

Tandis que la moelle épinière (le cordon nerveux dorsal) est commune à tous les cordés, le cerveau constitue un organe spécifique des vertébrés. Au cours de leur évolution, le cerveau s'est peu à peu différencié tout en augmentant de volume. Après l'apparition d'une couche cérébrale externe (cortex, pallium), celle-ci a continué à se développer jusqu'à la formation d'un cortex secondaire ou néopallium. Les fonctions verveuses les plus complexes et l'apparition d'un second système de signalisation chez l'homme sont en lien direct avec le développement exceptionnel du néopallium.

Récapitulons donc rapidement les étapes fondamentales du développement de la vie sur la terre. La première de ces étapes est l'apparition de molécules de matière vivante, capables d'échanges nutritifs et de reproduction. Tout a donc commencé par la formation de protéines, puis de complexes de protéines et d'acides nucléiques, puis de systèmes non-cellulaires indifférenciés et enfin par l'apparition de la cellule. L'existence des organismes primitifs était alors entièrement dépendante des altérations aléatoires des conditions extérieures.

Dès ces moments, une véritable lutte pour la vie a mis en place les deux propriétés fondamentales de la matière vivante, l'hérédité et la variabilité qui étaient les manifestations de l'adaptabilité des organismes aux influences du milieu.

La deuxième étape s'est déroulée sous le signe d'une multiplicité croissante d'organismes nouveaux, de leur différenciation tumultueuse et leur groupement en associations. Leurs rapports réciproques intenses ont conduit à la survie des êtres les mieux adaptés. La sélection naturelle a conduit à l'apparition et à l'existence de deux circuits alimentaires distincts, un circuit autotrophe chez les végétaux et hétérotrophe chez les animaux.

Durant l'étape suivante on a assisté à un perfectionnement progressif des processus anatomiques et physiologiques au sein des deux groupes, animaux et végétaux, désormais distincts.

L'étape ultérieure a vu la différenciation intempestive, quoique inégale, des deux groupes existants. Les branches ainsi formées peuvent être considérées comme les ancêtres des embranchements animaux. Certains de ces groupes ont survécu pendant plusieurs ères géologiques, certains se sont même maintenus jusqu'à nos jours. Leur évolution inégale a encore accentué les liens de dépendance entre les organismes vivants et ces liens réciproques sont devenus de plus en plus complexes. Le développement de la vie animale est devenu entièrement dépendant de la vie végétale.

La dernière étape a consisté en un épanouissement encore plus large de l'arbre de vie et culmine avec l'apparition de l'homme.

Le système zoologique

Notre connaissance du monde animal croissant, les observations accumulées pendant des générations sont peu à peu devenues trop confuses pour être utilisables. Il fallait les ordonner de manière à ce que les naturalistes puissent s'y reconnaître et les utiliser pour leurs nouvelles recherches comme pour leurs besoins pratiques. Dès l'Antiquité, les sages ont cherché à classifier nos connaissances de manière logique en se fondant sur de nombreux critères. A la longue, la mise en place d'un système dit naturel s'avéra d'un intérêt primordial. Ce système devait refléter le plus fidèlement possible les rapports naturels des êtres vivants et dépassait par là la simple classification. Un tel système se propose donc de rendre compte de l'évolution phylogénique (historique) des êtres vivants depuis les formes les plus simples et les plus anciennes jusqu'aux formes les plus jeunes et les plus évoluées, tout en reproduisant leurs rapports de parenté. Cela est bien beau en théorie. En effet, pendant la longue évolution des espèces, des rapports fort complexes entre les organismes et le milieu sont apparus dans la nature et l'explication de ces relations ne se fait que très lentement et difficilement. On ne dispose que d'un nombre limité de documents qui nous permettent de reconstruire le passé de façon détaillée. Tous les systèmes élaborés jusqu'à nos jours reposent donc de toute évidence sur des informations incomplètes et ont le défaut de simplifier. Un système naturel reste pour le moment un idéal dont les classifications existantes se rapprochent plus ou moins.

Les systèmes zoologiques ne sont donc pas parfaits et finis, mais restent souples et constituent la somme des faits connus et établis, auxquels les savants ajoutent progressivement leurs nouvelles découvertes.

C'est un naturaliste suédois vivant au XVIIIe siècle, Carl Linné, qui est universellement considéré comme le fondateur du système de classification scientifique naturelle. Ce génial savant a classé toutes les plantes et tous les animaux qu'il connaissait selon leurs ressemblances réciproques. Son système est expliqué dans un écrit, *Systema naturae*, publié pour la première fois en 1735. La 10e édition de *Systema naturae* représente une base qui fut complétée par les savants des générations suivantes et sur laquelle repose le système actuel.

La systématique moderne, la taxonomie, est la science de la classification des êtres vivants, de leur variabilité et de l'étude des unités systématiques. Pour qu'il soit possible de s'orienter dans la profusion des formes animales, la taxonomie prend pour point de départ un certain nombre de notions précisément délimitées, les catégories systématiques qui permettent de désigner un certain niveau dans l'ordre hiérarchique systématique : embranchement, classe, ordre, etc. Ces catégories permettent aux savants d'établir une classification des taxa ou groupes d'organismes concrets.

Le système repose sur la suite de plusieurs catégories systématiques fondamentales : règne, embranchement, classe, ordre, famille, genre et espèce. Le règne est la catégorie systématique la plus haute et se subdivise en embranchements, les embranchements en classes, etc. Cette trame de base est complétée par une série de catégories intermédiaires qui permettent d'affiner les relations évolutives entre les groupes. Voici par ordre décroissant la liste des catégories utilisées de nos jours : règne *(regnum)*, sous-règne *(subregnum)*, embranchement *(phyllum)*, sous-embranchement *(subphyllum)*, superclasse *(superclassis)*, classe *(classis)*, sous-classe *(subclassis)*, infraclasse *(infraclassis)*, cohorte *(cohors)*, superordre *(superordo)*, ordre *(ordo)*, sous-ordre *(subordo)*, infra-ordre *(infraordo)*, superfamille *(superfamilia)*, famille *(familia)*, sous-famille *(subfamilia)*, tribu *(tribus)*, sous-tribu *(subtribus)*, genre *(genus)*, sous-genre *(subgenus)*, espèce *(species)*, sous-espèce *(subspecies)*.

Certaines de ces catégories sont immédiatement identifiables par le suffixe terminant le nom latin. Ainsi, on emploie couramment les suffixes suivants :

-idae pour indiquer la famille *(Viverridae, Vespidae)*;

-inae pour la sous-famille *(Antilocaprinae)*;

un peu moins souvent :

-oidea ou *-acea* pour la superfamille *(Dasyuroidea, Muricacea)*

-ptera ou *-formes* pour l'ordre *(Heteroptera, Pelecaniformes)*.

Les catégories supérieures, à commencer par le genre, sont des groupes abstraits permettant de mettre en lumière certaines affinités évolutives. Les espèces présentent un certain nombre de caractères communs : dentition analogue, structure du crâne, organes internes... sont groupées dans le même genre. Les genres sont à leur tour regroupés en familles sur la base de leurs caractères communs, puis les familles sont groupées en ordres, etc. La mise en place de ces catégories dépend cependant de l'importance relative que le savant accorde à tel ou tel caractère distinctif et de son choix de caractères décisifs. La seule unité concrète que l'on puisse réellement trouver dans la nature est l'espèce, composée de mâles, de femelles et éventuellement de leurs larves. De nombreux savants ont tenté de caractériser précisément l'espèce et on en connaît une multitude de définitions. Lorsqu'on se fonde sur les définitions actuellement reconnues, on peut dire que l'espèce est le groupe de populations dont les membres ont une origine génétique commune et occupent dans l'évolution une place particulière qui leur est propre. Ces populations se développent séparément mais sont capables de se croiser et de donner de nouveaux individus (soit réellement, soit potentiellement). Leur multiplication et leurs possibilités de croisement les séparent d'autres groupes qui constituent des espèces différentes.

Mais l'espèce elle-même est une unité variable qui continue d'évoluer sous l'effet de facteurs externes et internes. Chez certaines espèces, les différents individus sont peu distincts les uns des autres : l'espèce présente une faible variabilité. Les espèces peu variables sont généralement les espèces anciennes qui se développent dans un milieu lui-même relativement stable ou dans des sites où elles n'ont pas à faire face à la concurrence d'autres espèces. Leurs caractères se sont stabilisés au cours de la phylogénèse. Les espèces évolutivement plus récentes sont souvent beaucoup plus variables car elles sont encore à la recherche de la meilleure adaptation possible aux conditions du milieu vital.

Au sein d'une même espèce on rencontre souvent des populations qui se distinguent d'autres populations par certains menus détails, mais qui se croisent très facilement avec ces autres populations. On parle alors de sous-espèces. L'espèce qui se divise en plusieurs sous-espèces est dite polytypique, dans le cas contraire elle est monotypique.

Lorsqu'on décrit une nouvelle espèce, il faut nécessairement tenir compte de la variabilité. Toute espèce nouvellement décrite se caractérise en effet par un holotype (exemplaire unique) et un grand nombre de paratypes (groupe d'individus qui servent à l'auteur justement pour établir la variabilité de l'espèce). On peut faire appel à la statistique pour évaluer leurs caractères morphologiques.

Les exemples suivants montrent concrètement comment une espèce s'intègre dans le système de classification et comment on établit son appartenance systématique :

Règne :	animal	
Embranchement :	arthropodes (*Arthropoda*)	cordés (*Chordata*)
Classe :	insectes (*Insecta*)	oiseaux (*Aves*)
Ordre :	diptères (*Diptera*)	ansériformes (*Anseriformes*)
Famille :	muscidés (*Muscidae*)	anatidés (*Anatidae*)
Genre :	mouche (*Musca*)	cygne (*Cygnus*)
Espèce :	mouche domestique (*Musca domestica*)	cygne muet (*Cygnus olor*)

Les catégories du système zoologique sont de plus en plus diversifiées à mesure que l'on descend dans la classification : le règne unique se subdivise en 27 embranchements, et le nombre de classes et d'ordres ne cesse d'augmenter. Nous n'en voulons pour preuve que l'énumération ci-dessous. Le système cité comprend tous les embranchements actuels, les sous-embranchements, les classes importantes et les ordres dont les représentants sont mentionnés dans notre ouvrage. Dans ce dernier cas nous avons, pour plus de clarté encore, utilisé également quelques-unes des catégories secondaires.

Notre ouvrage ne concerne que les organismes pluricellulaires et nos résumés succincts ne portent donc que sur les catégories supérieures des métazoaires (commençant par les éponges). Le sous-règne des unicellulaires n'entre pas dans ce cadre.

RÈGNE : *Animalia* (animaux)

SOUS-RÈGNE : *Protozoa* (unicellulaires)

1er embranchement : *Flagellata* (flagellés)

2e embranchement : *Rhizopoda* (rhizopodes)

3e embranchement: *Sporozoa* (sporozoaires)

4e embranchement : *Protociliata* (protociliés)

5e embranchement : *Ciliata* (ciliés)

SOUS-RÈGNE : *Metazoa* (métazoaires)

6e embranchement : *Porifera* (spongiaires)
classe : *Calcarea*
classe : *Silicea*

7e embranchement : *Cnidaria* (cnidaires)
 classe : *Hydrozoa* (polypiens)
 classe : *Scyphozoa* (méduses)
 classe : *Anthozoa* (coralliaires)
  ordre : *Gorgonaria* (gorgonidés)
  ordre : *Actiniaria* (actiniaires)

8e embranchement : *Acnidaria* (acnidaires)
 classe : *Ctenophora* (cténophores)

9e embranchement : *Plathelminthes* (plathelminthes)
 classe : *Turbellaria* (turbellariés)
 classe : *Trematoda* (trématodes)
 classe : *Cestoda* (cestodes)

10e embranchement : *Kamptozoa (Entoprocta)* − (poly-zoaires)

11e embranchement : *Nemertini* (némertes)

12e embranchement : *Nemathelminthes* (némathelmin-thes)
  classe : *Nematodes* (nématodes)
  classe : *Nematomorpha* (nématomorphes)

13e embranchement : *Priapulida* (priapuliens)

14e embranchement : *Mollusca* (mollusques)
sous-embranchement : *Amphineura* (amphineures)
 classe : *Polyplacophora* (polyplacophores)
  ordre : *Chitonidea* (chitonides)
sous-embranchement : *Conchifera* (conchifères)
 classe : *Monoplacophora* (monoplacophores)
 classe : *Gastropoda* (gastropodes)
sous-classe : *Prosobranchia (Streptoneura* − prosobran-chiés)
   ordre : *Diotocardia*
   ordre : *Monotocardia*
sous-classe : *Pulmonata* (pulmonés)
   ordre : *Basommatophora* (basommatophores)
   ordre : *Stylommatophora* (stylommatophores)
 classe : *Scaphopoda* (scaphopodes)
  ordre : *Dentaliidea*
 classe : *Bivalvia* (bivalves)
  ordre : *Eulamellibranchiata* (lamellibranches)
 classe : *Cephalopoda* (céphalopodes)
  ordre : *Decabrachia*

15e embranchement : *Sipunculida* (sipunculiens)

16e embranchement : *Echiurida* (échiuriens)

17e embranchement : *Annelida* (annélides)
 classe : *Polychaeta* (polychètes)
 classe : *Clitellata* (clitellates)
  ordre : *Oligochaeta* (oligochètes)

18e embranchement : *Onychophora* (onychophores)

19e embranchement : *Tardigrada* (tardigrades)

20e embranchement : *Pentastomida* (Linguatulida − pentastomides)

21e embranchement : *Arthropoda* (arthropodes)
sous-embranchement: *Chelicerata* (chélicérates)
 classe : *Arachnida* (arachnides)
  ordre : *Scorpiones* (scorpions)
  ordre : *Araneae* (araignées)
  ordre : *Opilionida* (opilionides)
sous-embranchement : *Branchiata* (branchiés)
 classe : *Crustacea* (crustacés)
sous-classe : *Phyllopoda* (phyllopodes)
  ordre : *Notostraca* (notostracés)
sous-classe : *Malacostraca* (malacostracés)
  ordre : *Decapoda* (décapodes)
  ordre : *Isopoda* (isopodes)
sous-embranchement : *Tracheata* (trachéates)
 classe : *Symphylla* (symphyles)
 classe : *Pauropoda* (pauropodes)
 classe : *Diplopoda* (diplopodes)
  ordre : *Pterospermophora* (ptérospermophores)
  ordre : *Opistospermophora* (opistospermophores)
 classe : *Chilopoda* (chilopodes)
  ordre : *Lithobiomorpha* (lithobiomorphes)
 classe : *Insecta* (insectes)
  ordre : *Odonata* (odonates)
  ordre : *Mantodea* (mantes)
  ordre : *Ensifera* (sauterelles)
  ordre : *Caelifera* (criquets)
  ordre : *Heteroptera* (hétoroptères)
  ordre : *Coleoptera* (coléoptères)
  ordre : *Hymenoptera* (hyménoptères)
  ordre : *Lepidoptera* (lépidoptères)
  ordre : *Diptera* (diptères)

22e embranchement : *Tentaculata* (tentaculés)

23e embranchement : *Branchiotremata* (stomocordés)

24e embranchement : *Echinodermata* (échinodermes)
 classe : *Crinoidea* (crinoïdes)
 classe : *Holothuroidea* (holothuries)
 classe : *Echinoidea* (echinidés)
sous-classe : *Regularia* (oursins réguliers)
  ordre : *Camarodonta*
sous-classe : *Irregularia* (oursins irréguliers ou bilatéraux)
 classe : *Asteroidea* (astérides)
  ordre : *Cryptozonida* (cryptozonides)
 classe : *Ophiuroidea* (ophiures)
  ordre : *Ophiurida*

25e embranchement : *Pogonophora* (pogonophores)

26e embranchement : *Chaetognatha* (chétognathes)

27e embranchement : *Chordata* (cordés)
sous-embranchement : *Urochordata* (tuniciers, urocordés)
 classe : *Copelata* (appendiculaires)
 classe : *Thaliacea* (thaliacés, salpes)
 classe : *Ascidiacea* (ascidiacés)
sous-embranchement : *Cephalochordata* (céphalocordés)
 classe : *Acrania* (Amphioxus)
sous-embranchement : *Vertebrata* (vertébrés)
superclasse : *Agnatha* (agnathes)
 classe : *Cyclostomata* (cyclostomes)
  ordre : *Petromyzoniformes* (lamproies)

super-classe : *Gnathostomata* (gnathostomes)
   classe : *Chondrichthyes* (chondrichthyens)
   sous-classe : *Elasmobranchii* (élasmobranchiés)
      ordre : *Lamniformes* (requins)
      ordre : *Rajiformes* (raies)
      ordre : *Torpediniformes* (chimères)
   classe : *Osteichthyes* (poissons osseux)
   sous-classe : *Teleostomi* (téléostomes)
super-ordre : *Chondrostei* (chondrostéens)
      ordre : *Acipenseriformes* (esturgeons)
super-ordre : *Teleostei* (téléostéens)
      ordre : *Clupeiformes* (clupéiformes)
      ordre : *Cypriniformes* (cypriniformes)
      ordre : *Anguilliformes* (anguilliformes)
      ordre : *Perciformes* (perciformes)
      ordre : *Gadiformes* (gadiformes)
   sous-classe : *Dipnoi* (dipneustes)
   classe : *Amphibia* (amphibiens)
   sous-classe : *Salientia* (anoures)
      ordre : *Anura* (grenouilles)
   sous-classe : *Caudata* (urodèles)
      ordre : *Urodela* (tritons et salamandres)
   sous-classe : *Apoda* (apodes)
   classe : *Reptilia* (reptiles)
   sous-classe : *Anapsida*
      ordre : *Chelonia* (tortues)
   sous-classe : *Lepidosauria*
      ordre : *Squamata* (squamates)
   sous-ordre : *Sauria* (sauriens)
   sous-ordre : *Ophidia* (serpents)
   classe : *Aves* (oiseaux)
      ordre : *Podicipediformes* (grèbes)
      ordre : *Pelecaniformes* (pélicans)
      ordre : *Ciconiiformes* (échassiers)
      ordre : *Anseriformes* (palmipèdes)
      ordre : *Falconiformes* (rapaces diurnes)
      ordre : *Galliformes* (voisins de la poule domestique)
      ordre : *Gruiformes* (grues, etc.)
      ordre : *Charadriiformes* (mouettes, pluviers, etc.)
      ordre : *Columbiformes* (pigeons)
      ordre : *Cuculiformes* (coucous)
      ordre : *Strigiformes* (chouettes et hiboux)
      ordre : *Coraciiformes* (martins-pêcheurs)
      ordre : *Piciformes* (pics)
      ordre : *Passeriformes* (passereaux)
   classe : *Mammalia* (mammifères)
   sous-classe : *Prototheria* (prothothériens ou monotrèmes)
   sous-classe : *Theria* (thériens, vivipares)
super-ordre : *Metatheria* (métathériens, marsupiens)
super-ordre : *Eutheria* (euthériens, placentaires)
      ordre : *Insectivora* (insectivores)
      ordre : *Chiroptera* (chiroptères)
      ordre : *Primates* (primates)
      ordre : *Carnivora* (carnassiers)
      ordre : *Rodentia* (rongeurs)
      ordre : *Lagomorpha* (lièvres)
      ordre : *Artiodactyla* (artiodactyles)

Embranchement : SPONGIAIRES *(Porifera)*

Quelque 5000 espèces de métazoaires les plus primitifs, vivant en eau douce et en eau salée. Les spongiaires sont fixes à l'âge adulte, mobiles au stade larvaire. Leur corps est formé de deux couches de cellules au sein desquelles se trouve une matière gélatineuse, la mésoglée. Celle-ci comprend des cellules morphologiquement différenciées assurant les fonctions vitales de l'organisme et des éléments consolidateurs formant une sorte de squelette. Seul le système digestif est développé : l'eau chargée de plancton y pénètre par des ouvertures (ostioles) situées à la surface du corps et par des canaux. L'eau purifiée est rejetée à l'extérieur par une ouverture excrétrice.

Les éponges calcaires *(Calcarea)* forment des touffes comprenant un grand nombre d'individus. Elles ont une forme tubulaire et la mésoglée est consolidée par des spicules calcaires simples, triradiés ou quadriradiés.

Les éponges siliceuses *(Silicea)* vivent en solitaires ou forment des touffes. La mésoglée contient soit un squelette de spicules siliceux, souvent d'une magnifique forme intriquée, soit des spicules entretissés de fibres de spongine. Dans certains cas, le squelette est constitué presque exclusivement de ces fibres cornées.

Embranchement : CNIDAIRES *(Cnidaria)*

Les quelque 9000 espèces de ce groupe sont des animaux aquatiques, essentiellement marins, plus ou moins mobiles, solitaires ou coloniaux. Le corps est formé d'un ectoderme (couche externe) et d'un endoderme (couche interne), séparés par une couche de soutien. On rencontre des cellules musculaires et des cellules nerveuses diffuses. L'ectoderme renferme une multitude de cellules contenant une substance

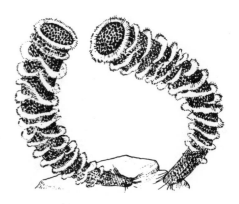

Euplectella aspergillum (Porifera)

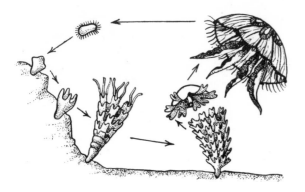

Développement de la méduse

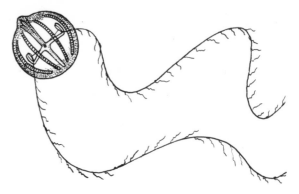

Pleurobrachia pileus (Ctenophora)

toxique et un filament dévaginable par lequel ce poison est injecté dans le corps de la proie. Un système digestif bien développé comprend un unique orifice communiquant avec le milieu extérieur, la bouche, entourée de tentacules.

Les cnidaires présentent deux formes morphologiques différentes ; elles peuvent alterner régulièrement ou l'une d'elles peut prédominer. La forme capable de reproduction sexuée est mobile et se nomme méduse, la forme sexuellement immature et fixe est le polype qui se développe à partir d'un œuf pondu par la méduse. D'une manière très générale, voici comment se déroule le développement d'un cnidaire : une larve ciliée, la planula, naît de l'œuf, puis se fixe à un support et se transforme en polype. Par bourgeonnement, le polype produit des méduses, par la suite capables de gamétogénèse. Chez les

hydrozoaires (Hydrozoa) prédomine souvent la forme polype ou les deux phases alternent régulièrement. Le tube digestif est simple. Chez les anémones (Scyphozoa), c'est au contraire le stade méduse qui est le plus important. Le diamètre de l'ombrelle d'une méduse adulte peut dépasser 1 m de longueur : sous cette ombrelle se trouvent la bouche et les tentacules servant à la prédation. Le tube digestif présente de nombreuses invaginations. Les coralliaires (Anthozoa) existent exclusivement au stade polype, soit solitaire, soit en touffes, et se limitent aux mers chaudes. Certains coraux ont un corps mou, c'est le cas des anémones (Actiniaria), d'autres forment un squelette calcaire ou corné, souvent de couleur voyante. Le tube digestif est subdivisé par des cloisons.

Embranchement : CTÉNAIRES (Acnidaria)
Organismes marins pélagiques dont la taille varie de quelques millimètres à plus d'un mètre, sans cellules urticantes mais dotés d'antennes renfermant des cellules gluantes (collocytes). Le corps est symétrique par rapport à deux plans orthogonaux, cilié, portant une paire d'antennes. Celles-ci, tout comme les cils, servent à la locomotion. Quelque 80 espèces correspondent à ce groupe.

Embranchement : PLATHELMINTHES (Plathelminthes)
Quelque 12 000 espèces libres ou parasitaires. Leur corps le plus souvent plat est formé de trois feuillets embryonnaires (ecto-, endo- et mésoderme) et comporte des muscles et des organes sexuels, nerveux, digestifs et excréteurs. Systèmes circulatoire et respiratoire inexistants. Les plathelminthes sont des organismes hermaphrodites pondant une grande quantité d'œufs. Les espèces parasites ont souvent un cycle évolutif très complexe au cours duquel elles passent par plusieurs hôtes.

Planaria gonocephala (Platyhelminthes)

Pedicellina cernua (Entoprocta)

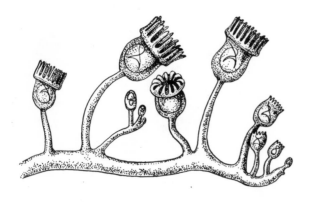

Tetrastema quadrilineata (Nemertini)

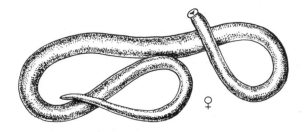

Ascaris lumbricoides (Nemathelminthes)

Embranchement : POLYZOAIRES *(Kamptozoa)*

Petit embranchement d'organismes aquatiques essentiellement coloniaux. Le corps en coupelle est toujours porté par un pédoncule. A l'intérieur de ce calice se trouvent les organes physiologiques et son extrémité supérieure est bordée par une couronne de tentacules non rétractiles. Dans le creux interne voisinent la bouche et l'anus qui sont ici distincts. La multiplication a lieu par voie sexuée et asexuée.

Embranchement : NÉMERTES *(Nemertini)*

Organismes essentiellement marins présentant un corps musculeux non articulé, mesurant de quelques millimètres à un mètre de long. A l'extrémité antérieure du corps se trouve un groin extensible, parfois doté d'un aiguillon et d'une glande venimeuse. L'intestin est une poche dotée d'un anus et le système circulatoire comme le système excréteur sont développés. Les sexes sont séparés (gonochorisme) et les espèces marines passent par un stade larvaire *(pilidium)*. Les némertes se nourrissent de divers annélides qu'ils extirpent de leurs tubes à l'aide de leur groin. Ils ont une grande faculté de régénération.

Embranchement : NÉMATHELMINTHES *(Nemathelminthes)*

Corps cylindrique non articulé avec un parenchyme (tissu conjonctif) peu développé si bien qu'on assiste à l'apparition d'une cavité centrale secondaire (pseudocèle). Le système circulatoire est absent. De nombreuses espèces sont aquatiques, d'autres vivent dans le sol, dans les excréments, etc., d'autres encore parasitent les tissus végétaux, les organes animaux ou humains. Les némathelminthes sont gonochoriques. Il en existe quelque 12 000 espèces divisées en six classes dont la plus nombreuse est celle des nématodes *(Nematodes)*. C'est dans cette classe que l'on trouve un certain nombre de parasites bien connus comme l'oxyure de l'homme *(Enterobius vermicularis)*, l'ascaris de l'homme *(Ascaris lumbricoides)* ou du cheval *(Parascaris equorum)*, les rhabditides *(Rhabditoidea)*, parasites des tissus végétaux.

Embranchement : PRIAPULIENS *(Priapulida)*

C'est le plus petit embranchement, avec une seule classe et un ordre unique comprenant quatre espèces. Les priapuliens sont des prédateurs ne dépassant pas 8 cm de longueur, vivant dans la vase des mers fraîches. Le corps est couvert d'une épaisse cuticule verruqueuse et sa partie antérieure se prolonge par un mufle épineux. Des dents chitineuses sont enfermées dans la cavité buccale. La cavité interne est vaste, remplie d'un liquide dans lequel flottent entre autres des cellules contenant une hémoglobine rouge, le système circulatoire n'étant pas différencié. Les priapuliens sont gonochoriques, les ovules sont fécondés en eau libre et le développement passe par un stade larvaire.

Embranchement : MOLLUSQUES *(Mollusca)*

Les mollusques représentent l'embranchement animal le plus nombreux après les arthropodes : on a décrit environ 130 000 espèces actuellement existantes. Ils peuvent être menus, de taille moyenne ou gigantesques. Leur corps mou et gluant n'est pas articulé. Il se différencie en un pied, une masse viscérale et un manteau. Le pied est l'organe musculeux de la locomotion, reptation, natation, enfouissement. La cavité viscérale est placée au-dessus du pied et le manteau est formé de replis cutanés de taille variable qui entourent souvent l'ensemble du corps et s'unissent au pied pour délimiter une cavité palléale.

Priapulus caudatus (Priapulida)

Dans cette cavité débouchent les orifices excréteur, sexuel et digestif, chez les organismes aquatiques, elle contient également les branchies. La surface externe du manteau sécrète du carbonate de calcium et une substance organique qui constituent une enveloppe de forme variable. Celle-ci est souvent formée de trois couches superposées : la couche interne *(hypostracum)* est nacrée, la couche moyenne *(ostracum)* est épaisse et calcaire, la couche externe *(periostracum)* est une sorte de vernis organique souvent de couleurs voyantes. L'enveloppe présente différents degrés de développement et peut être invisible de l'extérieur. La coquille peut être impaire, univalve, souvent spiralée, arquée et richement ornementée, ou au contraire bivalve, les deux valves étant de taille égale ou inégale. Chez les chitons *(Chitonidea)*, elle se compose de plaquettes transversales, chez les céphalopodes *(Cephalopoda)* et chez certains gastropodes *(Gastropoda)*, la coquille est interne et apparaît sous forme de plaques, de granules, etc.

Les mollusques présentent un système nerveux, circulatoire et excréteur bien développés; ils sont dotés d'organes sensoriels. Ils peuvent être carnassiers, omnivores ou végétariens, gonochoriques ou hermaphrodites, terrestres ou aquatiques.

Les chitonides *(Chitonidea)* possèdent un pied musculeux et une tête indistincte. La partie dorsale du corps est arquée et couverte de plaques librement jointes si bien que les chitons peuvent se rouler en boule. Ce sont des animaux marins de la zone littorale où ils vivent fortement agrippés aux rochers. Ils se nourrissent d'algues. Ils sont à sexes séparés et se reproduisent par œufs.

Les gastropodes *(Gastropoda)* présentent un pied reptateur musculeux, souvent élargi en sole, présentant des lobes natatoires chez certaines espèces marines. La coquille est le plus souvent dextrogyre, plus rarement lévogyre et son entrée est protégée par un opercule permanent ou temporaire. Certaines espèces sont dépourvues de coquille externe. Les gastéropodes présentent une radula bien développée. Ils vivent dans toutes sortes de biotopes, mais recherchent toujours un milieu humide. Ils constituent le groupe le plus important des mollusques.

Les scaphopodes *(Scaphopoda)* possèdent une enveloppe conique, courbée, ouverte aux deux extrémités. La face dorsale est concave, la face ventrale convexe. La coquille est plus largement ouverte à l'avant et elle repose obliquement dans le sol de manière à laisser dépasser au fond de l'eau son extrémité postérieure. Les scaphopodes respirent par la surface du manteau et ne possèdent pas de branchies. La radula est bien développée. Les scaphopodes se nourrissent de micro-organismes et vivent en eau relativement profonde.

Les bivalves *(Bivalvia)* présentent une symétrie bilatérale, avec un corps comprimé latéralement, entouré du manteau et protégé par les deux valves de la coquille, réunies sur leur face dorsale par un ligament et séparées par des muscles rétracteurs transversaux. La tête n'est pas différenciée et il n'y a pas de radula. Le pied cunéiforme est protractile à l'avant du manteau. A l'arrière du manteau se trouvent deux orifices : l'eau pénètre par l'orifice inférieur, vient baigner les nombreuses lamelles branchiales qui en pompent l'oxygène tandis qu'un systè-

Mollusques *(Mollusca)*: a — *Cepea nemoralis*, b — *Astarte borealis*, c — *Octopus vulgaris*

me ciliaire trie le plancton dont elle est chargée. Les résidus digestifs et l'eau appauvrie en oxygène sont éliminés par l'orifice supérieur. Les bivalves sont exclusivement aquatiques. Ils se déplacent sur le fond aquatique auquel ils peuvent s'ancrer par des fibres, le byssus. Ils sont pour la plupart gonochoriques et pondent un grand nombre d'ovules qui donnent naissance, après fécondation, à des larves nommées véligères, chez les espèces marines, et glochidies, chez les espèces dulçaquicoles.

Les mollusques les plus évolués sont les céphalopodes (Cephalopoda). Ils présentent un corps globuleux à symétrie bilatérale, une tête bien distincte portant de grands yeux parfaits, huit (pieuvres), dix (seiches et calmars) ou un grand nombre de tentacules (nautiles). Le manteau forme un sac impair et le pied est transformé en un entonnoir musculeux. Les espèces à 8 ou 10 tentacules sont munies de ventouses. L'enveloppe est réduite, enfouie sous la peau, sauf chez les nautiloïdes où elle est externe. Les céphalopodes sont des animaux à sexes séparés et les œufs donnent directement naissance à des jeunes de forme parfaite. C'est dans ce groupe que l'on trouve les plus grands mollusques, les calmars du genre Architeuthis qui peuvent, selon certains auteurs, atteindre jusqu'à 30 m de longueur (tentacules compris). Les céphalopodes sont des prédateurs exclusivement marins.

Embranchement : SIPUNCULIENS (Sipunculida)
Cet embranchement comprend quelque 250 espèces d'organismes marins qui vivent enfouis dans le sable ou la vase. Ils présentent un corps musculeux glabre dont le premier tiers s'amincit en un mufle rétractile. La bouche est bordée de tentacules ciliés. L'intestin est spiralé et la bouche se trouve très en avant sur la face dorsale à la base de la trompe. Les sipunculiens sont gonochoriques et pondent des œufs qui donnent naissance à des larves nageant dans le plancton et se transformant en adultes au bout de quelques semaines.

Embranchement : ÉCHIURIENS (Echiurida)
Quelque 70 espèces essentiellement marines, vivant enfouies dans le sol ou dans les anfractuosités des rochers. Ils possèdent une longue trompe non rétractile (prostomium) présentant un sillon cilié sur la face ventrale. Le mouvement des cils entraîne vers la bouche les organismes microscopiques qui sont leur nourriture. Les organes excréteurs servent également de conduits sexuels. Certaines espèces comme Bonnelia viridis présentent un dimorphisme sexuel accusé, les mâles ne dépassant pas 1 à 3 mm de longueur et

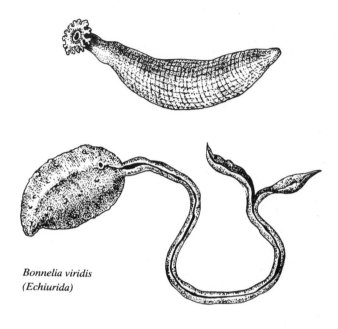

Sipunculus nudus (Sipunculida)

Bonnelia viridis (Echiurida)

vivant accrochés à la surface du corps des femelles ou à l'intérieur de celui-ci.

Embranchement: ANNÉLIDES (Annelida)
Quelque 9000 espèces vivant dans l'eau ou sur la terre. Ils présentent un corps vermiforme, articulé tant à l'intérieur qu'à l'extérieur, les différents articles étant séparés par des cloisons (dissépiments). Le système excréteur et parfois même le système reproducteur sont segmentés. Le système nerveux présente soit une structure en forme d'échelons consécutifs, soit une forme de chaîne ventrale. Le système vasculaire n'est pas segmenté et présente un très fort développement. Le circuit est fermé et il existe des vaisseaux longitudinaux et transversaux. Le vaisseau dorsal conduit le sang vers l'extrémité antérieure, le vaisseau dorsal vers l'extrémité postérieure (à l'inverse des cordés). Le sang est pigmenté par de l'hémoglobine ou de la chlorocruorine.

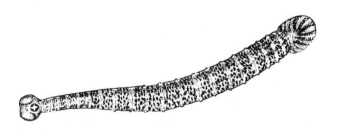

Piscicola geometra (Annelida)

17

Les polychètes (Polychaeta) sont presque exclusivement des organismes marins. De nombreuses espèces nagent librement, d'autres vivent en vastes groupes, enfouies dans le sol ou dissimulées dans des tubes édifiés à l'aide de sécrétions organiques éventuellement additionnées de sable, de menus coquillages, etc. Les polychètes mobiles sont des prédateurs actifs, les fixes se nourrissent de particules apportées par l'eau. Le corps métamérisé est allongé, parfois légèrement aplati, souvent densément cilié. Les métamères portent parfois des expansions latérales non métamérisées, les parapodes, munis de touffes de soies et d'organes sensoriels − yeux, cils tactiles. Le premier segment, le prostomium, porte des cirres tentaculaires. Les polychètes sont gonochoriques et les femelles pondent jusqu'à plusieurs milliers d'œufs. Le développement passe par un stade larvaire (trochophore).

Les annélides clitellates présentent un corps segmenté vermiforme sans tentacules et sans parapodes. Les segments portent des faisceaux de soies (lombric). Un caractère particulier est ici un bourrelet tégumentaire, le clitellum, organe glanduleux intéressant plusieurs segments de la partie antérieure du corps. Le clitellum sécrète un mucus qui sert à la formation du cocon enveloppant les œufs. L'épiderme des annélides terrestres est riche en glandes à mucus. Celui-ci facilite le déplacement et permet la respiration du ver car il capte l'oxygène de l'air. Les annélides sont hermaphrodites et le développement est direct (sans stade larvaire).

Embranchement : ONYCHOPHORES (Onychophora)

Comprend une seule classe avec un ordre unique possédant environ 70 espèces distribuées dans les régions chaudes. Les onychophores présentent un corps couvert de papilles groupées en nombreux anneaux transversaux. La tête porte une paire d'antennes, des pattes ambulatoires non segmentées, des griffes. A première vue, ils ressemblent à des chenilles. Le système circulatoire est ouvert à l'avant du corps, le sang se diffuse librement autour des organes. Les onychophores respirent par des trachées ramifiées

et constituent le premier embranchement où apparaissent ces formations. Les sexes sont séparés. Chez la plupart des espèces les ovules fécondés sont retenus dans les oviductes de la femelle pendant toute la durée du développement embryonnaire. Les onychophores sont des prédateurs qui se plaisent dans des sites un peu humides, sous le bois, les feuilles mortes, etc.

Embranchement : TARDIGRADES (Tardigrada)

Ce sont de menus organismes vivant dans les mousses, les sols humides, le sable, les eaux stagnantes. Ils présentent un corps cylindrique avec une bouche à suçoir et quatre paires de pattes réduites, rétractiles, munies de griffes. La segmentation est à peine indiquée extérieurement, inexistante intérieurement. Ni appareil circulatoire, ni appareil respiratoire. Les sexes sont séparés, les femelles pondent des œufs qui se développent sans stade larvaire. Les tardigrades peuvent survivre à la sécheresse et aux températures extrêmes (chaleur ou gel) dans un état d'anabiose ou vie ralentie.

Embranchement : PENTASTOMIDES (Pentastomida)

Les pentastomides vivent dans la cavité nasale, les cavités nasales secondaires et dans les poumons des reptiles et des mammifères, y compris l'homme, ainsi que dans les sacs aériens des oiseaux. Ce sont des animaux fortement marqués par leur mode de vie parasitaire. Le corps non segmenté est aplati et recouvert d'une cuticule, la bouche est bordée de deux paires d'appendices de fixation. Le tube digestif développé comporte un anus, les appareils respiratoire, circulatoire et excréteur sont absents. L'appareil reproducteur, lui, est très développé. Les pentastomides sont gonochoriques, leur développement est fort complexe, l'œuf donnant naissance à une larve qui passe par des phases évolutives caractéristiques dans des hôtes intermédiaires avant d'être absorbée et de finir de se développer dans l'hôte définitif.

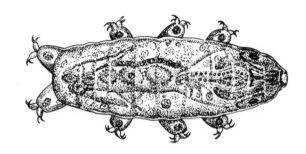

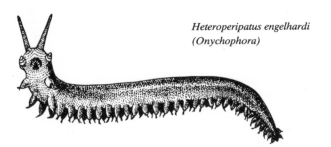

Heteroperipatus engelhardi (Onychophora)

Macrobiotus hufelandi (Tardigrada)

Embranchement : ARTHROPODES *(Arthropoda)*
C'est le plus vaste embranchement animal, comprenant des centaines de milliers d'espèces. Celles-ci sont le plus souvent de petite taille, quelques exceptions extrêmes avoisinent le mètre. Les arthropodes occupent tous les biotopes de la surface terrestre auxquels ils se sont adaptés par centaines et centaines d'espèces, par milliers d'individus. Leur corps est couvert d'une cuticule chargée de chitine ou de carbonate de calcium. Il se subdivise en articles inégaux portant des appendices bien précis. A l'origine, chaque segment était doté d'une seule paire d'appendices, mais au cours de l'évolution certains segments se sont soudés et les appendices se sont différenciés en donnant les membres, les antennes, l'appareil buccal, etc. En même temps, le nombre d'articles et d'appendices diminuait.

Le corps des arthropodes se divise en une tête, un thorax et un abdomen ; chez certains groupes la tête et le thorax se soudent pour former un céphalothorax. Thorax et abdomen portent un nombre limité d'appendices mobiles. La cuticule qui recouvre les articles forme un exosquelette solide. Les différents segments sont réunis entre eux soit de manière fixe, soit par une membrane élastique qui permet leur articulation. La cuticule pénètre à l'intérieur du corps par différentes expansions sur lesquelles sont tendus les muscles; des rubans spiralés de cuticule consolident également les parois des trachées. L'exosquelette ne s'accroît ni en surface, ni en volume. Pendant la croissance, l'arthropode passe donc obligatoirement par un certain nombre de mues au cours desquelles la cuticule est rejetée et remplacée par une nouvelle enveloppe, d'abord molle, puis durcissant progressivement. L'animal grandit à ce moment et sa croissance se fait donc par sauts successifs et non d'une manière continue. La mue est toujours pour l'individu une période critique. Souvent, comme chez certains insectes, elle correspond aux stades du développement larvaire, les adultes (imagos) conservant la même taille pendant toute leur vie.

L'appareil circulatoire des arthropodes est ouvert, le cœur a une forme tubulaire percée d'orifices pairs, les ostioles, par lesquelles il aspire le sang. Celui-ci est ensuite expulsé vers l'avant du corps où il s'épanche librement en baignant les organes. Le système nerveux est ganglionnaire.

Les arthropodes respirent par des sacs pulmonaires, des trachées ou des branchies. Les trachées forment un système de tubes ramifiés distribués dans tout le corps. L'air pénètre dans les trachées par des ouvertures, les stigmates, situés sur les flancs des articles. Les trachées ne servent pas uniquement à la respiration,

Armillifer armillatus (Pentastomida)

mais allègent également le corps et servent comme organe hydrostatique aux espèces aquatiques. Les grandes chambres aériennes servent également de résonateurs.

Les arthropodes sont le plus souvent gonochoriques, les femelles pondent des œufs ou donnent naissance à des jeunes déjà formés. L'œuf donne naissance à un nouvel individu, soit directement, soit indirectement en passant par plusieurs stades larvaires avant la transformation définitive. Parfois, un stade nymphal s'intercale entre le dernier stade larvaire et le stade adulte. Les larves sont soit très ressemblantes à l'individu adulte, soit au contraire elles s'en distinguent du tout au tout.

L'embranchement des arthropodes se divise en quatre sous-embranchements (en comptant le groupe disparu des trilobites) et en de nombreuses classes, ordres, familles, etc.

Les arachnides *(Arachnida)* sont essentiellement des organismes terrestres. Leur corps se subdivise en un prosoma (partie antérieure) et un opisthosoma (abdomen). Six paires d'appendices sont fixés sur le prosoma. La première paire est constituée par des chélicères (mâchoires) formées d'au moins trois articles et situées à l'avant de la bouche. Les chélicères portent des pinces, des griffes ou des aiguillons. La deuxième paire (pédipalpes ou pattes-mâchoires) est formée de nombreux articles et placée à côté de la bouche. Elle est de taille et d'aspect très variable. Les quatre autres paires sont adaptées à la course, au saut, à la prédation, etc.

Les plus grands arachnides sont les scorpions *(Scorpiones)*. Ils vivent dans les régions tropicales et subtropicales. Leur long abdomen se termine par un telson en pointe (queue) portant dans sa partie renflée une paire de glandes à venin. Les chélicères et les pédipalpes sont en forme de pinces, celles des pédipalpes, particulièrement développées, servant à la prise des proies. Le dimorphisme sexuel est imperceptible. Les femelles conservent les ovules fécondés dans leur corps jusqu'à la sortie des jeunes et ceux-ci passent d'abord un certain temps sur le dos maternel.

Les araignées *(Araneae)* présentent un opisthosome non segmenté porté par un pédoncule. Les pédipalpes ont une forme de pattes. Les chélicères sont reliés à une paire de glandes à venin qui s'étendent quelquefois jusqu'au prosoma. La partie postérieure du corps porte des glandes séricigènes qui débouchent à l'air libre par des filières. Les araignées utilisent leurs soies pour construire des abris, tisser des toiles ou des cocons, pour assurer leurs déplacements, etc. Certaines espèces capturent leurs proies à l'aide de ces toiles, d'autres recourent à des procédés plus directs. Les araignées sont gonochoriques et le dimorphisme sexuel est souvent accusé, la femelle étant plus grosse que le mâle. Dans de nombreux cas la femelle dévore le mâle au cours de l'accouplement. Le développement des jeunes araignées est direct. Chez certaines espèces, la femelle monte la garde près du cocon avec les œufs, voire surveille les jeunes après la naissance.

Les faucheux *(Opilionida)* présentent un abdomen segmenté largement réuni au céphalothorax. Les chélicères sont à pinces, les pédipalpes ressemblent à des pattes. Les autres pattes sont plusieurs fois plus grandes que le corps, très fines et très fragiles.

Les crustacés *(Crustacea)* sont des arthropodes essentiellement aquatiques. Ils respirent à l'aide de branchies ou par toute la surface de leur corps, les crustacés terrestres au moyen de trachées. Leur corps est protégé par une cuticule épaisse chargée de chitine et de carbonate de calcium, parfois complétée par une puissante carapace dorsale. La tête s'unit aux quelques articles suivants pour former un céphalothorax. Les segments de la tête, du thorax et de l'abdomen portent des appendices pairs — antennes, appareil buccal, pattes. Les branchies sont portées par la base des pattes. Les crustacés se nourrissent de manières très diverses selon leur milieu vital. De nombreuses espèces sont des parasites. Ils sont généralement gonochoriques et le développement est soit direct (comme chez l'écrevisse), soit indirect et passant par un stade larvaire *(nauplius)*, chez le crabe par exemple.

Le sous-embranchement des trachéates est le plus vaste groupe d'arthropodes. Il comprend des organismes très variés, et par leur taille, et par leur forme. La tête est généralement bien séparée du corps et porte une seule paire d'antennes. La respiration se fait le plus souvent par des trachées, certaines espèces minuscules pouvant respirer par toute la surface du corps.

Les diplopodes *(Diplopoda)* sont généralement petits, les plus grands d'entre eux ne dépassant pas 30 cm de longueur. Le corps est glabre ou couvert de soies, souvent protégé par une carapace. Tous les segments à partir du cinquième, portent deux paires de pattes. Celles-ci sont le plus souvent faibles et leur nombre n'est pas tout à fait fixe même dans le cadre d'une espèce. Les diplopodes ont sur la tête des yeux simples, souvent densément groupés, certains peuvent être aveugles. Ils se nourrissent essentiellement de végétaux.

Les chilopodes *(Chilopoda)* ont un corps constitué de nombreux segments aplatis (jusqu'à plusieurs dizaines) et d'une tête volumineuse. La tête porte une paire d'antennes et un appareil buccal adapté à la morsure composé de quatre paires d'appendices et réuni aux glandes à venin. Les pattes à huit articles sont locomotrices hormis la dernière paire qui a une fonction tactile. Les chilopodes sont des prédateurs.

Les insectes *(Insecta)* constituent le groupe le plus

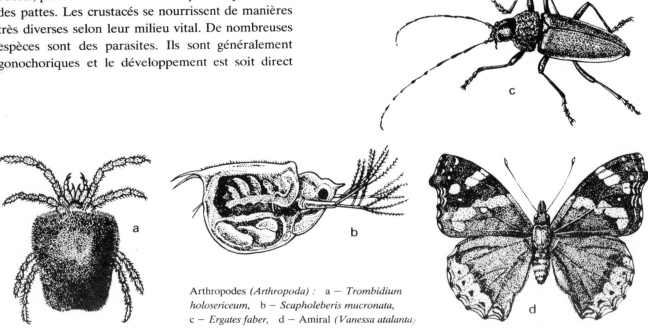

Arthropodes *(Arthropoda)* : a — *Trombidium holosericeum*, b — *Scapholeberis mucronata*, c — *Ergates faber*, d — Amiral *(Vanessa atalanta)*

important des trachéates. Ils se caractérisent par une grande diversité de formes, de couleurs, de tailles (la plus petite espèce ne dépasse pas un millimètre, la plus grande mesure entre 20 et 30 cm), et de modes de vie. Ils vivent dans le monde entier et ont une immense importance car ils sont irremplaçables et indispensables pour certains processus naturels tels que la fécondation des plantes, l'élimination des matières organiques en décomposition, la production de certaines matières premières d'importance économique, etc.

Le corps des insectes se subdivise en une tête, un thorax et un abdomen, chacune de ces parties correspondant à la réunion d'un certain nombre de segments. La tête porte les antennes, l'appareil buccal et les yeux, souvent composés et formés d'éléments simples, les ommatidies. Selon le mode d'alimentation, l'appareil buccal présente certaines adaptations morphologiques. On rencontre le plus souvent un appareil broyeur, formé d'une paire de mandibules surmontant une paire de maxilles. Les maxilles portent une paire de palpes, les palpes maxillaires, la deuxième paire, les palpes labiaux, étant portée par la lèvre inférieure ou labium. La transformation des mandibules et des maxilles en une trompe ou un rostre donne un appareil lécheur ou piqueur-suceur.

Le thorax des insectes est formé d'une partie antérieure ou prothorax, d'une partie médiane ou mésothorax et d'une partie postérieure ou métathorax. Sur la face ventrale de chaque segment s'articule une paire de pattes, et la face dorsale du méso-et du métathorax porte chacune une paire d'ailes. Les pattes sont formées de cinq articles et présentent un aspect différent selon leur fonction : course, chasse, creusement, etc. Les insectes ont le plus souvent deux paires d'ailes, certaines espèces n'en possèdent qu'une, certains groupes primitifs sont aptères, d'autres ont perdu leurs ailes secondairement, au cours de leur évolution. L'aile type est formée par une double membrane renfermant la nervuration. La surface de l'aile peut être glabre, velue, à écailles, à franges, etc. La première et la deuxième paire peuvent différer sensiblement au point de vue de la taille, de la forme et de la structure.

L'abdomen est la partie la plus développée du corps d'un insecte. A l'origine composé de onze segments, il se termine par divers appendices.

Les insectes sont généralement gonochoriques, parfois, les femelles se multiplient sans l'intervention de mâles (parthénogénèse). Le développement de l'insecte passe par une série de métamorphoses parfaites ou imparfaites. Dans la métamorphose parfaite (holométabolie), les œufs pondus par les femelles donnent naissance à des larves qui croissent, passent par plusieurs mues puis se nymphosent. C'est dans la nymphe qu'a lieu la transformation des organes larvaires en organes adultes après quoi naît enfin l'adulte (imago), très différent de la larve. Dans la métamorphose imparfaite (hétérométabolie) les œufs donnent naissance à des larves quelquefois nommées nymphes qui croissent, passent par plusieurs mues, la dernière donnant la forme imaginale. Dans ce cas le stade nymphal est inexistant, et les larves ressemblent souvent à la forme adulte, tout en étant plus petites, dépourvues d'organes sexuels et avec des ébauches alaires qui se développent progressivement. Chez certains groupes, ces grands types de métamorphoses deviennent d'une grande complexité.

Les odonates (Odonata) sont le plus souvent des espèces de grande taille présentant un long abdomen plus ou moins fin ou renflé, de grands yeux complexes et des mandibules puissantes. Ils vivent aux abords de l'eau, présentent des sexes séparés et se développent en passant par une métamorphose incomplète; les larves sont aquatiques.

Les mantes (Mantodea) possèdent des pattes caractéristiques servant à attraper la proie et fonctionnant sur le principe d'un couteau de poche. Elles vivent surtout dans les régions tropicales et subtropicales.

Les sauterelles (Ensifera) et les criquets (Caelifera) ont des ailes antérieures étroites et coriaces, les ailes postérieures sont membraneuses, plissées et repliées sous la paire antérieure. Les pattes postérieures sont souvent adaptées au saut.

Les hétéroptères ont un appareil buccal en forme de rostre articulé. Les ailes de la première paire (hémélytres) sont sclérifiées aux deux tiers de leur longueur, le troisième tiers étant membraneux comme la deuxième paire dans sa totalité. Les nymphes ressemblent à l'imago et passent par cinq stades évolutifs.

Les coléoptères (Coleoptera) ont le premier segment thoracique en bouclier, les ailes de la paire antérieure forment des élytres rigides recouvrant généralement tout l'abdomen y compris les ailes postérieures membraneuses. Les coléoptères occupent toutes sortes de biotopes, ont un régime alimentaire omnivore, carnivore ou végétarien. Ils subissent une métamorphose complète et la larve a le plus souvent un mode de vie différent de celui de l'imago. La nymphe est libre (tous les appendices ont leur propre enveloppe cuticulaire) et relativement mobile.

Les hyménoptères (Hymenoptera) se caractérisent par deux paires d'ailes membraneuses présentant une nervuration particulièrement lâche. La paire postérieure est la plus petite. L'abdomen est relié au thorax soit par toute sa largeur, soit par plusieurs segments amincis en pédoncules. Les femelles de certaines espèces sont dotées de tarières, parfois transformées en dard. Un grand nombre d'espèces forment des sociétés structurées. Les hyménoptères sont d'importants pollinisateurs et un grand nombre d'entre eux sont des parasites.

Les papillons *(Lepidoptera)* présentent généralement deux paires d'ailes, la plus grande étant la paire antérieure, toutes deux recouvertes d'écailles multicolores. La tête porte une paire d'antennes et un appareil buccal suceur doté d'une longue trompe. Les mâles et les femelles sont souvent fort dissemblables (dimorphisme sexuel). Les papillons passent par des métamorphoses complètes. Les larves, les chenilles, sont le plus souvent végétariennes, les nymphes sont des sortes de momies entourées d'une enveloppe rigide qui laisse deviner les parties du corps (chez les sphingidés on voit clairement l'enveloppe de la trompe). Les adultes boivent les sucs végétaux ou animaux.

Les diptères *(Diptera)* présentent des ailes antérieures membraneuses bien développées, les ailes postérieures étant transformées en balanciers *(halterae)*. La tête porte de grands yeux composés, souvent de couleurs vives, et un appareil buccal piqueur et suceur. La métamorphose est complète.

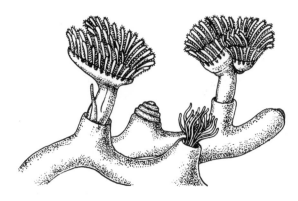

Plumatella repens (Ectoprocta)

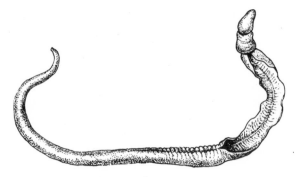

Balanoglossus clavigerus (Hemichordata)

Embranchement : TENTACULÉS *(Tentaculata)*

Organismes vivant fixés en eau douce ou en eau salée, soit solitaires, soit coloniaux. Le corps est enfermé dans une enveloppe, la cavité buccale est bordée de tentacules. Ce sont des animaux hermaphrodites se nourrissant de divers petits organismes.

Embranchement : STOMOCORDÉS *(Branchiotremata)*

Corps vermiculaire ou sacculiforme divisé en protosome ou gland, mésosome ou collier et métasome. Ce sont des animaux marins solitaires ou coloniaux, libres ou protégés par un tube. Chez les espèces fouisseuses dans la vase (Entéropneustes), le gland est consolidé à l'intérieur par une expansion ligamenteuse.

Embranchement : ÉCHINODERMES *(Echinodermata)*

Embranchement comportant plusieurs milliers d'espèces dans les temps géologiques reculés, de nos jours réduit à quelques vestiges. Les échinodermes ont un corps de forme variable, avec une symétrie radiale à l'âge adulte, le plus souvent de type cinq (le nombre de bras ou de stries est de cinq ou un multiple de cinq). Un épiderme mince recouvre un squelette formé de spicules ou de plaquettes calcaires, etc. L'organisation interne est complexe et se caractérise surtout par le système ambulacraire qui est un ensemble de vaisseaux aquifères. La plaque perforée dorsale (plaque madréporique) laisse entrer l'eau dans un canal calcaire qui la conduit dans les canaux radiaires ramifiés. Les ramifications des canaux communiquent avec les pieds ambulacraires qui sont les organes de locomotion à proprement parler. Chacun de ces pieds est en fait un cylindre musculeux évaginable terminé par une plaquette. Lorsque l'ambulacre se remplit d'eau, il s'évagine par une petite ouverture du test. Au contact d'un objet, les muscles ambulacraires se contractent chassant l'eau du pied et la ventouse terminale adhère fermement à son support. Les échinodermes se hissent ainsi lentement d'un endroit du fond à un autre par une alternance de succions et de relâchements. Le système ambulacraire sert également à la respiration et à la prise de nourriture et ne présente pas de cas analogue dans tout le règne animal.

Les échinodermes vivent sur les fonds marins. Ce sont des animaux gonochoriques ou hermaphrodites et le développement de l'œuf passe par un stade larvaire à symétrie bilatérale, nageant librement dans le plancton avant de se métamorphoser.

Les crinoïdes *(Crinoidea)* ont un corps en forme de calice transitoirement porté par un pédoncule, avec des bras possédant une grande capacité de régénération. La bouche et l'anus sont placés à l'intérieur du calice et tournés vers le haut.

Les holothuries *(Holothuroidea)* ont un corps cylindrique protégé par une épaisse peau épineuse. La bouche est orientée latéralement et se trouve dans la partie antérieure du corps. Les holothuries restent immobiles sur le flanc au fond de l'eau ou se déplacent en nageant.

Les astérides *(Asteroidea)* et les ophiures *(Ophiuroidea)* présentent un corps aplati avec une bouche tournée vers le bas. Le corps en forme de disque se transforme progressivement en bras, le squelette est constitué par des plaquettes et il est souvent épineux. Les bras et les pieds ambulacraires des astérides assurent la locomotion. Les astérides sont gonochoriques et leur développement est direct, les œufs donnant directement naissance à de petites étoiles. Les étoiles de mer sont des animaux prédateurs qui capturent leur nourriture essentielle, les bivalves, en écartant leur coquille à l'aide de leurs tentacules. En cas d'insuccès, elles introduisent une partie du sac stomacal entre les valves et y injectent leurs sucs gastriques. Elles gobent ensuite le corps prédigéré de leur victime. Les ophiures ont de longs bras souvent ramifiés, très souples, qui servent à la locomotion, les pieds ambulacraires ayant une fonction tactile. La bouche assure également une fonction d'élimination et l'estomac n'est pas dévaginable ici. Le développement passe par un stade larvaire *(ophiopluteus)*. On les trouve dans les mers et les deltas des fleuves.

Les échinidés *(Echinoidea)* ont également une bouche tournée vers le fond, mais leur corps est sphérique, cordiforme ou discoïdal, sans bras. L'anus et la bouche sont soit sur un même axe vertical de part et d'autre du corps *(Regularia)*, soit sont déplacés et le corps possède une symétrie bilatérale *(Irregularia)*. Le test est massif, souvent épineux. Chez certaines espèces apparaît un appareil masticateur nommé la lanterne d'Aristote. Les oursins sont gonochoriques et les œufs donnent naissance à des larves nommées échinopluteus, d'abord libres dans le plancton, plus tard fixées.

Embranchement : POGONOPHORES *(Pogonophora)*

Organismes filiformes aux longs tentacules mobiles. Ils vivent dans la vase des profondeurs marines et se cachent dans des tubes dont les parois sont faites d'une substance de type cellulosique. C'est l'embranchement animal le plus récemment découvert.

Embranchement : CHÉTOGNATHES *(Chaetognatha)*

Organismes du plancton marin au corps non segmenté et transparent, à symétrie bilatérale avec des nageoires latérales horizontales. Le système digestif existe, mais non l'appareil vasculaire ou excréteur. Les chétognathes sont hermaphrodites et se développent directement.

Embranchement : CORDÉS *(Chordata)*

A côté des caractères déjà existants dans les autres embranchements (corps à symétrie bilatérale, présentant une extrémité apicale et dorsale bien différenciée, une segmentation, un appareil circulatoire fermé, des fentes branchiales fût-ce uniquement à l'état embryonnaire) les cordés présentent un ensemble de caractères spécifiques.

Ils sont dotés d'une baguette squelettique interne, la corde dorsale, antécédent évolutif de la colonne vertébrale. La corde est une formation souple compo-

Echinodermes *(Echinodermata)*: a — système ambulacraire de l'Oursin de mer, b — *Cenocrinus asteria*, c — *Holothuria tubulosa*.

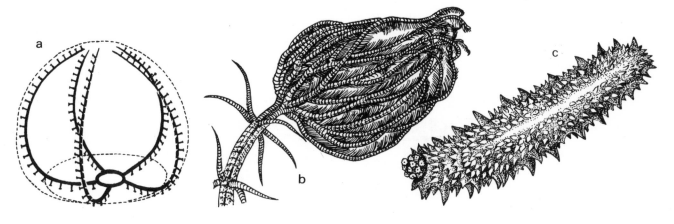

sée de cellules à forte tension interne. Elle traverse longitudinalement le corps de l'animal et est située sous le cordon nerveux. Chez les cordés inférieurs, elle persiste pendant toute la vie de l'animal, chez les cordés supérieurs elle n'est présente qu'au stade embryonnaire et totalement ou partiellement remplacée par la colonne vertébrale à l'âge adulte. Le tube digestif passe sous la corde et au-dessus du cœur et débouche sur la face ventrale du tronc. Le sang circule dorsalement de la tête vers la queue, ventralement en sens inverse, donc dans le sens contraire de ce qui se passe par exemple chez les annélides.

L'embranchement des cordés se subdivise en trois sous-embranchements d'importance inégale (les tuniciers, avec quelque 2000 espèces, les acraniens avec 18 espèces et les vertébrés avec 40 000 espèces.)

Les tuniciers *(Urochordata, Tunicata)* présentent une corde toujours développée au stade larvaire, mais ne persistant à l'âge adulte que chez les appendiculaires. Leur corps n'est pas segmenté, l'épiderme sécrète une tunique gélatineuse formée par un polysaccharide, la tunicine, proche de la cellulose. Ce sont des animaux solitaires ou coloniaux, marins, soit pélagiques, soit fixés. Ils se nourrissent de plancton et sont hermaphrodites, avec un développement souvent très complexe, marqué par une hétérogonie, alternance de générations sexuées et asexuées et de formes solitaires et coloniales.

Les céphalocordés sont des organismes translucides atteignant jusqu'à 7 cm de longueur. Leur musculature comme leurs organes sexuels sont nettement segmentés, leur corde se maintient durant toute la durée de leur existence, leur système vasculaire est fermé, mais le cœur est inexistant. Ils vivent dans la zone littorale des mers chaudes et tempérées, généralement à une profondeur de 10 à 50 m, le plus souvent enfouis obliquement dans le fond sableux, l'extrémité céphalique vers le haut. Ils sont capables de nager grâce aux ondulations de leur corps.

Le sous-embranchement des vertébrés *(Vertebrata)* constitue le groupe le plus important des cordés. Leur corps se différencie en une tête, un corps et une queue, et il est protégé par un épiderme stratifié produisant le pelage, les écailles ou les plumes. Le corps est également renforcé par un endosquelette osseux ou cartilagineux. Les membres sont bien mobiles et constituent l'organe essentiel de la locomotion chez un grand nombre d'espèces. Le système nerveux central se subdivise en un cerveau et une moelle épinière. Les vertébrés possèdent des organes sensoriels complexes (tous les groupes ont en commun des yeux dotés d'une chambre, un labyrinthe membraneux auriculaire et un système olfactif développé). Les échanges alimentaires sont intenses, ce qui va de pair avec la mobilité et la recherche active de la nourriture.

Les zoologues divisent généralement les vertébrés en deux groupes selon le mode de développement de l'embryon. Ces groupes n'ont cependant aucune valeur systématique et ne figurent donc pas dans notre tableau. Les vertébrés anamniotes *(Anamnia)* pondent leurs œufs dans l'eau et leurs embryons sont dépourvus d'enveloppes annexes, amnios et chorion. Ce groupe comprend les poissons et les amphibiens. Les amniotes *(Amniota)* regroupent les reptiles, les oiseaux et les mammifères, dont les embryons se développent au sein d'annexes embryonnaires. Celles-ci (l'allantoïde, l'amnios et le chorion) sont des organes spécifiques qui ne se forment qu'avec l'embryon. Les amniotes pondent leurs œufs toujours en milieu sec ou donnent naissance à des individus déjà formés.

La présence ou l'absence de mâchoires est un caractère fondamental qui permet de diviser les vertébrés en super-classes. Les agnathes *(Agnatha)* se limitent de nos jours à la seule classe des cyclostomes *(Cyclostomata)*. Les cyclostomes sont dépourvus de mâchoire et possèdent une bouche de type ventouse dotée d'une langue puissante. Le corps est serpentiforme, bordé d'une longue nageoire et consolidé par une corde. Ce sont des organismes aquatiques, les espèces marines de lamproies parasitent différents poissons, les espèces dulçaquicoles ne s'alimentent généralement pas à l'âge adulte. Les larves (lamprillons) se nourrissent de particules organiques.

Toutes les classes de vertébrés restantes font partie du groupe des gnathostomes *(Gnathostomata)*. Ils possèdent également un encéphale plus complexe, formé de cinq parties, deux paires de membres (qui peuvent être secondairement atrophiés) et trois

Siboglinum fiordicum (Pogonophora)

Sagitta hexaptera (Chaetognatha)

conduits hémicycliques dans l'oreille interne. Les formes sont généralement de grande taille. Ils occupent tous les biotopes auxquels ils se sont parfaitement adaptés.

Les chondrichthyens vivent presque exclusivement dans les mers chaudes, seules quelques espèces sont cosmopolites ou pénètrent dans les eaux douces. Les requins sont des prédateurs pélagiques, les raies sont benthiques (fonds marins) et les chimères sont des poissons cartilagineux des grandes profondeurs. Lorsqu'elles ne sont pas vivipares, les femelles pondent leurs œufs dans l'eau et les jeunes se développent de façon directe. Ils sont dotés d'un grand sac vitellin dont le contenu leur sert de nourriture durant les premiers jours de leur vie. Une fois cette réserve épuisée, ils commencent à s'alimenter de façon autonome en consommant de menus organismes animaux. Leur épiderme est couvert d'écailles en plaques, plus rarement, il peut être nu. La corde se maintient durant toute leur vie. Le squelette est cartilagineux, le corps des vertèbres est déjà calcifié. Le cerveau présente des lobes olfactifs très développés. Les chondrichthyens sont dépourvus de vessie natatoire. Les formes de grande dimension dominent.

Les requins (*Lamniformes*) ont un corps en forme de torpille, et sont des nageurs rapides et efficaces. L'épiderme porte des écailles placoïdes qui se prolongent sur les mâchoires et forment plusieurs rangées de dents généralement grandes et aiguës. A l'arrière de la tête se trouvent 5 à 7 fentes branchiales. Les requins sont pour la plupart carnassiers, les plus grandes espèces (longues d'une vingtaine de mètres) se nourrissent de plancton qu'elles filtrent par des excroissances des arcs branchiaux un peu comme les baleines avec leurs fanons. Certaines espèces sont dangereuses pour l'homme.

Les raies (*Rajiformes*) présentent un corps aplati dorsoventralement, terminé par une queue en forme de fouet. Les fentes branchiales s'ouvrent sur la face ventrale et les bords des nageoires sont soudés aux flancs. Les raies se nourrissent surtout de mollusques.

Les poissons osseux (*Osteichthyes*) forment un groupe d'une exceptionnelle variété dont la répartition systématique est un fréquent sujet de controverses. Ce sont exclusivement des vertébrés aquatiques présentant généralement un corps de forme hydrodynamique couvert d'écailles osseuses (ou secondairement nu). La corde est le plus souvent étranglée par le corps des vertèbres, le squelette est osseux, avec des os dits épidermiques qui existent surtout au niveau de la tête. Les branchies sont enfermées dans une cavité branchiale et solidement protégées par des opercules. La fécondation est le plus souvent externe.

Les dipneustes (*Dipnoi*) peuplent les eaux vaseuses peu profondes des régions tropicales. Ils possèdent des sacs pulmonaires et sont donc capables de respirer l'oxygène de l'air. Certaines espèces passent la saison sèche enfouies dans le sol dans des cocons particuliers et plongées dans un sommeil cataleptique.

Les poissons supérieurs, les téléostomes (*Teleostomi*) respirent par des branchies qui absorbent l'oxygène dissous dans l'eau; chez certains groupes apparaissent des organes respiratoires qui permettent au moins un séjour temporaire hors de l'eau. Les poissons supérieurs vivent en eau douce, saumâtre ou marine et peuvent être migrateurs. Certaines espèces, comme les saumons, sont anadromes : elles vivent dans les mers et remontent les rivières au moment du frai. D'autres, comme les anguilles, sont catadromes et descendent au contraire dans les mers pour frayer.

Les esturgeons (*Acipenseriformes*) constituent l'unique ordre survivant de poissons cartilagineux (*Chondrostei*). Ils présentent une corde entièrement conservée, un squelette cartilagineux, un corps portant des rangées de plaques osseuses et une tête étirée en un mufle (*rostrum*) portant à sa partie ventrale des barbes tactiles entourant la bouche. Ce sont des poissons d'eau douce, saumâtre ou marine.

Les vrais poissons osseux ou téléostéens (*Teleostei*) sont évolutivement le plus jeune groupe de poissons. Ils possèdent un squelette essentiellement osseux aux vertèbres bien développées, dont les corps repoussent fortement la corde dans les espaces inter-vertébraux. Les organes locomoteurs sont les nageoires (ventrales et pectorales paires, dorsale, caudale et anale impaires). Celles-ci peuvent être soudées en une bande continue (chez les anguilles). Le corps est couvert d'écailles osseuses vraies. La ligne latérale représente un important organe sensoriel. Les poissons osseux pondent souvent une très grande quantité d'œufs minuscules qui sont fécondés dans l'eau.

Les clupéiformes (*Clupeiformes*) sont des poissons marins ou dulçaquicoles, généralement d'excellents nageurs. Les rayons des nageoires sont mous, les écailles sont cycloïdes (le bord implanté dans la peau est lisse). Certains groupes comme les salmonidés et les thymallidés présentent une « nageoire adipeuse » caractéristique située entre la nageoire dorsale et la nageoire caudale.

Les cypriniformes (*Cypriniformes*) vivent presque exclusivement en eau douce. Le bord des nageoires possède quelques rayons rigides, la peau est couverte d'écailles cycloïdes et les arcs branchiaux portent souvent des excroissances en forme de dents. Le signe caractéristique est ici l'appareil de Weber dont les osselets relient l'oreille interne à la vessie gazeuse.

Les anguilliformes *(Anguilliformes)* sont des poissons migrateurs, au corps serpentiforme portant une nageoire continue résultant de la fusion de la nageoire dorsale, caudale et anale. Une seule espèce existe en Europe, l'anguille *(Anguilla anguilla)*.

Les gadiformes *(Gadiformes)* sont des poissons pélagiques aux écailles menues et aux nageoires dotées de rayons mous, les nageoires ventrales étant situées à l'avant des nageoires pectorales.

Les perciformes *(Perciformes)* constituent l'ordre le plus vaste et le plus évolué. Ils vivent en eau douce ou marine. Les écailles sont cténoïdes (le bord planté dans la peau est épineux), les nageoires comportent plusieurs rayons osseux, les nageoires ventrales sont placées en avant des pectorales, les dorsales sont souvent au nombre de deux.

Les amphibiens *(Amphibia)* sont tributaires des sites humides où ils vivent sur le sol, certaines espèces dans les arbustes, voire dans les arbres. On ne les trouve ni dans les mers, ni dans les déserts, ni dans les régions polaires. Les amphibiens constituent une transition entre les vertébrés aquatiques et les habitants de la terre sèche. Ils représentent le premier groupe évolutif doté de membres pairs adaptés à la locomotion terrestre. Les sujets adultes respirent essentiellement à l'aide de poumons, les larves sont aquatiques et respirent par des branchies. La peau des amphibiens est fine, nue, munie de nombreuses glandes à mucus et intervenant dans la respiration. La colonne vertébrale présente une section cervicale, thoracique, lombaire et parfois caudale. Les amphibiens peuvent pondre leurs œufs ou être ovovivipares (les œufs sont conservés dans le corps et pondus au moment de leur éclosion ou immédiatement après). Les larves (têtards) sont dotés d'une queue et d'abord apodes. Les pattes antérieures se forment les premières, mais elles restent d'abord recouvertes de peau si bien que ce sont les pattes postérieures qui sont les premières visibles. La queue disparaît en dernier. La métamorphose du têtard en grenouille se produit sous l'effet des hormones thyroïdiennes. Les têtards se nourrissent essentiellement d'aliments végétaux. De nombreuses espèces d'amphibiens ont des manières très intéressantes de soigner leurs descendants. Les espèces de la zone tempérée passent la mauvaise saison enfouies dans la terre ou la vase dans un sommeil cataleptique.

Les grenouilles (Anoures) vivent pratiquement dans le monde entier. Ce sont les plus évolués des amphibiens. Elles présentent un corps ramassé, aux membres antérieurs courts, aux membres postérieurs puissamment développés, une oreille moyenne bien formée et de vastes cavités remplies de lymphe sous la peau. La fécondation est externe. Les grenouilles sont bien adaptées à la natation qu'elles pratiquent d'une manière unique parmi tous les organismes aquatiques et amphibiens.

Les tritons (Urodèles) présentent un corps allongé, terminé par une queue et des membres de longueur égale. L'oreille moyenne est souvent atrophiée. Certaines espèces ont une respiration pulmonaire, d'autres conservent leurs branchies pendant toute leur existence. La fécondation est interne. Les mâles sont dépourvus d'organe copulateur, mais ils libèrent dans l'eau des spermatophores (enveloppes séminales) que les femelles récoltent grâce à leur cloaque. Les femelles sont le plus souvent ovipares. Les larves sont aquatiques. Certains tritons ont une tendance à la néoténie (multiplication sexuée des larves). La plupart des espèces vivent en zone tempérée et on n'en rencontre ni en Afrique tropicale, ni en Australie.

Les apodes *(Apoda)* sont le groupe le plus spécialisé de cette classe. Ils sont dépourvus de membres, n'ont pas d'oreille moyenne, présentent une peau extérieurement segmentée si bien qu'ils ressemblent à des annélides, et leurs yeux sont couverts de peau. Ce sont des animaux de milieu humide, vivant surtout dans le sol, les larves se développent dans l'eau. Les femelles sont soit vivipares, soit ovipares et dans ce cas protègent souvent les œufs de leur corps jusqu'à l'éclosion.

Les reptiles *(Reptilia)* sont entièrement adaptés à la vie terrestre. Leur corps est recouvert d'une peau écailleuse ou à plaquettes, toujours sèche, pratiquement dépourvue de glandes. Ce sont les premiers vertébrés chez qui on remarque nettement la différenciation de la région cervicale de la colonne vertébrale, qui possèdent une cage thoracique plus ou moins fermée et des muscles respiratoires intercostaux. Ce sont également les premiers dont les embryons se développent dans des annexes membraneuses. La coquille de l'œuf est calcifiée ou parcheminée et les œufs sont toujours pondus sur terre sèche, mais sans être activement couvés. Certaines espèces sont vivipares ou ovovivipares. Le mâle possède un organe copulateur pair.

Les reptiles possèdent un squelette osseux, aux os crâniens caractéristiquement réduits par l'évolution. Les dents (lorsqu'elles existent) ne servent pas à la mastication mais à la capture de la proie et elles peuvent être reliées à des glandes à venin, injectant celui-ci dans la plaie au moment de la morsure. Parmi les fonctions sensorielles, l'olfaction et la vision sont les mieux développées. Les reptiles vivent dans le monde entier à l'exception des pays froids et dans tous les milieux à l'exception du milieu aérien. Bien qu'ils aient un sang froid (poïkilothermie), ils parviennent dans une certaine mesure à conserver une température corporelle supérieure à celle du milieu.

Les tortues *(Chelonia)* constituent un groupe de reptiles archaïques qui n'ont que peu évolué depuis le permien à nos jours. Leur tronc est protégé par une carapace, osseuse sous les plaquettes cornées, parfois fortement réduite. Les dents sont absentes, mais les arêtes aiguës des mâchoires les remplacent dans leur fonction. Les membres des tortues sont puissants, adaptés au creusement ou à la natation. Les tortues respirent l'oxygène aérien par leurs poumons, chez les espèces marines apparaissent des sacs rectaux secondaires dont les parois sont capables d'absorber l'oxygène aquatique. Les tortues ne sont jamais vivipares. Elles pondent toujours leurs œufs sur terre sèche et la période d'incubation est parfois très longue (jusqu'à un an dans certains cas).

Les squamates *(Squamata)* sont des reptiles essentiellement terrestres. Leur peau est couverte d'écailles ou de plaquettes, etc. La couche supérieure de l'épiderme subit des mues à intervalles réguliers et se desquame en lambeaux (lézards) ou en une seule pièce (serpents). Les os du crâne sont souvent articulés et sont donc mobiles entre eux.

Les sauriens *(Sauria)* présentent généralement des membres bien développés. Lorsqu'ils sont atrophiés, le squelette conserve les traces des ceintures et du sternum. Les deux moitiés de la mâchoire inférieure sont soudées à l'avant. Les yeux sont généralement développés et possèdent des paupières mobiles; parfois, on aperçoit les restes d'un œil médian. En cas de danger, certaines espèces sont capables de se sectionner au niveau de la queue (autotomie), celle-ci repoussant partiellement par la suite.

Les serpents *(Ophidia)* sont dépourvus de membres et les restes des ceintures et du sternum ont également disparu sauf chez les boïdés où l'on note les vestiges d'une ceinture pelvienne. Les os du crâne sont en forme de bâtonnets extrêmement mobiles. Les deux parties de la mâchoire inférieure sont reliées à l'avant par un ligament souple et les mouvements alternés des deux moitiés, à contre-temps, facilitent la déglutition des proies de grande taille. La longue langue fourchue sert au prélèvement d'informations olfactives qu'elle transmet au sensible organe de Jacobson. L'oreille moyenne est atrophiée et les serpents sont donc quasiment sourds. Les dents sont aiguës, recourbées en arrière, parfois reliées aux conduits des glandes à venin. La proie (souvent volumineuse) est parfois avalée vivante, parfois étranglée par les boucles du corps, parfois tuée par une morsure venimeuse. Les serpents se déplacent en rampant, et ce mode de locomotion fait intervenir à la fois les côtes et une puissante musculature.

Les oiseaux *(Aves)* présentent une adaptation primaire au vol actif; seules certaines espèces sont exclusivement terrestres (autruches) ou aquatiques (pingouins). Leur corps est couvert d'un épiderme sec, exception faite de la glande à graisse uropygienne. Cette peau est recouverte d'une protection unique, caractéristique des oiseaux : le plumage. Les mâchoires sont transformées en bec, les membres antérieurs en ailes et les oiseaux se déplacent sur un support solide exclusivement sur leurs pattes postérieures. Le squelette est osseux, généralement allégé par la fixation des os longs sur les sacs pulmonaires. Ceux-ci constituent un réservoir d'air et allègent le poids spécifique du corps de l'oiseau, limitent la friction intermusculaire, prennent part à la thermorégulation, peuvent servir de résonateurs ou atténuer le choc du corps contre la surface aquatique comme c'est le cas chez les sulidés (fou). La musculature est très développée, surtout en ce qui concerne les muscles qui interviennent dans le vol.

Au point de vue sensoriel, la vision prime chez les oiseaux, mais les autres sens sont également bien aiguisés. Les yeux des oiseaux sont les plus perfectionnés de tous les vertébrés et représentent sans conteste les plus parfaits des analyseurs visuels qui soient. La fécondation est ici toujours interne. Elle se réalise généralement par un rapprochement des cloaques des deux partenaires et la projection du sperme dans les voies sexuelles de la femelle. Seuls quelques rares mâles possèdent un pénis : autruches, canards. En liaison avec la fonction reproductrice, on assiste chez les oiseaux à l'apparition d'un grand nombre de rites complexes qui constituent la pariade. Les oiseaux pondent des œufs dotés d'une coquille calcaire, ils les couvent généralement activement et soignent les jeunes après l'éclosion. Dans certains groupes, les jeunes sont entièrement tributaires des soins parentaux, ils sont nidicoles et éclosent nus ou couverts seulement d'un duvet, aveugles, souvent sourds, présentant une thermorégulation limitée et une mobilité restreinte. C'est le cas des passereaux par exemple. Dans d'autres groupes, les oisillons éclosent déjà couverts de plumes, bien mobiles et présentant des sens déjà en bon fonctionnement : ils sont dits nidifuges. Les poussins des galliformes ou les jeunes des ansériformes se nourrissent immédiatement de façon autonome, les parents se contentant de les conduire, de les réchauffer et de les protéger, chez d'autres groupes, comme les mouettes ou les grèbes les parents assurent également la fonction nourricière. Les oiseaux sont les premiers vertébrés qui présentent une thermorégulation bien au point. Leur température corporelle avoisine 40 °C. La nourriture des oiseaux est très variée et leur métabolisme est le plus intense de tous les vertébrés. Ils vivent dans toutes les régions du monde, dans tous les biotopes terrestres ou aériens sans souci des conditions climatiques (grâce à la thermorégulation) et se sont parfaitement adaptés à ces biotopes. On ne peut cependant dire qu'aucune espèce d'oiseaux soit exclusivement aquatique (ils nichent sur la terre ferme), ni exclusivement souterraine.

Les grèbes *(Podicipediformes)* sont de bons nageurs dotés de pattes repoussées vers l'arrière et sur les côtés du corps. Les doigts sont bordés d'une membrane natatoire non continue. Le plumage du ventre est exceptionnellement fin et dense. Les jeunes sont nidifuges, mais dépendent des parents pour leur nourriture. Souvent les parents les transportent accrochés sur leur dos.

Les pélicans *(Pelecaniformes)* sont de grands oiseaux aquatiques aux pattes adaptées à la locomotion dans l'eau. Ils se nourrissent toujours de poissons, possèdent un bec puissant et souvent une poche qui leur sert de réservoir de nourriture. Ils pêchent leurs proies sous l'eau (cormorans), en se laissant tomber d'une grande hauteur (fous) ou en chassant les poissons collectivement vers les hauts fonds (pélicans). Ils nichent en troupes sur le sol ou dans les arbres. Les jeunes sont nidicoles.

Les échassiers *(Ciconiiformes)* sont le plus souvent des oiseaux aux longues pattes adaptées à la marche dans la vase, au long cou et au bec bien développé. Lorsqu'ils volent, ils tendent les pattes en arrière. Le port du cou est soit tendu en avant (cigognes) ou replié en esse (hérons). Les ailes sont larges, généralement adaptées au vol plané. Ce sont des oiseaux qui vivent à proximité des eaux douces, nichant dans les roseaux, sur les arbres ou sur les cheminées. Les jeunes sont nidicoles.

Les ansériformes *(Anseriformes)* ont généralement un bec court, présentant souvent des lamelles cornées latérales (permettant de filtrer la nourriture). Les pattes sont courtes, le jabot est présent, ainsi qu'un pénis chez les mâles. La glande sécrétrice uropygienne est bien développée. Les ansériformes vivent aux abords des eaux, sont bien adaptés au vol et à la natation, certaines espèces sont plongeuses. Ils nichent surtout au sol et les jeunes sont nidifuges.

Les rapaces *(Falconiformes)* se distinguent par leur court bec crochu aux arêtes aiguës et leurs pattes puissantes et griffues. Ce sont pour la plupart d'excellents chasseurs, au vol parfait, certaines espèces comme les vautours, etc. se nourrissent de charognes. Les falconiformes sont des rapaces diurnes à la vision perçante. Ils nichent généralement en hauteur, au faîte des arbres, sur les rochers, etc. Les espèces de grande taille comme les aigles ne pondent qu'un à deux œufs à la fois. Les jeunes sont nidicoles.

Les galliformes *(Galliformes)* ont des pattes adaptées au grattage du sol, un bec court, un jabot. Le mâle et la femelle sont souvent très dissemblables. Les galliformes vivent surtout au sol, ne nagent pas, ne se baignent pas. Les femelles pondent une grande quantité d'œufs et les jeunes sont nidifuges.

Les gruiformes *(Gruiformes)* se caractérisent par leur long bec fin et pointu, l'absence de jabot, un habitat steppique ou riparial. Ils nichent au sol, les jeunes sont nidifuges et peuvent dépendre de leurs parents pour l'alimentation.

Les charadriiformes *(Charadriiformes)* sont essentiellement des oiseaux aquatiques, souvent parfaitement adaptés au vol. Ils vivent dans le monde entier y compris les régions polaires. Ils se nourrissent d'organismes animaux. Ils nichent au sol, sur les rives, dans les rochers, souvent en colonies. Ils pondent de un à quatre œufs, les jeunes sont nidicoles ou nidifuges.

Les columbiformes *(Columbiformes)* présentent un court bec typique, fortement renflé à la base dans la région des narines, et des pattes ambulatoires. La glande uropygienne est absente et il n'y a pas de duvet. Les columbiformes se nourrissent de fruits et de grains. Ils pondent généralement 2 œufs, les jeunes sont nidicoles et les parents les nourrissent tout d'abord à l'aide d'une sécrétion spéciale du jabot, ayant une consistance de fromage blanc. Lorsqu'ils boivent, ils aspirent l'eau dans leur bec submergé, à la différence des autres oiseaux qui prélèvent un peu d'eau dans leur bec et l'avalent en relevant la tête.

Les strigiformes *(Strigiformes)* sont des rapaces nocturnes aux grands yeux, au bec crochu et aux fortes pattes dotées de serres puissantes. Au contraire des autres groupes chez qui la paupière inférieure est mobile, les strigiformes abaissent la paupière supérieure. Leur plumage est doux et abondant, ce qui rend leur vol particulièrement silencieux. Les rapaces nocturnes nichent dans les arbres creux, dans des nids délaissés par d'autres oiseaux ou au sol. Les jeunes sont nidicoles.

Les coraciiformes *(Coraciiformes)* ont un bec bien développé, un plumage dur et coloré et les doigts généralement soudés à la base. Ils nichent toujours dans des creux (arbres ou rivages à pic) et leurs jeunes sont nidicoles.

Les piciformes *(Piciformes)* présentent des pattes grimpeuses et un plumage raide ; les pics s'appuient même sur leur queue pour grimper le long des troncs. Ils sont arboricoles et vivent dans les creux des arbres ou dans des terriers. Les jeunes sont nidicoles.

Les passereaux *(Passeriformes)* sont l'ordre le plus évolué et le plus représenté. Leur aspect est aussi varié que leurs adaptations. Ils ont cependant en commun des pattes, dont les quatre doigts sont placés à la même hauteur et sont à peu près de longueur égale, un nombre réduit de vertèbres cervicales et un appareil chanteur *(syrinx)* situé dans la gorge. Les passereaux construisent toujours un nid, les jeunes sont nidicoles. Ils quémandent leur nourriture en ouvrant largement leur bec aux commissures souvent très colorées comme l'est d'ailleurs l'intérieur de la cavité buccale.

Les mammifères *(Mammalia)* sont initialement adaptés à la vie sur la terre ferme. Ils représentent le groupe le plus évolué de tous les vertébrés. Ce sont des animaux à sang chaud (homéothermes), dont la température interne se situe le plus souvent aux alentours de 36 à 39 °C. Les jeunes qui sont nidicoles, certains marsupiaux, monotrèmes ou xénarthres présentent une température variable, plus basse que la normale. Chez les mammifères qui entrent en hibernation durant la mauvaise saison la température s'abaisse fortement, souvent jusqu'à atteindre celle du milieu ambiant. La peau des mammifères renferme un grand nombre de glandes diverses ; la modification des glandes sudoripares a donné naissance aux glandes lactéales typiques de la classe. Le pelage est une formation dermique caractéristique composée de poils de forme variable. La transformation des poils donne naissance aux piquants (hérissons ou porcs-épics), aux écailles (pangolins) ou plaquettes (tatous).

Le crâne des mammifères présente une seule articulation, apparue de manière secondaire, celle qui unit la mâchoire inférieure au reste de la boîte crânienne. Un os unique, pair, forme cette mâchoire inférieure. Les mammifères sont aussi les seuls vertébrés dont la capsule de l'oreille moyenne comporte trois osselets auditifs, enclume *(incus)*, étrier *(stapes)* et marteau *(malleus)*. La partie cervicale de la colonne vertébrale est généralement composée de sept vertèbres. Les dents sont généralement différenciées en incisives, canines, prémolaires et molaires. A l'origine, la mâchoire des placentaires adultes porte sur chacune de ses moitiés trois incisives, une canine, quatre prémolaires et trois molaires. Ce nombre est secondairement réduit (chez les herbivores) ou au contraire accru (les dauphins ont jusqu'à 250 dents). De même, les dents distinctes à l'origine peuvent se simplifier secondairement jusqu'à se ressembler toutes, comme chez les dauphins. Les membres prévus à l'origine pour la locomotion terrestre ont chez une multitude d'espèces subi des adaptations diverses : à la vie arboricole, aquatique, souterraine, etc. Les mammifères marchent en s'appuyant soit sur toute la surface du pied (ursidés, insectivores), soit sur les phalanges (félidés), soit encore sur la ou les pointes des doigts (périssodactyles, artiodactyles).

Le cœur est parfaitement divisé en deux oreillettes et deux ventricules si bien que le sang oxygéné ne se mélange jamais au sang appauvri en oxygène. Les mammifères possèdent également un caractère particulier, l'épiglotte, qui ferme le larynx au moment de la déglutition. Chez un grand nombre d'espèces les muscles faciaux sont bien développés et capables de mimiques expressives.

Les mammifères peuplent tous les milieux terrestres. Les cétacés et les siréniens sont exclusivement aquatiques, les chiroptères sont au contraire capables d'un vol actif.

La multiplication intervient de trois manières différentes auxquelles correspond la conformation des organes sexuels femelles.

Les protothériens pondent des œufs et les gardent sous le ventre (ornithorynque) ou dans une poche spéciale (échidnés). Après leur naissance, les jeunes se nourrissent du lait maternel qu'ils lèchent au niveau des champs mammaires car les mamelles ne sont pas encore développées dans ce groupe. L'appareil génital femelle rappelle celui des reptiles, avec des voies paires débouchant dans un cloaque.

Les femelles des marsupiaux *(Metatheria)* présentent des voies génitales différenciées en un oviducte, un utérus et un vagin pairs (chez certaines espèces les utérus se soudent). Les embryons possèdent un placenta vitellin et des capillaires de cette vésicule vitelline assurent la communication entre l'utérus maternel et l'embryon. Les jeunes marsupiaux naissent à un stade très imparfait (même de grands kangourous mettent bas des petits ne dépassant pas 2 cm de longueur) et doivent ensuite « mûrir » dans le marsupium (repli de peau) du ventre maternel. Alors que la période de gestation des marsupiaux se mesure en jours, la durée du développement postnatal dans la poche maternelle s'étend sur plusieurs mois.

Chez les femelles des mammifères placentaires *(Eutheria* ou *Placentalia)*, les parties inférieures des voies génitales forment un vagin unique, tandis que l'utérus présente une forme variable, soit carrément double, soit simple. Le placenta constitue un organe spécifique du développement embryonnaire et permet de prolonger la période de vie intra-utérine en assurant l'alimentation de l'embryon, sa respiration et son excrétion. La durée de gestation dépend de la taille de l'espèce et varie de 2 à 3 semaines (rongeurs) à quelque 22 mois (éléphants). Certaines espèces de mammifères présentent une gravidité secrète (le développement embryonnaire s'arrête pendant un certain temps entre la fécondation et la mise bas). Les jeunes naissent soit nus, aveugles et peu mobiles (nidicoles) et sont alors élevés dans des gîtes, ou dotés de sens aiguisés (nidifuges) auquel cas ils sont rapidement capables de suivre leur mère dans ses déplacements.

Les insectivores (Insectivora) sont pour la plupart des mammifères de petite taille, à la denture complète et au crâne allongé. Le cerveau présente des lobes olfactifs puissamment développés. Les insectivores se déplacent surtout au sol et se nourrissent essentiellement d'insectes. Les jeunes sont nidicoles.

Les chiroptères (Chiroptera) viennent juste après les rongeurs pour ce qui est de leur nombre. Toutes les espèces pratiquent activement le vol et sont nocturnes. Elles s'orientent surtout grâce à l'écholocation (réflexion des ultrasons). Leurs membres antérieurs sont transformés en ailes caractéristiques, leurs membres postérieurs en organes adaptés à la suspension. Chez certaines espèces existe la fécondation secrète (les spermatozoïdes mâles survivent dans les voies génitales de la femelle pendant une période qui peut atteindre plusieurs mois, puis viennent féconder l'œuf lorsqu'il parvient à maturité). La femelle met bas généralement un seul jeune qui est nidicole, mais elle ne construit jamais de nid. Les chiroptères sont le

plus souvent insectivores, certaines espèces sont frugivores, pollinivores, nectarivores, d'autres se nourrissent de sang ou de poissons.

Les primates (Primates) représentent le groupe le plus évolué. Ils se sont adaptés à un mode de vie diurne, terrestre ou arboricole. Leurs membres sont très mobiles, surtout à l'avant et le pouce est opposable aux autres doigts.

La cavité cérébrale est de plus en plus développée comme l'est d'ailleurs le crâne tout entier, par contre, la partie faciale est souvent réduite. Le nombre de dents est également réduit à deux incisives, une canine, deux prémolaires et trois molaires par demi-mâchoire. Dans la plus grande majorité des cas la femelle est dotée d'une paire de mamelles thoraciques et le mâle de testicules protégés par un scrotum.

Les rongeurs (Rodentia) sont le plus vaste ordre de mammifères (environ 2000 espèces). Ils représentent un groupe biologiquement prospère qui est en pleine expansion encore de nos jours. Il s'agit généralement de petits animaux végétariens. Leurs mâchoires inférieure et supérieure portent deux incisives rongeuses à l'avant, qui ne possèdent d'émail que sur leur face antérieure, si bien que l'ivoire postérieur s'use plus rapidement et les dents ont une forme de ciseau à bois. Les canines et parfois les prémolaires sont absentes. La musculature masticatrice est énorme. Les rongeurs se multiplient très rapidement et donnent naissance à un grand nombre de jeunes nidicoles. A l'exception des régions polaires, on les trouve dans le monde entier.

Les carnivores (Carnivora) sont des mammifères carnassiers, parfois omnivores, à la dentition complète, aux canines bien développées, souvent doublées d'une paire de dents carnassières qui résultent de la

Cordés (Chordata : a — Doliolum denticulatum, b — Branchiostoma lanceolatum, c — Crocodile du Nil (Crocodylus niloticus), d — Eléphant d'Afrique (Loxodonta africana).

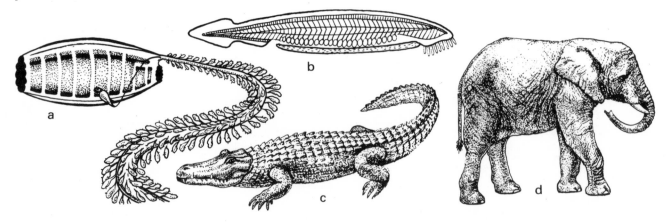

transformation de la dernière prémolaire supérieure et de la première molaire inférieure.

Le crâne est généralement massif, les muscles masticateurs puissants. Les carnivores sont des animaux de la nuit et de la pénombre, terrestres, parfois aquatiques ou arboricoles. Ils mettent bas plusieurs jeunes nidicoles.

Les lagomorphes *(Lagomorpha)* étaient, il y a peu de temps encore, considérés comme des rongeurs. Cependant, des études physiologiques, sérologiques et éthologiques ont montré qu'ils étaient en fait plus proches des artiodactyles. La ressemblance des lièvres et des rongeurs ne découlerait donc essentiellement que d'une convergence due à la similitude de leur mode de vie. Les lagomorphes possèdent également quatre incisives rongeuses, mais leur mâchoire supérieure porte en plus une paire d'incisives plus menues. Les lagomorphes sont plantigrades et la plante de leur pied est velue. Les mâles présentent, fait unique chez les placentaires, un scrotum placé à l'avant du pénis. Les jeunes sont soit nidicoles (lapins), soit nidifuges (lièvres). Les lagomorphes sont exclusivement herbivores.

Les artiodactyles *(Artiodactyla)* sont généralement de grands mammifères. L'axe de leurs membres passe entre le troisième et le quatrième doigt, également développés et protégés par un sabot. Les deuxième et cinquième doigts peuvent être présents et porter également des sabots. Le premier doigt, lui, a disparu sans laisser de vestige. L'estomac des artiodactyles est souvent composé de plusieurs sections, que ce soit chez les ruminants ou chez les non-ruminants (pécari, hippopotame). La denture est parfois réduite. Chez certaines espèces, les femelles possèdent deux à quatre mamelles situées dans la région inguinale et mettent au monde de un à quatre jeunes très autonomes (comme chez les cervidés). Chez d'autres espèces les mamelles beaucoup plus nombreuses sont rangées sur deux lignes ventrales entre les membres antérieurs et postérieurs et une portée peut compter jusqu'à quatorze petits (porcins).

Les artiodactyles se subdivisent en ruminants *(Ruminantia)* et non-ruminants *(Nonruminantia)*. Chez ces derniers les canines sont souvent étirées en défenses, l'estomac est simple ou compte au maximum trois sections et, comme le nom l'indique, il n'y a pas de rumination. Ce groupe comprend les suidés *(Suidae)* et les hippopotamidés *(Hippopotamidae)* par exemple. Chez les ruminants la denture est généralement incomplète (absence d'incisives supérieures et souvent de canines) et l'estomac est divisé en quatre sections. Ce sont des herbivores qui, lorsqu'ils sont au calme, rejettent dans leur gueule la nourriture avalée et la ruminent longuement. Le dimorphisme sexuel est souvent accusé.

La nomenclature zoologique

Toutes les branches scientifiques possèdent une nomenclature qui leur est propre et la zoologie ne fait point exception à cette règle. La nécessité d'une terminologie spécialisée est pleinement justifiée et l'existence d'une telle terminologie est l'une des conditions du bon développement de tel ou tel domaine. La nomenclature scientifique permet au savant comme au profane quelle que soit sa nationalité de s'orienter facilement et précisément dans un domaine donné, car chaque entité systématique y est identifiée par un nom spécifique. Mais restons dans le domaine de la biologie. A l'origine, les animaux et les végétaux d'un certain endroit ont été désignés par des noms spontanés, locaux et donc variables, si bien que les savants avaient beaucoup de mal à se comprendre entre eux. Il était donc nécessaire de trouver une langue compréhensible à tous et de former des noms uniques, internationalement reconnus. Au Moyen-Age, les personnes cultivées communiquaient à l'aide du latin et cette langue s'est conservée jusqu'à nos jours comme langage scientifique international.

Les premiers noms latins ont été formés un peu au hasard, comme jadis les noms propres de personnes, et ils étaient alors souvent longs et descriptifs. Le premier savant à avoir commencé à utiliser des noms scientifiques de manière systématique pour décrire les espèces animales ou végétales fut C. Linné, dans son traité « *Systema naturae* », plusieurs fois repris par Linné lui-même, après sa première édition de 1735. La dixième édition, parue en 1758, constitue le point de départ du développement de la systématique. Les savants décidèrent que seuls les noms mentionnés dans ce traité ont valeur scientifique, tous les noms antérieurs devenant par là-même caducs. Jusqu'à la Révolution française, tous les scientifiques ont accepté sans difficulté la terminologie linnéenne et celle des autres grands savants du moment. Il n'y avait alors aucune règle de formation des noms nouveaux, seule comptait la loi de la priorité (le nom le plus ancien l'emportait sur le nouveau). Après la Révolution française, la communication entre les savants et les échanges d'informations furent pendant un temps interrompus, si bien que les espèces nouvelles furent décrites dans différents pays sans aucune coordination et il devenait très difficile de s'orienter dans la foison de noms nouveaux. La nécessité se fit donc jour de mettre sur pied des règles unitaires, impératives, pour codifier la création des noms nouveaux ainsi que des autres termes scientifiques. La première tentative de formuler de telles règles est contenue dans le codex anglais de Strickland, daté de 1842. D'autres suggestions suivirent, sans qu'aucune ne parvînt à s'affirmer universellement. Il fallut attendre l'année 1901 et le congrès zoologique de Berlin pour voir reconnaître officiellement les règles admises par les savants. Ces règles furent complétées au cours des années. En 1958, le XVe congrès zoologique international de Londres accepta un nouveau codex en français et en anglais (Code International de Nomenclature Zoologique – *International Code of Zoological Nomenclature*) qui est toujours en vigueur. Une commission Internationale de la Nomenclature Zoologique (l'ICZN) tranche d'autorité certaines questions difficiles ou controversées. La nomenclature linnéenne repose, comme la terminologie moderne, sur un système binominal (deux noms). Le premier nom s'écrit toujours avec une majuscule et indique le genre : *Papilio, Felis, Anser,* etc. Le deuxième nom s'écrit, lui, avec une minuscule et indique l'espèce : *domesticus, silvestris,* etc. Une nomenclature trinominale, mentionnant la sous-espèce, représente un pas en avant dans la précision. Le nom de la sous-espèce commence bien évidemment par une minuscule. Il indique souvent l'origine géographique de la sous-espèce en question : *Panthera tigris altaica, Rupicapra rupicapra tatrica,* etc. La sous-espèce qui a servi de base à la description de l'espèce est le type et son troisième nom est identique au second : *Parnassius apollo apollo.*

Dans la littérature spécialisée, le nom de l'espèce ou de la sous-espèce est suivi de celui du savant qui a le premier décrit l'espèce ou la sous-espèce en question, et de la date de publication de la description, par exemple : *Lacerta agilis* Linnaeus 1758, *Panthera pardus* (Linnaeus, 1758). Lorsque le nom de l'auteur est entre parenthèses, cela signifie que l'espèce fut d'abord classée dans un autre groupe. Ainsi, Linné avait d'abord classé le léopard dans le genre *Felis,* sous le nom de *Felis pardus* Linnaeus, 1758. Par la suite, on s'aperçut que le léopard et d'autres grands félins présentaient un tel nombre de caractères particuliers qu'il valait mieux les ranger dans un genre autonome, *Panthera.* On écrit donc, *Panthera pardus* (Linnaeus, 1758).

Parfois, pour des raisons d'économie, les noms des auteurs les plus connus sont abrégés et la date est ommise (*Lacerta agilis* L.). Le respect strict des règles de nomenclature voudrait qu'on n'abrège ainsi que le nom Linné (L.) et Fabricius (Fabr.). Il n'est pas obligatoire de mentionner le nom de l'auteur et la date de la description, mais c'est important et nécessaire, car ces indications représentent souvent le seul guide dans la forêt des synonymes et des homonymes. Il arrive en effet que la même espèce soit décrite indépendamment par divers auteurs. La règle de la priorité veut que l'on conserve le nom le plus ancien, le premier publié. La date initiale est celle de la dixième publication du *Systema naturae*. Parfois, les deux descriptions sont séparées par plusieurs années et l'identification de la plus ancienne est facile, d'autres fois les descriptions portent le même millésime et il faut rechercher la date exacte de publication de la description. Les noms les plus récents deviennent des synonymes du nom ancien conservé. Mais il peut se produire que des noms soient invalidés pour d'autres raisons. En effet, la nomenclature suit une règle absolue qui est que le règne animal ne doit pas comporter plusieurs genres portant le même nom ou, dans le même genre, plusieurs espèces de même nom spécifique. Ainsi, si l'on décrit un nouveau genre par exemple de coléoptères en lui donnant un nom qui existe déjà dans un autre groupe animal, ce nouveau nom est un homonyme inacceptable et doit être remplacé soit par le synonyme le plus proche dans le temps (lorsqu'il existe) soit par un nouveau nom.

De nombreuses règles s'appliquent pour ce qui est de la correction grammaticale des noms latins. Il suffit ici de dire que le nom générique a toujours valeur de substantif et que le nom spécifique est soit un substantif, soit un adjectif, soit simplement un groupe de lettres prononçables sans signification concrète. Lorsque le nom spécifique est un substantif, il doit être au nominatif ou au génitif, lorsque c'est un adjectif, il doit s'accorder en genre avec le nom générique. Pour éviter toute erreur, le zoologue est tenu de mentionner l'étymologie et le genre grammatical du nouveau nom de genre ou de sous-genre.

A côté de cette terminologie scientifique on trouve partout des noms communs populaires, moins précis, simples, reprenant les noms populaires traditionnels. Cette nomenclature est loin d'être exhaustive car elle ne porte que sur les espèces communes, présentant des caractères très particuliers, etc.

Les noms populaires présentent donc une valeur locale, mais lorsqu'on veut s'orienter précisément, on doit faire appel à la nomenclature scientifique.

La distribution des animaux

La flore et la faune de chaque région s'allient à ses caractères purement géographiques − rivières, montagnes, plaines − et à ses monuments culturels, pour lui donner sa spécificité. Les biologistes du XIXe siècle ont découvert que la distribution des animaux et des végétaux sur la planète n'est pas due au hasard, mais que les différentes formes s'unissent sur de très vastes territoires pour donner des associations caractéristiques. Certaines formes peuvent être communes à différentes associations, d'autres sont au contraire typiques et exclusives d'une association donnée. Les unités géographiques correspondent à peu de chose près aux continents, elles présentent un support géologique, un relief, un climat particuliers qui expliquent la variété de la faune et de la flore sur la terre. Cette réalité fut pour la première fois démontrée par un collaborateur de Darwin, A. R. Wallace qui divisa le monde en régions biogéographiques. Sa répartition, quelque peu modifiée, reste encore valable de nos jours.

Chaque espèce animale existe sur un territoire géographique qui est son aire de distribution. Les aires peuvent dépasser les limites des régions biogéographiques ou se limiter au contraire à l'étendue d'une île ou d'une montagne. Dans les limites de leur aire, les espèces peuplent des sites présentant un certain climat et une certaine couverture végétale et s'intègrent ainsi à des communautés correspondant à ces zones, ou biomes. Dans le cadre d'un biome, chaque espèce recherche les stations qui présentent les conditions particulières auxquelles elle s'est adaptée et sans lesquelles elle ne peut survivre. Un certain nombre de facteurs externes, surtout climatiques (température, humidité, lumière, etc.) et édaphiques (composition et caractère du sol) interviennent pour définir les particularités du biome et de la station. Ces conditions influent directement sur la composition floristique et indirectement, par l'intermédiaire de la flore, sur la composition faunistique du biome. L'existence des animaux dépend étroitement de celle des plantes et certaines associations animales sont liées à tel ou tel type d'associations végétales. Ainsi, les organismes vivants et leur environnement inerte se trouvent étroitement liés les uns aux autres et exercent les uns sur les autres de nombreuses interactions. La composition de la faune des différentes régions biogéographiques résulte d'une longue et complexe évolution, à laquelle a pris part tout un ensemble de facteurs comme la distribution des foyers d'apparition des divers groupes animaux, leur adaptabilité et leur capacité de migration. Les déplacements des continents et la modification de leur relief ont eu une importance capitale, car ils sont à l'origine de l'apparition et de l'influence des barrières naturelles (mers, montagnes, déserts, cours d'eau). Ces barrières ont modelé les limites de l'extension des animaux souvent de manière définitive et leur influence a persisté souvent même après leur disparition (comme c'est le cas pour la faune néotropicale). Une des plus anciennes barrières, et aussi une des plus efficaces, est le détroit de Lombok dans l'archipel malaisien qui est le lieu de passage de la ligne de Wallace séparant la région orientale de la région australienne. Les îlots du détroit de Lombok constituent une zone de transition où la faune orientale (exceptionnellement riche en vertébrés) voisine avec la faune australienne (relativement pauvre en représentants de ce groupe). Lorsqu'on se déplace vers l'est, les animaux de la région orientale se font de plus en plus rares ; au contraire, dans la direction opposée, c'est le nombre d'animaux australiens qui diminue.

La portion émergée de notre continent est subdivisée en plusieurs ensembles de taille inégale : trois empires fauniques, cinq régions et sept sous-régions. Cette division correspond à une tentative de souligner les différentes phases de la séparation des faunes mondiales et de montrer les rapports qui existent entre les différentes régions. L'empire faunique nommé Mégagée (Arctogée) est le plus grand des trois et comprend la région holarctique, orientale et éthiopienne, la Néogée comprend la région néotropicale, donc en fait l'Amérique du Sud, et la Notogée (le plus petit), la région australienne. Les limites entre ces régions sont nettement tracées sur les cartes ; en fait, il existe entre elles des zones de transition où on trouve un mélange des faunes et des flores des deux régions.

La région holarctique est la plus grande région zoogéographique du monde. Elle s'étend essentiellement sur la zone tempérée de l'hémisphère nord et comprend la majeure partie de l'Eurasie, l'Afrique du Nord jusqu'au tropique du cancer et l'Amérique du Nord. La faune et la flore de cette région ont été modelées par les effets des glaciations récentes et elles sont donc beaucoup moins variées que celles des région chaudes. Ces glaciations se sont déroulées en plusieurs étapes, ont duré au total environ 0,5 millions d'années et se sont terminées il y a environ 10 000 ans. A cette époque, l'Europe surtout souffrait d'un climat subarctique rude et de nombreuses espèces thermophiles ont disparu ou sont parties vers des pays plus chauds. Par contre, les progrès de la glaciation ont favorisé l'extension en Europe de diverses espèces subarctiques ou alpines. Après le recul des glaciers, ces espèces ont soit reculé vers le nord, soit se sont réfugiées en haute montagne et sont devenues une composante permanente de la faune européenne. Les espèces communes aux montagnes auropéennes et aux régions nordiques reçoivent le nom d'espèces boréo-alpines, celles subsistant uniquement dans les montagnes européennes sont dites alpines, et celles qui sont uniquement nordiques sont dites boréales.

La région holarctique est généralement subdivisée en deux sous-régions, la néarctique (Amérique du Nord) et la paléarctique qui comprend tous les autres territoires. Le relief de la région holarctique est exceptionnellement varié et sa couverture végétale est diversifiée. Dans la région polaire enfouie sous les neiges et les glaces, on rencontre, en progressant vers le Sud et dans les deux sous-régions, les mêmes formations végétales de toundra et de taïga. Différents biomes leur succèdent : forêt feuillue décidue, forêt sclérophylle, steppe, semi-désert, désert. La région holarctique abrite surtout des animaux de taille petite à moyenne : c'est la patrie des cervidés, des sciuridés, des castoridés, des érinacéidés, des talpidés et comme oiseaux, des busards. Les deux sous-régions recèlent à la fois un grand nombre d'espèces identi-

ques et certaines espèces voisines qui se remplacent mutuellement.

C'est dans la toundra et la taïga que l'on trouve les peuplements les plus voisins. Les animaux ont en effet pu franchir sans peine le détroit de Béring et occuper ainsi aisément toute la région circumpolaire. C'est le cas des rennes, des élans, des ours polaires, des lemmings, des loups, des chouettes des neiges, etc. Plus on s'éloigne du pôle vers le Sud, plus les espèces communes aux deux sous-régions se font rares. Chacune de ces sous-régions est également peuplée d'espèces endémiques qui font son originalité. Ainsi, la sous-région néarctique abrite le pronghorn, le bison d'Amérique, les chiens de prairie, les mouffettes, les dindons sauvages, les crotalidés, etc., tandis que la région paléarctique est la patrie du bison d'Europe, du chat sauvage, des muridés, des dipodidés et des camélidés.

Les faunes de la région éthiopienne et de la région orientale prolongent sans discontinuité celle de la région holarctique. Aucune barrière infranchissable ne séparant ces régions, on y rencontre de nombreux groupes communs. La grande différence entre elles repose dans le climat tropical des régions éthiopienne et orientale dont la faune est par conséquent très riche et très diversifiée.

La région orientale comprend l'Inde et l'Indochine, la partie méridionale de la Chine et l'archipel malai-

a — sous-région paléarctique
b — sous-région néarctique

c — région orientale
d — région éthiopienne

e — région australe
f — région néotropicale

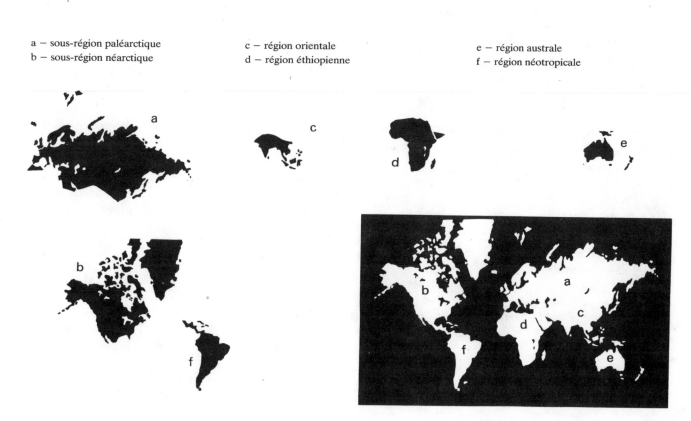

sien y compris les Philippines. C'est le pays de la forêt tropicale. La faune rappelle celle de la région éthiopienne. Certaines espèces et groupes y sont endémiques, par exemple, parmi les primates supérieurs les gibbons, l'orang-outan, les macaques, parmi les singes inférieurs, les tarsiers et les toupayes, le tigre indien, et l'éléphant indien. La région orientale recèle, en comparaison avec d'autres régions, relativement peu d'espèces endémiques.

La région éthiopienne (africaine) comprend toute l'Afrique au sud du Sahara, la partie méridionale de la péninsule arabique et Madagascar. Bien que le relief soit ici très diversifié, qu'on trouve des forêts tropicales, des steppes et des déserts, c'est la savane africaine qui présente la faune la plus intéressante. Elle abrite des associations uniques et imposantes de périsso- et d'artiodactyles, zèbres, girafes, antilopes et de grands carnassiers, lions et guépards, ainsi que d'hyènes. Elle recèle nombre d'espèces et de groupes endémiques comme les macroscélididés, l'hippopotame et l'hippopotame nain, l'okapi, etc. D'autres groupes typiquement africains comme les rhinocérotidés, les pongidés, les manidés et les éléphantidés sont également représentés dans la région orientale, mais par des espèces différentes. Les deux régions sont riches en insectes. La parenté des deux faunes témoigne donc d'une évolution similaire des deux régions.

L'île de Madagascar constitue une sous-région de la région éthiopienne. Elle abrite une faune particulière que l'on ne rencontre plus sur le continent africain, avec de nombreuses formes primitives comme les tenrécidés et différentes espèces de prosimiens tels les ayes-ayes, des serpents endémiques comme le boa de Madagascar *(Sanzinia madagascariensis),* des geckonidés, un grand nombre d'insectes, etc. Il est intéressant de noter que Madagascar n'est la patrie d'aucun ongulé (à l'exception d'une espèce de porc), d'aucun primate supérieur et d'aucun grand carnivore. On sait que l'île s'est détachée du continent à la charnière de l'oligocène et du miocène, donc avant la pénétration de la faune eurasiatique sur le continent africain.

La région australienne comprend l'Australie, la Tasmanie, la Nouvelle-Guinée, la Nouvelle-Zélande et les îles voisines. De nos jours, son relief est essentiellement constitué par des plaines portant des formations végétales du type savane, semi-désert ou désert, avec, par endroits seulement, des forêts tropicales. C'est ici que l'on rencontre la plus ancienne et la plus étrange faune du monde, avec une prédominance de toutes formes de métathériens, quelques espèces de monotrèmes, ainsi que le barramunda, le kiwi ou le sphénodon (ou hattéria). Ces formes archaïques se sont maintenues et développées ici

grâce à l'isolement insulaire qui les mettait à l'abri de la concurrence des mammifères évolués, car la région australienne s'est séparée du reste des terres émergées dans des temps très reculés. Parmi les mammifères placentaires, on trouve des chiroptères qui ont réussi à y parvenir grâce à leur faculté de voler, des muridés qui s'y sont progressivement introduits depuis les îles environnantes et le dingo qui est évidemment arrivé avec les premiers colons.

La région néotropicale comprend l'Amérique centrale et l'Amérique du Sud, la partie tropicale du Mexique et les îles antillaises. La végétation est ici très diversifiée, d'allure résolument tropicale. La faune est fortement marquée par la longue isolation du continent sud-américain durant l'ère tertiaire.

Les premiers habitants de l'Amérique du Sud furent des édentés, des ongulés et des marsupiaux de nos jours éteints qui s'y installèrent à l'époque où les deux parties du continent américain ne faisaient encore qu'un tout. Pendant les millions d'années que dura ensuite l'isolation de la partie sud-américaine, on y vit apparaître des associations insulaires animales et végétales tout à fait particulières. Lorsque, il y a quelque trois millions d'années, l'isthme unissant les deux Amériques se fut formé, les deux faunes nord- et sud-américaines commencèrent à se mêler. Des formes animales évoluées commencèrent à pénétrer au sud (lamas, tapirs, carnivores), à s'y acclimater et à repousser les espèces anciennes. Ainsi, environ la moitié des mammifères sud-américains sont en fait originaires d'Amérique du Nord. Quant aux espèces qui s'aventuraient vers le nord, elles n'ont généralement pas résisté à la compétition et ont peu à peu disparu.

La région néotropicale se caractérise surtout par la présence de tatous, de paresseux et de fourmiliers, de lamas, de tamarins, de cébidés, de desmodontidés. On y rencontre aussi la lépidosirène, l'anaconda et les colibris. Les insectes y sont représentés par un nombre incalculable d'espèces de toutes formes.

Même la distribution actuelle des animaux dans le monde n'a rien de constant. Les transformations du milieu environnant se répercutent sur elle. Les interventions humaines sont souvent importantes et quelquefois peu délicates. L'homme détruit la couverture végétale naturelle pour la transformer en steppe culturale, utilise des produits herbicides et insecticides, importe et acclimate des végétaux étrangers par lesquels il remplace la végétation spontanée. Tout cela a pour effet de faire disparaître certaines espèces ou certains groupes animaux, ou de réduire sensiblement l'aire d'autres organismes. Par contre, il est des espèces qui se sont extraordinairement étendues, grâce à l'action directe ou indirecte de l'homme.

Les animaux et l'adaptation

Les êtres vivants sont en contact continu avec le milieu environnant. Ils sont influencés par toutes sortes de facteurs abiotiques -humidité, température- ou relatifs au monde animé : alimentation, interactions avec les autres organismes de leur entourage. L'ensemble des conditions naturelles caractéristiques d'un milieu constitue l'environnement immédiat de l'individu ou de son groupe, son biotope. C'est seulement dans le cadre de ce biotope qu'il est possible de prendre clairement conscience des interactions de tous les facteurs intéressés : climat, alimentation, coexistence des organismes vivants. Tous ces facteurs exercent sur les êtres vivants une pression continuelle et les êtres vivants, pour survivre, doivent y réagir en souplesse. En clair, ils doivent s'adapter à l'existence dans les conditions du biotope de manière à ce que chaque individu puisse retirer le plus de nourriture possible des ressources du biotope, qu'il mette en place une protection efficace contre ses ennemis et contre le climat et qu'il puisse se multiplier correctement. On appelle adaptation l'ensemble des facultés qui permettent à ces individus ou aux espèces entières de s'accomoder souplement de leur milieu.

Les adaptations permettent à un grand nombre d'individus appartenant à des espèces différentes de se côtoyer dans le même biotope. Les organismes qui se sont spécialisés prélèvent en effet leur énergie (la nourriture) dans la même niche écologique, mais de diverses manières et ne sont donc pas en concurrence. Dans un milieu stable, de telles espèces s'affirment d'une manière plus efficace que des organismes plus universels. Leurs diverses adaptations leur permettent de pénétrer dans toutes sortes de niches et de diversifier ainsi leurs ressources énergétiques. Le processus évolutif qui a permis d'aboutir à ces adaptations reçoit le nom de radiation adaptative. Prenons comme exemple de cette radiation les pinsons de Darwin. A son retour d'un voyage autour du monde, Ch. Darwin étudia de près des pinsons des îles Galápagos. Ce qui le frappa, ce fut à la fois leur étonnante similitude de plumage et de conformation et la diversité de leurs becs. La ressemblance physique des différentes espèces suggérait qu'elles avaient eu un ancêtre commun. Visiblement, une seule espèce de pinson avait pénétré dans les îles et s'y était multipliée aussi longtemps qu'elle y avait trouvé une nourriture suffisante. Lorsque la nourriture vint à manquer, la sélection naturelle commença à s'opérer au profit des individus capables de s'adapter. Chaque île ne pouvait nourrir qu'un nombre limité d'oiseaux consommant une certaine nourriture, les autres oiseaux devant s'adapter à d'autres ressources alimentaires. Ainsi, des formes spécialisées se développèrent dans les Galápagos, chacune d'elles capable d'utiliser une des nourritures disponibles : les unes attrapent les insectes en plein vol, les autres les capturent au sol, sous l'écorce, d'autres cassent les graines ou boivent le nectar des fleurs, etc. La forme du bec est adaptée au type de nourriture. Citons au moins un exemple de cette extraordinaire adaptation. Le pinson insectivore *Camarrhynchus pallidus* imite le mode de vie des pics, sans toutefois avoir leur langue en forme de harpon. Voici comment il s'est adapté à extirper les insectes de sous l'écorce des arbres : il élargit d'abord l'ouverture dans l'écorce à l'aide de son bec, puis il y fouille à l'aide d'une épine de cactus jusqu'à ce que l'insecte sorte. L'oiseau pose alors son épine et gobe sa proie. Nombre de pinsons vont jusqu'à se constituer une réserve d'épines.

Prenons un autre exemple de radiation adaptative, celui des marsupiaux australiens, chez qui un petit nombre de formes initiales a donné une multitude d'espèces qui se sont adaptées à des nourritures variées et ont occupé tous les biotopes possibles. Ils vivent donc au sol, sous le sol, dans les branchages, dans l'eau et sont même capables d'un vol passif.

Encore un autre exemple est celui des ansériformes. Ici aussi, un ancêtre commun a donné naissance à un grand nombre de formes qui capturent, par diverses méthodes, une nourriture elle aussi diversifiée. Ainsi, toutes ces formes peuvent-elles coexister même dans un espace restreint (par exemple sur le même lac) sans se faire concurrence.

Un tel succès ne va cependant pas sans une contrepartie fort lourde à payer. Leur spécialisation même rend les formes adaptées à tel ou tel facteur beaucoup moins plastiques que des organismes plus universels, et elles sont donc incapables de s'adapter à de nouvelles transformations des conditions extérieures. Plus l'organisme est spécialisé, moins il est adaptable. On peut donc conclure que dans un biotope stable l'organisme spécialisé est à son avantage, tandis que dans un biotope perturbé c'est au contraire l'organisme universel qui l'emporte.

Les différentes adaptations des espèces animales résultent probablement de mutations génétiques aléatoires qui, avantageant leur porteur par rapport aux autres individus de son espèce, lui ont permis de passer par le crible de la sélection naturelle. On connaît un nombre incalculable d'adaptations, mais toutes résultent d'une aptitude des organismes à se plier, à réagir d'une certaine manière à un certain facteur. On distingue généralement les adaptations des organes externes et de la morphologie du corps (adaptations structurales), les adaptations qui résultent d'une modification des fonctions physiologiques d'organes internes, par exemple pour digérer un aliment spécifique (adaptations physiologiques) et les adaptations de comportement ou adaptations éthologiques. Cette division ne permet cependant pas de connaître la raison de telle ou telle adaptation, et il est donc intéressant de les grouper selon leur but : locomotion, capture de la nourriture, orientation, toilette, etc.

De nombreux organismes liés au milieu forestier se sont remarquablement adaptés à la vie dans les arbres. C'est le cas par exemple des paresseux. Les paresseux passent l'essentiel de leur vie suspendus par leurs quatre membres aux branches des arbres. Leurs membres sont en conséquence longs, très puissants, terminés par des griffes recourbées, très solides, servant de crochets de suspension. Les poils sont implantés de manière à canaliser l'eau du ventre vers le dos (c'est donc l'inverse des autres mammifères) et l'eau de pluie glisse sur le pelage sans le tremper. Les paresseux ne descendent de leur arbre que lorsqu'ils veulent en changer ou pour accomplir leurs fonctions naturelles. Une fois au sol, ils sont cependant très maladroits et quasi sans défense. Ils présentent donc une autre adaptation intéressante : leur vessie comme leur rectum sont très extensibles et ils n'ont besoin d'éliminer que tous les 10 à 30 jours, ce qui leur permet de ne descendre que très rarement au sol. Cette adaptation n'est pas non plus sans lien avec une économie de l'eau dans l'organisme de l'animal.

Certains singes arboricoles comme les sajous et les atèles sont dotés d'une longue queue préhensile qui leur sert de cinquième membre. Sur la face inférieure de la queue on trouve même, chez les atèles, une zone tactile dépourvue de poils et portant au contraire des lignes papillaires (analogues à celles que nous avons sur la face interne des phalanges). De nombreux animaux arboricoles peuvent planer ou retomber en parachute. Les dermaptères et les écureuils volants (*Pteromys*) sont adaptés au vol par une membrane de peau déployable bordant presque tout le tour de leur corps. Chez les dermaptères ce repli de peau est le plus grand de tout le monde animal et il permet aux animaux de réaliser des vols planés sur une longueur dépassant 60 m avec une dénivellation de 12 m environ. L'animal transporte même aisément ses petits. Certains reptiles sont également adaptés au vol. Chez les dragons (*Draco*), il s'agit de cinq à six paires de côtes qui se redressent latéralement en tendant ici aussi une membrane de peau. Les geckos du genre Ptychozoon possèdent une mince membrane qui borde leur corps et leur queue ainsi que leurs espaces interdigitaux. Le « serpent volant » *Chrysopelea ornata* se redresse au vol en tendant son corps dont la partie ventrale semble s'enfoncer dans le vide, les côtes se déploient latéralement en s'opposant à la poussée de l'air.

Chez les anomaluridés, qui comptent également parmi les animaux adaptés au vol plané, on rencontre une adaptation à la locomotion dans les arbres : la face inférieure de la queue porte des écailles aux bords aigus. Lorsque l'animal se blottit contre l'arbre, les écailles s'enfoncent dans l'écorce et l'aident à se maintenir.

De nombreuses adaptations permettent la locomotion au sol. Chez la gazelle-girafe (*Litocranius walleri*), les sabots sont aigus et triangulaires, si bien que l'animal peut se dresser sur ses pattes arrière pour atteindre les branches des acacias. Les sabots cylindriques de l'oréotrague sauteur (*Oreotragus oreotragus*) lui permettent de se mouvoir aisément sur les rochers. Lorsqu'il bondit, il peut se poser sans problème même sur une toute petite surface. Le chamois (*Rupicapra rupicapra*) possède des sabots fins à l'arête externe aiguë si bien qu'il se déplace sans risques même en terrain rocheux ou glissant. Le situtunga (*Tragelaphus spekei*) vit au contraire en terrain marécageux et ses longs sabots en forme de bananes l'empêchent de s'enfoncer dans la vase. Le renne (*Rangifer tarandus*) a, quant à lui, de larges sabots en forme de pantoufles qui lui permettent de se déplacer sur la neige comme avec des raquettes.

Les physalies (*Physalia* sp.) vivent à la surface des mers. Elles s'y déplacent grâce à un vaste sac flotteur rempli de gaz riche en azote et en oxyde de carbone. Ce flotteur glisse à la surface de l'eau en laissant retomber vers le fond des filaments urticants qui atteignent jusqu'à 30 m de longueur. Ce sac (ou pneumatophore) n'est pas de forme régulière : d'un côté, il est surmonté par une crête d'une trentaine de centimètres de hauteur qui sert de voile. L'implantation à angle aigu et la courbure de la voile font que la physalie ne se laisse pas simplement pousser par le vent, mais se déplace à angle aigu par rapport à sa direction. Ainsi, elle ne risque pas de se trouver chassée sur le rivage par le vent, mais elle flotte obliquement et change de direction de temps à autre en tournant autour de son axe. Lorsqu'elle s'approche du bord, ses longs filaments effleurent le fond de l'eau, l'animal se retourne et repart doucement vers la haute mer.

Chez les crotalidés *(Crotalidae)* on trouve de chaque côté de la tête entre l'œil et la narine une petite dépression tapissée de cellules sensorielles extrêmement sensibles à la température. Ces dépressions ont la forme de miroirs directionnels et le crotale peut donc recevoir les rayons thermiques venant de deux directions bien délimitées. Les cellules sensorielles sont capables de déceler la température corporelle d'une proie, même lorsqu'elle ne s'écarte de la température du milieu environnant que de quelques dixièmes. Un dispositif similaire, sous la forme de tout un système de dépressions bordant l'angle de la mâchoire supérieure, existe par exemple chez le boa cubain *Epicrates angulifer*. Ces récepteurs thermiques permettent aux serpents de chasser leur proie dans l'obscurité (les boas en question vivent dans des grottes et chassent les chauves-souris) et de repérer même une proie immobile. Leur vision n'intervient que fort peu dans cette activité.

Certaines espèces de poissons sont dotées d'un dispositif électrique. C'est un habitant des eaux douces sud-américaines, l'« anguille électrique », *Electrophorus electricus,* qui possède les organes électrogènes les plus puissants. Ces organes occupent environ 3/4 de sa longueur totale. L'organe principal se trouve dans la partie antérieure et médiane du corps : il peut produire des décharges dont la tension avoisine 550 à 800 V. Ces décharges sont utilisées à titre offensif et défensif et jouent un rôle non négligeable dans la capture de la proie. La partie postérieure du corps renferme l'organe dit de Sachs qui ne produit, lui, que des décharges de faible puissance, intervenant surtout pour permettre l'orientation du poisson. Celui-ci vit en effet en eau trouble, où la vision ne lui sert pas à grand-chose. Par contre, ce « radar » électrique revêt une grande importance pour le guider dans ses mouvements aquatiques et pour repérer la proie assommée par une forte décharge.

Le cou de l'anhinga (*Anhinga* sp.) constitue un parfait harpon. L'effet de harpon est rendu possible par la structure particulière de la neuvième vertèbre cervicale qui est plus longue que les autres et qui forme un angle presque droit avec la huitième vertèbre. Une brusque tension des muscles fléchisseurs du cou redresse la colonne vertébrale et projette le bec en avant.

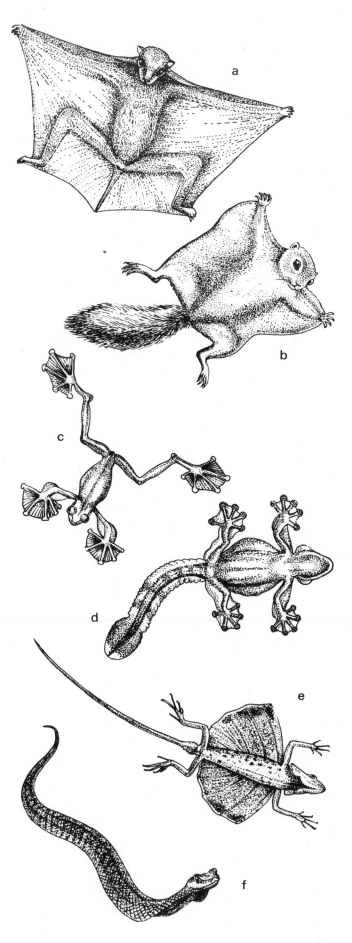

Adaptation de quelques-uns des animaux arboricoles au vol passif qui leur permet de parcourir de grandes distances : a — *Cynocephalus,* b — *Pteromys volans,* c — *Rhacophorus,* d — *Ptychozoon kuhli,* e — *Draco volans,* f — *Chrysopelea ornata.*

Des poissons tropicaux du genre *Toxotes,* les archers, chassent généralement les insectes aériens qui se déplacent sur les végétaux au voisinage de l'eau. Ils fonctionnent comme de petites catapultes à eau et tirent littéralement des gouttes sur leurs proies. Le jet d'eau est projeté sur l'insecte grâce à des contractions puissantes des opercules, la bouche ayant par ailleurs une structure tubulaire faisant intervenir la langue et le palais en forme de gouttière. La précision du jet est tout à fait étonnante, surtout si l'on tient compte du fait que les archers doivent en visant compenser l'angle de réfraction des rayons lumineux. Certains individus réalisent des performances de trois mètres.

Les caméléons (*Chameleo* sp.) s'approchent de leur proie avec de lents mouvements oscillants visant à imiter le balancement des branches sous l'effet du vent. Ils s'emparent ensuite de l'insecte en projetant en avant leur langue, d'une longueur supérieure à celle de leur corps et élargie et gluante à son extrémité.

On pensait jadis que les insectes obtenaient leur eau uniquement par leur alimentation ou directement en la buvant. Cependant, de nouveaux travaux ont montré que les lépismes, les blattes, les criquets, les sauterelles et d'autres arthropodes absorbent également l'humidité atmosphérique par la cuticule de leur corps. C'est chez le poisson d'argent *Thermobia domestica* que ce mécanisme est le plus efficace : l'absorption de l'eau se fait dès que l'humidité atmosphérique atteint 45 %. Les chercheurs penchent pour l'hypothèse de l'existence, chez les insectes, d'une « pompe à eau » cuticulaire fonctionnant sur le principe d'une aspiration active de l'eau au travers des pores cuticulaires. C'est ce système seul qui permet aux insectes des déserts de recueillir suffisamment d'eau pour survivre même dans des conditions très arides.

Le lama (*Lama* sp.), qui vit dans les hautes Andes, possède un sang dont l'hémoglobine est capable de retenir une plus forte quantité d'oxygène que celle des mammifères de basse altitude. Ainsi les lamas peuvent-ils se mouvoir agilement même dans un air raréfié et pauvre en oxygène.

Leur mode de respiration constitue pour les cétacés une importante adaptation à la vie aquatique. Les cachalots plongent à des profondeurs dépassant 1000 mètres et peuvent y rester deux heures entières, les dauphins peuvent descendre à 250 m de profondeur et y demeurer 5 à 10 minutes. De telles performances sont rendues possibles par la faculté qu'a leur hémoglobine de fixer plus d'oxygène que celle des autres animaux. De plus, le pigment musculaire, la myoglobine, est également capable de retenir de l'oxygène. Les cétacés possèdent en plus un sang très abondant et ne souffrent pas d'une haute concentration d'oxyde de carbone sanguine. Enfin, leur respiration est très lente (1 à 3 inspirations par minute chez le dauphin, contre 16 chez l'homme) ce qui rend les échanges gazeux au niveau des poumons beaucoup plus efficaces : une seule inspiration leur permet de renouveler jusqu'à 90 % de l'air pulmonaire.

Les larves des cixiides (ordre des Homoptères) sont protégées contre leurs ennemis et contre les effets de l'eau par une épaisse couche cireuse. Des cellules cérigènes sont distribuées sur tout le corps de la larve et produisent des fibres cireuses souvent très longues, diversement enroulées et donc très souples. Certains buprestidés tropicaux comme *Julodis ornatipennis* utilisent le même type de protection, mais dans ce cas pour se garantir des températures excessives.

Le tapir à chabraque *(Tapirus indicus)* présente une

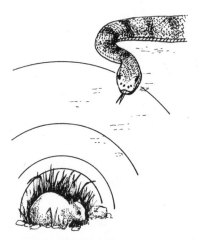

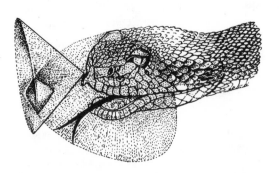

Les indentations entre les yeux et les narines sont des récepteurs de chaleur directionnels que les Serpents à sonnettes *(Crotalidae)* utilisent pour la chasse (a) et pour l'orientation dans l'espace (b).

coloration protectrice différente dans sa jeunesse et à l'âge adulte. Le jeune est brun sombre avec des taches et des stries longitudinales de couleur claire. Ce dessin rappelle le jeu des ombres et des lumières dans le sous-bois de la forêt vierge éclairé par le soleil ou la lune, et le jeune se fond donc pratiquement dans le paysage. Le tapir adulte, lui, a une coloration noire et blanche contrastée. La nuit, pendant qu'il est actif, sa tête, ses épaules et ses pattes noires se fondent dans l'obscurité et la partie blanche ne permet pas de deviner la forme de l'animal. Cette coloration desruptive efface donc les contours et protège le tapir.

Cette coloration mimétique n'est qu'un type de coloration protectrice. Un autre type est représenté par une coloration prémonitoire. Les animaux vivement colorés possèdent généralement quelque arme efficace qui les rend fort désagréables à leurs agresseurs. Ainsi, la salamandre *(Salamandra salamandra)* est colorée en jaune et en noir et sécrète une substance venimeuse.

Certains organismes inoffensifs se protègent en imitant l'allure d'animaux mieux équipés : les sésies *(Sessiidae)* ont une coloration qui imite celle des guêpes ou des frelons. D'autres organismes imitent différents objets de leur environnement : les phyllies *(Phyllium* sp.) ont un corps dont la forme et la coloration imitent une feuille et elles sont animées de mouvements tremblants si bien que l'illusion est complète. Certains papillons prennent une coloration foncée dans les zones industrialisées, devenant ainsi moins visibles dans un milieu transformé par les effluves industriels. Ainsi, la forme sombre (mélanique) de la phalène du bouleau *Biston betularia* n'est que difficilement repérable sur les troncs des arbres débarrassés de leurs lichens par les émanations industrielles, ce qui la met à l'abri des attaques des oiseaux insectivores. La forme classique claire et peu tachetée trancherait au contraire nettement sur le fond sombre de l'écorce.

Un mode de protection particulier apparaît chez les nudibranches *(Nudibranchia)* marins dont le corps mou, vivement coloré, ne possède pas d'enveloppe protectrice. Dès leur éclosion, les jeunes nudibranches se nourrissent de cœlentérés urticants dont ils absorbent évidemment aussi les cnidocystes. Ces cellules urticantes, lorsqu'elles sont encore immatures, traversent intactes le système digestif du mollusque et se fixent dans son foie. Là, elles finissent de mûrir et migrent alors dans l'épiderme de leur hôte où elles fonctionnent comme elles l'auraient fait chez leur propriétaire légitime. Au repos, la fibre urticante est enroulée dans une capsule à l'intérieur de la cellule. L'excitation d'une sorte d'épine, le cnidocil, situé à la

Les 8ème et 9ème vertèbres développées de façon caractéristique forment avec les puissants muscles de leur cou le mécanisme de chasse qui permet aux Anhingas *(Anhinga)* de harponner les poissons avec leur bec.

surface de la cellule, fait sauter l'opercule de la capsule et la fibre urticante jaillit au-dehors. De plus, la cellule libère une substance toxique qui cause une vive brûlure sur l'épiderme endommagé de l'agresseur.

Certains animaux « font le mort » en cas de danger : opossums, couleuvres, chouette effraie et de nombreux insectes partagent ce stratagème.

Le crabe *Dotilla myctiroides* se nourrit de matières organiques qu'il filtre de la vase. Le déchet lui sert à façonner des boulettes dont il se construit une sorte d'abri qui le protège des effets de la marée montante. Le crabe creuse un trou dans le sol sableux et construit par-dessus ce trou une voûte obtenant ainsi une cavité remplie d'air. Il consolide ensuite le tout de l'intérieur à l'aide du sable restant et s'y installe pour passer le temps de la marée haute.

Certains cobras comme le cobra à cou noir *(Naja nigricollis)* et le cobra à collier *(Hemachatus haemachatus)* ont une manière tout à fait unique d'utiliser leur venin pour se défendre à distance. Ces cobras crachent ou plus exactement projettent leur venin jusqu'à trois mètres de distance. La contraction d'un muscle particulier *(musculus temporalis anterior)* chasse le venin sous grande pression de la glande à venin dans le canal du crochet. La substance traverse la dent à une très grande vitesse et acquiert de surcroît un mouvement rotatif si bien qu'elle se disperse, une fois éjectée, sous l'effet de la force centrifuge. Les cobras ont une bonne vue et savent viser avec une très grande précision, pour frapper l'animal ou l'homme qui se trouve en face d'eux au visage. Plus la distance est grande entre le serpent et son perturbateur, plus la surface touchée par le poison est étendue.

Les soins de leur épiderme et de ses annexes (plumes, poils) constituent une part importante des activités quotidiennes des animaux. Nombre d'entre eux présentent des adaptations qui leur facilitent la tâche. Les prosimiens peignent leur pelage à l'aide de leurs incisives inférieures, de forme particulière, disposées à la manière d'un peigne. Les damans ont

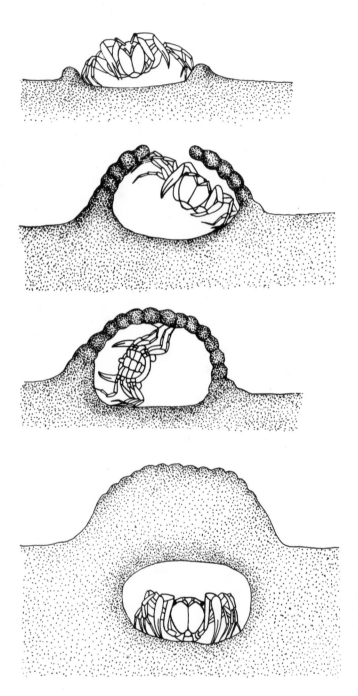

Le crabe *Dotilla myctiroides* construit une cachette pour se protéger de la grande marée.

une griffe creuse sur le pouce des membres postérieurs et l'utilisent pour carder leur fourrure. Des griffes semblables existent chez les castors (deuxième des membres postérieurs) et chez les kangourous (deuxième et troisième doigts).

Certains poissons de mer, tels les labridés du genre Crenilabrus, sont spécialisés dans une fonction de nettoyeurs, débarrassant les autres poissons des parasites fixés sur leurs écailles, dans leur bouche ou dans leur cavité branchiale. Ces poissons ont à l'accoutumée une couleur caractéristique et les autres habitants de la mer les reconnaissent aisément. Il existe même entre les nettoyeurs et les nettoyés tout un rituel qui leur permet de se comprendre mutuellement.

De nombreuses adaptations animales sont liées à la reproduction et à l'éducation des jeunes. Les coucous (*Cuculus canorus*) pondent leurs œufs dans les nids d'autres oiseaux et ne s'occupent nullement de leurs jeunes. Mais pour que l'hôte ne risque pas de jeter leurs œufs, ceux-ci doivent se rapprocher, tant par leur coloration que par leur taille, de ceux du propriétaire légitime du nid. Etant donnée l'immense diversité des œufs, chaque coucou se spécialise donc pour imiter ceux de son hôte préféré. Ainsi, un coucou élevé par exemple dans le nid d'un rouge-gorge pondra lui-même ses œufs dans des nids de rouges-gorges et ces œufs auront la forme et la taille de ceux des rouges-gorges.

Au cours de l'accouplement, le mâle de la grenouille *Pipa americana* aide la femelle à placer les œufs sur son dos. En quelques heures, la peau de la femelle s'enfle et forme autour des œufs des sortes de poches dans lesquelles les têtards se développeront jusqu'à leur métamorphose.

La femelle de la grenouille australienne *Rheobatrachus silus* ravale après la ponte ses œufs fécondés et les conserve dans son pharynx jusqu'à leur éclosion. Les têtards migrent ensuite dans l'estomac maternel où leur présence arrête les processus digestifs et la production des sucs gastriques. Si la femelle est contrainte de rejeter les têtards, ceux-ci sont condamnés à mourir car ils ne peuvent vivre dans l'eau qu'après leur métamorphose.

Les jeunes kangourous (*Macropodidae*) naissent à un stade très imparfait et achèvent leur développement dans une poche particulière du ventre maternel, le marsupium. Quelques jours après la naissance du jeune, la femelle s'accouple à nouveau et l'œuf fécondé commence à se diviser, puis s'arrête à un certain stade de développement. L'embryon reste alors au repos dans l'utérus maternel, tandis que le jeune kangourou continue son développement dans la poche marsupiale. En cas de mort de ce jeune, l'embryon reprend immédiatement sa croissance. Si au contraire le développement du jeune est mené à bien, l'embryon dormant ne reprend son évolution qu'au moment où le petit kangourou est capable d'une vie autonome.

Différentes parties de notre globe comportent des régions dont les conditions écologiques sont à peu près identiques. Il n'est donc pas étonnant d'y trouver des animaux et des végétaux analogues. Ces espèces n'ont souvent entre elles aucune parenté, mais elles ont acquis des caractères ou des mœurs semblables sous l'effet de conditions identiques. Ce phénomène est la convergence. Inversement, on peut dire qu'une évolution convergente aboutit à l'apparition de caractères analogues dans des organismes sans aucune parenté réelle. Pour prendre un exemple des plus classiques, citons celui des dauphins et des requins qui présentent une convergence de forme. Les deux groupes se sont adaptés à la vie aquatique et leur corps a acquis la même forme fuselée. Celle-ci existe aussi, bien que moins prononcée, chez d'autres cétacés, pinnipèdes ou siréniens.

Ces mêmes pinnipèdes, les cétacés et les pingouins se sont munis, indépendamment les uns des autres, de la même épaisse couche de graisse hypodermique qui les protège contre le froid.

De nombreuses espèces animales se roulent en pelote face à une agression : tatous, hérissons, manidés parmi les mammifères, diplopodes et isopodes parmi les arthropodes. Même les trilobites faisaient appel à ce stratagème.

Les mammifères qui se nourrissent de fourmis et de termites comme les fourmiliers, les pangolins, les échidnés ont tous des mâchoires caractéristiques en forme de baguettes allongées, une langue cylindrique gluante, des pattes fouisseuses et un estomac de forme analogue.

Nous avons déjà parlé des cixiides (genre *Oliarius* par exemple) qui se protègent contre leurs ennemis et contre la pluie par une couche cireuse, comme les fulgoridés du genre *Lystra* et les buprestes du genre *Julodis* chez qui cette protection vise à atténuer les effets de la canicule et d'une déperdition excessive d'eau.

Chez l'hippopotame, le crocodile, ou la grenouille, les yeux et les narines se trouvent les uns comme les autres situés au-dessus du même plan horizontal. Lorsque l'animal séjourne dans l'eau, il peut plonger tout son corps sous la surface en laissant affleurer ces deux organes. Un grand nombre de mammifères aquatiques ont également les yeux placés le plus près possible de la partie supérieure du crâne.

Les adaptations convergentes apparaissent surtout dans un environnement qui exerce à l'égard de ses occupants des exigences particulières. Les organismes qui vivent dans des eaux torrentueuses (vers, sangsues, mollusques, certains poissons) ont un corps de forme hydrodynamique, un épiderme autant que possible dépourvu d'aspérités et un dispositif de ventouses qui leur facilite la vie dans l'eau.

Les exemples de convergence sont nombreux dans la nature et les savants ont établi un certain nombre de règles générales concernant les adaptations des vertébrés homéothermes. Ces règles sont généralement établies dans le cadre d'une espèce, mais elles peuvent avoir une validité beaucoup plus large. La règle de Bergmann nous dit que les animaux augmentent insensiblement de taille lorsqu'on va des régions chaudes vers les régions froides, soit horizontalement, en changeant de région géographique, soit verticale-

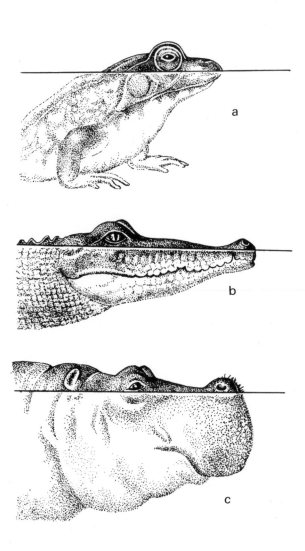

Emplacement des yeux et des narines de quelques-uns des animaux aquatiques : a — Grenouille, b — Crocodile, c — Hippopotame.

ment en allant de la plaine vers la montagne. Plus l'animal est grand, plus sa surface est petite par rapport à son volume : elle dégage donc moins de chaleur et l'animal consomme moins d'énergie pour maintenir sa température. Citons comme exemple de cette règle la taille de l'ours brun *(Ursus arctos)*. Les formes les plus petites *(U. a. arctos)* pèsent environ 60 kg et vivent en Europe occidentale, les plus grandes, le kodiak *(U. a. middendorffi)* et l'ours brun de l'Alaska *(U. a. gyas)* vivent en Alaska et dans les îles avoisinantes et pèsent de 780 à 1200 kg.

La règle d'Allen va généralement de pair avec la règle de Bergmann et veut que les membres et les organes externes comme les oreilles ou la queue se raccourcissent losqu'on progresse toujours dans la même direction, ici encore pour réduire les pertes thermiques. Une autre règle d'Allen indique que les oiseaux pondent un nombre supérieur d'œufs lorsqu'on progresse vers les régions froides. La règle de von Lehmann veut que les individus vivant à la périphérie de l'aire d'extension d'une espèce soient plus petits que les individus vivant près du centre de cette aire. La règle de Gloger généralise le fait que les animaux des régions humides et chaudes sont de coloration plus sombre que les animaux des régions sèches et froides. Enfin, la règle de Waterhouse établit que dans un groupe animal ce sont les formes aquatiques qui atteignent les plus grandes dimensions : par exemple chez les mustélidés ce sont les loutres qui sont les plus grandes.

Les animaux et la communication

Bien que l'aptitude à communiquer constitue une part inaliénable de l'évolution humaine, elle est loin de concerner exclusivement l'humanité, car les animaux possèdent également différents modes de signalisation. S'ils ne possèdent pas de langage au sens où nous l'entendons pour l'homme, ils disposent d'une grande diversité de signes qui traduisent leurs réactions à des situations données. Ces systèmes se placent à différents niveaux et peuvent être d'une grande complexité. On peut nommer communication toute manifestation d'un organisme visant à engendrer une réaction chez un autre organisme. Les formes les plus simples coïncident avec une perception directe de l'environnement et la réception des stimuli non-spécifiques émis par ce milieu. Les flagellés déjà sont capables de réagir aux produits métaboliques rejetés dans l'eau par d'autres protozoaires. Le système nerveux de diverses espèces animales est ainsi adapté à la réception des signaux non-spécifiques du milieu : les poissons réagissent aux vibrations causées par les mouvements d'autres poissons, les reptiles enregistrent les secousses du sol causées par le pas d'un homme, etc. Certaines de ces espèces possèdent même des récepteurs particuliers pour capter ces stimuli extérieurs non-spécifiques (ligne latérale des poissons par exemple).

Mais c'est sur la base de signaux spécifiques que se sont développées les formes de communication les plus variées, les plus évoluées et les plus efficaces. Des dispositifs particuliers − émetteurs et récepteurs − existent souvent à cet effet.

Les moyens de communication intra- voire interspécifique ne sont pas tant fonction de la position systématique des animaux que de leur équipement anatomique et physiologique et du milieu dans lequel ces animaux sont appelés à vivre. Dans certains groupes il existe héréditairement assez peu de bases qui permettent l'expression de cette communication. Chez les reptiles, par exemple, ou chez certains amphibiens la communication ne peut reposer ni sur les principales fonctions (comme la construction d'un nid ou les soins des jeunes), ni sur une quelconque réaction dermique, puisque la peau est le plus souvent dépourvue d'appendices hérissables. La structure de leur corps les empêche également de faire appel de manière très poussée aux gestes et aux mouvements. De tels groupes utilisent souvent des mouvements fondamentaux comme le balancement de la tête ou le piétinement et leur donnent un sens plus fort, les ritualisent. Chez d'autres groupes, tels les oiseaux, l'étendue des moyens d'expression est infiniment plus variée.

Il est intéressant de noter ici que divers groupes de vertébrés, appartenant à différents niveaux d'évolution, utilisent des formes d'expression similaires (même si leur signification diffère). La menace exprimée par l'ouverture de la bouche ou du bec remonte probablement à des temps très reculés. Elle apparaît chez certaines grenouilles, chez presque tous les reptiles, chez les mammifères et chez les oiseaux. Les mouvements de la queue apparaissent chez différentes espèces de lézards, d'anolis, de geckos et chez un grand nombre de mammifères. Les tritons, les grenouilles et différents carnivores se voûtent et arquent leur corps en signe de menace ou d'affirmation de leur supériorité. Les balancements de la tête constituent une manifestation rituelle de menace chez les anolis, les balancements du corps tout entier ont la même signification chez les primates, mais aussi chez un grand nombre de rongeurs, et notamment les sciuromorphes et les gerbillidés. La menace s'exprime aussi par le fait de montrer sa langue à l'adversaire : c'est le cas chez les pics, chez les insectivores et certains primates, chez les varans, les lézards et d'autres reptiles. Une manifestation très couramment répandue consiste à secouer les membres, avec éventuellement un piétinement de surcroît. De nombreux groupes utilisent ce signal pour exprimer la soumission : lézards, grenouilles par exemple ; chez d'autres groupes, il marque le danger ou l'attaque (kangourous, artiodactyles).

L'efficacité de tel ou tel signal dépend, nous l'avons vu, de la perméabilité du milieu. Ainsi, dans une forêt dense les bruits sont rapidement étouffés et doivent avoir une certaine fréquence pour être efficaces. Dans une grotte obscure ou en profondeur, les attitudes typiques ne sont d'aucun intérêt car elles sont invisibles. Les espèces cavernicoles et bathypélagiques doivent faire appel à des signaux sonores ou lumineux.

Les méthodes de communication des différentes espèces et groupes animaux sont extraordinairement variées. Elles reposent sur trois types de signaux qui sont relativement universels et présents chez les groupes animaux les plus divers. On pense tout de suite aux signaux sonores (qui ne sont cependant pas très répandus dans le règne animal) et aux signaux optiques.

Les signaux optiques (visuels) sont très fréquents chez les animaux. Comme ils frappent la vue, ils attirent l'attention de nombreux êtres vivants, même de ceux qui ne sont pas réellement concernés. Les signaux visuels sont donc très largement compréhensibles. De plus, certaines formes de cette communication sont adaptées aux capacités expressives et réceptives des organismes inférieurs. La signification des signaux optiques est spécifique à l'espèce ou au groupe : un même signal peut donc signifier des attitudes diamétralement opposées selon le groupe dans lequel il est émis. Ainsi, la démarche piquée de la biche est un signe de méfiance, et le même pas signifie la menace chez le chevreuil ; les commissures de la bouche tirées et les dents dénudées marquent l'incertitude et la peur chez le chimpanzé, la menace chez le tigre, le sourire chez l'homme.

Les signaux optiques entrent en jeu de diverses manières. De nombreux animaux portent des marques colorées sur leur corps. Ces marques sont soit visibles en permanence, comme les motifs bigarrés des poissons coralliens, les rayures colorées du postérieur et de la face du mandril (*Mandrillus sphinx*), le masque de l'antilope cervicapre (*Antilope cervicapra*), soit cachées et dévoilées par l'animal dans certaines circonstances particulières. Ainsi certains papillons montrent les grands ocelles de leurs ailes postérieures, le mâle du cercopithèque diane révèle la surface interne rousse de ses cuisses. Des variations de volume, d'attitude et de position du corps sont autant de signaux visuels. Les animaux hérissent ou aplatissent leur fourrure, leurs plumes, leurs oreilles ou leur queue, étendent leurs nageoires, gonflent leur corps, etc. L'écusson (le pelage blanc entourant la région anale) est assez peu visible chez les cerfs et les chevreuils au repos; dès qu'un danger survient, les poils de l'écusson se redressent et leur blancheur frappe le regard. Chez le springbok (*Antidorcas marsupialis*) il existe une raie de longs poils enfermés dans un repli de peau le long de la colonne vertébrale ; lorsque cette antilope est dérangée, le repli s'ouvre et les poils s'écartent en formant une large bande visible de très loin. Le lion (*Panthera leo*) dresse sa crinière pour paraître plus puissant, les anolis abaissent l'os hyoïde en gonflant leur gorge colorée, les najas étendent les côtes de la région du cou en une sorte de collier, les butors aplatissent leur plumage et semblent se dégonfler, tandis que les chouettes ébouriffent au contraire leurs plumes.

Les mimiques faciales constituent la forme la plus évoluée de la communication visuelle. Lorsque la musculature faciale est bien développée, elle permet d'exprimer toute une série de sentiments et d'indiquer les intentions immédiates de l'animal (lion, loup, primates). Divers mouvements et attitudes constituent aussi des signaux bien adaptés : mouvements de la queue chez les canidés, démarche piquée des cervidés, gros dos ou incurvation de la colonne vertébrale des félidés. Les abeilles ont un langage de signaux complexes : leur danse caractéristique informe leurs compagnes sur la localisation, la distance et la nature du butin.

L'émission de signaux lumineux est une forme de communication relativement rare, employée par différentes espèces d'insectes comme les lucioles, les taupins tropicaux comme *Pyrophorus noctilucus*, les fulgoridés, les poissons bathypélagiques comme *Bathysidus pentagrammus*, les céphalopodes comme *Vampyroteuthis infernalis*, etc. La lumière émise a une intensité et un rythme variables.

Les signaux optiques sont utilisés surtout par les vertébrés, les insectes et les crustacés sans que la vision soit nécessairement leur sens le plus développé. Les signaux acoustiques dominent chez les vertébrés et chez un grand nombre de groupes d'insectes. Les sons émis par les arthropodes résultent presque exclusivement d'une friction de certaines parties du corps entre elles. Les grillons et les sauterelles, par exemple, ont un appareil stridulateur placé à la base des ailes et la nervuration des ailes est renforcée et disposée de telle manière qu'elle puisse frotter contre cet appareil, produisant ainsi la stridulation caractéristique. Les criquets frottent des renflements de leurs cuisses contre la nervure stridulante des élytres. Les récepteurs captant ces sons sont des appareils auditifs situés sur le tibia ou sur les articles abdominaux. Les vertébrés émettent le plus souvent leurs signaux en

Springbok (*Antidorcas marsupialis*)

forçant l'air à passer par une série de membranes situées dans l'appareil respiratoire. Chez les passereaux, par exemple, l'appareil siffleur *(syrinx)* a une forme de tambourin et se trouve placé à l'endroit de la bifurcation de la trachée. Les sons émis sont souvent amplifiés par divers résonateurs, sacs aériens, trachée enroulée comme chez les gruidés et soutenue par le sternum. Certains reptiles sifflent (serpents) ou beuglent (crocodiles) en expirant violemment. Les poissons émettent des sons à l'aide de leur vessie gazeuse. Mais les vertébrés disposent encore d'autres moyens d'émettre des sons : les crotalidés agitent les articles terminaux de leur queue en les faisant sonner comme un hochet, d'autres serpents frottent les excroissances de leurs écailles les unes contre les autres, les cigognes font claquer leur bec, les gorilles tambourinent sur leur poitrine, les ongulés tapent du sabot, etc. La complexité des sons émis varie selon qu'il s'agit de vertébrés ou d'arthropodes. On dit que les sons les plus complexes émis par les arthropodes ne sont jamais plus complexes que ceux émis par les vertébrés, ce qui résulte probablement du fait que les arthropodes ne peuvent faire varier que les intervalles entre les sons, tandis que les signaux acoustiques des vertébrés sont de hauteur, d'intensité et de modulation variables et séparés par des intervalles également variables.

Lorsqu'ils font appel aux signaux visuels ou auditifs, les animaux déterminent généralement eux-mêmes le moment et la durée de la signalisation, ce qui devient beaucoup plus difficile lorsqu'il s'agit de signaux chimiques (olfactifs ou gustatifs). Les marques chimiques ont une persistance relativement durable et ne sont donc pas utilisées pour une communication immédiate. La signalisation par odeurs est très utilisée chez les insectes. Les informations sont transmises par l'intermédiaire de certaines substances, dites phérormones. Les substances les mieux connues de ce groupe sont les substances attractives comme celles utilisées par les femelles des insectes pour attirer les mâles. La femelle installée libère par les conduits de certaines glandes odoriférantes une petite quantité de substance attractive qu'elle aide souvent à disperser en agitant les ailes. Elle prend donc une attitude attractive. La mâle capte l'odeur, souvent de très loin, par ses antennes qui présentent une disposition particulière adaptée à cet effet. Les insectes sociaux comme les abeilles, les guêpes, les fourmis et les termites possèdent des systèmes de communication chimique d'une grande complexité. Chez les fourmis surtout il existe un système glandulaire très développé à sécrétion exocrine. La communication entre les fourmis se déroule presque exclusivement à l'aide des phérormones. Les fourmis produisent en effet des substances

destinées à l'arrêt, à l'alerte, au rassemblement, indiquant la fin d'un danger ou appelant à venir en aide à un individu. L'effet des phérormones persiste même chez une fourmi morte et les cadavres ne sont évacués par les autres fourmis qu'une fois l'odeur complètement dispersée. Les phérormones interviennent également dans la vie des mammifères. Les mâles des ongulés réagissent au fumet de l'urine d'une femelle en rut, les chiens repèrent sans l'ombre d'une erreur une chienne en chasse, etc. Les signaux olfactifs sont soit libérés par des glandes odorantes, soit portés par les excréments, l'urine. Les mammifères les utilisent surtout pour délimiter leur territoire.

Les systèmes de communication interviennent dans la vie des animaux de plusieurs manières. Ils facilitent avant tout l'orientation dans l'espace, ce qui est important surtout chez les animaux actifs durant la nuit (chauves-souris), chez les animaux cavernicoles comme les oiseaux stéathornithides et certaines salanganes ainsi que chez certains mammifères aquatiques comme les dauphins. Ces groupes possèdent donc des dispositifs particuliers, dits sonars, fonctionnant sur le principe de la réflexion des ondes sonores. Les animaux émettent un son à haute fréquence par le nez ou la bouche et s'orientent selon l'écho qu'ils perçoivent. Les systèmes de communication sont le plus souvent utilisés à usage intraspécifique, plus rarement interspécifique. Les signaux intraspécifiques permettent de reconnaître un membre de la même espèce, du même troupeau, de la même famille ou de la même bande, de reconnaître aussi un individu particulier, de savoir son sexe, son humeur (rut, agressivité). Ils facilitent la compréhension entre les membres d'une troupe ou d'un troupeau, entre les parents et les enfants. Il faut noter ici la variabilité individuelle des différents signaux : chaque individu d'une espèce a en effet une odeur caractéristique, une coloration qui lui est propre, une voix bien a lui, mais ces caractères ne sont individualisés que dans une certaine mesure si bien qu'on reconnaît facilement l'appartenance de l'individu à une certaine population.

De nombreux éléments de la communication intraspécifique se retrouvent également dans la communication entre les espèces. Il s'agit surtout de phénomènes d'intimidation, de manifestations visant à dérouter un agresseur, de colorations dissuasives ou protectrices. Tous ces signaux ont pour fonction de détourner l'attention ou de tromper l'adversaire. Les signaux avertisseurs souvent très diversifiés, ont une importance toute particulière. Certains animaux avertissent d'un danger dont on ne connaît pas encore bien la nature (aboiement du chien par exemple), mais nombre d'espèces émettent des signaux en lien direct avec un certain type précis de danger. Ainsi le spermophile de Californie *(Citellus beechei)* émet un sifflement de modulation différente selon qu'il a repéré un serpent, un carnivore ou un oiseau de proie.

L'association d'éléments de la communication intra- ou inter-spécifique aboutit chez les animaux sociaux vivant en troupes, en bandes ou en troupeaux à l'apparition de certains types de comportement d'une importance exceptionnelle pour tous les membres du groupe. Ces comportements renforcent l'unité du groupe, de la famille ou du couple, permettent la formation des couples, expriment la position hiérarchique de l'individu dans le groupe, etc. La salutation, l'expression de la soumission ou de la dominance, le nettoyage du pelage entrent dans ce groupe de comportements.

Les manifestations de la communication sociale sont souvent en rapport avec les gestes de la vie quotidienne, comme la toilette du pelage, le grattement, le léchage, l'étirement. Il s'agit en fait de manifestations d'hygiène et de bien-être physique, pour tout dire, de confort. L'animal s'y emploie lorsqu'il est de bonne humeur, qu'il se sent en sécurité ou qu'il est en bonne forme physique. Ces manifesta-tions sont apparues dans les premiers temps de l'évolution et se sont peu à peu ritualisées en s'intégrant à tout un cérémonial (rites) qui revêt pour les animaux une très grande importance. Un cérémonial courant est par exemple la salutation. Prenons le cas des oiseaux : le cormoran inadapté au vol *(Nannopterum harrisi)* qui vit dans les Galápagos vient relayer son partenaire sur le nid en lui apportant un bouquet d'algues ou une étoile de mer. L'oiseau au nid prend le cadeau, le pose de côté et ne libère la place qu'après cet échange. Le héron bihoreau *(Nycticorax nycticorax)* doit s'incliner dans l'air d'une certaine manière sans quoi les jeunes et la femelle lui barrent l'accès du nid. Les cigognes se saluent par des claquements du bec. Toutes ces manifestations indiquent les bonnes intentions de l'arrivant et atténuent l'agressivité éventuelle des partenaires. Les luttes des mâles au moment du rut ou des pariades, ces pariades elles-mêmes, les gestes d'apaisement ont généralement aussi un caractère rituel. Ces rites se déroulent chez chaque espèce suivant un protocole strict auquel les animaux se tiennent avec exactitude. L'homme lui-même fait appel à de tels rites dans sa communication non-verbale.

L'habitat des animaux

Lorsqu'on parle d'habitat animal, la plupart des gens pensent surtout au nid ou à la tanière. Pourtant, ce terme doit être pris dans une acception beaucoup plus large car il comprend tout l'espace vital de l'animal dont l'abri (tanière ou nid) ne représente qu'une partie.

L'abri est un endroit fixe où l'animal se retire régulièrement et où il se sent en sécurité. Ces abris présentent différents aspects selon l'animal qui les habite et selon leur fonction.

De nombreux animaux, grenouilles, la plupart des reptiles, poissons ne construisent aucune sorte d'habitacle. D'autres groupes, comme les ongulés font appel à leur connaissance du terrain et recherchent des sites propices abrités du vent, sans apporter aucune modification à ces sites naturels et sans s'y fixer de façon durable. Les primates supérieurs n'habitent pas des abris solides mais construisent un nouveau nid tous les jours, généralement à un autre endroit que la fois précédente.

Aux antipodes de ces comportements se trouvent ceux des animaux qui se construisent des abris permanents sous-terre, sur la terre, à la surface de l'eau, dans les branches, au creux des arbres, etc. Ces constructions sont plus ou moins simples. Les talpidés, les spalacidés et les marmottes creusent d'imposants labyrinthes de tunnels, de celliers et de nids, les castors construisent sur l'eau de puissantes digues astucieusement agencées à l'intérieur, les rémizidés suspendent aux branchages leurs nids savamment tressés, tandis que le nid des pluviers n'est qu'un creux dans le sol, etc.

Certains animaux se contentent d'un abri unique, d'autres en ont plusieurs. Chacun de ces abris est situé dans une certaine aire occupée par l'animal en question. Tout individu, couple ou groupe d'individus est strictement limité dans ses déplacements par des interdits spatiaux. Il ne se meut qu'à l'intérieur d'un district clairement délimité dont il ne franchit jamais les frontières dans les circonstances normales de sa vie. Cette unité d'espace, ce domaine ou circonscription territoriale *(home range)* contient une autre unité, plus restreinte, le territoire.

Le territoire représente l'espace que l'animal connaît à fond, où il s'oriente aisément, dont il connaît les meilleures sources de nourriture, les points d'eau, les caches, etc. C'est aussi cet espace que l'animal délimite par des marques qui lui sont propres et qu'il défend contre les autres membres de son espèce. C'est dans les limites du territoire qu'il met bas, qu'il élève ses jeunes, qu'il se nourrit, se repose, s'accouple. Le territoire est d'étendue variable selon la taille de l'animal et surtout selon ses exigences alimentaires. L'intérêt principal d'un tel domaine repose en effet sur le fait qu'il assure à ses occupants une quantité suffisante de nourriture. Les grands herbivores, par exemple, doivent disposer d'un territoire d'étendue suffisante à la fois pour les rassasier et pour permettre la repousse, dans le courant de la saison végétative, des plantes consommées. Les carnivores, eux, doivent occuper un territoire tel que leur chasse n'y engendre pas une diminution trop importante des animaux qui constituent leur proie. C'est sans doute le tigre de Sibérie *(Panthera tigris altaica)* qui occupe le territoire le plus vaste dans le règne animal : jusqu'à 1000 km^2. Les dimensions du territoire varient également selon les individus d'une espèce. Elles sont fonction du relief et de la richesse du terrain, du nombre de concurrents alimentaires, de la saison, etc. Les femelles et les jeunes mâles disposent généralement de territoires plus petits que les vieux mâles sexuellement actifs. Toute la surface du territoire n'est pas non plus exploitée de la même manière : certaines parties sont utilisées de manière préférentielle, d'autres plutôt de manière occasionnelle.

L'obtention et la conservation du territoire est une question vitale pour les animaux et ils en délimitent donc soigneusement les frontières qu'ils défendent contre les intrus. Les autres individus de l'espèce reconnaissent et respectent généralement ces frontières. Lorsqu'ils les dépassent, ils essaient généralement d'éviter le conflit ouvert avec le propriétaire des lieux qui les attaque aussitôt. Lorsque l'affrontement n'est pas évitable, les intrus quittent le territoire sans lutte ou après un combat généralement symbolique. C'est au moment de l'acquisition du territoire que les duels sont les plus violents. La défense opiniâtre des frontières territoriales n'est pas une fin en soi, mais elle garantit une distribution équilibrée des couples dans le paysage. Une concentration d'individus de la même espèce sur un territoire d'étendue limitée entraînerait une grande concurrence alimentaire et les animaux n'arriveraient à nourrir ni leur descendance, ni eux-mêmes. La délimitation d'un territoire est surtout typique chez les vertébrés : les poissons (peut-être même les sélaciens), les amphibiens, les oiseaux, les mammifères. On a également mis en lumière l'existence de domaines chez certains groupes d'insectes et de crustacés comme les crabes dont il ne sera cependant pas question dans ce chapitre.

De nombreux animaux défendent leur territoire à longueur d'année, d'autres espèces ne sont territoriales qu'occasionnellement, par exemple pendant la reproduction. Certaines autres espèces comme la mésange charbonnière *(Parus major)* établissent des territoires d'hiver servant à protéger leurs réserves de nourriture. Il existe également des espèces non territoriales vivant en nomades.

L'organisation interne du territoire correspond au mode de vie de son occupant, mais tous les territoires présentent un certain nombre de caractères communs : ils renferment des sites où l'animal vient boire, d'autres où il se nourrit, d'autres où il se sent en sécurité (habitation), où il fait sa toilette et où il délimite les frontières du territoire. Ces lieux sont réunis les uns aux autres par un réseau de sentiers que les animaux empruntent pour chercher leur nourriture, pour fuir, pour se déplacer sur leur territoire. Bien évidemment, les animaux peuvent quitter ces sentiers, ce qu'ils font notamment lorsqu'ils chassent ou broutent.

A l'intérieur du territoire, les endroits en relation directe avec les activités vitales de l'animal peuvent être très variés. L'endroit où il vient faire sa toilette peut être une flaque de boue où se roulent les cerfs et les sangliers, une termitière à laquelle viennent se gratter les zèbres, une dépression dans la poussière où les faisans viennent se poudrer. Certains animaux mangent toujours au même endroit : mulot *(Arvicola terrestris)* et rat musqué *(Ondatra zibethicus)* se construisent dans les roseaux des tablettes alimentaires typiques, les carnivores choisissent des endroits surélevés pour y déchiqueter leur proie, etc. Divers

Le mâle de l'Antilope harna *(Antilope cervicapra)* marque les limites de son territoire par la sécrétion des glandes olfactives sous-orbitaires sur les branches et rameaux.

animaux comme les carnivores, les damans, les rhinocéros et les lapins déposent leurs excréments toujours au même endroit et connaissent donc l'usage des « toilettes ».

Pour pouvoir être repéré et reconnu par les autres membres de l'espèce, le territoire doit être marqué et clairement délimité. Les modes de marquage résultent de l'utilisation de signaux optiques, sonores ou olfactifs. Leurs combinaisons donnent des systèmes complexes d'indicateurs qui disent clairement à qui veut le savoir que l'espace n'est pas libre.

De nombreuses espèces délimitent leur territoire par la voix. Citons comme exemple classique le chant des oiseaux qui se perchent sur une éminence à l'intérieur du territoire et indiquent par leur chant que la place est prise. A côté des oiseaux, chez qui ces signaux sonores sont typiques, certains mammifères comme les singes ou les cervidés ont recours au même type de signalisation. Les orangs-outans mâles *(Pongo pygmaeus)*, les siamangs *(Symphalangus syndactylus)* et les hurleurs *(Alouatta sp.)* possèdent même des résonateurs particuliers qui amplifient leur voix dans la forêt vierge.

Les marques optiques constituent un autre moyen de délimitation du territoire. Les animaux exposent alors certaines parties de leur corps, d'une forme ou d'une coloration caractéristique. Les anolis abaissent et redressent leur os hyoïde ce qui a pour effet de tendre et de relâcher leur gorge vivement colorée, les cercopithèques mâles montrent leurs organes sexuels colorés ou leurs cuisses. Certains animaux sont en eux-mêmes des marques vivantes : motifs ornementaux des poissons coralliens, poils blancs sur fond sombre des colombes, etc.

Tandis que les marques optiques et sonores ne sont souvent perceptibles que pendant un temps limité, les marques chimiques ont un caractère plus permanent. Les signaux olfactifs s'utilisent surtout chez les mammifères dont le sens principal est souvent l'odorat. On rencontre souvent dans ce groupe des glandes spécifiques produisant une substance odorante. Ces glandes sont différemment placées selon les animaux. Chez les chevreuils, elles sont situées entre les sabots si bien que les marques sont portées directement par la marche; certaines antilopes et les cerfs possèdent des glandes spéciales à l'avant de l'œil et déposent leur sécrétion sur les brindilles; les chamois possèdent des glandes odorantes derrière les bois, les lapins sous le menton, les blaireaux et les martres sous la racine de la queue, le lièvre à l'intérieur de la bouche, sur les joues. Lorsqu'il lèche ses pattes, il y transfère le parfum qu'il dépose ensuite sur le sol en se déplaçant.

Les espèces qui ne disposent pas de glandes

particulières utilisent pour marquer les frontières leur urine et leurs fèces. Les canidés et certains félidés aspergent les points stratégiques aux confins de leur territoire d'une petite quantité d'urine très malodorante, les prosimiens recueillent leur urine dans leurs mains et en frottent les branches. Les rhinocéros déposent leurs excréments toujours au même endroit à l'entrée de leurs sentiers si bien que les excréments s'accumulent et forment des bornes visibles de loin. Le même phénomène peut être observé chez la souris domestique *(Mus musculus)*. Les hippopotames *(Hippopotamus amphibius)* et les hippopotames nains *(Choeropsis liberiensis)* dispersent leurs excréments et leur urine sur les arbustes environnants par un mouvement rotatif de la queue, qui les projette à plusieurs mètres de distance. Il n'est pas impossible que des mammifères aquatiques fassent également appel à des marques olfactives.

Chez certaines espèces les limites des territoires peuvent se recouper. Les animaux des territoires contigus se rencontrent dans cet espace commun (les rhinocéros s'y baignent ou y paissent ensemble) ou leur présence dans ces points peut être régie par leur emploi du temps : plusieurs chats peuvent chasser sur le même territoire sans jamais se rencontrer car ils n'y viennent pas à la même heure.

Il existe un grand nombre d'espèces nomades entreprenant souvent de longs voyages pour toutes sortes de raisons. Nombre d'espèces d'oiseaux migrent régulièrement d'un lieu de séjour hivernal à leur lieu de reproduction et le phénomène s'observe également chez les papillons. Parmi les mammifères, les rennes, les zèbres, les antilopes et les cétacés suivent régulièrement des circuits alimentaires. Les chauves-souris de la zone tempérée ont une résidence d'été et une résidence d'hiver. Les pinnipèdes, certains cétacés, les tortues de mer et certains poissons (saumons, anguilles) entreprennent de longs voyages au moment de leur reproduction. Les espèces territoriales se déplacent également, quoique moins loin, lorsque les conditions climatiques ou alimentaires se dégradent : les souris et les musaraignes migrent par exemple dans les habitations humaines.

La vie sociale des animaux

De nombreux animaux vivent en solitaires et n'entrent en contact avec leurs semblables qu'à l'occasion de la reproduction, le plus souvent pour les quitter dès l'acte accompli. D'autres animaux au contraire, surtout dans le groupe des vertébrés tiennent à lier avec d'autres individus de la même espèce des relations plus durables, en d'autres termes à former des associations. Celles-ci ne sont pas obligatoirement permanentes : les chamois *(Rupicapra rupicapra)*, vivent ensemble durant une partie de l'année, puis les troupeaux se décomposent en groupes maternels (femelles et jeunes) et en groupes de jeunes mâles, les vieux mâles vivant le plus souvent en solitaires. Les oiseaux migrateurs se regroupent eux aussi pour un temps. D'autres associations sont de caractère permanent : les troupeaux de chevaux sauvages, d'antilopes, de buffles, de bisons, les troupes de lions, les meutes de lycaons, etc. sont de ce type.

La vie en associations présente un certain nombre d'avantages. Le groupe offre à ses membres une certaine protection devant le danger, à la fois parce qu'il repère plus facilement un agresseur éventuel qu'un individu isolé et aussi parce qu'une masse d'animaux en mouvement intimide l'agresseur si elle ne le met pas carrément en déroute et celui-ci perd toute possibilité de capturer une proie s'il n'arrive pas à détacher un individu du groupe. Les associations sont également intéressantes lorsqu'il s'agit de trouver de la nourriture. Un groupe qui s'impose par le nombre (chez les singes, par exemple) est capable de s'attribuer et de conserver des territoires plus étendus et plus riches. Dans certains groupes animaux, les techniques de chasse présupposent l'entraide mutuelle. On peut citer l'exemple classique d'une meute de loups, mais les lycaons, les lions et les hyènes chassent également en groupes. Il en va de même pour les cormorans et les pélicans. Des liens intéressants existent entre les troupeaux de zèbres, de gnous et de gazelles de Thomson. Ces trois espèces se nourrissent de végétaux différents qui croissent en associations dans la même région. Les troupeaux y pénètrent à leur tour, d'abord les zèbres, puis les gnous et enfin les gazelles. On a découvert que lorsque le nombre d'individus d'une espèce s'abaisse, le nombre d'individus des deux autres groupes en est également affecté.

La constitution de groupes a son intérêt aussi pour la reproduction. Les partenaires s'y rencontrent plus facilement et les jeunes y sont mieux protégés devant les dangers. Chez les dauphins et les éléphants, le troupeau protège même la femelle au moment de la parturition. Les femelles de certains rongeurs s'aident activement au moment de la mise bas. La vie en groupes nombreux incite à la reproduction et pousse les couples à se reproduire beaucoup plus rapidement que ne le font les individus isolés, phénomène particulièrement intéressant chez les espèces nordiques ou désertiques qui ne disposent pour se reproduire que d'une période favorable relativement courte.

L'intérêt d'une vie sociale est aussi la possibilité d'une division du travail. La chose est relativement aisée au sein d'un couple où les parents assument chaque tâche à leur tour ou se spécialisent, l'un dans la garde et l'autre dans l'alimentation. Les choses se compliquent lorsqu'il s'agit d'un groupe : dans la chasse en meute, chaque individu joue un rôle particulier. La division du travail atteint son comble de complexité chez les insectes sociaux où les individus présentent même une différenciation morphologique en femelles fertiles (reines), en mâles et femelles aux organes sexuels atrophiés (ouvrières, parfois soldats). Les différentes ouvrières assument à leur tour des tâches distinctes.

Chez des animaux au cerveau plus développé, les connaissances peuvent passer des uns aux autres et toute la communauté peut profiter de l'expérience d'un individu.

Les sociétés les plus primitives sont celles formées par un regroupement passif d'individus comme c'est le cas chez les gyrins *(Gyrinidae)* ou chez les larves aquatiques de différents insectes dont le regroupement n'a rien de volontaire, mais est dû à l'action du vent ou du courant. Même dans une telle société passive chaque individu est mieux protégé contre les dangers.

Des animaux de la même espèce vivent souvent dans des groupes non-organisés dont la structure sociale est à peu près négligeable. C'est ce qu'on appelle un groupement ouvert : les individus qui en font partie ne se connaissent pas entre eux et ne sont pas liés les uns aux autres. Ils peuvent quitter le groupe à tout moment, y revenir, se joindre à un autre groupe voisin, etc. C'est le cas des bandes de poissons, de grenouilles, d'oiseaux migrateurs ou nomades, etc.

Pour que la société soit autre chose qu'un regroupement d'individus anonymes, elle doit posséder un règlement intérieur et ses membres doivent avoir des tâches strictement définies. Cela suppose la formation de groupes plus ou moins organisés. Le type le plus simple de société est un groupe anonyme fermé apparu généralement par un accroissement exceptionnel d'un groupe plus petit. Chez les surmulots *(Rattus norvegicus)* et les rats communs *(Rattus rattus),* la multiplication rapide et répétée du couple parental et de ses descendants entraîne la formation d'une « grande famille ». Les membres de cette famille étendue sont si nombreux que les individus ne se reconnaissent pas personnellement entre eux et seule leur odeur caractéristique indique leur appartenance à la famille. Une société fermée n'accepte pas de nouveaux individus n'importe comment. Lorsqu'il arrive qu'un membre de la famille étendue soit obligé de quitter cette famille et qu'il y revienne au bout d'un certain temps, il est traité en intrus car il ne possède plus l'odeur typique de son groupe. Les insectes sociaux forment également des sociétés anonymes fermées, comptant parmi les groupes les mieux organisés qui soient.

Les sociétés les plus perfectionnées reposent sur les relations personnelles entre les individus qui se connaissent bien entre eux. La plus petite unité fondée sur la vie commune d'individus qui se connaissent bien est le couple. Un couple permanent est l'association de deux partenaires qui vivent ensemble pendant toute leur vie. Une telle union ne résulte pas uniquement de l'instinct de reproduction, car la période d'activité sexuelle se limite généralement à une certaine partie de l'année. Différents facteurs entrent ici en jeu et notamment divers rites qui consolident puissamment le couple. Le couple permanent est une unité très solide et les deux partenaires sont absolument fidèles ; leur union n'est dissoute que par la mort de l'un d'eux. De nombreux animaux forment de telles liaisons : les oies sauvages, les pigeons, les corbeaux, etc. D'autres espèces comme les canards sauvages ou certains passereaux forment des couples saisonniers qui se séparent après la période de multiplication.

Les troupes, les meutes, les familles constituent des sociétés plus vastes mais reposant toujours sur le contact personnel d'individu à individu. Chaque membre y connaît sa place exacte, son rang hiérarchique. La vie commune d'une telle famille, du troupeau, de la bande est réglée par un certain code, inné, régissant précisément les comportements réciproques. Cette loi interne est indispensable car chaque individu est porteur d'une certaine dose d'agressivité, de violence, qui est justement atténuée par l'ordre hiérarchique.

Les relations hiérarchiques résultent dans leur principe des rapports réciproques entre individus dominants et dominés. Certains animaux du groupe, plus forts, plus vigoureux, plus agressifs que les autres,

Postures de supériorité (gauche) et de subordination (droite) chez les chiens.

luttent ensemble pour la détermination du « chef ». L'individu le plus fort et le plus expérimenté du groupe remplit ensuite toutes les fonctions d'un chef et domine tous les autres individus du groupe. Ce guide garde la bande, la protège, la guide à la recherche de la nourriture, choisit le lieu de repos, accouple les femelles et maintient l'ordre dans le groupe. Un chef expérimenté constitue pour le groupe un élément très précieux et tous le respectent et le protègent. Les autres animaux de la troupe forment ensuite une sorte d'échelle, chaque individu constituant un échelon, et supérieur à tous les individus qui se trouvent plus bas que lui, subordonné à tous les individus qui se trouvent plus haut. Ce schéma de base peut se compliquer selon les sociétés. Chaque animal doit d'abord trouver sa place hiérarchique par la lutte, puis la défendre contre les autres animaux. Seuls les

Les mâles de la Girafe *(Giraffa camelopardalis)* au cours d'une lutte.

plus petits des jeunes ne prennent pas part à ces combats. La lutte pour la position hiérarchique intéresse non seulement les mâles, mais aussi les femelles et les jeunes d'un certain âge. On peut donc avoir dans un groupe plusieurs échelles elles-mêmes hiérarchisées : tous les mâles se soumettent au chef et sont en même temps dominateurs vis-à-vis des femelles et des jeunes. De plus, des relations hiérarchiques précises existent au sein de leur groupe. La femelle dominante est subordonnée à tous les mâles mais domine les femelles et les jeunes à nouveau hiérarchisés. Enfin, il en va de même pour les jeunes.

La position hiérarchique est variable dans le temps. Elle peut évoluer au moment des rencontres dans les luttes et elle dépend également de la condition physiologique de l'animal. Lorsque le cerf dominant perd ses bois, il perd en même temps sa place de chef et le plus faible mâle de la harde peut le mettre en fuite, s'il a lui-même ses bois. La femelle gravide (chez les cervidés) ou en chaleur (chez les singes par exemple) « monte » immédiatement dans la hiérarchie sociale.

Chaque animal du groupe montre aux autres animaux sa position à toutes les occasions : au moment des rencontres, de la prise de nourriture ou à l'abreuvement. Les animaux montrent leur dominance ou leur soumission par différentes attitudes, différents gestes ou mimiques, etc. Ces manifestations ont un caractère strictement spécifique et les individus s'y tiennent rigoureusement.

Les manifestations de subordination constituent une protection efficace des individus faibles contre les forts, car elles ont pour effet d'atténuer l'agressivité de ces derniers. Dès qu'il rencontre un individu d'une position hiérarchique supérieure, l'animal subordonné lui montre donc sa soumission. La démonstration la plus évidente est la cérémonie de la salutation, qui est très fréquemment utilisée et qui contribue à ratifier les relations amicales du groupe. L'individu subordonné exécute également des signes de conciliation qui imitent le comportement du jeune envers sa mère et apaisent à coup sûr son agresseur. Des attitudes de soumission totale (où l'animal expose ou découvre par exemple les parties les plus vulnérables de son corps) mettent fin au combat sans versement de sang. Le vaincu qui fait ainsi preuve de soumission peut partir

impunément. Des gestes de soumission peuvent même, s'ils sont exécutés à temps, éviter totalement le combat.

Le mot de combat revient souvent dans ce chapitre. La lutte serait-elle donc un élément si important de la vie animale ? Le comportement agressif, menace et combat, tient une place exceptionnelle dans la vie des animaux. Il ne faut jamais oublier qu'il s'agit toujours là de luttes entre des individus de la même espèce et non de rapports du prédateur avec sa proie. Le comportement agressif prend toute son importance dans le choix et la défense du territoire. Il assure à l'individu son espace vital et évite une concentration excessive d'individus de la même espèce sur un territoire limité, ce qui revient à dire qu'il pousse les animaux à se répartir de façon régulière dans tout le biotope occupable. Il est capital pour l'établissement des rapports hiérarchiques dans le groupe. Des duels entre individus permettent d'éliminer les sujets faibles et inexpérimentés au profit d'animaux vigoureux et expérimentés. La lutte a également son importance dans la reproduction, car les plus faibles n'ont souvent aucune chance de trouver un partenaire.

Les luttes intra-spécifiques n'ont nullement pour but de détruire l'adversaire, mais seulement de le chasser un peu plus loin. Pour que cette règle puisse être respectée, les combats obéissent à certaines règles respectées par les deux combattants. Le principe en est que les animaux ne doivent pas faire appel aux armes dont ils se servent pour se défendre contre un agresseur extérieur. Ainsi, les girafes mâles ne se donnent jamais de coups de sabots, mais se poussent avec le cou et se heurtent de leurs courtes cornes. En fait, ce genre de lutte est complètement ritualisé : c'est une sorte de combat sportif que la partie la plus faible peut faire cesser sans avoir à craindre pour sa vie. Nous rejoignons là le deuxième principe de ces combats : ils se déroulent sans effusion de sang. La possibilité d'arrêter l'affrontement par une manifestation de soumission évite d'en arriver à des blessures graves ou à la mise à mort du vaincu, tout en permettant de conserver sa pleine force au comportement combatif au moment de la conquête du territoire ou de la place hiérarchique de l'animal dans le groupe.

Descriptions illustrées

Abréviations utilisées :

♂ : mâle
♀ : femelle
LC : longueur du corps
l : largeur du corps
Env. : envergure
LQ : longueur de la queue
p. : petit
Les chiffres romains correspondent aux mois de l'année.

Hérisson d'Europe

Erinaceus europaeus L.

Les Hérissons sont des mammifères bien connus et très aimés du public. Ce qu'ils ont de plus curieux, c'est leur robe de piquants composée de plusieurs milliers d'aiguillons rigides, résultant d'une modification de la fourrure. Cet habit peu commun et la faculté qu'ils ont de se rouler rapidement en une boule piquante et invulnérable constituent deux ingénieux mécanismes de défense. Les Hérissons attendent la tombée du jour pour partir en quête de nourriture et se trahissent dans leurs expéditions par leur piétinement, les bruits des objets qu'ils frôlent et surtout leur souffle bruyant. Ils consomment une forte quantité de nourriture : surtout des insectes, des vers, des mollusques et de menus vertébrés. Leur menu peut également comporter des serpents venimeux qu'ils arrivent à vaincre par leurs attaques habiles, sans être toutefois, comme on le croyait jadis, immunisés contre leur venin. Les Hérissons apprécient également les œufs et les jeunes oiseaux et les gardes ne les voient pas d'un bon œil dans les faisanderies. Ils sont cependant utiles dans l'ensemble, car ils détruisent une masse d'insectes nuisibles. Dans la plupart des pays européens ils font l'objet de protection ce qui n'empêche pas qu'ils se fassent tuer en masse par les roues des voitures sur les routes, ainsi que par divers traitements chimiques.

Les Hérissons passent la saison hivernale, de novembre à mars, dans leurs abris bien protégés, garnis d'une couche de feuilles sèches. Ce sont des animaux solitaires vivant en permanence sur un territoire relativement limité. On les trouve sur de grandes étendues tant en Europe qu'en Asie ; en Europe, ils vivent partout de la plaine jusqu'à la limite supérieure de la forêt, à l'exception des régions les plus septentrionales et de certaines îles. Deux espèces différentes vivent en Europe, mais elles ne diffèrent que par de menus détails de coloration.

LC : 200 − 290 mm.
LQ : 20−45 mm.
Poids : 700−1200 g.
Portées : 1−2 par an, 3−7(10) p.
Age : max. 8−10 ans.

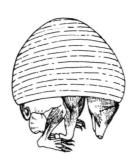

De puissants muscles permettent au Hérisson de se rouler en boule.

Tête de l'espèce au ventre clair du Hérisson de l'Europe de l'Est.

Musaraigne carrelet
Sorex araneus L.

La Musaraigne carrelet est la plus courante de toutes les Musaraignes européennes. On la trouve dans tous les endroits un peu humides et enherbés, de la plaine jusqu'en haute montagne. Elle abonde surtout dans les forêts, les broussailles et les prairies à l'herbe haute et dense. C'est un petit animal mobile au museau pointu, au pelage d'abord brun, plus tard brun-noir. Elle est active de jour comme de nuit, en été comme en hiver. Elle se nourrit d'insectes, d'araignées, de petits mollusques et de vers, qu'elle réduit rapidement en bouillie de ses trente-deux petites dents aiguës à la pointe brun-rouge. Elle est très vorace et consomme par jour presque son poids de nourriture. Ce n'est d'ailleurs pas étonnant, étant donné sa mobilité perpétuelle et ses pertes thermiques importantes, dues à la grande surface de son corps par rapport au faible volume. Il est exceptionnel que les Musaraignes creusent leurs propres terriers : elles empruntent généralement les galeries des autres mammifères et construisent leur nid de feuilles sèches dans les souches, dans les racines des arbres, sous les pierres ou dans l'herbe fanée. C'est là qu'elles donnent naissance, d'avril à septembre, à des petits nus et aveugles qui croissent rapidement jusqu'à ressembler pratiquement à leurs parents en l'espace de trois semaines.

La Musaraigne carrelet vit dans toute l'Europe à l'exception de l'Irlande et des régions les plus septentrionales, en Asie au nord de la zone des steppes jusqu'au Japon. Elle peut pulluler certain⸱ années.

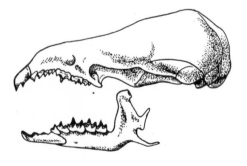

LC : 65−85 mm.
LQ : 32−47 mm.
Poids : 5−13 g.
Portées : 3−4 par an, 5−7 (10) p.
Age : en moyenne 16−18 mois.

Musaraigne pygmée

Sorex minutus L.

Musaraigne minuscule

Sorex minutissimus ZIM.

La Musaraigne pygmée est l'un des plus petits mammifères du monde. Elle se distingue de la Musaraigne carrelet par ses dimensions encore plus réduites, par son pelage brun qui ne change pas de ton durant sa vie et surtout par sa queue qui est relativement longue, plus velue et légèrement étranglée près de la racine. Manifestement plus résistante à l'humidité et au froid elle peuple même les tourbières de montagne où la Musaraigne carrelet ne vit que rarement. Les deux Musaraignes ne se font manifestement pas concurrence car leurs territoires se recoupent souvent et en cas de rencontre la Musaraigne pygmée évite simplement sans combat sa grande cousine.

Bien qu'elle soit relativement courante en Europe, la Musaraigne pygmée y est en moyenne 5 à 10 fois plus rare que la Musaraigne carrelet. Comme toutes les Musaraignes, elle est très fragile et meurt rapidement lorsqu'elle manque de nourriture. Il est donc très malaisé de l'élever en terrarium. Son mode de vie est assez mal connu mais ne semble pas différer notablement de celui des autres musaraignes. Elle occupe à peu près les mêmes régions que la Musaraigne carrelet, en y ajoutant l'Irlande et certaines îles nordiques. En Europe méridionale, elle se cantonne uniquement aux régions montagneuses. Dans les forêts humides et résineuses de la Finlande et au nord de l'U.R.S.S. on trouve encore sa proche parente, la Musaraigne minuscule *(Sorex minutissimus)* qui est encore plus petite.

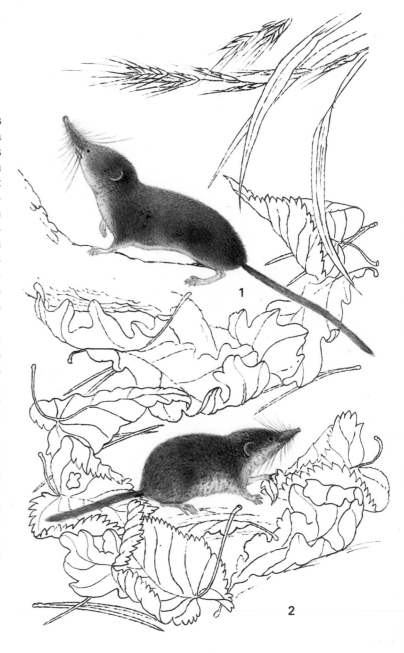

1 – *Sorex minutus* :
LC : 45–60 mm.
LQ : 32–46 mm.
Poids : 3–5 g.
Portées : 1–2 par an, 4–8 p.
Age : 16–18 mois.

2 – *Sorex minutissimus* :
LC : 39–53 mm.
LQ : 23–29 mm.
Poids : 2–4 g.

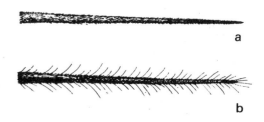

a

b

Poils sur la queue des genres *Sorex* (a) et *Crocidura* (b)

Musaraigne des Alpes

Sorex alpinus SCHINZ

Cette Musaraigne ne vit que dans les montagnes d'Europe centrale et méridionale des Pyrénées jusqu'aux Carpates et aux Balkans. Il s'agit là d'une présence « relique » par rapport au passé où elle était distribuée dans toute l'Europe même en plaine. Elle se trouve le plus souvent dans une végétation basse dense, près des torrents de montagne, dans les prairies alpines ou les éboulis pierreux, toujours dans des sites très humides et très ombragés. Aux abords des ruisseaux, elle descend par endroits jusqu'en basse montagne aux environs de 300−400 m d'altitude, mais sa véritable patrie est la montagne de 700 à 2000 m. La Musaraigne des Alpes est facile à reconnaître à sa robe gris-noir et à sa longue queue, blanche sur sa face ventrale. Tout au plus risque-t-on de la confondre avec les Musaraignes aquatiques (genre *Neomys*), dont elle se distingue cependant par ses pattes claires sans fourrures, couleur chair chez les spécimens vivants. Son mode de vie est le moins connu de toutes les musaraignes européennes. Il semble qu'elle se nourrisse essentiellement de mollusques montagnards, sans dédaigner d'autres invertébrés. La multiplication a lieu de la fin avril jusqu'à la mi-septembre. Comme chez toutes les Musaraignes, les jeunes grandissent rapidement et atteignent la maturité sexuelle dès la première année de leur vie.

LC : 62−77 mm.
LQ : 54−75 mm.
Poids : 6−10 g.
Portées : 2−3 par an, 5−7 p.
Age : 16−18 mois.

Musaraigne aquatique

Neomys fodiens PENN.

La Musaraigne aquatique est la seule Musaraigne européenne à savoir bien nager, plonger et courir sous l'eau au fond. Pourtant, ses adaptations à ce mode de vie sont minimes : pelage dense et imperméable, larges pattes postérieures bordées par une rangée de cils rigides et allongés qui remplacent une membrane natatoire et carène de poils raides sur la face ventrale de la queue. Lorsqu'elle chasse sous l'eau, elle offre un spectacle d'un rare intérêt. Elle s'active de jour comme de nuit et lorsqu'elle plonge, elle fait penser à une bille d'argent mobile à cause de la lumière qui se réfracte dans les innombrables bulles d'air retenues entre ses poils. Elle nage rapidement sur l'eau, la tête émergée, et peut courir sans problème sous l'eau sur le fond, ou encore sur la terre au bord de l'eau. C'est surtout dans l'eau qu'elle trouve sa nourriture : divers insectes aquatiques et leurs larves, crustacés (puces d'eau), mollusques aquatiques et frai des poissons. Comme elle peut s'attaquer aux naissains aquatiques, elle n'est pas très aimée des pêcheurs. Elle se plaît surtout aux abords des ruisseaux aux bords densément envahis de végétaux, présentant une abondance de cachettes dans leurs racines ou entre les pierres ou encore dans les eaux stagnantes et enherbées. On la rencontre dans toute l'Europe à l'exception de l'Irlande et des régions méditerranéennes et dans la zone forestière de l'Asie jusqu'en Extrême-Orient. En Europe, on trouve une autre espèce très voisine, la Musaraigne de Miller *(Neomys anomalus),* moins dépendante du milieu aquatique.

Neomys fodiens :
LC : 70—96 mm.
LQ : 47—77 mm.
Poids : 10—20 g.
Portées : 2—4 par an, 3—8 (11) p.
Age : 1 à 2 ans.

Neomys anomalus :
LC : 65—88 mm.
LQ : 32—67 mm.
Poids : 7,5—16 (18,5) g.
Portées : 2—3 par an, (3) 5—7 (12) p.
Age : 1—2 ans.

Crocidure des jardins

Crocidura suaveolens (PALL.)

Crocidure bicolore

Crocidura leucodon (HERM.)

Crocidure commune

Crocidura russula (HERM.)

Les Crocidures se distinguent des autres musaraignes par leurs dents aux pointes entièrement blanches et par leur queue qui porte un pelage court et plat parsemé de longues soies isolées. En Europe centrale, on les trouve surtout dans les paysages cultivés dégagés, à la lisière des forêts, dans les broussailles, les champs et aux abords des habitations humaines. En hiver, elles se retirent fréquemment dans les meules, les murettes de pierre et les maisons et c'est ainsi qu'elles se font prendre, plus que toute autre espèce de musaraignes, dans les pièges destinés aux souris domestiques. Grâce à leur résistance et à leur faculté d'adaptation, les Crocidures ont également pénétré dans les complexes forestiers et en haute montagne. En Europe centrale, on rencontre le plus souvent la Crocidure des jardins que l'on reconnaît à sa petite taille et à ses flancs dont la coloration grise s'éclaircit progressivement vers la face ventrale. La Crocidure des jardins existe dans les régions de climat doux, au nord jusqu'en Allemagne centrale et au centre de la France, ainsi qu'en Asie et en Afrique du Nord. La femelle conduit ses jeunes d'une façon tout à fait intéressante : les petits se suivent en effet en file indienne derrière la mère, chacun plantant les dents dans la fourrure à la base de la queue de l'animal précédent. (Ils forment ainsi de véritables caravanes.) En Europe, on trouve aussi la Crocidure commune (*Crocidura russula*) qui est plus grande et plus foncée que la Crocidure des jardins et la Crocidure bicolore (*Crocidura leucodon*) dont les flancs gris cèdent la place sans transition à la couleur presque blanche du ventre.

1 – *Crocidura suaveolens* :
LC : 53—83 mm.
LQ : 25—44 mm.
Poids : 3—7 g.
Portées : 2—4 par an, 2—6 p.
Age : 1—2 ans.

2 – *Crocidura leucodon* :
LC : 64—87 mm.
LQ : 28—39 mm.
Poids : 6—15 g.

3 – *Crocidura russula* :
LC : 64—95 mm.
LQ : 33—46 mm.
Poids : 6—14 g.

Taupe

Talpa europaea L.

La Taupe est remarquablement adaptée à la vie souterraine par son corps cylindrique que recouvre une fourrure courte et dense, par ses fortes pattes antérieures en forme de pelles dont la paume est tournée vers l'arrière, par son conduit auditif protégé par un mince repli de peau et ses yeux minuscules parfois entièrement recouverts d'une peau fine. D'ailleurs, elle passe l'essentiel de sa vie dans son labyrinthe de galeries souterraines et elle ne monte que très rarement à la surface de la terre.

Bien qu'elle appartienne zoologiquement à l'ordre des insectivores, elle se nourrit, en plus des insectes et de leurs larves, surtout de vers de terre, voire de menus vertébrés, surtout de grenouilles. Elle rencontre sa nourriture lors de ses promenades incessantes le long des galeries. Elle sait même faire des provisions de lombrics, sous la forme de « conserves vivantes » pourrait-on dire : elle paralyse le lombric par une morsure de son centre nerveux et elle le stocke dans son cellier souterrain. L'intérêt des Taupes est encore de nos jours une question controversée. Elles détruisent, certes, une masse d'insectes nuisibles, mais d'un autre côté, elles sont elles-mêmes nuisibles en consommant une grande quantité de vers de terre et en arrachant les racines des végétaux, dans les prairies aussi en formant des taupinières. La Taupe vit partout de la plaine jusqu'en haute montagne, le plus souvent dans les prairies, les pâturages et les forêts feuillues. En Europe, elle n'évite que les régions les plus nordiques, à l'est, elle s'étend jusqu'à l'Oural. En Asie orientale et dans la zone méditerranéenne, on rencontre plusieurs autres espèces, comme d'ailleurs en Amérique du Nord. La plus curieuse de ces espèces est le Condylure étoilé *(Condylura cristata)* dont les narines sont entourées d'une étoile formée de 22 excroissances charnues et glabres.

LC : 115−160 mm.
LQ : 23−38 mm.
Poids : 65−120 g.
Portées : 1 par an, 3−5 p.
Age : 3−4 ans.

squelette du pied antérieur

Desman des Pyrénées
Galemys pyrenaicus (GEOFFR.)

Le Desman des Pyrénées est un insectivore, proche parent de la taupe, bien adapté à la vie aquatique par son pelage ras et luisant, imperméable ; les doigts de la patte postérieure, qui est de grande taille, sont reliés par une courte palme et la longue queue peu velue et comprimée latéralement à son extrémité fait office de barre. Le museau est également curieux, étiré qu'il est en une trompe nue et mobile qui permet à l'animal de tâter et de trouver sa nourriture. Sous la racine de la queue se trouve une glande à musc d'odeur âcre et déplaisante. Le Desman des Pyrénées vit dans les montagnes qui lui ont donné son nom, et dans les montagnes du nord de l'Espagne et du Portugal, au voisinage des torrents montagnards vifs, clairs et riches en oxygène, ainsi que dans les prairies marécageuses à une altitude de 300 à 1200 m. Il se cache dans des terriers qu'il creuse dans le sol mou des rives. Sa nourriture se compose surtout de vers, de mollusques, d'insectes et de menus vertébrés : il la capture un peu comme la Musaraigne aquatique, dans l'eau. L'activité sexuelle du Desman se réveille avec la fin de l'hiver, vers le mois de janvier : les jeunes naissent de mars à juillet.

En Europe orientale, dans les plaines du Don et de la Volga, on trouve une espèce voisine mais plus grande, le Desman de Moscovie *(Desmana moschata)*. Sa fourrure d'utilisation industrielle l'a fait implanter, avec succès, dans d'autres parties de l'U.R.S.S. Les deux espèces ne sont que des « reliques » de populations beaucoup plus vastes occupant à l'origine toute l'Europe.

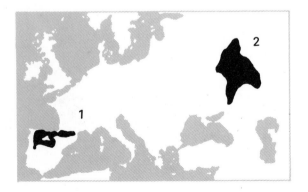

1 – *Galemys pyrenaicus :*
LC : 100−135 mm.
LQ : 130−155 mm.
Poids : 50−80 g.
Portées : 1 par an, 1−5, le plus souvent 4 p.
Age : 2−3 ans.

2 – *Desmana moschata :*
LC : 200−230 mm.
LQ : 185−210 mm.
Poids : 350−485 g.
Portées : 1 (2) par an, (1) 3−4 (5) p.
Age : 2−3 ans.

Petit Rhinolophe

Rhinolophus hipposideros (BECHST.)

Le Petit Rhinolophe est le plus banal représentant européen de la famille des fers-de-lance (rhinolophidés) qui se distinguent des véritables chauves-souris (vespertilionidés) par leurs curieuses expansions membraneuses du museau, par la forme caractéristique du pavillon de l'oreille, qui est pointu, par l'absence d'oreillon, par une membrane caudale relativement courte et par certaines particularités dans la structure du crâne et des dents. Tous les fers-de-lance sont des mammifères thermophiles qui se plaisent surtout dans les régions clémentes d'Afrique et d'Asie. Dans la zone tempérée, on les trouve surtout sur le pourtour du bassin méditerranéen. Le Petit Rhinolophe existe dans la majeure partie de l'Europe, au nord jusqu'au cœur de l'Angleterre, en Irlande occidentale, en Allemagne centrale, en Pologne et en Russie méridionale. On le trouve également en Afrique du Nord et en Asie centrale, sans qu'il soit aussi abondant partout. A sa frontière septentrionale, surtout, on ne le rencontre que dans des stations chaudes avec une abondance d'abris souterrains pour l'hibernation. A l'origine cavernicole, il se plaît de nos jours, en saison estivale, dans les greniers des châteaux, des églises et des bâtiments anciens. En hiver, il dort d'un sommeil profond dans les anciennes galeries, les grottes et les caves où la température est plus élevée. Il se suspend pour son sommeil hivernal la tête en bas et enroule son corps dans les fines membranes de ses ailes, si bien qu'il ressemble à une petite poire suspendue. En été comme en hiver il forme des colonies relativement nombreuses. Il attend l'obscurité pour partir en quête de nourriture composée de menus insectes qu'il chasse au ras du sol.

LC : 37−43 mm.
l : 34−42 mm.
Env. : 190−250 mm.
Poids : 3,5−10 g.
Portées : 1 par an, 1 p.
Age : jusqu'à 18 ans.

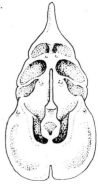

Expansion membraneuse du museau du Rhinolophe.

Grand Murin
Myotis myotis (BORKH.)

Le Grand Murin est une des plus grandes et des plus communes chauves-souris d'Europe. Comme tous les représentants de ce genre, il se caractérise par ses pavillons auriculaires membraneux et translucides, par un tragus terminé en pointe et par trente-huit dents menues. C'est une espèce thermophile, à l'origine cavernicole, plus courante en Europe méridionale et centrale, absente en Grande-Bretagne et en Scandinavie. Il vit également en Afrique du Nord, dans le Caucase, en Asie Mineure et Antérieure. Plus à l'est, dans l'Asie chaude, on trouve une chauve-souris voisine, le Murin oriental, qui existe également en Europe méridionale. Dans nos climats, le Grand Murin vit le plus souvent en été dans les greniers des bâtiments anciens où les femelles et les jeunes forment des troupes nombreuses (50−500 individus). Il passe l'hiver dans les grottes, les puits de mine abandonnés et dans les grandes caves, isolément ou en groupes. Il peut aussi quitter ses quartiers d'hiver pour venir se réfugier dans des lieux plus cléments et parcourir ainsi un maximum de 260 km. Il reste généralement fidèle durant toute sa vie aux mêmes types d'abris. Les jeunes sont mis bas dans les colonies d'été fin mai et début juin. Ils naissent aveugles et nus, mais atteignent la taille de leurs parents au bout d'un mois et sont alors tout à fait autonomes. Le Grand Murin attend la nuit pour partir en quête de nourriture. Il chasse le plus souvent dans des lieux habités, les parcs, les jardins, les allées et au bord des bois. Sa nourriture se compose surtout de gros insectes, papillons de nuit et coléoptères de grande taille.

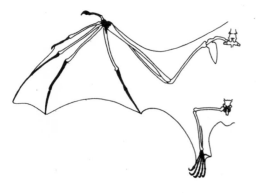

LC : 60−80 mm.
l : 55−68 mm.
Env. : 350−450 mm.
Poids : 20−40 g.
Portées : 1 par an, 1 p.
Age : jusqu'à 18 ans.

Oreillard
Plecotus auritus (L.)

Barbastelle
Barbastella barbastellus (Schreb.)

L'Oreillard mérite bien son nom : ses pavillons auditifs sont les plus grands de toutes les chauves-souris. Notons cependant un fait très récemment découvert : deux espèces très voisines cohabitent actuellement en Eurasie et seul un spécialiste est capable de les distinguer l'une de l'autre. L'Oreillard commun est plus résistant et s'étend donc plus au nord (jusqu'à 63° de latitude). En Europe centrale, il vit sur les plateaux boisés, au sud, uniquement en altitude. Son doublet, l'Oreillard gris *(Plecotus austriacus),* vit, lui, plutôt en plaine ou à moyenne altitude, de préférence en paysage cultural ouvert comportant des habitations humaines. Les deux espèces vivent en compagnie en Europe et en Asie jusqu'en Chine et au Japon. En été, elles forment des colonies (5 à 30 femelles avec leurs jeunes) dans les greniers, dans les nichoirs ou dans les arbres creux. Ils passent l'hiver isolément dans des grottes, des galeries, des caves, mais aussi dans des locaux surélevés, les remises à bois, les étables, les passages des maisons, etc. Ils y dorment d'octobre jusqu'à fin mars, installés dans des fissures ou librement sur les murs, les pavillons des oreilles glissés sous les ailes de manière que seuls les tragus sont visibles. Ils partent en chasse après la tombée de la nuit : ils tournoient d'un vol lent autour de la cime des arbres et peuvent même ramasser des insectes sur les feuilles.

La Barbastelle est une petite espèce au pelage brun presque noir, un peu plus clair sur le dos, au museau large et comprimé. Elle vit en été dans les greniers des maisons et dans les fissures des murs, en hiver, elle dort dans les grottes ou les galeries des mines, souvent par troupes de 100 individus à la fois.

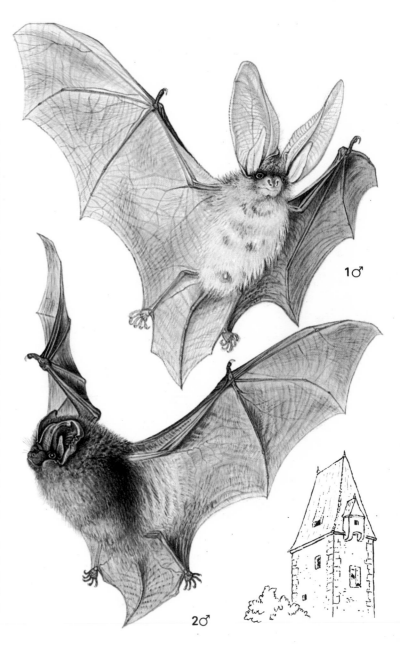

1 ♂

2 ♂

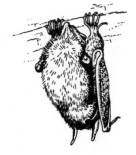

1 – *Plecotus auritus :*
LC : 42−51 mm.
l : 35−42 mm.
Env. : 220−285 mm.
Portées : 1 par an, 1 p.
Age : 12−15 ans.

2 – *Barbastella barbastellus :*
LC : 40−52 mm.
l : 35,5−43 mm.
Env. : 250−280 mm.
Poids : 6−13 g.
Portées : 1 par an, 1 p.
Age : jusqu'à 18 ans.

Au cours de l'hibernation l'Oreillard glisse ses pavillons auditifs sous ses ailes.

Noctule

Nyctalus noctula (SCHREB.)

Pipistrelle

Pipistrellus pipistrellus (SCHREB.)

La Noctule est un représentant des chauves-souris dites « arboricoles » qui passent tout l'été presque exclusivement dans les creux des vieux arbres. Son aire comprend l'Eurasie à l'exception des régions les plus septentrionales et l'Afrique du Nord-Ouest. Elle vit dans les forêts feuillues ou mixtes, dans les parcs ou les allées, surtout à basse ou moyenne altitude. En été, les femelles se groupent dans les arbres creux en colonies de 20 à 60 individus, les mâles vivent en solitaires. Les Noctules hibernent dans les arbres creux ou dans les maisons, où elles se rassemblent souvent par centaines, voire par milliers. Les populations nordiques sont migratrices et peuvent traverser de longues distances (1000−2000 km) jusqu'à leurs quartiers d'hiver. Les Noctules partent en chasse dès le coucher du soleil, quand il fait encore jour et elles commencent tout d'abord à voler en altitude (50−100 m) pour ne descendre qu'avec l'obscurité montante. Leur vol est en zigzag rapides.

La Pipistrelle est la plus petite chauve-souris d'Europe. Elle vit un peu partout jusqu'à 60° de latitude nord, en Asie et en Afrique du Nord-Ouest. Elle est partout très abondante et il arrive souvent, au moment des vols d'automne, qu'il en entre des vols entiers dans les bâtiments. En été, la Pipistrelle s'installe derrière les volets, dans les fissures des murs, dans les arbres creux, dans les nichoirs. Elle passe l'hiver profondément enfoncée dans les fissures des parois de grottes, de galeries ou de caves, souvent aussi derrière les décorations suspendues dans les halls, etc. Elle est très résistante au froid et se réveille souvent en hiver. Elle attend la nuit pour partir chasser.

Pipistrelle

crâne de la Noctule

Nyctalus noctula :
LC : 60−82 mm.
l : 47−56 mm.
Env. : 300−400 mm.
Poids : 15−40 g.
Portées : 1 par an, 2 p.
Age : jusqu'à 8 ans.

Pipistrellus pipistrellus :
LC : 33−45 mm.
l : 27−34 mm.
Env. : 180−230 mm.
Poids : 3,5−8 g.
Portées : 1 fois par an, 2 p.
Age : jusqu'à 8−11 ans.

Martre

Martes martes (L.)

Fouine

Martes foina (EREL.)

Les Fouines sont des représentants typiques de cette famille de petits prédateurs minces aux courtes pattes. Ce sont des animaux d'une extrême prudence et d'une grande timidité, sortant pour chasser au soir et au petit matin. Leur vision et leur ouïe sont très perçantes. La Martre est dépendante des arbres : bon grimpeur, elle peut également sauter d'arbre en arbre, elle se cache dans les arbres creux et dans les anciens nids d'oiseaux et trouve sa proie principale, les écureuils, dans les arbres où elle les pourchasse agilement. Elle peut également consommer d'autres petits rongeurs, des oiseaux, voire leurs œufs, ou encore des fruits. Elle utilise comme terrain de chasse un secteur délimité de la forêt, où elle dispose de plusieurs abris qu'elle marque grâce aux sécrétions de ses glandes à musc situées dans la région anale. Sa multiplication qui fait appel à la « gravidité secrète » est tout à fait intéressante.

Le Fouine vivait jadis spontanément dans des sites rocheux et désolés ; de nos jours, on la trouve surtout au voisinage des habitations humaines, parfois même en ville. Elle se cache dans les fissures des rochers, dans les murs, les greniers, etc. Elle chasse surtout au sol et ses victimes principales sont les surmulots, parfois aussi les volailles. Les deux espèces occupent une vaste aire dans la majeure partie de l'Eurasie tempérée.

1 – *Martes martes* :
LC : 400—530 mm.
LQ : 230—280 mm.
Poids : 800—1600 g.
Portées : 1 par an, 3—5 p.
Age : 8—10 ans.

2 – *Martes foina* :
LC : 400—500 mm.
LQ : 230—270 mm.
Poids : 1100—2100 g.
Portées : 1 par an, 2—6 p.
Age : jusqu'à 15 ans.

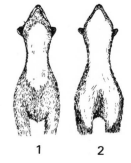

1   2

Belette
Mustela nivalis L.

Hermine
Mustela erminea L.

La Belette et l'Hermine sont proches parentes et sont des mustélidés typiques. Elles diffèrent par leur taille et surtout par leur pelage : chez l'Hermine le bout de la queue reste noir en robe d'été comme d'hiver. L'Hermine devient dans nos pays complètement blanche, tandis que la Belette ne change de coloration que dans les pays nordiques. La Belette est le plus petit mustélidé ; elle se plaît en paysage ouvert, dans les champs, les prairies, au bord des forêts et dans les friches broussailleuses. C'est un animal relativement commun, qui se nourrit surtout de petits rongeurs que sa minceur lui permet de pourchasser jusque dans leurs terriers. En ce qui concerne le gibier, ses ravages sont tout à fait négligeables. Les Belettes peuvent présenter de surprenantes variations de taille : il s'agit d'une part d'un dimorphisme sexuel, les femelles étant nettement plus petites que les mâles, et d'autre part de l'existence, dans les populations, d'individus de taille très réduite, considérés jusqu'à une date récente comme appartenant à une espèce autonome. Les Belettes vivent dans toute l'Europe exception faite du sud de l'Espagne, de l'Irlande, de la Corse et de l'Islande. Elles vivent aussi en Afrique du Nord et dans toute la zone tempérée asiatique jusqu'au Japon. Quant à l'Hermine, son aire est limitée au sud par les Pyrénées et les Alpes, mais on la rencontre par contre en Irlande et au Groenland, dans toute la Sibérie et en Amérique du Nord. La gravidité secrète est de règle également chez cette espèce.

Hermine en habit d'hiver

1 – *Mustela nivalis* :
LC : 130—240 mm.
LQ : 50—70 mm.
Poids : 45—130 g.
Portées : 1 (2) fois par an, 2—5 (7) p.
Age : en moyenne 1—2 ans, max. 5—8 ans.

2 – *Mustela erminea* :
LC : 240—300 mm.
LQ : 80—100 mm.
Poids : 150—260 g.
Portées : 1 fois par an, 4—9 p.
Age : en moyenne 2 ans, max. 7—10 ans.

Putois commun
Putorius putorius (L.)

Putois d'Eversmann
Putorius eversmanni (Lesson)

Qui dit Putois pense généralement à un animal à l'odeur nauséabonde, celle-ci résultant de la sécrétion d'une glande à musc anale qui lui sert à la fois à marquer son territoire et à se défendre contre ses agresseurs. Le Putois commun est un habitant indigène de l'Europe où il vit de la plaine jusqu'en montagne. On le rencontre en forêt ou dans les champs, en terrain broussailleux, dans les jardins ou aux abords des maisons. Il vit souvent au voisinage de l'eau, nage et plonge très bien et sait pêcher grenouilles et poissons. Sa nourriture essentielle se compose néanmoins de menus rongeurs, d'oiseaux et de leurs œufs, d'insectes, de vers et de mollusques. Lapins, rats musqués et faisans ne sont pas à l'abri de ses dents et il a de surplus sur la conscience d'occasionnelles expéditions dans les poulaillers. Sa tanière peut se trouver dans un endroit tranquille dans une grange ou dans une étable, dans un tas de pierre, voire dans un terrier souterrain. Il ne part en chasse qu'à la nuit tombée et l'homme le voit donc tout à fait rarement.

Le Putois d'Eversmann est originaire des steppes orientales et son extension vers l'occident est due aux progrès de l'agriculture. Pour le moment, on le rencontre en Autriche orientale, en Tchécoslovaquie et en Pologne. Il se plaît dans un paysage steppique, dans des friches, des pâtures ou dans des terriers creusés dans les sols labourés. Il se nourrit de rongeurs des champs avec une nette préférence pour les spermophiles et les hamsters, mais aussi pour les reptiles, les amphibiens et les oiseaux. Le Furet, utilisé pour la chasse au lapin, n'est qu'une espèce de putois, dressée pour cette tâche.

1 – *Putorius putorius* :
LC : 350−440 mm.
LQ : 130−190 mm.
Poids : 500−1500 g.
Portées : 1 fois par an, 4−5 (10) p.
Age : 5−6, jusqu'à 10 ans en captivité.

2 – *Putorius eversmanni* :
LC : 290−560 mm.
LQ : 70−180 mm.
Poids : 500−1300 g.
Portées : 1 fois par an, 3−7 p.
Age : inconnu.

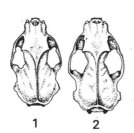

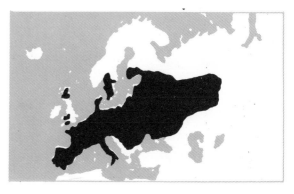

distribution du Putois commun

Blaireau

Meles meles (L.)

Le Blaireau est également un carnivore mustélidé, mais il se distingue du reste de la famille par sa taille nettement supérieure à celle des belettes et des fouines, son corps volumineux et sa façon de s'appuyer sur toute la plante du pied en courant. Sa coloration est tout aussi caractéristique : son pelage est gris, sa tête blanche avec de larges bandes noires de chaque côté, englobant l'œil. Les pattes portent de fortes griffes adaptées au fouissage : il creuse en effet de profonds labyrinthes de couloirs aboutissant à un nid où il se cache pendant la journée et où il dort pendant l'hiver. Le Blaireau ne part en chasse qu'en pleine nuit ; il est très sauvage et très vigilant. Son sommeil hivernal n'a rien de très profond : sa température corporelle ne s'abaisse pas et il se réveille souvent et quitte parfois sa tanière. Le Blaireau est le mustélidé qui présente la plus grande tendance à une alimentation omnivore : il se nourrit de petits vertébrés, mais aussi d'insectes, de vers de terre, de limaces, de charognes, d'œufs d'oiseaux, de graines, de baies, de racines, de champignons. C'est donc tout à fait sans raison que les gardes-chasse le poursuivent et le délogent. Dans la plupart des pays, le Blaireau est de nos jours protégé. On le trouve dans la majeure partie de l'Europe et dans la zone tempérée de l'Asie, jusqu'en Chine et au Japon. Il préfère un paysage légèrement boisé, de la plaine jusqu'en haute montagne.

LC : 700−850 mm.
LQ : 110−180 mm.
Poids : 7,5−15 (20) kg
Portées : 1 fois par an, 1−5 (généralement 2) p.
Age : jusqu'à 15 ans

Loutre commune

Lutra lutra (L.)

La Loutre diffère elle aussi du type général des
mustélidés, ce qui est de toute évidence en lien avec sa
parfaite adaptation à la vie amphibie. Son corps
mobile est allongé et possède une longue queue très
épaisse au niveau de la racine. La tête est large et plate
et porte de longues moustaches tactiles, les lobes des
oreilles étant, eux, très raccourcis. Les doigts sont
réunis par une courte palmure. Le pelage de la Loutre
est court et dense, et donne une fourrure d'un grand
prix. Jadis, les Loutres étaient courantes aux abords
de toutes les eaux européennes et vivaient aussi en
Afrique du Nord et en Asie jusqu'à Java et Sumatra.
De nos jours, elle manque en de nombreux endroits et
elle est très rare ailleurs, résultat de la chasse dont elle
a été longtemps l'objet, à la fois à cause de son activité
prédatrice de poissons et du prix de sa fourrure. Là où
elle existe encore, on la trouve près des eaux courantes
ou stagnantes, surtout dans des sites aux rives inacces-
sibles, envahies par la végétation, le plus souvent dans
le cours supérieur des rivières. On peut cependant se
faire difficilement une idée de l'état des populations
existantes, car les Loutres sont très vagabondes et
passent facilement d'un endroit à un autre. Les
Loutres se meuvent dans l'eau presque aussi agilement que des poissons. D'ailleurs, les poissons, les
écrevisses et les grenouilles sont leur principale nourriture, jointe à quelques vertébrés de terre sèche. La
Loutre creuse son terrier dans les rives surélevées,
mais son ouverture se trouve toujours sous l'eau.

LC : 650—800 mm.
LQ : 350—500 mm.
Poids : 5,5—10—16 kg.
Portées : 1 fois par an, 2—4 (5) p.
Age : 15—18 ans.

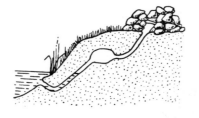

terrier

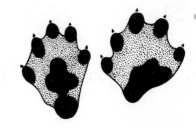

Empreintes du pied antérieur (à gauche) et du pied
postérieur (à droite).

Glouton
Gulo gulo (L.)

Le Glouton est un curieux carnivore au corps robuste et au pelage long et dense, si bien que son aspect rappelle celui d'un ours. C'est aussi le plus grand des mustélidés, pouvant peser jusqu'à 20, voire 30 kg. Le Glouton vit dans les immenses étendues de taïga et de toundra eurasiatique et nord-américaine. En Europe, il subsiste encore en Scandinavie, en Finlande septentrionale et dans le nord de l'U.R.S.S. C'est un animal relativement rare qui compte souvent même parmi les espèces en danger, surtout dans la partie européenne de son aire de distribution. Les Gloutons sont des animaux solitaires, exception faite de la période où ils élèvent leurs jeunes. Ils occupent des territoires de chasse fixes, s'étendant, chez les mâles, sur des aires avoisinant 1000 km^2. Ils y sont sans cesse en mouvement, de nuit comme de jour, en quête de nourriture. Dans la nature, leur rôle est plutôt positif, car ils liquident les charognes et les animaux malades. Les chasseurs ne les portent cependant pas dans leur cœur car ils s'en prennent aussi aux animaux pris dans les pièges et aux provisions des huttes de chasse. Mais leur nourriture est par ailleurs très diversifiée : en été, ils s'attaquent aux oiseaux, à leurs œufs, aux larves, aux insectes, aux rongeurs de petite taille, surtout les lemmings, aux baies et aux graines oléagineuses. En hiver, ils s'attaquent aussi aux grands mammifères, aux ongulés, aux animaux tombés et à toutes les proies occasionnelles. Les Gloutons chassent leurs proies en les suivant à la trace puis en les attaquant par surprise. Ils s'emparent aussi couramment des proies capturées par d'autres carnivores, surtout les renards et les autres mustélidés. Le rut a lieu à la fin de l'été. Les jeunes naissent, après une gravidité prolongée, vers la fin de l'hiver et la première moitié du printemps.

LC : 700–830 mm.
LQ : 160–250 mm.
Poids : 10–20 kg.
Portées : une fois tous les deux ans, 2–4 (5) p.
Age : 15–18 ans.

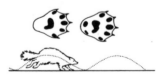

Ours brun

Ursus arctos (L.)

L'Ours brun est un habitant caractéristique des anciennes forêts impénétrables d'Europe, d'Asie tempérée et d'Amérique du Nord. Il apparaît sur ce vaste territoire sous un certain nombre de sous-espèces qui se distinguent les unes des autres par la coloration et par la taille, à tel point qu'on les considérait jadis comme des espèces autonomes. Citons par exemple les grands Ours de l'est de la Sibérie *(Ursus beringianus)* et surtout les Ours nord-américains comme le grizzly *(Ursus arctos horribilis)*. La race la plus grande est celle de l'Ours kodiak *(Ursus arctos middendorffi)* qui vit dans l'île de Kodiak, voisine de l'Alaska. En Europe, les Ours ne sont de nos jours vraiment représentés que dans les Carpates et en Scandinavie, ainsi que dans les forêts montagnardes résiduelles des Pyrénées, de l'Italie et des Balkans. A l'origine, ils étaient distribués dans toute l'Europe y compris les îles Britanniques. Les Ours sont très omnivores : au printemps et en automne, leur nourriture est surtout végétale, et ils apprécient aussi les charognes. Leur nourriture préférée est constituée par les rayons de miel. Ils chassent également de petits vertébrés, des insectes et, au moment de la remontée des saumons dans les rivières, ils se font pêcheurs en se massant près des rives. Seuls certains individus se spécialisent dans la chasse de proies plus grandes, animaux domestiques et gibier surtout. Les Ours passent l'hiver dans leurs tanières, où ils dorment d'un sommeil entrecoupé de réveils, sans variations de leur température corporelle. C'est même durant cette période que les Ourses mettent bas (décembre, janvier) et qu'elles commencent à élever leurs jeunes.

LC : 170−250 cm.
LQ : 6−14 cm.
Poids : 70−350 kg.
Portées : 1 fois par an, 2−3 p.
Age : 30−35 ans.

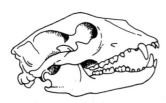

Comparaison des dimensions de l'Ours kodiak et de l'Ours brun (à l'arrière-plan).

L'Ours brun marque les limites de son territoire en écorçant rageusement les arbres.

Loup
Canis lupus L.

Le Loup est le plus grand carnivore originel vivant en Eurasie et en Amérique du Nord. Comme tous les canidés, il est bien adapté à la course et chasse ses proies en les poursuivant. Ses sens les mieux développés sont l'odorat et l'ouïe, la vision est plus faible. Le Loup vit à longueur d'année soit en meutes, soit en familles, les meutes pouvant atteindre jusqu'à 10−15 individus en hiver. C'est également en meutes qu'il chasse ses proies qu'il poursuit jusqu'à leur épuisement. Un grand nombre de légendes exagérées soulignent le côté rusé, sanguinaire et dangereux du Loup, qui ne constitue pourtant pas, et n'a sans doute jamais constitué, de danger pour l'homme, qu'il tendrait plutôt à éviter. Ce qui n'empêche pas les Loups d'être très opiniâtres et capables de s'en prendre même à des ongulés relativement grands, chèvres ou moutons, tout comme aux chiens domestiques. On connaît des cas de Loups attaquant des ours dans leur tanière et des exemples de, cannibalisme, ne sont pas non plus inconnus. La nourriture essentielle se compose, surtout en été, de petits rongeurs, d'oiseaux, de charognes et de divers fruits. A l'origine, le Loup peuplait une vaste aire allant de l'Europe jusqu'à l'Inde et au Japon, de l'Amérique du Nord jusqu'au Mexique. Il vivait dans la toundra, dans les zones forestières, dans les steppes jusqu'à la limite du désert. En Europe, il était jadis fortement représenté ; de nos jours, seules quelques populations résiduelles se conservent encore dans les montagnes espagnoles, italiennes, scandinaves et balkaniques. Il est un peu plus fréquent dans l'est de l'Europe, notamment dans les Carpates. En hiver, il apparaît même très loin en-dehors des limites de son aire habituelle. Les recherches les plus récentes tendent à montrer que le Loup est l'ancêtre unique de toutes les races de chiens domestiques.

LC : 100−160 cm.
LQ : 35−50 cm.
Poids : 30−50 (75) kg.
Portées : 1 (2) fois par an, 3−8 p.
Age : 15−16 ans.

Renard commun

Vulpes vulpes (L.)

Le Renard est à la fois un animal bien connu et fort aimé du public et une fréquente victime des gardes-chasse, exterminée par tous les moyens possibles et imaginables. Il continue cependant à être encore très abondant en Europe, ce qui prouve sa résistance, sa prudence et son intelligence certaine. C'est un animal très discret qui chasse surtout de nuit. Pendant la journée, il reste caché dans les broussailles ou dans ses terriers creusés dans des sites secs et dérobés, souvent dans des rochers, les ravins enherbés et les fourrés. L'accouplement a lieu en janvier et février et les jeunes naissent vers avril—mai. Les renardeaux sont d'abord élevés dans la tanière souterraine, dans un nid doux, tapissé de fourrure, et communiquant avec l'extérieur par plusieurs passages. Ces terriers sont sans cesse agrandis et perfectionnés et le Renard les utilise pendant un grand nombre d'années. Les Renards passent généralement toute leur vie dans le même territoire et n'aiment pas les courses lointaines. Ils vivent soit solitairement, soit en couples permanents. Au cours de leurs expéditions nocturnes, ils chassent de petits rongeurs, des oiseaux, des invertébrés de grande taille sans mépriser les lapins, les faons ou les animaux domestiques. Ils consomment de toute évidence aussi une part de nourriture végétale, surtout sous forme de baies et de fruits. Lorsqu'ils prennent une proie un peu grande, ils l'emportent dans leur tanière pour faire des réserves. Un grand nombre de sous-espèces existent dans toute l'Europe, en Afrique du Nord, en Asie centrale et septentrionale comme en Amérique du Nord. Dans les parties de l'Eurasie et de l'Amérique où domine la toundra, on rencontre le Renard polaire *(Alopex lagopus)* qui est généralement de couleur blanche, avec des oreilles courtes.

2 – *Vulpes vulpes* :
LC : 640—760 mm.
LQ : 350—440 mm.
Poids : 5—8,5 kg.
Portées : 1 fois par an, 3—8 p.
Age : 10—12 ans.

3 – *Alopex lagopus* :
LC : 500—750 mm.
LQ : 250—420 mm.
Poids : 4,5—6 (8) kg.
Portées : 1 fois par an, 2—10 p.
Age : 6—10 ans.

Les oreilles énormes du fennec (1) aident à dégager la chaleur surabondante. Chez les espèces citées les dimensions des oreilles et de la queue se réduisent au fur et à mesure que le climat devient plus rude.

Chacal doré

Canis aureus L.

Proche parent du loup, le Chacal ressemble à celui-ci par son aspect extérieur. On le rencontre cependant dans des régions de climat plus chaud, des Balkans et de Russie méridionale par l'Asie Mineure et Centrale jusqu'en Inde et en Afrique orientale. Il vit surtout en terrain densément broussailleux et abonde dans les parties marécageuses et surbaissées, aux abords des rivières, et surtout dans les roselières. C'est un animal relativement sauvage qui chasse seulement pendant la nuit, mais qui trahit sa présence par ses puissants hurlements tout à fait caractéristiques. Le Chacal a une alimentation très diversifiée : il consomme de petits rongeurs, des oiseaux nichant au sol, des insectes, des reptiles, des charognes et des détritus aux abords des habitations humaines. Il peut chasser en meutes et s'attaquer alors avec succès même à des proies relativement grandes, au gibier, aux moutons, aux chèvres. Dans les régions où il est abondant, sa présence n'est pas très appréciée. C'est surtout à une époque très récente qu'on a pu étudier de près son mode de vie, notamment en Afrique orientale. Le Chacal passe la journée caché dans des terriers qu'il creuse à l'abri des fourrés, ou dans des fentes de rochers ou d'anciens terriers abandonnés par d'autres animaux. C'est aussi là que la femelle met bas aux environs du mois de mars des petits nus et aveugles, devenant autonomes au bout de 3−4 mois et sexuellement adultes au bout d'un an.

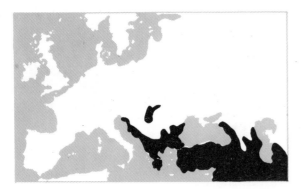

LC : 850−1050 mm.
LQ : 200−240 mm.
Poids : 7−13 kg.
Portées : 1 fois par an, 4−6 p.
Age : 12−14 ans.

Chien viverrin

Nyctereutes procyonoides (GRAY)

Raton laveur

Procyon lotor (L.)

Le Chien viverrin est un étrange chien sauvage, originaire de la région amouro-oussourienne, de la Chine orientale et du Japon. Cependant, depuis les années quarante, il a, en raison de sa précieuse fourrure, fait l'objet d'implantations répétées dans le Caucase, l'Ukraine et la Biélorussie, si bien qu'il fait de nos jours partie de la faune permanente des régions occidentales de l'U.R.S.S., d'où il s'est étendu en Scandinavie, en Roumanie, en Pologne, en Tchécoslovaquie et en Allemagne. Son expansion est d'ailleurs loin d'avoir atteint son point maximal. Pourtant, on ne peut guère dire qu'il s'agisse là d'un enrichissement intéressant de notre faune européenne. En effet, le Chien viverrin détruit non seulement de petits mammifères, mais surtout des oiseaux utiles et du gibier, sans dédaigner les amphibiens, les reptiles, les invertébrés et les cadavres. Son mode de vie dans les régions nouvellement conquises est encore assez mal connu. Il vit caché dans les forêts humides, dans la végétation ripariale et dans les roselières. Il est actif au crépuscule et à la nuit. Il creuse lui-même son terrier ou il occupe celui d'autres mammifères. En hiver, son activité s'abaisse notablement et il peut avoir des périodes de sommeil analogues à celles du blaireau.

Le Raton laveur appartient à une autre famille animale et provient, lui, d'Amérique du Nord. Il rappelle cependant le Chien viverrin par son aspect et il est souvent confondu avec lui. Il s'est naturalisé par endroits en s'échappant de lieux où on l'élève pour sa fourrure.

Nyctereutes procyonoides :
LC : 650—800 mm.
LQ : 150—250 mm.
Poids : 4—10 kg.
Portées : 1 fois par an, 5—7 p.
Age : 7—11 ans.

Procyon lotor :
LC : 400—600 mm.
LQ : 200—300 mm.
Poids : 5—16 (gén. 7—8) kg.
Portées : 1 fois par an, 2—8 (gén. 4) p.
Age : inconnu.

Raton laveur

Chat sauvage européen

Felis silvestris SCHREB.

Le Chat sauvage est le second félin sauvage d'Europe. On le trouve sous un grand nombre de formes géographiques dans toute l'Eurasie et l'Afrique. La forme européenne est distribuée du Caucase et de l'Asie Mineure par toute l'Europe centrale et méridionale vers le nord jusqu'en Ecosse, aux rivages de la mer du Nord et de la Baltique. Elle a cependant été exterminée dans nombre de régions d'Europe centrale au siècle dernier et on ne la trouve de nos jours en grand nombre que dans les Carpates. Le Chat sauvage fait l'objet d'une protection depuis plusieurs années, si bien que ses effectifs commencent à remonter quelque peu et qu'il se remet à peupler de nouveaux territoires. Comme le Lynx, le Chat sauvage est à l'origine un animal forestier qui donne la préférence aux sites chauds et secs, et se contente de bosquets dans un paysage ouvert. Comme le Lynx, il chasse le soir et le matin. Sa nourriture se compose surtout de menus rongeurs, mais il chasse également les oiseaux, les reptiles et les poissons, exceptionnellement même de grandes proies au moment où il nourrit ses jeunes. L'accouplement a lieu en février et mars, la mise bas en mai dans des arbres creux, les fissures des rochers et les terriers délaissés par d'autres mammifères. En dehors de la période où il élève ses jeunes, le Chat sauvage est un animal solitaire dont le territoire peut s'étendre sur 2 km^2 environ. On le confond parfois avec les Chats domestiques naturalisés ; il s'en distingue par son épaisse queue velue, zébrée et obtuse.

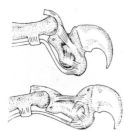

fonctionnement des griffes rétractiles

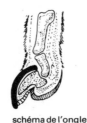

schéma de l'ongle

LC : 590−970 mm.
LQ : 290−350 mm.
Poids : 2,5−6,5 kg.
Portées : 1−2 fois par an, 2−6 (8) p.
Age : 10−15 ans.

Lynx d'Europe

Lynx lynx (L.)

Il est à peu près inutile de décrire le Lynx, tant il est bien connu grâce aux livres de classe et à la présence dans les jardins zoologiques. Le Lynx d'Europe vivait jadis dans toute la zone forestière de l'Eurasie, de l'Angleterre et de la France jusqu'en Sibérie, en Alaska et au Canada. Son extension actuelle, et notamment en Europe, résulte de l'activité humaine, que ce soit l'abattage des forêts ou la chasse. On ne le trouve donc de nos jours assez couramment en Europe que dans certaines parties de l'U.R.S.S., dans les Carpates, en Pologne orientale, en Scandinavie et par endroits dans les Balkans. Il reste d'ailleurs caché même dans les régions où il vit de manière permanente et l'homme ne le rencontre donc que rarement. Le Lynx est lié à la forêt, surtout la forêt de montagne, et aux couverts broussailleux d'une certaine étendue. Il part en chasse au crépuscule, puis de nouveau au petit matin, se repose au cœur de la nuit et pendant la journée. Son ouïe et sa vision aiguës favorisent son mode de chasse par guet et surprise. C'est un animal solitaire qui défend vaillamment son territoire de chasse atteignant plusieurs kilomètres d'étendue et entreprend de lointaines expéditions. Il se construit généralement un repaire de surface, dans les arbres creux, dans les rochers, sous les arbres morts ou dans les terriers d'autres mammifères. Sa nourriture se compose de petits mammifères et d'oiseaux, de lièvres, de cerfs ou de chevreuils peu résistants, parfois même de sangliers. Les dommages qu'il fait subir au gibier sont relativement faibles même dans ses territoires permanents.

LC : 900–1300 mm.
LQ : 150–200 mm.
Poids : 13–38 kg.
Portées : 1 fois par an, 2–4 p.
Age : 15–17 ans.

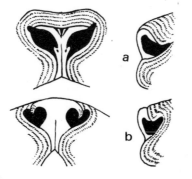

Forme des parties non-poilues du museau des grands (a) et des (b) petits félins.

Magot
Macaca sylvanus (L.)

Le Magot est le seul primate, excepté l'homme, dont le territoire s'étend jusqu'en Europe. Originaire d'Afrique du Nord et surtout des montagnes du Maroc et de l'Algérie, il a pénétré depuis ces régions jusqu'en Espagne du Sud, à Gibraltar.

Les Magots se plaisent dans des biotopes rocheux couverts d'une végétation basse. Ils résistent bien au froid : la température ambiante de leurs stations naturelles subit souvent de fortes variations et peut descendre en dessous de zéro.

Les Magots sont des animaux diurnes. Ils se nourrissent de divers fruits, graines, racines et jeunes pousses, mais aussi de gros insectes et de menus vertébrés. Ils s'abreuvent régulièrement.

Ils vivent en bandes composées de plusieurs femelles et de leurs jeunes diversement âgés. Chaque bande est conduite par un vieux mâle expérimenté qui est son chef hiérarchique absolu. Les vieux mâles sont très intolérants et batailleurs et forcent par leur comportement les mâles plus jeunes à quitter la bande et à établir leur propre famille.

La multiplication est ici indépendante des saisons. La gestation dure environ 145−180 jours et les jeunes naissent velus et voyants. Sitôt nés, ils s'accrochent aux poils de leur mère qui les porte partout avec elle. Ils atteignent la maturité sexuelle vers 3 à 4 ans et demi.

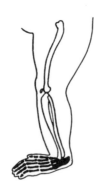

LC : 60−71 cm.
Queue : absente.
Poids : 5−10 kg.
Portées : 1 fois par an, 1 p.
Age : plus de 20 ans.

Ecureuil d'Europe
Sciurus vulgaris L.

Ecureuil de Caroline
Sciurus carolinensis Gм.

L'Ecureuil d'Europe est un rongeur arboricole. Il
grimpe aux troncs en se retenant à l'écorce par ses
griffes aiguës et peut sauter aussi bien d'arbre en arbre
que directement sur le sol. Ses pattes largement
écartées et sa queue touffue l'aident à amortir sa
chute. Il se déplace essentiellement dans les branches
et c'est aussi là qu'il recherche sa nourriture préférée,
les graines d'arbres résineux ou feuillus. Il ne dédaigne
ni les fruits ou les champignons, ni certains aliments
carnés, insectes, œufs, oisillons. Ce méfait occasionnel
et l'habitude qu'il a de ronger les jeunes pousses des
sapins sont les seules choses qu'on puisse reprocher
à ce petit animal vif et généralement aimé. L'Ecureuil
bâtit dans les arbres ses nids sphériques de brindilles et
de feuilles, ou se cache dans les arbres creux. On le
trouve dans les forêts et les parcs de toute l'Europe
à l'exception de l'Islande, des îles de la Méditerranée
et des régions dénudées d'Ukraine méridionale. Il vit
aussi dans toute la zone forestière de l'Asie jusqu'au
Japon, où on rencontre une population de coloration
et de taille différentes. D'ailleurs même en Europe on
peut rencontrer toute une gamme de nuances colorées
depuis le roux jusqu'au noir. Les Ecureuils sont
parfois chassés pour leur précieuse fourrure.

L'Ecureuil de Caroline nord-américain est tout
aussi populaire que l'Ecureil roux en Europe. Originaire de la partie orientale des Etats-Unis, il fut
implanté en Angleterre dans les années 1876−1930
et il s'y est multiplié à tel point qu'il doit y être
exterminé au fusil.

1

2

1 – *Sciurus vulgaris* :
LC : 200−236 mm.
LQ : 165−200 mm.
Poids : 250−400 g.
Portées : 2 fois par an, 3−8 p.
Age : 5−10 ans (jusqu'à 18 en
      captivité).

2 – *Sciurus carolinensis* :
LC : 240−300 mm.
LQ : 200−250 mm.
Poids : 340−700 g.
Portées : 2 fois par an, 1−6 (8) p.
Age : en moyenne 6 ans, mais jusqu'à
12, voire 20 ans en captivité.

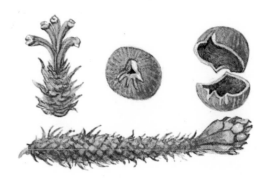

Traces typiques de l'activité de l'Ecureuil.

1

Spermophile d'Europe

Citellus citellus (L.)

Le Spermophile est un proche parent de l'écureuil. C'est difficile à croire : loin de bondir sur les cimes, il vit sous terre dans des trous et ne possède ni les belles oreilles, ni la queue en panache des écureuils. Un grand nombre d'espèces de Spermophiles vivent dans les régions de steppes ou de steppes boisées d'Eurasie ou d'Amérique du Nord. Le Spermophile d'Europe est distribué depuis l'Asie Mineure, l'Ukraine méridionale et les Balkans jusqu'en Pologne méridionale et en Tchécoslovaquie, ce qui en fait l'unique espèce de ce genre à occuper une aire s'étendant des régions orientales jusqu'en Europe centrale. De par son origine steppique, le Spermophile marque une nette préférence pour les friches, les pâturages secs, les remblais de chemin de fer, les lisières des champs, les bords des chemins. Il constitue de véritables colonies qui creusent des labyrinthes de galeries s'enfonçant jusqu'à deux mètres de profondeur. Comme les Spermophiles sont des animaux diurnes, il n'est pas difficile d'observer depuis une cachette leurs courses agiles aux alentours des terriers, leur attitude caractéristique, debout sur les pattes arrière, ni d'entendre leur sifflement à l'approche d'un danger, suivi d'une débandade précipitée dans les terriers. Ils se nourrissent surtout de graines et de parties végétales vertes, mais aussi d'insectes. C'est dès la fin de l'été qu'ils se retirent pour se plonger dans leur sommeil hivernal dont ils ne se réveillent que vers la fin mars ou en avril. Ils digèrent en dormant leurs propres réserves graisseuses et ne font pas de réserves comme les hamsters. Ils peuvent pulluler certaines années et faire subir de forts dommages aux productions agricoles. Ils ont cependant beaucoup d'ennemis, surtout parmi les petits mustélidés et les rapaces qui, alliés à l'homme, suffisent à limiter leurs populations.

LC : 195—220 mm.
LQ : 60—70 mm.
Poids : 240—340 g.
Portées : 1 fois par an, 6—8 p.
Age : 4—5 ans, max. 8—10 ans.

Marmotte des Alpes

Marmota marmota (L.)

La Marmotte des Alpes est un animal fort populaire et très apprécié des touristes, vivant dans les hautes montagnes européennes. Dans les Alpes, les Hautes Tatras, les Pyrénées, les Basses Tatras et en Forêt Noire nous avons affaire à des populations d'origine, dans les autres stations, à des populations introduites. La Marmotte a été complètement exterminée dans les montagnes des Balkans, mais des espèces parentes vivent dans les montagnes d'Asie centrale, en Sibérie et en Amérique du Nord. Proche parente des écureuils, la Marmotte ressemble à un gros spermophile. Elle vit en colonies sur les pentes herbeuses et pierreuses de la zone alpine des montagnes, le plus souvent à 1300—2750 m d'altitude. Elle est active de jour et pousse en cas de danger un sifflement aigu caractéristique avant de s'enfuir dans son labyrinthe de galeries qui peuvent atteindre 10 m de longueur et s'enfoncer à 3 m de profondeur. Les Marmottes vivant autour des résidences secondaires des Alpes sont les seules à ne pas craindre l'homme. Leur grand ennemi est l'aigle. Les Marmottes vivent dans des conditions difficiles et il n'est pas étonnant qu'elles passent la mauvaise saison à dormir. Elles se retirent au mois de septembre dans leurs nids matelassés de foin, profondément enfouis sous la neige, et elles y restent au repos jusqu'à fin avril ou mai, consommant peu à peu leurs réserves graisseuses. En été, elles se nourrissent en broutant les herbes aux alentours des terriers. Les jeunes naissent fin mai ou début juin. Ils sont nus et aveugles et doivent être allaités pendant tout le premier mois. Véritable curiosité naturelle, la Marmotte est partout un animal protégé.

LC : 530—730 mm.
LQ : 130—160 mm.
Poids : 5—6 kg.
Portées : 1 fois par an, 2—6 p.
Age : 15—18 ans.

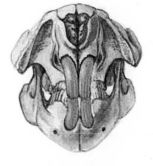

crâne avec des incisives pigmentées

Polatouche
Pteromys volans (L.)

Les Polatouches appartiennent à la même famille de rongeurs que les écureuils auxquels ils ressemblent d'ailleurs tant par leur aspect que par leur mode de vie. Leur corps est latéralement bordé par un repli libre de peau couverte de pelage, situé entre les deux paires de membres, et qui peut être tendu de manière à faire office de parachute et de permettre des vols planés atteignant des longueurs de 35 m. Les Polatouches vivent dans les forêts mixtes ou résineuses du Nord européen et de toute la Sibérie jusqu'en Extrême-Orient. Ils se nourrissent de bourgeons et de graines d'arbres, de feuilles, d'écorce de bouleaux, de champignons et de baies. Ils se cachent dans les fissures des rochers ou dans les creux des arbres où ils s'installent souvent dans les nids des piverts. C'est là qu'ils accumulent leurs réserves pour l'hiver : ils les consomment ensuite lors des journées particulièrement rigoureuses où ils ne quittent pas leurs abris. Ils ne connaissent pas de sommeil hivernal. Les Polatouches sont des animaux discrets dont les hommes ignorent souvent l'existence. Cette vie secrète est encore favorisée par leur activité nocturne, mais aussi par leur coloration qui se confond avec la couleur de certaines écorces, notamment de bouleaux, et par leur timidité. Ils sont devenus rarissimes par endroits, car ils ne peuvent pas vivre en dehors de la forêt primaire et qu'ils s'accommodent difficilement de la présence et de l'activité humaines. En Amérique du Nord, plusieurs espèces voisines vivent dans des conditions analogues, la plus connue étant l'écureil volant nord-américain, *Glaucomys volans.*

LC : 135−205 mm.
LQ : 90−140 mm.
Poids : 110−170 g.
Portées : 1 fois par an, 2−4 p.
Age : 6−8 ans.

Castor d'Europe

Castor fiber L.

Le Castor est le plus grand rongeur d'Eurasie et d'Amérique du Nord. Il se plaît sur les rives des eaux stagnantes ou au cours ralenti, densément couvertes de végétation basse. Jadis bien représenté partout, il n'est de nos jours relativement abondant que dans certaines régions de l'U.R.S.S. et du Canada. En Europe, les derniers individus peuplent le delta du Rhône, la Scandinavie, la R.D.A. (quelque 400 têtes), la Pologne et l'U.R.S.S. Partout ailleurs, il a été exterminé par l'homme qui le chassait pour sa fourrure, sa chair succulente (considérée comme nourriture de carême au Moyen Age) et sa glande anale à musc, dont la sécrétion, le castoreum, était considérée comme médicinale. Les Castors sont parfaitement adaptés à la vie amphibie et savent très bien nager et plonger. Ils sont d'ailleurs couverts d'une épaisse fourrure imperméable, ont des narines obturables, de larges pattes arrière dotées d'une membrane natatoire et une curieuse queue large et aplatie, uniquement couverte d'écailles dermiques. Leurs fortes dents acérées leur permettent de ronger en anneaux les troncs d'arbres de petite taille qu'ils arrivent ensuite à abattre. Ils se procurent ainsi leur alimentation : feuillage et écorce, et les matériaux nécessaires à la construction de leurs digues et de leurs huttes. Les huttes sont faites de branches et de mottes empilées abritant un nid et elles sont placées au milieu de l'eau. Parfois les Castors creusent aussi des terriers dans les rives, mais leurs issues débouchent toujours sous l'eau. Les Castors sont des animaux à l'activité nocturne et ne connaissent pas de repos hivernal. En Amérique du Nord, on trouve une forme de castor qui est parfois considérée comme une espèce indépendante.

LC : 800–1000 mm.
LQ : 300–350 mm.
Poids : 21–30 kg.
Portées : 1 fois par an, 2–4 p.
Age : 15–20 ans.

La femelle du Castor porte les jeunes dans ses pattes antérieures.

Les arbres rongés sur toute leur circonférence tombent au moindre souffle du vent.

Muscardin
Muscardinus avellanarius (L.)

Le Muscardin est le plus petit gliridé européen. Il ne dépasse guère la taille d'une souris, mais ses grands yeux noirs, et sa queue couverte d'une fourrure courte mais dense trahissent immédiatement son appartenance zoologique. On le trouve dans la plupart des pays européens à l'exception de l'Espagne, des îles de la Méditerranée, du Danemark et du nord de la Scandinavie et son aire s'étend jusqu'au cours de la Volga et en Asie Mineure. C'est également le seul gliridé à être spontané en Angleterre. On le trouve surtout dans les forêts mixtes, mais comme il est plus résistant que les autres espèces de gliridés, il peuple tant la plaine que la haute montagne où on le trouve même dans la zone des végétaux rabougris. Mais c'est bien évidemment dans les forêts présentant une dense végétation basse et dans les clairières envahies de broussailles que le Muscardin vit le plus souvent. Il construit des nids globuleux en feuilles ou en mousses, mesurant de 6 à 12 cm de diamètre, accrochés dans les broussailles au ras du sol ou carrément par terre. Il s'installe couramment dans les arbres creux et surtout dans les nichoirs délaissés par les oiseaux. Il passe l'hiver endormi sous une couche de feuilles sèches. Il s'y installe, bien gros et gras, en septembre — octobre pour se réveiller seulement en avril — mai. Il se nourrit de bourgeons, de fleurs, de baies, de graines, d'insectes. Il s'élève facilement en captivité car il n'est pas coléreux et ne mord pas comme ses cousins. Comme tous les parents du loir, il a cependant une activité essentiellement nocturne et passe la journée à dormir dans son nid. Excellent grimpeur, il sait très bien se mouvoir dans les branchages.

LC : 75—86 mm.
LQ : 55—77 mm.
Poids : 15—25 g, à l'automne jusqu'à 40 g.
Portées : 1 (2) fois par an, 3—4 p.
Age : 3—5 ans.

Loir

Glis glis (L.)

Le Loir est le mieux connu des représentants de la
curieuse famille des gliridés dont la présence se limite
à l'Europe, l'Afrique et l'Asie. Avec sa longue queue
velue et son aptitude à grimper aux arbres, le Loir fait
penser à un petit écureuil gris. Il vit dans les jardins, les
vergers et les vieux parcs. Ses grands yeux sombres
témoignent de son activité nocturne. Le Loir était
à l'origine, comme les autres membres de sa famille,
un habitant des forêts feuillues claires et chaudes. Il
est distribué de l'Espagne par toute l'Europe centrale
et méridionale jusqu'au Caucase, l'Asie Mineure et le
nord de l'Iran. Il a été introduit avec succès en
Angleterre. Le Loir est le plus commun des gliridés
européens et son mode de vie est relativement bien
connu. Il construit des nids de branchettes et de
feuilles dans les fourches des arbres, parfois même
à plusieurs mètres au-dessus du sol ou s'abrite dans les
arbres creux, les fissures des rochers et souvent aussi
dans les greniers. Il passe l'hiver dans un abri bien
protégé, souvent dans les racines d'un arbre, dans les
murs et les fissures des rochers et c'est là qu'il s'endort
d'octobre à mai, jusqu'à sept mois donc, d'où son
nom allemand de *Siebenschläfer*. Il se nourrit de
graines, de fruits, de bourgeons, de feuilles, d'insectes
et occasionnellement d'oisillons ou d'œufs. De caractère coléreux, il ne convient pas pour l'élevage. Il est
protégé comme les autres membres de la famille.

LC : 130−180 mm.
LQ : 100−150 mm.
Poids : 70−120 g.
Portées : 1 fois par an, 4−7 p.
Age : en moyenne 3 ans, max. 8−9 ans.

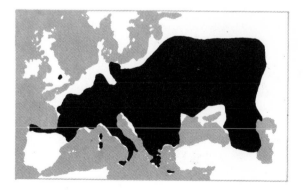

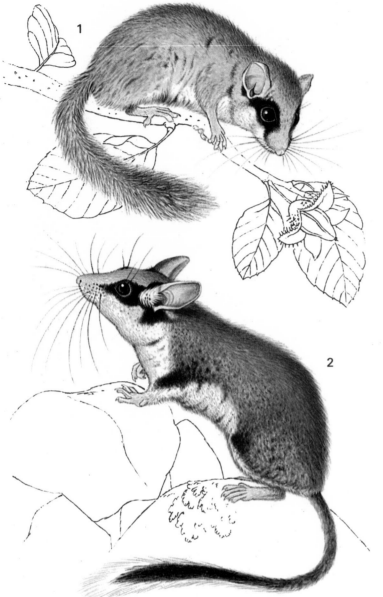

Lérotin
Dryomys nitedula (PALL.)

Lérot
Eliomys quercinus (L.)

Les deux dernières espèces de gliridés européens sont bien moins communes et moins bien connues que les précédentes. Elles sont de couleurs plus vives et la coloration marquée de la face et de la queue en fait des animaux particulièrement élégants.

Le Lérotin est le plus petit des deux. Il est distribué depuis les montagnes d'Asie centrale et du Caucase par la Russie centrale, la région des Carpates et les Balkans jusqu'en Italie avec une mince pointe en direction des Alpes suisses. En Europe centrale, on le rencontre le plus souvent dans les forêts feuillues ou mixtes, au sud jusqu'à la zone montagnarde alpine. Il construit son nid de feuilles dans les arbres, souvent assez haut, ou se dissimule dans les creux ou les nichoirs des oiseaux.

Le Lérot est plus grand que le Lérotin et se reconnaît à sa queue bicolore élargie à l'extrémité. C'est un animal thermophile et il abonde donc surtout dans la zone méditerranéenne, sur le littoral européen et africain d'où il pénètre jusqu'en Asie centrale. En Europe centrale on ne le trouve que par îlots isolés, vers le nord jusqu'à la région balte, le centre de la Finlande et aussi jusqu'à l'Oural. Au Sud, il se plaît dans le maquis, en Europe centrale, il vit dans les forêts mixtes ou résineuses, les vergers, les vignes et les abords des maisons. Son mode de vie est comparable à celui des autres espèces, mais il vit plus souvent au sol et consomme plutôt plus d'insectes.

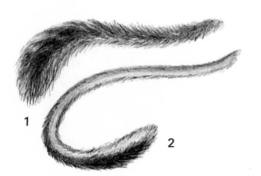

1 – *Dryomys nitedula* :
LC: 80–115 mm.
LQ : 70–100 mm.
Poids : 23–41 g.
Portées : 1–2 fois par an, 2–6 p.
Age : en moyenne 2, max. 6 ans.

2 – *Eliomys quercinus* :
LC : 105–150 mm.
LQ : 80–135 mm.
Poids : 60–140 g.
Portées : 1 (2) fois par an, 2–8 (en moyenne 4) p.
Age : jusqu'à 8 ans.

Hamster d'Europe

Cricetus cricetus L.

Le Hamster d'Europe est un rongeur de taille moyenne au pelage gaiement coloré, originaire des steppes d'Europe orientale et d'Asie Antérieure. Avec l'avance de la steppe culturale, son aire s'est étendue vers l'ouest si bien qu'il existe de nos jours dans toute l'Europe jusqu'à la Belgique, sans être cependant également représenté dans toutes les régions. Il ne vit en effet qu'en plaine et dans la zone des plateaux jusqu'aux environs de 500 à 600 m d'altitude, partout où la terre arable existe en couche suffisamment épaisse. Ses stations préférées sont les champs, les pâturages et la steppe boisée broussailleuse. Le Hamster creuse un profond et complexe réseau de galeries souterraines comportant un nid, plusieurs celliers et plusieurs issues. C'est là qu'il entrepose pour l'hiver jusqu'à 15 kg d'aliments. Il vient puiser dans ces réserves lorsqu'il se réveille au cours de son repos hivernal. En été, il se nourrit de plantes cultivées ou de mauvaises herbes, parfois aussi d'invertébrés ou de petits vertébrés. Il est actif surtout à la tombée du jour et durant la nuit, pendant toute la journée lorsqu'il pullule. C'est un animal coléreux qui peut se défendre en cas de danger en se dressant dans une attitude menaçante sur les pattes arrière, en grinçant des dents, en soufflant et en mordant. Il vit le plus souvent en solitaire, exception faite de la femelle qui reste avec ses jeunes pendant un certain temps. Le Hamster est très prolifique et peut devenir un animal dangereux en cas de pullulation. Une espèce voisine, le Hamster doré, originaire d'Asie Antérieure, est élevée comme animal de laboratoire ou de cage.

LC : 200−340 mm.
LQ : 25−65 mm.
Poids : 250−600 g.
Portées : 2−3 fois par an, 4−12 p.
Age : 6, jusqu'à 10 ans en captivité.

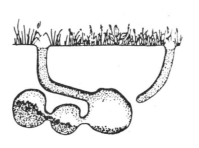

terrier en coupe du Hamster

Hamster doré

Lemming d'Europe

Lemmus lemmus (L.)

Lemming forestier

Myopus schisticolor (Lillj.)

Voisins des campagnols, les Lemmings vivent dans les régions nordiques, en Scandinavie, en Sibérie et en Amérique du Nord. Ils sont connus pour leur pullulation périodique qui se termine par une migration massive des animaux qui se jettent aveuglément dans les eaux des rivières et des golfes maritimes et s'y noient par centaines.

Le Lemming d'Europe est de grande taille et de coloration assez vive. Il vit dans les montagnes et les toundras de Scandinavie et dans la péninsule de Kola. C'est un animal actif, d'une exceptionnelle capacité de reproduction. Ses populations pullulent presque tous les 3−4 ans. Le manque de nourriture entraîne alors de longues migrations qui s'achèvent cependant toujours par l'extermination totale de la population excédentaire.

C'est le Lemming forestier qui ressemble le plus au campagnol. Il possède une longue fourrure épaisse, un museau obtus, de courtes pattes et une queue également courte, tous ces caractères contribuant à le garantir du froid. Il vit dans les forêts et les tourbières du nord de la Scandinavie, de la Russie septentrionale et de la Sibérie, dans la zone de la taïga jusqu'à la Mongolie et à l'Extrême-Orient. Il creuse des galeries à peine enfoncées sous la terre ou la mousse. Ses pullulations pas plus que ses migrations ne sont pas très marquées.

Dans les contrées nordiques, les Lemmings forment une part importante de l'alimentation des carnassiers et notamment des renards, des gloutons, des chouettes et des oiseaux de proie. Plusieurs espèces voisines vivent en Alaska, au Canada et dans la partie septentrionale des Etats-Unis ; la plus connue en est le Lemming brun *(Lemmus trimucronatus)*.

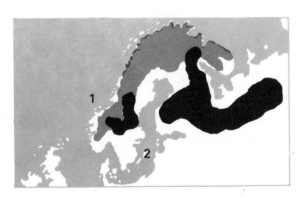

1 − *Lemmus lemmus* :
LC : 130−150 mm.
LQ : 15−19 mm.
Poids : 40−112 g.
Portées : 3 fois par an, 4−10 p.
Age : 1,5−2 (3) ans.

2 − *Myopus schisticolor* :
LC : 85−95 mm.
LQ : 15−19 mm.
Poids : 20−32 g.
Portées : 2 fois par an, 3−7 p.
Age : 1,5−2 (3) ans.

Rat d'eau

Arvicola terrestris (L.)

Bien qu'il vive le plus souvent aux abords de l'eau,
près des ruisseaux, des rivières, des étangs, des lacs,
des trous d'eau et des marais, il n'est pas rare de
trouver le Rat d'eau également dans les champs, les
prairies et les jardins. Il occupe un immense territoire
s'étendant sur la partie nord de l'Eurasie, de la
toundra jusqu'à la steppe boisée, et de l'Europe
occidentale jusqu'à la Sibérie centrale, de la plaine
jusqu'en haute montagne. En Europe, il ne manque
que dans la péninsule Ibérique et dans une partie de la
France où il est remplacé par une espèce très voisine,
également appelée Rat d'eau, *Arvicola sapidus*. Il est
également absent en Irlande, en Italie méridionale et
dans le sud des Balkans. Bien qu'il ne soit pas
spécialement adapté à la vie aquatique, il nage et
plonge à la perfection. Il creuse dans les rives, à peu
de profondeur, son système de terriers aboutissant
au nid. Parfois, surtout dans les eaux stagnantes, il
construit un nid de surface, avec des plantes aquatiques, parmi les carex ou les autres végétaux aquatiques. Comme tous les membres de sa famille, il est
actif de nuit comme de jour et peut pulluler lorsque les
conditions lui sont favorables. Il se nourrit essentiellement des parties végétales vertes, en hiver également
de racines. C'est un ravageur grave des jeunes arbres
fruitiers dont il ronge les racines au point d'entraîner
leur flétrissement. La lutte est d'autant plus difficile
que son activité est souterraine : on le prend le plus
souvent dans des pièges à taupes ou à souris.

LC : 120−220 mm.
LQ : 60−140 mm.
Poids : 80−200 g.
Portées : 3−5 fois par an, 4−5 p.
Age : 2−4 ans (jusqu'à 5 ans en captivité).

Rat musqué
Ondatra zibethicus (L.)

Le Rat musqué est originaire d'Amérique du Nord où il vit sous de nombreuses formes, sur un territoire étendu allant de l'Alaska jusqu'à la Louisiane. Il fut implanté en 1905 en Europe centrale (Bohême) et s'est en quelques années répandu dans tous les pays voisins. De nos jours, il compte parmi les habitants communs et habituels de ces régions : on peut le rencontrer, ou plutôt observer ses constructions, aux abords de toutes les eaux courantes ou dormantes. Par la suite, le Rat musqué a également été introduit en Europe occidentale, en Scandinavie et surtout en U.R.S.S. Considéré comme nuisible au moment de son extension primaire — on lui reprochait alors de percer les digues des étangs et on concluait sans preuves qu'il se nourrissait de poissons — il est de nos jours fort apprécié pour sa magnifique fourrure. On sait d'ailleurs maintenant qu'il est essentiellement végétarien : il consomme surtout diverses parties de végétaux aquatiques, parfois des plantes agricoles, et il complète cette nourriture par quelques coquillages, écrevisses ou poissons, surtout morts. Ses nids sont soit des terriers creusés dans la rive et débouchant sous l'eau, soit des « huttes », amoncellements de racines et de tiges de plantes aquatiques, installés dans les roselières. Les Rats musqués sont de bons nageurs et plongeurs et sont dotés de grandes pattes postérieures ainsi que d'une longue queue presque nue et latéralement aplatie, bien adaptée à ces activités aquatiques.

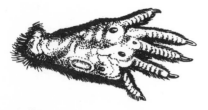

pied postérieur

LC : 300—400 mm.
LQ : 190—250 mm.
Poids : 800—1600 g.
Portées : 3—4 fois par an, 7—8 p.
Age : 3—5 ans.

Campagnol des champs

Microtus arvalis (PALL.)

Campagnol agreste

Microtus agrestis (L.)

Le Campagnol des champs est essentiellement lié à la steppe culturale, aux champs et aux prairies. Il est arrivé, grâce à sa grande adaptabilité, à peupler tous les biotopes favorables de la plaine jusqu'à la montagne. Dans les années de surpeuplement, il peut survivre dans les stations humides voire sur les prairies alpines. On le rencontre de nos jours dans toute l'Europe à l'exception des îles Britanniques, de la Scandinavie et d'une partie du bassin méditerranéen ; il existe même au Kazakhstan et en Sibérie méridionale. Il est très fertile et se multiplie rapidement dans les conditions favorables, occasionnant alors des dommages incommensurables aux récoltes agricoles. Il creuse ses terriers juste sous la surface du sol et dans les années de surpeuplement les champs, les prairies et les friches sont littéralement perforés par des millions de galeries et leur surface est tassée par un labyrinthe de chemins. Comme tous les Campagnols, celui-ci consomme surtout les parties végétales vertes, plus rarement des graines, exceptionnellement des insectes. Il est actif de nuit comme de jour. En hiver, il se bâtit des nids d'herbe sèche juste sous la neige.

Son voisin, le Campagnol agreste, est tributaire de biotopes à la fois plus humides et plus frais que ceux qu'apprécie son cousin : bords des eaux, prairies humides, marais, tourbières, abords des torrents montagnards, forêts à riche strate basse. Il habite donc plutôt en altitude (jusqu'à 1800 m). En Europe septentrionale et en Angleterre c'est cette espèce-ci qui remplace le Campagnol des champs. En Amérique du Nord, on trouve dans des conditions analogues une autre espèce voisine, le Campagnol de Pennsylvanie *(Microtus pennsylvanicus).*

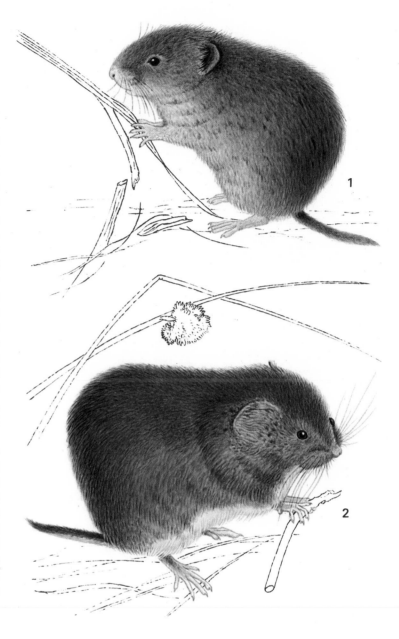

1 – *Microtus arvalis* :
LC : 90−120 mm.
LQ : 35−40 mm.
Poids : 18−40 g.
Portées : 3−7 fois par an, 4−10 p.
Age : en moyenne 1−1,5 ans.

2 – *Microtus agrestis* :
LC : 95−130 mm.
LQ : 30−47 mm.
Poids : 25−55 g.
Portées : 3−4 fois par an, 3−6 p.
Age : en moyenne 14 mois.

Molaires de la mâchoire supérieure (à gauche) et de la mâchoire inférieure (à droite) du Campagnol des champs (1) et du Campagnol agreste (2).

Spalax occidental, Rat-taupe
Spalax leucodon NORDM.

Adaptés à la vie souterraine, les Spalax sont sans doute les plus bizarres mammifères européens. Leur corps cylindrique est couvert d'une dense fourrure rase et luisante, leurs yeux sont entièrement recouverts d'une peau velue et leurs pavillons auditifs sont absolument réduits. De plus, ils se distinguent par une grande tête aplatie montrant d'immenses incisives saillant en-dehors de la bouche, et ornée de chaque côté par une bande de favoris raides de teinte claire. Les Rats-taupes creusent leurs galeries souterraines en arrachant les mottes de terre avec les dents, leurs pattes aux griffes développées ne servant qu'à repousser la terre tombée. A l'exception des terriers d'hiver qui peuvent descendre à 2 m sous le sol, les autres galeries sont plutôt superficielles et la terre éliminée est généralement repoussée à la surface sous forme de taupinières géantes. Ce curieux rongeur vit dans les Balkans, au nord jusqu'en Hongrie, dans le sud-est de l'Europe et surtout en Ukraine, en Asie Mineure et en Transcaucasie. Il existe de la plaine jusqu'en haute montagne (2400 m), dans les champs, les prairies, les steppes et les pentes montagnardes. Il ne sort presque jamais de ses terriers et se nourrit surtout des parties souterraines des végétaux, parfois aussi de divers invertébrés. Il accumule sous la terre des réserves considérables pour l'hiver : jusqu'à 15 kg de betteraves, de pommes de terre et de racines. Il ne dort pas, mais a une activité plus lente à la mauvaise saison.

LC : 150−240 mm.
Queue : réduite.
Poids : 140−220 g.
Portées : 1 fois par an, 1−4 p.
Age : inconnu.

Souris des moissons

Micromys minutus (PALL.)

Si les Souris ne sont généralement pas très aimées des hommes, bien des personnes changeraient sans doute d'avis à observer de près la Souris des moissons. C'est un tout petit animal, le plus petit des rongeurs européens, à la fourrure jaune-roux, au ventre entièrement blanc et aux grands yeux noirs. Toujours active, elle court à toute vitesse d'endroit en endroit, grimpe adroitement aux brins d'herbe et aux tiges en s'aidant de l'extrémité volubile de sa queue. A l'origine, elle vivait dans les marais densément enherbés, de nos jours, elle s'installe aussi dans les prairies humides et la végétation entourant les étangs, voire dans les parties humides des champs de céréales. La Souris des moissons se cache pour l'hiver dans des tas de végétaux fanés, dans les gerbiers, voire dans les habitations. A la différence des autres Souris, elle se tresse un nid sphérique en herbes et elle le suspend aux roseaux, aux pailles ou aux autres végétaux, entre 20 et 80 cm de hauteur. Elle s'adapte ainsi à la vie dans des stations fréquemment inondées. La Souris des moissons est distribuée dans toute l'Europe exception faite de l'Espagne, de l'Irlande, de la Scandinavie et des régions les plus méridionales de l'Italie et des Balkans. Elle existe aussi dans toute l'Asie jusqu'au Japon et au Viêt-nam du Nord. Dans ces derniers territoires on ne la trouve que par îlots dans les stations favorables. En Europe centrale, par contre, elle est plus fréquente qu'il ne paraît, mais échappe généralement au regard.

LC : 50—77 mm.
LQ : 45—75 mm.
Poids : 3,5—9 (13) g.
Portées : 2—3 fois par an, 3—7 p.
Age : dans la nature, 1,5 an, en captivité jusqu'à 5 ans.

Mulot à collier roux
Apodemus flavicollis (Melch.)

Mulot commun
Apodemus sylvaticus (L.)

Le Mulot à collier roux est le plus courant et semble-t-il le plus ancien représentant des « souris forestières » européennes. Il s'agit ici d'animaux relativement grands, au pelage gris-brun à brun-roux, aux grands yeux noirs et aux pavillons auditifs développés. Les mulots forestiers sont de rapides coureurs, bien adaptés au saut comme au grimper. Le Mulot à collier roux est le plus grand d'entre eux. Il se reconnaît à la nette ligne de séparation entre ses flancs bruns et son ventre blanc. Il vit essentiellement dans les forêts feuillues ou résineuses, de la plaine jusqu'en haute montagne, se retranchant pour l'hiver dans les habitations proches de la forêt. Dans les années de pullulation, sa consommation de graines peut fortement entraver le renouvellement spontané de la forêt. Il creuse ses terriers dans le sol, souvent dans les racines des arbres et c'est également là qu'il fait ses nids. Il peut aussi s'installer dans les arbres creux et les nichoirs d'oiseaux, souvent assez haut au-dessus du sol. Il se nourrit surtout de graines d'arbres forestiers et consomme aussi une bonne quantité d'insectes et d'autres animaux invertébrés. Il attend l'obscurité complète avant de partir en quête de nourriture et il poursuit celle-ci jusqu'à loin de ses terriers.

Le Mulot commun est un peu plus petit que l'espèce précédente et la limite entre ses flancs et sa partie ventrale est moins tranchée. Il est plutôt lié aux lisières des forêts, aux clairières, aux broussailles, et peut vivre aussi dans les champs. Il est, lui aussi, très abondant et son aire s'étend de l'Islande par toute l'Europe jusqu'en Asie Antérieure et en Afrique du Nord. Son mode de vie est analogue à celui du Mulot à collier roux.

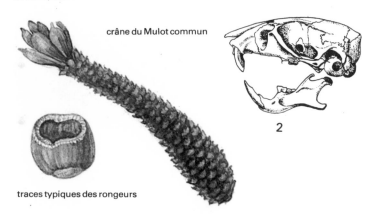

crâne du Mulot commun

2

traces typiques des rongeurs

1 – *Apodemus flavicollis* :
LC : 98−116 mm.
LQ : 90−127 mm.
Poids : 18−35 (50) g.
Portées : 2−4 fois par an, 3−8 p.
Age : en liberté 1,5−2 ans.

2 – *Apodemus sylvaticus* :
LC : 82−108 mm.
LQ : 70−100 mm.
Poids : 18−27 g.
Portées : 3−5 fois par an, 2−8 p.
Age : en liberté 1,2−2 ans.

Mulot agraire

Apodemus agrarius (PALL.)

Par sa coloration, le Mulot agraire rappelle le Mulot
à collier roux et le Mulot commun, dont il se distingue
par une bande clairement délimitée de pelage noir
située au milieu du dos. Parmi les autres petits
rongeurs européens, seuls les sicistes présentent un
dessin analogue, mais ils sont beaucoup plus petits et
se reconnaissent à leur queue d'une longueur exceptionnelle. Le Mulot agraire est vraisemblablement
originaire des régions orientales : à l'époque actuelle,
on le rencontre du Japon et de la Corée par toute
l'Asie centrale et jusqu'en Europe centrale et méridionale, sa frontière occidentale passant du côté de la
Rhénanie. Sur un tel territoire, on ne le trouve que par
endroits et il affectionne surtout les lisières des forêts,
les terrains broussailleux aux abords des ruisseaux, les
prairies, les jardins et les parcs. Il préfère les basses et
moyennes altitudes, mais peut pénétrer en montagne
en suivant les voies de communication et monter alors
à 1800 m d'altitude. Le Mulot agraire creuse lui-même son labyrinthe de galeries souterraines aboutissant
au nid. Sa nourriture est surtout végétale, et il grimpe
et saute moins bien que les autres Mulots. Il est actif de
jour comme de nuit et a un très fort pouvoir de
reproduction : il pullule certaines années en s'instal-
lant dans des sites où il manque normalement, les
champs par exemple. Pour le reste, son mode de vie
est analogue à celui des autres espèces.

LC : 80−115 mm.
LQ : 65−92 mm.
Poids : 16−35 g.
Portées : 3−4 fois par an, 5−7 p.
Age : 1,5−2 ans, jusqu'à 4 ans en captivité.

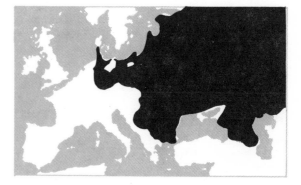

Rat noir
Rattus rattus (L.)

Rat surmulot
Rattus norvegicus (BERKENHOUT)

Le Rat noir et le Surmulot comptent parmi les fléaux les plus connus des hommes.

Plus petit que le Surmulot, le Rat noir peut être de couleur grise ou noire. Originaire des régions tropicales de l'Ancien Monde, il s'est disséminé, par l'intermédiaire de la navigation maritime, dans le monde entier. Il vit dans des stations chaudes, les greniers, les bâtiments en bois, les vieilles granges. Il était plus commun dans le passé et surtout au Moyen Age où il constituait l'un des principaux agents des épidémies de peste.

Le Rat surmulot est plus gros que le Rat noir, avec une queue et des oreilles plus courtes. Il est beaucoup plus commun en Europe que l'espèce précédente et responsable de la plupart des dommages universellement attribués aux « rats ». Le Surmulot provient des terrains marécageux du nord-est asiatique, d'où il s'est étendu vers l'ouest, tant spontanément que du fait des interventions humaines. En Europe, son invasion remonte aux XVIIe et XVIIIe siècles. De nos jours, le Surmulot vit surtout dans les lieux de résidence des hommes et notamment dans le réseau de canalisations des grandes villes, dans les abattoirs, dans les entreprises agricoles (élevages, entrepôts de stockage) et dans les caves des habitations. C'est un omnivore : en période de disette, il n'hésite pas à attaquer des animaux plus grands que lui. Il vit en groupes régis par une hiérarchie très stricte. Il occasionne des dommages directs aux produits alimentaires, attaque les murs et les sols et véhicule certaines maladies contagieuses (par exemple la jaunisse de Weill).

---

crânes du Rat noir (a) et du Rat surmulot (b) vus d'en haut

1 – *Rattus rattus* :
LC : 160−235 mm.
LQ : 190−240 mm.
Poids : 150−250 g.
Portées : 3−6 fois par an, 5−10 (13−21) p.
Age : 2−4 max. 7 ans.

2 – *Rattus norvegicus* :
LC : 190−270 mm.
LQ : 130−230 mm.
Poids : 275−500 g.
Portées : 2−5 fois par an, 4−12 (22) p.
Age : 2−4 ans.

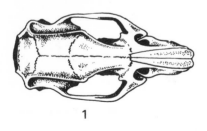

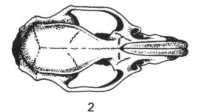

Souris domestique

Mus musculus L.

Originaire des steppes asiatiques et est-européennes, la Souris domestique avait pour nourriture principale les graines des graminées steppiques. Lorsque l'homme commença à avoir des activités agricoles, la Souris le suivit et réussit, avec l'extension de la steppe culturale, à occuper toute l'Asie cultivée, toute l'Europe, puis les autres continents. Elle est donc cosmopolite de nos jours et vit, grâce à l'activité humaine, dans le monde entier. C'est pourtant un animal nuisible à l'homme : elle occupe nos habitations, dévore nos réserves en rendant les restes impropres à la consommation, répand une odeur désagréable et peut transporter des maladies infectieuses. Il est difficile d'énumérer tous les dommages qu'elle occasionne.

Il existe de nombreuses formes de Souris domestiques, différant les unes des autres par leur aspect et leur mode de vie. En Europe occidentale on trouve une race sombre à longue queue, attachée toute l'année durant aux habitations humaines et à leurs abords immédiats. En Europe centrale et septentrionale, on trouve une forme proche de la précédente, un peu plus claire de couleur et capable de passer la saison estivale à l'extérieur des habitations, le plus souvent dans les champs. En Autriche orientale, en Hongrie, dans les Balkans et en Ukraine, on rencontre les Souris sauvages originelles, vivant à l'extérieur durant toute l'année. Les populations commensales de Souris domestiques se multiplient ordinairement pendant toute l'année et leur fertilité est phénoménale. Elles sont aussi exceptionnellement adaptables et omnivores : elles sont par exemple capables de survivre et de se multiplier dans les mines et même dans les entrepôts frigorifiques de viande.

LC : 73−102 mm.
LQ : 67−95 mm.
Poids : 15−28 g.
Portées : 5−7 (10) fois par an, 4−8 p.
Age : en captivité max. 5 ans, dans la nature 2 ans.

1 − forme centre-européenne
2 − forme ouest-européenne

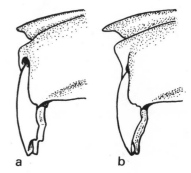

incisives de la Souris domestique (a) et du Mulot agraire (b)

Siciste du bouleau

Sicista betulina (PALL.)

Le Siciste du bouleau fait penser à une petite souris mais appartient en fait à une famille particulière qui comprend des rongeurs telles les gerboises désertiques. Les plus proches parents de notre Siciste vivent en Asie tempérée et en Amérique du Nord. L'animal se reconnaît à la bande noire qui traverse son crâne et toute la longueur de son dos et surtout à la longueur exceptionnelle de sa queue, inégalée par aucun autre rongeur de chez nous. A la différence des souris, le Siciste présente quatre molaires à la mâchoire supérieure (les souris n'en ont que trois). Ce curieux rongeur vit dans les forêts, les terrains marécageux et les prairies d'Europe septentrionale et nord-orientale ainsi qu'en Asie tempérée. En Europe centrale on le rencontre sporadiquement en altitude, entre 700 et 1850 m, ce qui est très certainement une survivance de son ancienne extension. Les Sicistes sont essentiellement des animaux nocturnes et comme ils sont de plus relativement rares, on sait assez peu de choses sur leur mode de vie. Ils construisent en été des nids aériens d'herbes et de mousses qu'ils installent dans des sites de végétation dense et passent l'hiver roulés en boule dans un nid souterrain. D'ailleurs si la température s'abaisse en été, ils tombent également très vite dans un sommeil léthargique. Ils se nourrissent de bourgeons, de fleurs, de graines, de baies et d'insectes. Ce sont de bons grimpeurs, aidés en cela par leur queue volubile. Dans la zone steppique du sud-est de l'Europe on trouve une espèce très voisine, le Siciste des steppes *(Sicista subtilis)*.

La bande noire commence entre les yeux.

LC : 50—76 mm.
LQ : 76—108 mm.
Poids : 5—13 g.
Portées : 1 fois par an, 2—7 p.
Age : jusqu'à 3 ans.

Traits caractéristiques du Siciste du bouleau : quatre molaires dans la mâchoire supérieure (à gauche) et trois molaires dans la mâchoire inférieure (à droite).

Porc-épic à crête

Hystrix cristata L.

Les Porcs-épics sont des habitants des régions chaudes
d'Asie et d'Afrique et seule une espèce, le Porc-épic
à crête, pénètre jusqu'en Italie du Sud et en Sicile.
D'ailleurs, de nombreux zoologues ne croient guère
à la spontanéité de ces populations, mais pensent
qu'elles ont été implantées là par les Romains. Il n'est
point utile de décrire le Porc-épic en détail : chacun le
reconnaît à ses longs piquants blancs et noirs recouvrant entièrement ses flancs et son dos. Lorsqu'il est
en danger, le Porc-épic hérisse ses piquants et les
secoue en faisant de plus sonner sa queue, également
armée des mêmes piquants. Ceux-ci ne sont d'ailleurs
pas très solidement implantés dans la peau et une
brusque contraction des muscles sous-cutanés les
projette à une faible distance. Le Porc-épic à crête vit
soit en solitaire, soit en petites bandes familiales, en
terrain sec et broussailleux, surtout sur les versants des
collines et souvent au voisinage des habitations
humaines. Il se cache soit dans les fentes des rochers,
soit dans des terriers qu'il creuse lui-même. C'est un
animal nocturne qui s'oriente surtout par l'ouïe et
l'odorat. Il se nourrit de parties vertes végétales, de
racines, de tubercules, de diverses plantes agricoles,
accessoirement d'aliments carnés. Il s'aventure jusqu'à plusieurs kilomètres de son terrier en quête de
nourriture. Les jeunes naissent voyants avec des
piquants mous.

LC : 570−680 mm.
LQ : 50−68 mm.
Poids : 10−15 kg.
Portées : 1 fois par an, 1−4 p.
Age : 10−15, jusqu'à 20 ans en captivité.

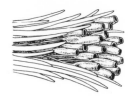

épines creuses sonnantes sur la queue
de quelques espèces de Porcs-épics

Lapin de garenne
Oryctolagus cuniculus L.

Le Lapin de garenne est originaire des parties occidentales du bassin méditerranéen (nord-ouest africain, Espagne) et son extension européenne n'a commencé qu'au moment de l'Antiquité. Il a également été implanté en Australie, en Nouvelle-Zélande et au Chili. Il vit de nos jours dans une grande partie de l'Europe jusqu'aux îles Britanniques, en Scandinavie et en Pologne. Ses effectifs restent cependant relativement bas en raison d'épidémies répétées de myxomatose. Le Lapin se plaît surtout dans des sites au sol sableux en paysage dégagé et en climat sec et chaud, aussi bien en plaine qu'en zone de plateaux. On le rencontre en bordure des forêts, sur les versants broussailleux et pierreux, dans les friches, les pâturages, au voisinage des voies de communication, dans les parcs et les jardins et à la périphérie des grandes villes. Il ne monte que rarement à des altitudes supérieures à 600 m au-dessus du niveau de la mer. Dans la journée, il se tient le plus souvent dans ses terriers souterrains (jusqu'à 3 m de profondeur) et il ne monte à la surface que vers le soir et surtout la nuit. Il est très fidèle à son habitation dont il s'éloigne rarement de plus de 600 m. Il est très fécond : il s'accouple de février à juillet et les portées se suivent rapidement après une gestation de 28 à 31 jours. Les petits naissent nus et aveugles et sont élevés dans des terriers spéciaux, courts, dont la lapine bouche et enterre l'entrée. Les Lapins représentent un gibier fort apprécié.

jeune nouveau-né

LC : 350–450 mm.
LQ : 40–73 mm.
Poids : 1,5–2 (3) kg.
Portées : 4–7 fois par an, 3–7 (12) p.
Age : max. 10 ans.

Lièvre d'Europe
Lepus europaeus PALL.

Lièvre variable
Lepus timidus L.

Le Lièvre d'Europe est bien connu et compte parmi les plus importants gibiers européens. D'origine steppique, il abonde surtout dans un paysage agricole dégagé, et ce en plaine et en zone de plateaux, exceptionnellement dans des forêts d'une certaine étendue ou en montagne. Il existe dans toute l'Europe à l'exception de la Scandinavie septentrionale, d'une grande partie de la péninsule Ibérique et de certaines îles méditerranéennes. Il vit aussi en Afrique du Nord et dans la partie occidentale de l'Asie. Il a été implanté en Amérique du Nord et du Sud, en Sibérie, en Australie et en Nouvelle-Zélande. Son aire originelle s'accroît encore de nos jours, surtout en U.R.S.S. Au contraire du lapin, le Lièvre se dissimule dans des terriers peu profonds et tend à compter sur sa coloration mimétique. A l'exception de la période de rut, il vit en solitaire. Le rut dure de janvier à octobre, les jeunes naissent velus et voyants.

Le Lièvre variable est une petite espèce nordique aux oreilles plus courtes et aux pattes densément velues. Il devient blanc en hiver. Il vit en Islande, en Ecosse, en Irlande, en Scandinavie, en Pologne septentrionale, dans les régions du nord de l'U.R.S.S. et aussi au Groenland et au Canada. Une population isolée, de toute évidence une « relique » de l'époque glaciaire, vit également dans les Alpes à une altitude de 1200 à 3400 m.

Lepus europaeus :
LC : 550−650 mm.
LQ : 75−100 mm.
Poids : 3,5−5 kg.
Portées : 3−4 fois par an, 1−5 p.
Age : 5−8 (12,5) ans.

Lepus timidus :
LC : 460−610 mm.
LQ : 40−80 mm.
Poids : 2−4 kg.
Portées : 2−3 fois par an, 2−7 p.
Age : max. 8−9 ans.

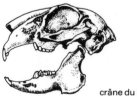

crâne du Lièvre d'Europe   Lièvre variable en habit d'hiver   jeune nouveau-né

Sanglier

Sus scrofa L.

Les Sangliers sont aussi des habitants très anciens des forêts européennes. Malheureusement, leurs populations ont été complètement exterminées en de nombreux endroits au siècle dernier et leur nombre n'a augmenté à nouveau qu'après la dernière guerre. Malgré leur grande taille, on ne les rencontre que très rarement dans leur milieu naturel. Ils ne sortent de leurs cachettes qu'à la nuit et se déplacent avec une grande prudence, guidés en cela par leur ouïe et leur odorat aiguisés. Dans la journée, ils se dissimulent habituellement dans le dense couvert forestier ou dans des sites marécageux. Ils vivent en bandes à longueur d'année : ces troupeaux se composent de laies et de marcassins d'âges divers, seuls les vieux mâles vivent en « solitaires ». Ils ont pour coutume de se vautrer dans la boue de leurs bauges, puis de se gratter aux troncs des arbres pour faire tomber la vase séchée, ce qui leur sert en même temps à marquer leur territoire. Les Sangliers sont d'authentiques omnivores consommant n'importe quoi à commencer par les produits agricoles, les fruits d'arbres forestiers (glands, faînes), les racines, les larves d'insectes, les charognes. Ils sont capables d'attraper des poissons au moment de l'étiage ou de sortir de petits rongeurs de leurs terriers. Ils peuvent occasionner des dommages importants dans les champs et les prairies, mais détruisent également les larves d'insectes nuisibles dans la forêt. Le rut dure de novembre à janvier, les marcassins rayés naissent en mars−avril, le plus souvent dans un coin abrité tapissé d'herbe et de mousse.

canines du Sanglier

LC : 110−180 cm.
LQ : 15−40 cm.
Poids : 50−200 kg.
Portées : 1 (2) fois par an, 4−12 p.
Age : max. 10−12 ans.

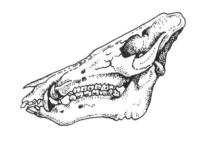

Cerf élaphe

Cervus elaphus L.

Le Cerf est le roi de la forêt. Il vit sur une aire immense s'étendant de la péninsule Ibérique et de l'Afrique du Nord par toute l'Eurasie tempérée et l'Amérique du Nord. Sur un territoire aussi vaste, il forme toute une série de sous-espèces qui peuvent se distinguer par des caractères très marqués et sont parfois considérées comme des espèces originales. Ainsi en est-il du grand Cerf maral sibérien ou du Wapiti nord-américain. En Europe, les Cerfs ne sont relativement nombreux que dans les régions orientales et surtout dans les Carpates, puis dans les Alpes et plus isolément aussi dans le nord jusqu'en Norvège septentrionale et aux îles Britanniques. A l'origine habitants de la steppe boisée, ils sont de nos jours dépendants des forêts mixtes de montagne. On les trouve également dans les réserves. De jour, ils se tiennent le plus souvent à l'abri et ne sortent pour brouter que vers le soir, autour de minuit et vers le matin. Ils se nourrissent surtout d'herbe et de plantes herbacées diverses, de jeunes pousses et de feuilles d'arbres ou d'arbustes, de faînes, de glands et de produits agricoles. La période la plus intéressante dans leur vie est celle du rut. A cette époque les hardes se défont et les mâles jusqu'alors solitaires regroupent autour d'eux plusieurs femelles. Ils marquent leurs territoires en bramant d'une voix profonde et vont parfois jusqu'à lutter entre eux. Les jeunes naissent après huit mois et demi de gravidité en mai à juin, ils sont allaités durant trois à quatre mois et ne deviennent indépendants qu'au bout d'un an.

LC : 165−250 cm.
LQ : 12−15 cm.
Poids : 100−250 kg.
Portées : 1 fois par an, 1 p.
Age : max. 15−20 (25) ans.

crottes du Cerf élaphe

Les bois sont une formation durable qui pousse depuis l'os frontal. Durant leur développement ils se recouvrent d'une peau qui leur fournit la nourriture nécessaire. Les bois une fois ossifiés, la peau commence à se dessécher. Les cerfs s'en débarrassent en frottant leurs bois contre l'écorce des arbres.

Cerf sika

Cervus nippon Temm.

Parmi les artiodactyles cervidés élevés par endroits en Europe en enclos ou en pleine nature, citons une petite espèce est-asiatique : le Cerf sika. Sa véritable patrie s'étend sur un territoire comprenant l'Oussourie (U.R.S.S.), la Mandchourie, la Chine, la Corée et le Japon, où il apparaît sous la forme de plusieurs sous-espèces. Dans toutes ces régions, il est depuis toujours élevé à titre ornemental. Le Cerf sika est facile à distinguer des autres cervidés. Plus petit que le daim, il possède une ramure qui atteint au maximum la forme huit-cors, exceptionnellement dix-cors, et ne présente pas un grand intérêt cynégétique. En Europe, il a été introduit au Danemark, en Allemagne, en Angleterre, en France, en Tchécoslovaquie et en U.R.S.S. Il a également été acclimaté en Nouvelle-Zélande. C'est un animal d'élevage facile, supportant bien l'hiver et perdant rapidement toute crainte de l'homme. Les mâles perdent leurs bois de mai à juin, le rut a lieu dans la seconde moitié d'octobre. Les jeunes naissent en mai—juin et suivent la mère, avec une interruption au moment du rut, jusqu'à la fin de l'hiver. Le Cerf sika est souvent confondu avec le Cerf axis *(Axis axis),* qui est originaire, lui, des forêts claires d'Inde et de Sri Lanka (Ceylan). Implanté en Europe depuis le milieu du XVIIIe siècle, il vit de nos jours par endroits en Allemagne, en Angleterre, en Autriche, en Tchécoslovaquie, en Yougoslavie, etc.

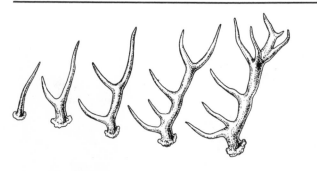

Le développement des bois. Le Cerf perd ses bois chaque année avant d'en acquérir de nouveaux. Au cours des années suivantes, les bois grandissent, puis plus tard commencent à diminuer.

LC : 110—130 cm.
LQ : 10—15 cm.
Poids : 25—110 kg.
Portées : 1 fois par an, 1 (2) p.
Age : max. 15—20 ans.

Daim

Dama dama (L.)

Originaires de la partie orientale du bassin méditerranéen et d'Afrique du Nord, les Daims ont été implantés dans tous les pays méditerranéens et en Europe occidentale dès l'Antiquité. Au Moyen Age, ils ont pénétré en Europe centrale où ils furent tout d'abord élevés en enclos à titre ornemental, plus tard lâchés en pleine nature. Ce sont justement ces implantations qui forment de nos jours le gros des populations, les troupes originelles ayant été entre temps complètement détruites, à quelques exceptions près qui vivent encore dans les forêts d'Iran méridional et d'Iraq (et sont parfois considérés comme une espèce autonome, *Dama mesopotamica*). Les Daims sont un peu plus petits que les cerfs dont ils se distinguent par ailleurs par un certain nombre de caractères comme leurs bois plats, leur robe tachetée et leur écusson noir et blanc. On trouve parfois en élevage des individus entièrement sombres et sans taches. En Europe, les Daims se plaisent surtout dans les bois clairs feuillus ou mixtes de basse altitude, du type parc. Ils entrent en rut un peu plus tard que les cerfs, en octobre—novembre. Leurs bois atteignent également leur pleine taille en septembre et tombent seulement en mai. Les jeunes Daims naissent après une gravidité de huit mois. Les Daims sont actifs de jour et de nuit et vivent en troupes. Ils sont moins résistants à la course que les cerfs dont leur mode de vie ne se distingue guère par ailleurs.

LC : 130—150 cm.
LQ : 16—19 cm.
Poids : 35—100 kg.
Portées : 1 fois par an, 1 p.
Age : max. 15—20 ans.

développement des bois

forme sombre

Renne
Rangifer tarandus (L.)

Le Renne est un véritable ongulé nordique. De
nombreuses sous-espèces en sont distribuées dans la
toundra et la taïga septentrionale eurasiatiques et
nord-américaines, ainsi que dans la plupart des îles
polaires. Son adaptation aux rudes conditions nordiques se traduit par ses larges sabots extensibles et
l'implantation basse des doigts atrophiés qui se
joignent au sabot pour former une large surface
d'appui permettant à l'animal de marcher sur la neige
ou le sol détrempé sans s'y enfoncer. Les bois des
rennes sont larges et présentent de nombreuses
ramifications. Ils sont présents chez les animaux des
deux sexes, ce qui est une exception parmi les
cervidés. On sait que les Rennes, surtout ceux du
continent américain, entreprennent chaque année de
longues migrations de la toundra vers la taïga et
réciproquement. Ce sont des animaux aux exigences
modestes qui se contentent de brouter les lichens, les
mousses, les herbes, les feuilles et les rameaux des
saules et d'autres essences polaires. Toutes ces quali-
tés ont fait qu'ils ont été domestiqués par les peuples
polaires et la vie nordique serait presque inconcevable
sans leur présence. Les Rennes sauvages étaient jadis
très abondants partout dans les régions nordiques,
mais ils ont été à tel point décimés par la chasse que
certaines sous-espèces ont été pratiquement détruites.
En Europe on ne trouve des populations résiduelles
de Rennes sauvages que dans le nord de la Norvège,
de la Finlande et de l'U.R.S.S. Les Rennes sont
d'excellents coureurs, de bons nageurs, et sont actifs
surtout de jour. Ils se groupent en troupeaux formés
de femelles, de jeunes mâles et de petits. Le rut a lieu
en septembre et octobre ; les petits naissent en mai et
juin.

empreinte

LC : 130–220 cm.
LQ : 7–20 cm.
Poids : 60–315 kg.
Portées : 1 fois par an, 1–2 p.
Age : max. 12–15 ans.

Elan

Alces alces (L.)

L'Elan est un habitant originel des forêts nordiques d'Eurasie et d'Amérique du Nord. Au Moyen Age, il peuplait encore les vastes forêts d'Europe centrale et occidentale, où il a été complètement décimé par la suite. Depuis quelques décennies, les mesures de protection dont il est l'objet ont conduit à une nouvelle multiplication des populations d'Elans qui reprennent leur extension vers le sud et les frontières de leur ancienne aire de distribution, ainsi que vers le nord, en direction de la toundra. On les trouve sur d'immenses territoires en U.R.S.S. et en Pologne et leur avancée touche également la Tchécoslovaquie, l'Allemagne et l'Autriche. En été, les Elans vivent seuls ou en troupes familiales ; en hiver, après le rut, ils se regroupent en petits troupeaux comprenant de 5 à 10 individus. A l'exception des migrations saisonnières influencées sans conteste par les densités des populations et des courses qu'ils font au moment du rut, les Elans restent fidèles à leurs territoires qu'ils ne défendent nullement par ailleurs. Ils se nourrissent de feuilles et de brindilles de certains arbres et arbustes (tremble, aulne, saule, peuplier), de plantes aquatiques et de jeunes pousses d'arbres résineux. Leurs longues pattes leur permettent de brouter des feuilles en hauteur ; pour les végétaux aquatiques, ils s'enfoncent à moitié dans l'eau et lorsqu'ils broutent au sol, ils se mettent souvent à genoux. Le rut a lieu de septembre à novembre, la chute des bois entre novembre et décembre, les petits naissent de la fin avril au début de juin. Les Elans s'orientent surtout par leur ouïe et leur odorat ; leur vue est assez faible. En U.R.S.S., on expérimente les possibilités de leur domestication.

♂

LC : 250−270 cm.
LQ : 12−13 cm.
Poids : 250−500 kg.
Portées : 1 fois par an, 2 p.
Age : 20−25 ans.

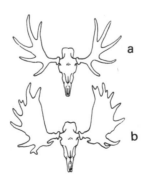

bois à piques (a) bois à palmes (b)

♀

Chevreuil
Capreolus capreolus (L.)

A l'origine également forestier, le Chevreuil s'est remarquablement bien adapté à la vie en zone de culture et on le rencontre de plus en plus souvent dans les champs ou les bois de faible étendue. Il est donc relativement abondant en Europe de nos jours et constitue par endroit le gibier le plus couramment chassé. Son aire d'extension est cependant moins vaste et moins continue que celle du cerf. On le rencontre de l'Europe occidentale par la zone tempérée de l'Asie jusqu'en Chine. Il est absent d'Irlande, de l'Islande, du nord de la Scandinavie et de l'U.R.S.S. et manque également dans les pays méditerranéens. Une race particulière, aux bois richement ramifiés, vit en Sibérie. Le Chevreuil est actif de jour comme de nuit, mais c'est surtout au soir et vers le matin qu'il part en quête de nourriture. Comme le cerf, il broute surtout l'herbe et les plantes herbacées, mais aussi des feuilles, des rameaux, des baies et des champignons. En été, il vit seul ou en groupes familiaux, en hiver, il forme des troupeaux plus importants. Les mâles ont également des territoires spécifiques (1 km^2 environ) où ils passent généralement toute l'année. Le rut a lieu en juillet et août, les jeunes ne naissent ensuite qu'en mai—juin de l'année suivante, ce qui signifie que nous avons affaire ici à une gravidité prolongée. Les jeunes Chevreuils naissent voyants et velus, mais la femelle les laisse dans leur cachette les premiers jours de leur existence et ne les rejoint que pour les nourrir. Au bout d'une semaine environ, les jeunes faons sont capables de suivre leur mère dans ses déplacements ; celle-ci les allaitera et conduira pendant de longs mois.

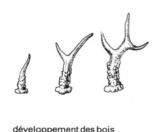

développement des bois

LC : 95—135 cm.
LQ : 2—3 cm.
Poids : 15—30 kg.
Portées : 1 fois par an, 1—2 p.
Age : max. 10—12 (18).

Chevreuil aux bois déformés du fait d'une perturbation hormonale (par exemple les testicules blessés).

Cerf de Virginie

Odocoileus virginianus (Zim.)

Le Cerf de Virginie est un proche parent du chevreuil plutôt que du cerf et on peut dire qu'il remplace le chevreuil au point de vue écologique sur le continent américain. Dans sa patrie originelle américaine, il est largement distribué du Brésil jusqu'au Canada et ne manque que dans l'extrême ouest du Canada comme des Etats-Unis. Il a été introduit en Europe et implanté avec grand succès dans le nord-ouest de la Finlande et en Bohême centrale. Il forme un grand nombre de races géographiques en Amérique : les plus septentrionales d'entre elles atteignent la taille de notre Cerf, les plus méridionales ne dépassant pas celle du chevreuil. La plus petite de ces formes vient de l'île de Key au voisinage de la Floride et est de nos jours menacée d'extinction : 30 à 40 têtes survivent encore. On ne risque guère de confondre le Cerf de Virginie avec les autres cervidés : ses bois sont curieusement recourbés d'abord au-dehors puis en avant. Il possède également une longue queue, blanche sur sa face inférieure, qu'il lève en cas de danger ou d'excitation, révélant ainsi son grand écusson blanc. Ce mode de signalisation est voisin de celui des chevreuils. Comme le chevreuil encore, le Cerf de Virginie s'est adapté au paysage agricole grâce à quoi ses populations s'accroissent sans cesse. Le rut a lieu en novembre chez les populations européennes. Le mâle ne brame pas comme le Cerf, mais émet un curieux sifflement. En Amérique du Nord, on trouve aussi un autre cervidé voisin, l'Hémione *(Odocoileus hemionus)*.

LC : 85−205 cm.
LQ : 10−35 cm.
Poids : 25−200 kg.
Portées : 1 fois par an, 2 p.
Age : 10, en captivité 20 ans.

Chamois
Rupicapra rupicapra (L.)

Le Chamois est l'un des rares mammifères européens qui appartiennent à la faune de haute montagne. On le trouve dans les Pyrénées, les Alpes, les Apennins, les Carpates, les Balkans, l'Asie Mineure et le Caucase. Il a été implanté avec succès dans nombre d'autres stations. Au point de vue zoologique, il appartient à la famille des bovidés, voisin en cela des chèvres et des moutons. Les deux sexes sont armés de petites cornes noires à la pointe recourbée, qui ne sont pas caduques mais au contraire grandissent avec l'âge. En été, les Chamois vivent dans la zone alpine des montagnes, dans les alpages, sur les pentes raides et caillouteuses ou dans les rochers. En hiver et par mauvais temps, ils se mettent à l'abri dans les forêts. Excellents grimpeurs, ils bondissent à merveille de rocher en rocher. Actifs de jour, ils parcourent lentement leur territoire. Au petit matin ils montent en altitude, au soir ils redescendent. Leurs sens principaux sont l'ouïe et l'odorat, moins la vue. Ils vivent en bandes conduites par les vieilles femelles, seuls les vieux mâles vivent en solitaires. Comme les espèces précédentes, les Chamois restent fidèles à leurs territoires qu'ils marquent à l'aide des sécrétions de leur glande odorante. Ils se nourrissent en broutant les végétaux montagnards, en hiver aussi les bourgeons, les mousses, les lichens et les résineux rabougris. Le rut a lieu d'octobre à décembre, époque à laquelle les mâles luttent souvent entre eux. La mise bas survient en juin et juillet.

Chamois en habit d'hiver

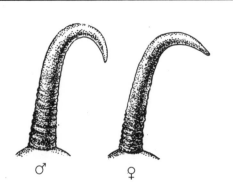

♂   ♀

LC : 110−136 cm.
LQ : 7−8 cm.
Poids : 35−40 kg.
Portées : 1 fois par an, 1 p.
Age : max. 15−20 (25) ans.

Mouflon de Corse

Ovis musimon PALL.

Le Mouflon est l'unique mouton sauvage d'origine européenne. Sa patrie est le bassin méditerranéen où il vit encore à l'état sauvage en Sardaigne et en Corse. D'autres espèces voisines vivent à Chypre et dans les montagnes d'Asie Antérieure et centrale. Aux XVIIIe et XIXe siècles, les Mouflons furent importés dans des réserves centre-européennes où ils se sont bien adaptés et même naturalisés par endroits. De nos jours, on en trouve à l'état sauvage en Espagne, dans le midi de la France, en Allemagne, en Tchécoslovaquie et ailleurs. On estime à 20 000 têtes le nombre total de cette population, ce qui dépasse de beaucoup le nombre des Mouflons sauvages de Corse et de Sardaigne. Dans leur patrie d'origine, les Mouflons vivent dans les terrains montagneux rocheux, en Europe centrale ils préfèrent les forêts sur sols secs et pierreux. Leur ouïe et leur odorat sont assez aiguisés et ils sont relativement sauvages par ailleurs. Les brebis et les agneaux vivent à longueur d'année en troupeaux conduits par une brebis âgée. Au moment du rut, les mâles se joignent au troupeau. Les Mouflons de Corse ne sont pas du tout exigeants et s'adaptent aisément à toutes sortes de milieux. Ils se nourrissent en broutant la végétation terrestre et les brindilles d'arbres ou d'arbustes, en hiver aussi divers fruits, mousses et lichens. Le rut dure d'octobre à la mi-décembre, les agneaux naissent après une gestation de cinq mois. Les cornes gigantesques du Mouflon constituent un trophée de chasse fort prisé.

♂

LC : 110—130 cm.
LQ : 5—10 cm.
Poids : 25—50 kg.
Portées : 1 fois par an, 1 (2) p.
Age : max. 15—20 ans.

♀

Bison d'Europe
Bison bonasus (L.)

Le plus grand ongulé européen, le Bison d'Europe, est un proche parent du Bison d'Amérique. Il vivait à l'origine de l'Europe occidentale jusqu'au cœur de l'Asie, mais la chasse a fortement réduit ses populations originelles jusqu'à le faire progressivement disparaître d'un grand nombre de régions. Au Moyen Age, le Bison d'Europe comptait déjà parmi les animaux rares et sa chasse n'était permise qu'aux souverains et à la noblesse. Plus tard, il disparut sur presque toute l'étendue de son aire. Au début de notre siècle, seul un petit troupeau de Bisons subsistait encore dans la forêt originelle de Białowieża en Pologne et dans le Caucase. Ces deux troupeaux furent complètement décimés au moment de la Première Guerre mondiale et durent être reconstitués à l'aide de sujets pris dans les jardins zoologiques. Des soins constants ont permis de faire remonter la population mondiale de Bisons d'Europe à quelque 1000 têtes dont une partie vivent en pleine nature, une partie dans des enclos-réserves et dans les jardins zoologiques. L'avenir de cette espèce mémorable est donc pour le moment assuré. Au contraire du Bison d'Amérique, le Bison d'Europe est un animal forestier vivant surtout dans les forêts feuillues et mixtes présentant un bon nombre de clairières herbeuses. Le rut a lieu d'août à septembre et les jeunes naissent de mai à juin.

L'ancêtre des bovins domestiques n'est pas le Bison comme le pensent certains profanes, mais une espèce de nos jours entièrement disparue, l'Aurochs *(Bos primigenius)* qui vivait dans les mêmes conditions et sur la même aire que le Bison d'Europe.

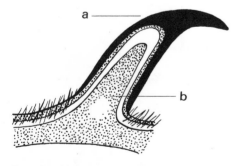

Coupe longitudinale de la corne d'un animal adulte. La corne est une caisse (a) enveloppant la couche intérieure osseuse (b). Les cornes sont une formation durable.

LC : 310–350 cm.
LQ : 50–60 cm.
Poids : jusqu'à 1000 kg.
Portées : 1 fois par an, 1 (2) p.
Age : 25 à 30 ans.

Grèbe huppé

Podiceps cristatus L.

Le Grèbe huppé est répandu dans presque toute l'Europe excepté le nord. En Scandinavie, il ne vit que dans les régions les plus au sud et ne se rencontre pas non plus en Islande. Ceux des contrées les plus à l'est et les plus au nord de l'Europe sont migrateurs, les autres sont erratiques ou même sédentaires.

Le Grèbe huppé vit sur les lacs ou les grands étangs offrant de vastes zones de roseaux. Il revient aux aires de nidification parfois dès février, parfois aussi en mars ou en avril. Alors se déroule sur l'eau la parade amoureuse du printemps : les partenaires se saluent à plusieurs dizaines de mètres de distance en tendant le cou au ras de la surface. Puis ils nagent l'un vers l'autre en gonflant leurs huppes, font des signes de tête, joignent leurs cous et poussent en même temps un cri. Ils construisent leur nid flottant, haut parfois de 80 centimètres, avec des plantes aquatiques qu'ils remontent du fond de l'eau. La femelle pond de 3 à 6 œufs blancs qui brunissent légèrement par la suite. Les parents se relaient sur la couvée ; la femelle cependant couve plus souvent. Une fois secs, les petits grimpent sur le dos des parents, se cachent sous leurs ailes et se laissent transporter, même s'ils savent eux-mêmes nager et plonger. Les parents nourrissent d'abord les jeunes avec de petits insectes, des mollusques, etc. Les oiseaux adultes se nourrissent surtout de poissons parasites et de larves d'insectes.

Voix : un profond « greuk, greuk » ou bien « guêg, guêg », surtout au moment du rut.

Longueur : 48 cm.
En plumage d'hiver il perd les plumes de sa huppe.

Œuf : 46,5−62,7 × 33,0−39,7 mm.

Au cours des cérémonies nuptiales, les Grèbes collectent toutes sortes de matériaux végétaux au sol.

Grand Cormoran

Phalacrocorax carbo L.

Le Grand Cormoran habite l'Asie, l'Europe et l'Amérique du Nord. En Europe, il abonde sur les côtes, mais vit aussi dans l'intérieur, sur les rivières et les eaux stagnantes. Il est erratique et migrateur. Il niche en colonies, souvent en compagnie de Fous de Bassan, sur des îles rocheuses ; il construit également son nid dans les arbres.

Les colonies peuvent compter plusieurs milliers de couples. A l'intérieur des terres, il s'installe volontiers dans les colonies de Hérons cendrés. Sur les rochers, son nid est peu garni ; sur les arbres, il est tissé de branchettes et de brins d'herbe. Les Grands Cormorans bâtissent souvent de nouveaux nids, en utilisant la base des nids anciens. Les deux partenaires y travaillent arrachant les branchettes grâce à leur bec robuste. La femelle pond d'avril à mai, en général 3 à 5 œufs, que les deux oiseaux couvent alternativement 23 à 29 jours. Les petits n'ouvrent les yeux que 3 jours après l'éclosion. Ils prennent la nourriture dans le gosier de leurs parents. Ils restent dans le nid 35 à 56 jours, puis se rassemblent en bandes et errent avec les adultes.

Les Grands Cormorans pêchent surtout des poissons, mais aussi, à l'occasion, des crustacés, en particulier des crabes, qu'ils attrapent parfois en grandes quantités. Ils s'associent volontiers aux pélicans, qui ne plongent pas, tandis que les Cormorans, eux, chassent en profondeur.

position au cours du séchage des plumes

Voix : de rauques « crâ, cra-a ».

Longueur : 91,5 cm.
Mâle et femelle sont de la même couleur.

Œuf : 56,2−70,8 × 33,8−44,4 mm.

Héron cendré

Ardea cinerea L.

Les aires de nidification du Héron cendré se trouvent dans l'ouest, le centre et l'est de l'Europe, au sud et sur les rivages ouest de la Scandinavie et − par îlots − même en Espagne. Les populations de l'ouest sont sédentaires. Celles du nord et de l'est s'envolent d'octobre à novembre pour hiverner dans les régions méditerranéennes.

Les oiseaux reviennent vers les aires de nidification en mars. Ils choisissent des rivières envahies par la végétation avec des rives boisées, des étangs, des lacs et des marécages, mais aussi des forêts à proximité des eaux. Après leur arrivée commence une curieuse parade amoureuse. Le mâle se tient sur un endroit surélevé, pousse des cris sonores, gonfle les plumes et ouvre le bec pour attirer quelque femelle volant aux alentours. Le couple construit ensuite son nid avec des branchettes, des brindilles, des tiges de roseaux, en général bien haut sur un arbre. D'avril à mai, exceptionnellement fin mars, la femelle pond en général 4 ou 5 œufs, que les deux partenaires couvent alternativement de 25 à 28 jours. Les parents donnent d'abord la becquée aux petits, puis leur déposent la nourriture dans le nid. Au bout de 8 à 9 semaines, les jeunes Hérons sont déjà grands et volent.

Les Hérons cendrés pêchent des poissons, des têtards, des grenouilles, de petits mammifères, des oiseaux, des serpents, des mollusques et des insectes.

Voix : des « gra », « grak » aigus ; dans les moments d'agitation «graïk » et sur le nid quelque chose comme « khraïkh ».

Longueur : 91 cm.
Mâle et femelle sont de la même couleur.

Œuf : 52,4−69,5 × 38,5−49,7 mm.

Cigogne blanche

Ciconia ciconia L.

La Cigogne blanche est l'un des plus connus parmi les oiseaux européens qui s'installent au voisinage de l'homme. Elle est répandue dans le centre, le nord-ouest et le sud-est de l'Europe. On la rencontre aussi en Espagne et dans les régions les plus au sud de la Scandinavie. C'est un oiseau migrateur qui, du début août jusqu'en septembre, entreprend de longs voyages vers le sud-ouest et le sud-est et vole jusqu'en Afrique de l'Est et du Sud.

En mars ou au début avril, la Cigogne reparaît sur les aires de nidification. Son nid est un amas de branches et de brindilles. Les Cigognes reviennent au même nid pendant des années, le consolidant chaque fois. Un nid « neuf » est bâti en 8 jours. En avril et mai, la Cigogne pond en général 4 ou 5 œufs que les deux partenaires couvent alternativement. Pendant la nuit la femelle couve seule. Les petits éclosent en général au bout de 30 à 34 jours. Les parents leur déposent la nourriture dans le nid. Les petits commencent à voler au bout de 54 à 63 jours.

Les Cigognes sont exclusivement carnivores. Elles chassent dans l'eau des bas-fonds, dans les prairies et les champs, le plus souvent de petits rongeurs, mais aussi des grenouilles, des hérissons, de petits poissons, etc.

La Cigogne noire *(Ciconia nigra)* est une proche parente de la Cigogne blanche. Elle vit dans les forêts humides de feuillus et les forêts mixtes du nord-est, de l'est et du centre de l'Europe, plus rarement aussi en Espagne. Elle préfère la plaine, mais on la trouve aussi en montagne, à proximité d'étangs, de petites rivières et de ruisseaux.

Cigogne noire

Voyages vers les lieux d'hivernage de la Cigogne blanche.

Ciconia ciconia :
Voix : claquements de bec
Les petits émettent des sons miaulants.
Longueur : 102 cm.
Mâle et femelle sont de la même couleur.
Œuf : 65,0−81,5 × 46,0−57,0 mm.

Ciconia nigra :
Voix : elle émet des sifflements comme un « fuo ».
Longueur : 96 cm.
Mâle et femelle sont de la même couleur. Les jeunes ont les pattes et le bec gris-vert.
Œuf : 60,0−74,3 × 44,0−54,7 mm.

Oie cendrée

Anser anser L.

Le domaine de cette grande Oie comprend l'Ecosse, l'Islande, les rivages de la Scandinavie et une partie de l'Europe centrale et sud-orientale. Les Oies cendrées d'Ecosse sont sédentaires. Les populations du nord et du centre de l'Europe hivernent dans l'ouest de l'Europe et en Méditerranée. Les individus migrateurs quittent leur demeure en septembre et octobre et y reviennent le plus souvent en mars. Pour nidifier, les Oies cherchent de grandes étendues d'eaux stagnantes, lacs et étangs.

Les couples d'Oies restent stables toute leur vie. Sitôt leur retour, ils s'approprient en général le même lieu pour établir leur nid, que la femelle construit seule avec les matériaux qu'elle trouve dans le voisinage immédiat. Les bords du nid sont abondamment garnis de duvet. L'Oie pond de 4 à 9 œufs et les couve de 27 à 30 jours. Pendant ce temps le jars reste au voisinage du nid et surveille attentivement les alentours. Les parents s'occupent tous les deux des oisons. Le jars surveille sa famille et en cas de danger — par exemple la menace d'un oiseau de proie — il fait courageusement face à l'attaquant. A l'âge de 57 jours, les oisons sont capables de voler, mais restent encore près des parents et les différentes familles se groupent en une grande bande.

La nourriture de l'Oie cendrée se compose surtout de verdure et de graines très diverses.

L'Oie des moissons *(Anser fabalis)* est un peu plus petite que l'Oie cendrée. Son plumage est plus foncé, notamment aux ailes, à la tête et au cou. Le bec est nettement bicolore.

Anser anser :
Voix : les « gagagag » bien connus.
Longueur : ♂ 82,5 cm, ♀ 70,5 cm.
Mâle et femelle sont de la même couleur.
Œuf : 74,0−99,0 × 51,4−62,0 mm.

Anser fabalis :
Voix : des sons comme « anng-anng », « caïah » ou « caïaïac ».
Longueur : 71−89 cm.
Mâle et femelle sont de la même couleur.
Œuf: 74,0−91,0 × 42,0−59,0 mm.

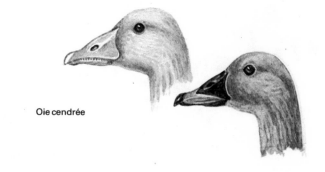

Oie cendrée

Oie des moissons

Canard colvert
Anas platyrhynchos L.

Les Canards colverts comptent parmi les plus nombreuses et les plus répandues des espèces de canards. Ils nichent dans toute l'Europe où ils sont sédentaires, erratiques, ou même migrateurs pour ceux du Grand Nord qui hivernent dans le centre et l'ouest de l'Europe, ou bien dans le bassin méditerranéen.

Les Canards colverts reviennent aux aires de nidification par couples, vers la fin février ou en mars. Ils habitent les eaux stagnantes, parfois aussi les rivières, et cela même dans les villes. Au printemps a lieu la parade nuptiale : les deux partenaires nagent l'un autour de l'autre, le mâle penche le bec et gonfle ses plumes, agite la queue, hoche la tête, plonge le bec dans l'eau, etc. La femelle construit le nid seule. Il est en général placé à terre, parfois loin de l'eau, parfois aussi sur des arbres. Il est rembourré de feuilles, d'herbes sèches, de brindilles, avec une épaisse garniture de duvet. La femelle pond de 9 à 13 œufs qu'elle couve elle-même pendant 22 à 26 jours. Quand les petits sont séchés, elle les conduit à l'eau.

Les Canards colverts cherchent leur nourriture surtout au crépuscule. Ils se nourrissent de graines, de bourgeons et d'herbes, mais aussi pêchent des insectes, des vers, etc.

♂

♀

Voix : le mâle émet des « firhb » sifflants ou bien des « reb, reb » ; la femelle des « coin-coin » caquetants.

Longueur : ♂ 57 cm, ♀ 49 cm.
Dimorphisme très visible. En habit simple, le mâle est semblable à la femelle.

Œuf : 50,0—65,0 × 37,0—45,8 mm.

Aigle royal

Aquila chrysaetos L.

Les endroits rocheux des montagnes d'Ecosse, de
Scandinavie, d'Espagne, des Alpes, des Carpates et de
certaines autres régions de l'Europe sont habités par
un puissant oiseau de proie, l'Aigle royal. L'adulte est
généralement sédentaire ; seuls les individus jeunes
vont errer à l'automne et se manifestent souvent dans
les plaines, voire au voisinage des grandes villes.

Vers la fin de mars ou en avril, l'Aigle royal
construit son aire sur une paroi rocheuse inaccessible,
parfois sur un arbre, et il la garde ensuite durant
plusieurs années. Mais sur son territoire, auquel il
reste fidèle, il installe souvent plusieurs aires, qu'il
habite parfois alternativement. La femelle pond
d'ordinaire 2 œufs qu'elle couve pendant 44 à 45
jours. Le mâle la remplace de temps en temps pour lui
permettre de se détendre un peu. Il apporte la
nourriture aux petits, la remettant au début à la
femelle puis, quelques jours plus tard, lorsque ceux-ci
ont déjà grandi, les nourrissant directement. Après 71
à 81 jours, les aiglons prennent leur envol pour la
première fois, mais restent encore un certain temps
avec leurs parents. Une fois devenus indépendants, ils
quittent définitivement l'aire familiale pour s'établir
souvent à de grandes distances.

L'Aigle royal chasse marmottes, lièvres et petits
rapaces. A l'occasion, il réussit à capturer un jeune
chamois, un agneau ou un chevreau. Les aiglons se
nourrissent d'amphibiens, de reptiles, de gros insectes. L'Aigle royal peut atteindre 90 ans.

Voix : un « hiiéé » sifflant ou « yéhyé », « yick yick » ou
encore « kéckékéck ».

Longueur : 82 cm.

Envergure : 188 à 199 cm.
La femelle est plus grande.
Mâle et femelle sont de la même couleur.

Œuf : 70,1−88,9 × 51,0−66,0 mm.

Buse variable
Buteo buteo (L.)

Souvent, vers la fin de février déjà, on peut observer un grand oiseau de proie tournoyant au-dessus de la forêt, se précipitant à terre, rasant les arbres et remontant de nouveau vers le ciel. C'est la Buse variable, un des Rapaces les plus répandus dans toute l'Europe. Elle affectionne les bois de tout genre, tant en plaine qu'en montagne, marquant cependant une préférence pour les endroits où la forêt alterne avec les prairies et les champs. Elle reste sur son territoire pendant toute l'année ou erre dans un assez large rayon après la nidification. Cependant, bon nombre de ces oiseaux, qui habitent le nord de l'Europe, émigrent vers le sud-ouest en hiver.

En avril, la Buse variable construit un nid qu'elle installe sur un grand arbre. Elle emploie comme matériaux des branches, et rembourre l'intérieur avec des feuilles, des mousses, des poils, etc., retouchant constamment les bords avec des brindilles, même pendant la couvaison. Les deux partenaires couvent de 2 à 4 œufs alternativement, pendant 28 à 31 jours ; la femelle reste cependant plus fréquemment au nid. Au début, elle élève les petits toute seule, leur distribuant la proie apportée par le mâle, qui ne commencera à les nourrir directement que plus tard. Les petits quittent le nid au bout de 41 à 49 jours et leurs parents continuent à les nourrir pendant 4 semaines environ.

La Buse variable se nourrit essentiellement de rats et d'autres rongeurs.

Voix : un « hiêh » sifflé prolongé.

Longueur : 53 cm.
Envergure : 117 à 137 cm
Mâle et femelle sont de la même couleur.

Œuf : 49,8−63,8 × 39,1−49,0 mm.

Faucon crécerelle

Falco tinnunculus L.

Comme suspendu au-dessus de la plaine, un petit rapace voltige haut dans le ciel : c'est le Faucon crécerelle. De ses yeux perçants, il observe le sol, épiant sa proie. Dès qu'un campagnol imprudent quitte ses couloirs souterrains, le Faucon crécerelle se laisse tomber sur lui et enfonce ses serres acérées dans le corps de sa victime. Ses proies sont non seulement les souris, mais également d'autres rongeurs ; il se nourrit en outre de sauterelles et de divers insectes et appartient de la sorte aux oiseaux les plus utiles.

Fin avril ou début mai, il construit son nid sur une corniche rocheuse, dans un vieux nid de corneilles, un trou d'arbre ou un nichoir. La femelle pond cinq à sept œufs, qu'elle couve seule de 28 à 30 jours. Les jeunes, qui naissent recouverts d'un épais duvet, sont nourris durant les premiers jours par le mâle, ensuite par les deux parents. Ils quittent le nid à l'âge d'un mois environ et restent auprès de leurs parents jusqu'à l'automne. En hiver, les Faucons crécerelles d'Europe du Nord et du Nord-Est migrent vers l'Europe méridionale et l'Afrique du Nord. Les populations du reste de l'Europe sont sédentaires ou erratiques. L'espèce vit également en Asie et en Afrique.

♂

Voix : un « kli-kli-kli », clair, au nid également des « vrî-vrî-vrî ».

Longueur : ♂ 32 cm, ♀ 35 cm.
Envergure : 68–74 cm.
Le mâle a le sommet de la tête gris-bleu, les jeunes ressemblent à la femelle.

Œuf : 31,9–47,2 × 22,1–36,3 mm.

En chasse, le Faucon crécerelle reste suspendu au même endroit dans une attitude typique.

♀

Faisan de Colchide

Phasianus colchicus L.

♂

Le Faisan de Colchide fut introduit en Europe dès le Moyen Age. Rapidement acclimaté dans bon nombre de régions, il constitue actuellement un gibier à plume très apprécié ; la chasse au faisan, en automne, est une des plus en vogue. Plus tard, on introduisit en Europe d'autres espèces de Faisans encore, certaines de Chine, et qui se sont croisées pour constituer le Faisan de chasse. Le Faisan affectionne surtout les bois de feuillus, les bosquets au milieu des champs, les broussailles le long des cours d'eau et autour des étangs, ainsi que les grands parcs, etc. Il abonde surtout dans les plaines, mais on le retrouve assez couramment dans les pays accidentés. Il ne quitte pas son territoire de toute l'année. Pendant la saison du rut, de mars à avril, le coq lance son cocorico caractéristique, tout en redressant le corps et en battant rapidement de ses ailes qu'il déploie en éventail. Ensuite, il tourne par petits bonds autour de la femelle. Parfois les mâles s'affrontent en duel. Après la période des amours, le coq cesse de s'occuper de la femelle et de sa famille. Celle-ci creuse une petite fosse dans le sol, la rembourre au moyen de feuilles, d'herbes, etc., et y pond de 8 à 15 œufs qu'elle couve seule durant 24 à 25 jours. Souvent, on peut la caresser sans qu'elle ne s'envole. Deux semaines après l'éclosion les poussins commencent à voleter et à se percher. Le Faisan se nourrit de graines, de baies, de verdure, d'insectes, de vers, de mollusques.

En hiver, dans les régions où les Faisans font leur apparition en nombre plutôt important, on doit les nourrir. De nombreux pays ont procédé à l'établissement de grandes réserves pour faisans où ceux-ci retrouvent plus ou moins leur vie libre.

♀

Voix : au moment de la pariade, le mâle lance un « co-cock ».

Longueur : ♂ 79 cm, ♀ 60 cm.
Dimorphisme apparent.

Œuf : 39,0–51,1 × 32,4–37,6 mm.

Perdrix grise
Perdix perdix (L.)

La Perdrix grise est dans beaucoup de pays d'Europe
un des principaux gibiers. On capture même la Perdrix
vivante pour l'exporter. Son aire de dispersion couvre
toute l'Europe et la Perdrix grise y est sédentaire,
hivernant en petites bandes, parfois en familles. Dès la
première neige abondante, elle dépend entièrement
de l'homme, car même en hiver, elle reste dans les
champs et les prairies. On peut la protéger en plaçant
en certains endroits des tas de branchages de conifères, près desquels on lui apporte également la nourriture.

Dès le début du printemps, les jeunes Perdrix
constituent de nouveaux couples ; les deux partenaires restent ensuite attachés l'un à l'autre pendant
toute leur vie. En mai—juin, la femelle creuse une
coupe profonde dans la terre, souvent entre quelques
touffes d'herbe ou dans un terrain broussailleux. Ce
nid est garni d'herbes et de feuilles. La femelle y pond
de huit à vingt-quatre œufs qu'elle couve seule de 23
à 25 jours, pendant que le mâle monte la garde
à proximité. Les parents s'occupent de leurs petits qui
se nourrissent d'eux-mêmes dès les premières heures
de leur vie. Si un « malheur » survient à la femelle, le
mâle s'occupe seul de sa progéniture.

Les jeunes se nourrissent principalement d'insectes
et de feuilles vertes. L'adulte se nourrit de graines,
d'insectes, de vers, d'araignées, de petits mollusques,
et même de pousses vertes.

La Caille des blés *(Coturnix coturnix)* est la seule
espèce migratrice parmi les Gallinacés d'Europe. Les
populations d'Europe méridionale et d'Afrique sont
sédentaires.

Perdix perdix :
Voix : « kirr ick kirr ick » (on dit que la Perdrix
cacabe).
Longueur : 29 cm.
Dimorphisme sexuel.
Œuf : 31,6—40,4 × 24,1—29,4 mm.

Coturnix coturnix :
Voix : un « pic pic pic » énergique et puissant
que l'on entend de mai à juillet.
Longueur : 17,5 cm.
Dimorphisme sexuel.
Œuf : 25,0—33,9 × 20,0—25,0 mm.

Perdrix grise

Caille des blés

Caille des blés

Grand Tétras

Tetrao urogallus L.

Dans les bois, surtout de conifères avec un sous-bois épais, dans les montagnes, les collines et les plaines, vit le plus grand des Gallinacés européens, le Grand Tétras ou Grand Coq de bruyère. On le rencontre en Ecosse, dans les Pyrénées, en Europe septentrionale et centrale. Il se tient sur son territoire pendant toute l'année.

En dehors de la période des amours, c'est un oiseau très farouche. Par contre, on peut le surprendre à la période de la parade nuptiale où il se comporte d'une manière originale, bien connue des chasseurs. Son chant, qui le rend « sourd » et « aveugle » pendant quelques secondes, se fait entendre dans l'obscurité, dès avant le lever du soleil. Dès que le jour commence à poindre, le coq saute à terre et il engage souvent le combat avec son rival. Pendant ce temps, les femelles attendent, perchées sur des branches, pour suivre ensuite le vainqueur. Au sol, au milieu des racines, au pied d'un tronc d'arbre, etc., la femelle fait un petit creux qu'elle tapisse d'herbes, de feuilles, et y pond de 5 à 8 œufs qu'elle couve seule pendant 26 à 29 jours. Elle prend soin également des poussins qui se nourrissent seuls ; elle les conduit, les cache sous ses ailes et les protège. Ils présentent une couleur jaune-roux avec des taches sombres. A l'âge de 10 jours, ils commencent déjà à voleter et à se percher sur les branches d'arbre à côté de leur mère.

La nourriture du Grand Tétras se compose principalement d'insectes, de baies, de bourgeons.

Voix : le mâle chante quatre notes, la femelle répond par « back back » ou « gueck gueck ».

Longueur : ♂ 94 cm, ♀ 67 cm.
Poids : ♂ 5 à 6 kg, ♀ 2,5 à 3 kg.
Dimorphisme apparent.

Œuf : 50,8−62,2 × 39,0−43,5 mm.

Tétras lyre

Lyrurus tetrix (L.)

Le Tétras lyre habite l'Europe septentrionale, orientale et centrale, et l'Angleterre. Les populations sont les plus nombreuses dans la toundra boréale. Il affectionne les prairies et les champs au voisinage d'un bois ou d'une clairière où, sur un terrain dégagé, il accomplit sa parade amoureuse. Très tôt le matin, avant le point du jour, une centaine de coqs se rassemblent pour la parade nuptiale. Ils lèvent les pattes, abaissent les ailes, sursautent et gazouillent leur chant d'amour. Les rivaux se dressent face à face, sautent l'un sur l'autre en se donnant des coups de bec, mais sans se blesser gravement. Au point du jour, les poules apparaissent à leur tour à l'endroit du rendez-vous.

A partir de la mi-mai et jusqu'en juin, les poules creusent chacune un creux dans le sol, le tapissent légèrement de feuilles ou d'herbes et y pondent de 7 à 12 œufs. Ensuite, elles les couvent seules pendant 25 à 28 jours, alors que le coq ne manifeste plus aucun intérêt pour le sort de ses familles. Après l'éclosion, la poule conduit les poussins en quête de quelque nourriture et les protège. Les poussins, tachetés de jaune et de noir, grandissent rapidement et deviennent adultes dès la fin octobre.

La nourriture du Tétras lyre se compose d'insectes, de vers, de mollusques, de graines, de baies, de pousses, d'herbe, etc. C'est un oiseau estimé des chasseurs dans les pays où il n'est pas protégé. Il y a des pays où sa protection est totale.

Voix : mâle un « kokrokraïv » ; la femelle, en prenant son vol, pousse un « gaggag » sonore.

Longueur : ♂ 61,5 cm, ♀ 42 cm.

Poids : ♂ 1,5 kg, ♀ jusqu'à 1 kg.
Dimorphisme apparent.

Œuf : 46,0—56,3 × 33,4—38,5 mm.

Grue

Grus grus (L.)

La grande Grue cendrée ne se rencontre plus de nos jours que dans le nord et le nord-est de l'Europe et la partie nord de l'Europe centrale. Les Grues émigrent jusqu'au Soudan et en Ethiopie, mais certaines hivernent en Méditerranée. Elles quittent leur patrie en septembre ou octobre et reviennent à partir de la mi-mars jusqu'en avril. Les Grues habitent les régions marécageuses, les lacs, les vastes prairies proches des lacs ou de grands étangs.

La parade amoureuse des Grues est bruyante et remarquable. Les oiseaux émettent des sons toni-truants, font des bonds en hauteur, ailes déployées, sautent sur un pied, courent en cercle et donnent l'impression de danser. Le couple fait son nid sur de petits îlots, ou sur un vieux pied de roseau touffu, avec des tiges de roseaux et des brindilles. Dans les endroits secs, le nid est bas ; dans les endroits humides, il est haut et large. La femelle pond en avril ou en mai, en général 2 œufs qu'elle couve alternativement avec le mâle de 28 à 31 jours. Dès l'éclosion, les petits courent aux alentours et peuvent même nager. Même lorsqu'ils sont devenus indépendants, la famille reste ensemble et se réunit ensuite avec d'autres pour former une bande.

Les Grues se nourrissent de grains de céréales, de verdure, d'insectes, de mollusques, etc., et attrapent parfois de petits vertébrés.

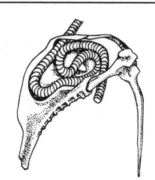

Les méandres de la trachée, qui s'enroulent fortement autour du sternum, servent d'amplificateur sonore.

Voix : des sons tonitruants et, au voisinage du nid, une sorte de « grrrk grkk ».

Longueur : ♂ 122 cm, ♀ 112 cm.
Mâle et femelle sont de la même couleur.

Envergure : 220 cm.

Œuf : 85,0 – 109,0 × 56,0 – 67,0 mm.

Foulque noire

Fulica atra L.

La Foulque noire est l'espèce la plus nombreuse parmi les râles. Elle vit dans toute l'Europe excepté le Grand Nord. Celles de l'est et du nord de l'Europe s'envolent d'octobre à novembre vers le sud-ouest, celles des autres parties de l'Europe sont sédentaires ou erratiques. En hiver elles restent sur les lacs et les rivières qui ne gèlent pas, souvent par vols immenses.

La Foulque noire revient aux aires de nidification en mars. Les couples s'approprient un domaine et commencent à construire leur nid dans les roseaux, les joncs, etc. Le nid est placé sur l'eau ; il est souvent flottant et relié à la terre par un pont de longues feuilles de roseaux, cannes, etc. Le nid est fait de morceaux de tiges et de feuilles et les oiseaux construisent parfois au-dessus une sorte de petit toit de tiges brisées. La femelle pond habituellement de 6 à 9 œufs qu'elle couve alternativement avec le mâle 21 ou 22 jours. Les deux parents portent les petits sur leurs dos. Ces derniers sont noirs avec une tête rouge orangé et la pointe des plumes jaune. Les parents leur apportent la nourriture dans leur bec.

La Foulque noire se nourrit surtout de verdure, à l'automne, de graines. A l'époque des nids, elle mange des insectes et autres petits invertébrés.

Voix : appels clairs « koou », ou brefs « pix » aigus.

Longueur : 38 cm.
Mâle et femelle sont de la même couleur.

Œuf: 40,0 – 61,0 × 31,2 – 40,6 mm.

Vanneau huppé

Vanellus vanellus L.

Le Vanneau huppé, l'un des plus nombreux parmi les échassiers, est répandu dans presque toute l'Europe et nidifie partout excepté en Italie et au Portugal. Il quitte sa demeure entre août et octobre pour l'Europe du Sud et l'Afrique du Nord. Les populations du sud et de l'ouest européens sont sédentaires.

Les Vanneaux reviennent à leurs aires de nidification dès la fin février, ou plus fréquemment en mars. Ils s'installent dans les prairies humides et les champs à proximité d'étangs, lacs ou rivières. Au printemps ils exécutent une parade nuptiale aérienne. Ils volent très adroitement. La parade a lieu souvent aussi à terre où les deux partenaires tournent l'un autour de l'autre. Dès la fin mars ou en avril, parfois en mai, le couple construit son nid dans un petit creux — dans une prairie ou dans un champ. Ce nid est sobrement garni de feuilles, de tiges d'herbes ou de menues brindilles. Comme tous les échassiers, la femelle du Vanneau pond habituellement 4 œufs, qu'elle couve alternativement avec le mâle de 24 à 28 jours. Les petits sont tachetés. Ils restent dans le nid un ou deux jours et courent ensuite aux alentours. Ils commencent à voler au bout de 5 semaines et se rassemblent ensuite en grande bande pour se préparer à la migration.

Les Vanneaux se nourrissent d'insectes et de leurs larves, d'araignées, de mollusques et de verdure.

Voix : des « kirh-ouit » très sonores ; pendant la période de la pariade « karrrkoui qui qui knoui ».

Longueur : 32 cm.
Mâle et femelle sont de la même couleur.

Œuf : 37,8−60,4 × 27,8−36,1 mm.

Mouette rieuse

Larus ridibundus L.

La Mouette rieuse est l'un des oiseaux les plus nombreux en Europe. Elle nidifie dans le centre, l'est et l'ouest de l'Europe, en Scandinavie et sur les côtes de l'Islande. Les populations du nord et de l'est s'envolent en juillet−août tandis que les Mouettes des autres parties de l'Europe en partie sont sédentaires et en partie migrent dans le bassin méditerranéen. En hiver, les Mouettes cherchent les lacs et les rivières qui ne gèlent pas et restent souvent en bandes nombreuses même dans les grandes villes.

Elles reviennent par vols nombreux à leurs aires de nidification en mars-avril, déjà par couples. Même à l'époque des nids, elles forment de nombreuses colonies. Les deux partenaires bâtissent leur nid sur la terre sèche des îlots, ou bien installent un nid flottant à la surface de l'eau. A terre, le nid est peu garni tandis que sur l'eau, il est parfois très haut, fait de morceaux de roseaux, de cannes, etc. La femelle pond ordinairement 5 œufs de couleurs différentes. Les deux partenaires les couvent alternativement de 20 à 23 jours. Les petits, qui sont tachetés, restent quelques jours dans le nid. C'est surtout le mâle qui leur apporte la nourriture, mais parfois il la remet à la femelle qui nourrit alors elle-même les petits.

Les Mouettes rieuses se nourrissent d'insectes, de larves, de mollusques et autres invertébrés, ainsi que de petits vertébrés (petits poissons, grenouilles).

Voix : des « kirra » répétés, ou bien de brefs « kr kr kr ».

Longueur : 37 cm.
Mâle et femelle sont de la même couleur ; en plumage d'hiver ils ont la tête blanche.

Œuf : 43,0−66,0 × 31,3−42,1 mm.

Mouette rieuse jeune

1

2

Tourterelle des bois

Streptopelia turtur L.

L'aire d'expansion de la Tourterelle des bois couvre toute l'Europe, à l'exception de la Scandinavie. Elle se rencontre dans les forêts, dans les bocages au milieu des champs, sur les rives boisées des rivières, etc.

Pendant le vol nuptial, le mâle s'élève haut dans le ciel pour redescendre ensuite en vol plané, la queue étendue en éventail. Les deux partenaires construisent un nid très simple avec des petits bâtons et des brindilles qu'ils disposent sans ordre les uns sur les autres. Ils l'installent d'habitude à une hauteur de 1 à 5 mètres au-dessus du sol, dans les buissons ou sur un arbre. La ponte est de 2 œufs que le mâle et la femelle couvent alternativement pendant 14 à 16 jours. Ils se partagent également le soin d'élever les petits, qu'ils nourrissent d'abord avec une matière pâteuse formée dans leur jabot, puis avec des semences et des graines prédigérées. Les petits quittent le nid au bout de 14 à 16 jours, mais se laissent encore nourrir pendant un certain temps. Ceux-ci indépendants, les parents nichent une deuxième fois en juin ou en juillet.

Les Tourterelles des bois émigrent vers le sud en août—septembre.

Une proche parente de la Tourterelle des bois est la Tourterelle turque *(Streptopelia decaocto)* qui occupe actuellement l'Europe entière. Elle s'est établie partout dans le voisinage immédiat de l'homme. Dans les grandes villes, ses lieux favoris sont les parcs, les jardins, les cimetières et les allées, mais pour nicher, elle se contente éventuellement d'un arbre isolé.

1

2

1 – *Streptopelia turtur* :
Voix : un long « tourr, tourr-tourr ».
Longueur : 27 cm.
Mâle et femelle sont de la même couleur.
Œuf : 27,0—34,6 × 20,0—24,6 mm.
Les œufs sont d'un blanc pur.

2 – *Streptopelia decaocto* :
Voix : un « doû-doû » caractéristique ; en vol une sorte de « vêê ».
Longueur : 28 cm.
Passe l'hiver en bandes.
Œuf : 27,5—33,8 × 21,8—25,0 mm.
Les œufs sont d'un blanc pur.

Les deux espèces se différencient par le dessin de la queue.

Coucou gris

Cuculus canorus L.

Dès la mi-avril, bien souvent, retentit le chant typique du Coucou. C'est l'appel du mâle qui revient des pays lointains, d'Afrique tropicale ou méridionale. La femelle le rejoint 7 à 10 jours plus tard, mais son cri est différent, ressemblant plutôt à l'appel du Pic vert. Après avoir choisi son aire de nidification, le Coucou peut y revenir des années de suite. On le rencontre dans les bois, dans les bosquets au milieu des champs, dans les grands parcs et dans les cimetières boisés. La femelle volette sur son territoire à la recherche des nids des petits oiseaux chanteurs. Lorsqu'elle en découvre un lui convenant, elle détruit l'un des œufs se trouvant à l'intérieur en le jetant, et le remplace par le sien, d'ordinaire de la même couleur que celui de son hôte. De mai à juillet, une femelle pond ainsi de 15 à 20 œufs, qu'elle dépose dans autant de nids différents. Le jeune Coucou éclôt le douzième jour de l'incubation et jette hors du nid tous les œufs qui s'y trouvent, ainsi que les petits de ses hôtes. Le jeune Coucou a la peau nue, sans duvet ni plumes, avec sur le dos des cellules très sensibles réagissant, pendant les quatre premiers jours, à tout corps étranger dans le nid : œufs ou petits de ses parents nourriciers. Ceux-ci le nourrissent ensuite d'insectes et de larves.

Le Coucou émigre au cours de la période allant de fin juillet à début septembre.

Voix : le mâle lance un « coucou » ou un « coucoucouc », la femelle un « kwickwickwic » et les petits un « dzissdzissdziss ».

Longueur : 33 cm.
Mâle et femelle sont de la même couleur.

Œuf : 19,7 – 26,4 × 14,7 – 18,8 mm.
Son aspect peut varier.

Le jeune Coucou jette les œufs de ses parents nourriciers par-dessus le bord du nid.

Hibou moyen-duc
Asio otus L.

Le Hibou moyen-duc, qui est un oiseau très répandu, habite toute l'Europe à l'exception du Grand Nord. On le trouve surtout dans les petits bois de résineux ou les bois mixtes, dans les bocages au milieu des champs et dans les grands parcs. Il est sédentaire, mais certains sujets, surtout dans les régions du Nord, émigrent en hiver par troupes entières en direction du sud-ouest ; ils occupent alors des territoires abondant en rongeurs.

Vers la fin mars ou en avril, il recherche les nids abandonnés de corbeaux, corneilles, rapaces, geais ou écureuils, pour s'y installer après les avoir légèrement remis en état. La femelle pond de 4 à 6 œufs qu'elle couve seule durant 27 à 28 jours. Elle commence à incuber dès le premier œuf pondu, si bien que les petits éclosent progressivement. Le mâle lui apporte de la nourriture et, après l'éclosion, il nourrit toute la famille en remettant sa proie à la femelle qui se charge de la distribuer aux petits.

Le Hibou moyen-duc chasse à la tombée de la nuit. Pendant le jour, il se cache dans les branches touffues des sapins, pins sylvestres, etc., où il se tient immobile et « imite » un segment de branche : seul un ornithologue expérimenté peut le distinguer. Outre les rongeurs, il chasse encore les petits oiseaux et, pendant le nourrissage des petits, dévore aussi quantité d'insectes, comme par exemple les hannetons. Les jeunes quittent le nid au bout de 21 à 26 jours.

Voix : à la période des amours, un « hou hou hou » audible au loin, ainsi que des bruits presque sifflants il met en garde par un « wupp, wupp ».

Longueur : 34 cm.

Envergure : 85 à 90 cm.
Mâle et femelle sont de la même couleur.

Œuf : 35,0−44,7 × 28,0−34,5 mm blanc pur
L'œuf est parfaitement blanc.

Hibou grand-duc
Bubo bubo (L.)

Le Hibou grand-duc, le plus grand des Hiboux européens, est répandu dans toute l'Europe, en dehors de la partie occidentale. En certains lieux il est assez abondant et, surtout ces dernières années depuis qu'il jouit d'une protection absolue, son nombre a sensiblement augmenté dans certaines régions. Sédentaire ou erratique, il se rencontre aussi bien dans les plaines que dans les montagnes.

Déjà vers la fin de mars ou en avril, il construit un nid simple, souvent non garni ou ne renfermant que des restes de poils ou de plumes arrachés à sa proie ; il l'installe sur une corniche rocheuse, sur la muraille d'un vieux château ou à même le sol, voire, dans les régions du Nord, dans un trou d'arbre à faible hauteur. La femelle pond de 2 à 4 œufs, qu'elle couve seule durant 32 à 37 jours, tandis que le mâle lui apporte de la nourriture qu'il lui remet à proximité du nid. Une fois éclos, les petits jouissent de soins particuliers de la mère qui les protège contre la pluie ainsi que contre les rayons du soleil brûlant. Un mois, voire deux mois après, les jeunes quittent le nid, mais se tiennent à proximité. A l'âge de 3 mois, ils savent déjà parfaitement voler. Le territoire du Hibou grand-duc est très vaste ; il s'étend jusqu'à 15 kilomètres du nid.

Le Hibou grand-duc chasse des vertébrés, dont certains peuvent atteindre la taille d'un jeune renard, mais il se nourrit également d'insectes. Actif la nuit, il vole silencieusement, assez près du sol.

Voix : un « bouhou » ou
« ouhouhou-ou-ouhouhouhouhou » audible au loin,
ainsi que des bruits de toute sorte.

Longueur : 67 cm.

Envergure : 160 à 166 cm.
Mâle et femelle sont de la même couleur.

Œuf : 51,2−73,0 × 42,0−53,7 mm.

Martin-pêcheur
Alcedo atthis L.

Le Martin-pêcheur est l'un des oiseaux les plus joliment colorés. Il habite toute l'Europe excepté le Grand Nord. En Scandinavie on ne le trouve que dans les régions les plus au sud. Il ne quitte pas sa patrie en hiver, mais vagabonde pour trouver des eaux libres qui ne gèlent pas, en général des eaux courantes. Quelques individus des régions nordiques peuvent dans ce but parcourir plusieurs centaines de kilomètres.

A la saison des nids, il habite les eaux stagnantes ou courantes de toutes sortes pourvu qu'il trouve tout près une paroi abrupte dans laquelle il creuse un boyau. La longueur de celui-ci varie de 40 à 100 centimètres et à son extrémité se trouve la cavité du nid, de 7 à 10 centimètres de haut et de 10 à 13 centimètres de large. Les oiseaux creusent avec leur bec et rejettent les matériaux avec leurs pattes. La cavité du nid n'est pas garnie. La femelle pond en avril—mai, une deuxième fois en juin—juillet 6 ou 7 œufs et couve sitôt le premier œuf pondu. Les petits éclosent au bout de 18 à 21 jours. Le mâle apporte la nourriture à la couveuse, mais aussi la remplace. Les parents nourrissent tous deux les jeunes au nid, de 23 à 27 jours. Ils leur apportent même encore la nourriture pendant quelques jours après qu'ils l'ont quitté. Ensuite, les jeunes Martins-pêcheurs se dispersent aux alentours.

La nourriture des Martins-pêcheurs se compose de petits poissons, mais aussi de petits crustacés et insectes aquatiques.

Voix : au cours du vol des « tiềrht » prolongés ou de brefs « tit tit tit ».

Longueur : 16,5 cm.
Mâle et femelle sont de la même couleur.

Œuf : 20,3—24,8 × 16,7—20,0 mm.

Les œufs sont d'un blanc pur.

Huppe ordinaire

Upupa epops L.

La Huppe ordinaire est répandue dans presque toute l'Europe excepté le nord-est de la Scandinavie et les îles Britanniques. Elle ne nidifie pas non plus au Danemark et en Islande, mais visite l'Angleterre et le nord de la Finlande. Les populations d'Europe quittent leur habitat en septembre pour hiverner en Afrique tropicale.

Les Huppes reviennent à leur nid en avril. Elles habitent les paysages découverts avec des prairies, au voisinage des eaux, étangs et lacs, mais on les rencontre aussi dans les forêts clairsemées d'arbres feuillus. A l'époque des nids elles sont très craintives. La femelle pond en mai—juin, parfois en juillet, dans des cavités ou amas de pierres 6 ou 7 œufs qu'elle couve seule de 16 à 20 jours. Le mâle lui apporte la nourriture. Les parents nourrissent les petits dans le nid de 24 à 27 jours. Ils leur partagent la nourriture, les petits se présentant en ordre l'un après l'autre à l'ouverture du nid : celui qui a reçu sa part se replace en arrière, au bout de la queue. Lorsque les petits ont quitté le nid, les parents les nourrissent encore pendant un temps assez court.

La Huppe se nourrit surtout d'insectes et de leurs larves, qu'elle recherche en picorant de son long bec dans les sols meubles et dans les bouses de vache sur les pâturages.

Voix : des « houpoupou » typiques ; dans les moments d'effroi « ouièh ouièh ».

Longueur : 28 cm.
Mâle et femelle sont de la même couleur.

Œuf : 23,1—30,3 × 16,3—19,8 mm.

Pic épeiche
Dendrocopos major (L.)

L'un des Pics les plus communs chez nous, le Pic épeiche, habite toute l'Europe, en dehors de l'Irlande et des régions du Grand Nord. Il est presque partout sédentaire, mais parfois aussi erratique après la période de nidification. Ses congénères du nord de l'Europe émigrent certaines années par bandes entières vers le sud ; nous ne connaissons pas encore suffisamment les raisons pour lesquelles ces oiseaux entreprennent d'aussi longs voyages. Le Pic épeiche se plaît dans tous les bois, mais on le rencontre très souvent aussi dans les parcs.

Au printemps, les deux partenaires, le mâle surtout, creusent une cavité de 30 centimètres de profondeur environ dans un arbre feuillu ou un conifère, qui leur sert souvent de refuge pendant plusieurs années. La femelle pond de 5 à 6 œufs, que les deux parents couvent à tour de rôle durant 12 à 13 jours. Ils nourrissent leurs petits directement au bec et doivent donc revenir de la chasse au nid beaucoup plus fréquemment que le Pic vert ou le Pic noir. Après leur éclosion, les petits sont nourris environ 40 fois par jour et, 10 jours plus tard, jusqu'à 150 fois. Les parents sont donc contraints de chercher leur proie dans le plus proche voisinage, jusqu'à environ 200 mètres ; ils apportent surtout des insectes et des larves. Les jeunes quittent la cavité au bout de 21 à 23 jours, sans pour autant s'en éloigner.

Outre les insectes, l'oiseau adulte se nourrit de différentes graines et de noyaux. Le Pic épeiche n'est pas un oiseau farouche.

a ♂   b ♂   c ♂

Pic à dos blanc
(Dendrocopos leucotos)

Pic épeichette
(Dendrocopos minor)

Pic mar
(Dendrocopos medius)

Voix : un « kik » sonore ou un « guiguiguiguig ». Au printemps, il tambourine du bec sur les troncs ou les branches.

Longueur : 23 cm.
Le mâle se distingue par un trait rouge sur la nuque.

Œuf : 20,0−29,5 × 15,4−21,8 mm.

Hirondelle de cheminée

Hirundo rustica L.

Dans toute l'Europe, l'élégante Hirondelle de cheminée a quitté son habitat ancestral — les falaises — pour gagner la proximité de l'homme, où les conditions de vie lui sont plus favorables. Elle revient du sud généralement au début du mois d'avril ; l'avant-garde se montre toutefois dès la fin mars, se faisant ainsi souvent surprendre par des chutes de neige. Elle affectionne les étables et même les vestibules, dans lesquels elle construit un nid en coupe avec des brindilles et de l'argile qu'elle agglomère avec sa salive. La femelle garnit ce nid de plumes et y dépose ordinairement cinq œufs, qu'elle couve seule de 14 à 16 jours, pendant que le mâle se charge de la nourrir. Les parents alimentent leur progéniture d'insectes qu'ils attrapent au vol avec une adresse considérable. Les petits quittent le nid dès qu'ils sont capables de voler, à 19 ou 23 jours. Après la saison des nids, les Hirondelles de cheminée se rassemblent en colonies nombreuses pour peupler les lieux plantés de roseaux, au bord des étangs.

Un beau jour de septembre ou d'octobre, la colonie entière prend son envol pour gagner l'Afrique tropicale, parfois même l'Afrique du Sud. Ainsi, on a vu hiverner sur les bords d'un lac du Transvaal une colonie d'Hirondelles de cheminée forte d'un million de sujets.

Hirundo rustica :
Voix : « tsvitt » souvent répété.

Chant : un doux gazouillis en strophes variées.

Longueur : 18 cm.
Œuf : 16,7−23,0 × 12,2−15,0 mm.

Delichon urbica :
Voix : le cri en vol retentit comme un « tchirp tchirp ».
Chant : gazouillis.
Longueur : 13 cm.
Œuf : 16,1−21,6 × 11,5−14,7 mm.

L'Hirondelle de cheminée (a) est souvent confondue avec l'Hirondelle de fenêtre *(Delichon urbica)* (b). L'illustration montre clairement que les deux espèces sont pourtant faciles à distinguer.

Cochevis huppé
Galerida cristata (L.)

Le Cochevis huppé se rencontre en hiver non seulement dans les chemins de campagne, mais même dans
les rues animées des grandes villes. Le vagabondage
des couples, qui restent unis durant toute leur vie, est
très agité. Durant l'hiver le Cochevis huppé gagne la
proximité des lieux habités et cherche des graines
à terre.

Au printemps, souvent dès le début du mois de
mars, le couple choisit un endroit dégagé à proximité
d'un éboulis, d'une route ou d'un remblai de chemin
de fer, bref, un endroit qui rappelle l'habitat originel
de l'espèce : les steppes d'Orient. C'est au XIVᵉ siècle
que le Cochevis huppé conquit l'Europe : on le
rencontre à Cologne, le long du Rhin, en 1552 ; il vit
au Danemark depuis 1850 ; il lui reste actuellement
à envahir l'Angleterre. La femelle construit à même le
sol un nid fait de radicelles et de brindilles négligem-
ment assemblées ; le mâle la suit dans ses déplacements sans lui apporter aucune aide. La couvaison et
l'élevage des petits sont également assurés par la
femelle seule, rarement relayée par le mâle. Les
quatre ou cinq œufs éclosent au bout de 12 ou 13
jours. Les jeunes quittent le nid après neuf jours, bien
qu'ils ne soient capables de voler qu'à l'âge de 18
jours.

Le régime alimentaire du poussin est constitué
d'insectes et de vers ; l'adulte se nourrit de graines.

Voix : un « du di dliê » mélodieux.

Chant : semblable à celui de l'Alouette des champs,
notes empruntées à d'autres espèces.

Longueur : 17 cm.
Huppe caractéristique.

Œuf : 19,0−24,8 × 15,0−18,3 mm.

Rossignol philomèle

Luscinia megarhynchos BREHM

Le soir ou par nuit claire, le chant mélodieux du Rossignol philomèle retentit dans les buissons, à la lisière des bois de feuillus, dans les parcs, les jardins, sur les talus et sur les rives des rivières et étangs. Le Rossignol philomèle ne chante toutefois pas seulement la nuit : on l'entend parfois dans la journée et même en plein midi. Tous les Rossignols ne chantent pas de la même façon ; certains ont une intonation et une mélodie meilleures que d'autres. La cause en est que le Rossignol doit apprendre à chanter.

Il revient de ses quartiers d'hiver à la mi-avril, voyageant exclusivement de nuit. Son aire de dispersion couvre toute l'Europe, à l'exception de la Scandinavie et de l'Irlande. Les mâles reviennent les premiers et annoncent leur retour par leur chant. Les femelles les suivent de quelques jours. Le nid, fait d'herbes, de radicelles et de feuilles sèches, est toujours camouflé : soit près du sol, soit sur un petit tas de feuilles dans un buisson d'épineux. La femelle pond de trois à six œufs, qu'elle couve seule durant 14 jours. Le mâle l'aide à élever les petits, qui sautent du nid à l'âge de onze jours, alors qu'ils sont encore incapables de voler. Les deux parents les nourrissent d'insectes, de larves, d'araignées, etc.

Le Rossignol part pour l'Afrique tropicale fin août ou début septembre.

Voix : « huit ».

Chant : roulades très mélodieuses, souvent aussi des mélodies imitées d'autres oiseaux.

Longueur : 16,5 cm.
Mâle et femelle sont de la même couleur.

Œuf : 18,2—24,7 × 13,9—17,0 mm.

Rouge-gorge familier

Erithacus rubecula (L.)

A l'exception de l'Islande et du nord de la Scandinavie, l'aire du Rouge-gorge familier s'étend presque sur toute l'Europe. On le retrouve partout dans les bois de feuillus, de conifères, ou d'espèces mélangées avec sous-bois buissonneux, aussi bien en plaine qu'en montagne. A l'est, son aire d'expansion s'étend jusqu'en Sibérie occidentale, mais il vit également en Afrique du Nord-Ouest. En Europe occidentale et centrale, il est fort nombreux même dans les parcs, dans les cimetières, etc. Les populations du Nord et de l'Est émigrent en septembre et en octobre pour hiverner en Europe occidentale, dans une partie de l'Europe méridionale et en Afrique du Nord. Ces dernières années, les vieux mâles ont pris l'habitude d'hiverner en Europe centrale où ils passent la saison en se nourrissant surtout de baies.

En mars, des couples de Rouges-gorges familiers apparaissent de nouveau sur leurs aires de nidification et en avril, les femelles commencent à construire leur nid avec des petites racines, des tiges, etc. Le nid est bien caché entre les pierres, entre les racines d'un arbre, parfois aussi dans une souche creuse. La femelle couve seule 5 œufs pendant 13 à 14 jours, ensuite le mâle l'aide à nourrir les petits avec des insectes, des larves et des araignées. Entre 12 et 15 jours plus tard, les oisillons quittent le nid, sans savoir voler cependant. Ils se dissimulent donc au sol où leurs parents continuent à leur apporter de la nourriture.

Voix : un « dzick » ou un « tsi » résonnant ;
chant assez sonore. Le mâle chante perché sur un arbre.

Longueur : 14 cm.
La femelle de même coloration que le mâle, mais de couleur moins vive.

Œuf : 16,9—22,2 × 13,8—16,3 mm.

Merle noir

Turdus merula (L.)

Le Merle noir est connu dans toute l'Europe, à l'exception du Grand Nord. Les populations d'Europe centrale et occidentale sont pour la plupart sédentaires, alors que les populations plus septentrionales hivernent dans le bassin méditerranéen. Au printemps, le chant mélodieux du Merle noir retentit dès l'aube, parfois même bien avant le lever du jour : c'est le mâle qui se tient sur le faîte d'un toit ou sur un poteau. Souvent il émet les sons les plus divers, car il imite à merveille ce qu'il entend. A peine les premiers bourgeons éclatent-ils dans les taillis, que le Merle noir entreprend la construction de son nid, utilisant pour ce faire les matériaux les plus variés : petites racines, brins d'herbe, lambeaux de toutes sortes, et de l'argile, que l'on retrouve dans les « fondations » du nid. Le nid est construit dans les buissons, sur les arbres, les murs, les fenêtres, les tas de bois, etc. La femelle pond quatre à six œufs, souvent dès la fin du mois d'avril, et les couve seule. Les poussins éclosent 13 à 15 jours plus tard. Au bout de deux semaines, encore incapables de voler, ils quittent le nid et se tiennent cachés au sol. Infatigables, les parents les nourrissent de vers de terre qu'ils extraient fort habilement du sol. Le Merle noir se nourrit en outre de chenilles et de mollusques, en automne et en hiver de baies, sans dédaigner toutefois les restes des repas de l'homme. En hiver il recherche souvent les mangeoires placées sur les appuis des fenêtres et dans les jardins.

Un autre excellent chanteur habite les jardins, parcs et forêts. C'est la Grive musicienne *(Turdus philomelos).*

Turdus merula :

Voix : « tack-tack ».
Chant : roulements clairs et mélodieux ;
le mâle chante sur des endroits élevés.

Longueur : 25,5 cm.
Dimorphisme sexuel.

Œuf : 24,0−35,5 × 18,0−23,6 mm.

Turdus philomelos :

Voix : « gip » Expression de la crainte :
« gik-gik-gik » ; parfois « dag-dag ».
Chant : sifflement de flûte répété.

Longueur : 23 cm.

Œuf : 23,0−31,8 × 18,6−23,0 mm.

œuf du Merle noir

Grive musicienne

Pinson des arbres

Fringilla coelebs L.

Le Pinson des arbres, un des oiseaux les plus répandus, habite toute l'Europe, l'Afrique du Nord-Ouest et l'Asie Mineure ; vers l'est, son aire de dispersion atteint la Sibérie occidentale.

Le mâle établit son territoire en février ou en mars, et la femelle le rejoint quelque temps après. Le choix de l'emplacement du nid ainsi que sa construction est l'affaire de la femelle seule ; le mâle l'aide rarement. Le nid, situé dans une enfourchure, est fait de mousse, de brindilles, de fils d'araignée soigneusement assemblés, et souvent camouflé avec l'écorce de l'arbre même dans lequel il est bâti. Le Pinson des arbres niche une première fois en avril—mai, une seconde fois en juin—juillet. La femelle pond ordinairement cinq œufs qu'elle couve seule de 12 à 14 jours. Les parents s'occupent ensemble de l'élevage des jeunes et les nourrissent surtout d'insectes et d'araignées, d'abord pendant les deux semaines que les petits passent au nid, puis encore quelque temps après.

L'adulte est principalement granivore. Après la saison des nids, les Pinsons des arbres forment de petites bandes qui, avec d'autres granivores, errent dans les champs ou s'installent dans les parcs et les jardins, près des mangeoires. Ils sont aussi fort répandus dans toutes les forêts peu touffues.

Un des oiseaux chanteurs les plus bigarrés, dans toute l'Europe à l'exception du Grand Nord, est le Chardonneret élégant *(Carduelis carduelis)*.

Chardonneret élégant

Pinson des arbres

Fringilla coelebs :

Voix : un « pink pink » bien connu.
Chant : une cascade de notes aiguës et énergiques.
Longueur : 15 cm.
Le mâle est plus coloré que la femelle, dont le plumage terne tire sur le gris.
Œuf : 17,0—22,8 × 13,2—15,8 mm.

Carduelis carduelis :

Voix : un « tillit » gazouillé.
Chant : gazouillis et trille composés de mêmes syllabes.
Longueur : 12 cm.
Le plumage du mâle est plus coloré que celui de la femelle.
Œuf : 15,6—20,0 × 12,3—14,3 mm.

Bouvreuil ponceau

Pyrrhula pyrrhula (L.)

Pendant les mois d'hiver, surtout lorsqu'il tombe beaucoup de neige, on voit apparaître dans les allées de sorbiers, à la lisière des forêts, ainsi que dans les parcs et les jardins, quantité d'oiseaux multicolores. Ce sont des Bouvreuils ponceaux qui, à cette période, viennent en masse hiverner en Europe méridionale depuis leurs territoires situés au nord. L'aire d'expansion du Bouvreuil couvre presque toute l'Europe en dehors de l'Espagne. En bon nombre d'endroits, le Bouvreuil est sédentaire. Il affectionne surtout les bois de conifères.

Vers la fin avril, la femelle construit son nid à une hauteur relativement faible au-dessus du sol, mais de préférence sur des résineux, avec des rameaux qu'elle a coupés ; elle en tapisse la cavité de poils et de lichens, parfois même de fines radicelles. Pendant la construction, le mâle accompagne la femelle et, ce faisant, les deux oiseaux se comportent silencieusement, sans se faire remarquer, sachant très bien se dissimuler. La femelle couve seule 5 œufs pendant 12 à 14 jours en se faisant parfois relayer par le mâle. Après l'éclosion, les parents se partagent le soin d'élever les petits durant 12 à 16 jours au nid, puis encore un certain temps après leur envol. Vers la fin juin ou en juillet, le couple niche d'ordinaire une deuxième fois.

Le Bouvreuil ponceau se nourrit de différentes graines, voire de baies et, dès le début du printemps, il aime à picorer les bourgeons des arbres, surtout fruitiers, ce qui lui a valu des inimitiés.

Voix : un « diu » légèrement sifflant pendant les amours.

Chant : composé de notes sifflantes.

Longueur : 14,5—17 cm.
Une espèce plus grande vit en Europe du Nord.
Le ventre de la femelle est gris rose.

Œuf : 17,0—22,2 × 13,0—15,4 mm.

Etourneau sansonnet

Sturnus vulgaris L.

Au début du printemps, du sommet d'un arbre situé à proximité d'un nichoir, descendent des cris perçants, qui rappellent souvent le caquetage d'une poule. Le lendemain, par contre, retentira une mélodie agréable. Tous ces bruits sont produits par l'Etourneau sansonnet, excellent imitateur.

La plupart des Etourneaux ont quitté leur patrie d'origine, les forêts de feuillus, pour s'établir dans le voisinage de l'homme. C'est ici qu'en avril, mai ou juin la femelle construit son nid, souvent dans des nichoirs, à l'aide de petites racines, d'herbe sèche, etc. Parfois le mâle participe timidement à la construction ; pour la couvaison des quatre ou six œufs, par contre, il remplace régulièrement la femelle. Les parents participent ensemble à la nutrition des jeunes, qui reçoivent insectes, larves, mollusques et vers. Les poussins de quelques jours se pressent à l'orifice du nid pour tendre leur bec grand ouvert. Les petits se risquent pour la première fois hors du nid à l'âge de trois semaines. Après la saison des nids, les Etourneaux se groupent en bandes et recherchent les vergers et les cerisiers. En automne ils « visitent » en troupes nombreuses les vignobles, où ils sont bien sûr des visiteurs indésirables. La troupe entière passe alors la nuit dans un lieu planté de roseaux.

Les Etourneaux hivernent en Afrique du Nord et en Europe méridionale. Les populations occidentales hivernent en Angleterre.

♂

Voix : « chpett chpett ».

Chant : se compose de grincements et de sifflements ; souvent l'Etourneau imite le chant d'autres oiseaux.

Longueur : 21,5 cm.
Le plumage de la femelle est plus terne que celui du mâle.

Œuf : 26,2−34,1 × 19,7−23,2 mm.

Mésange charbonnière

Parus major L.

La Mésange charbonnière est commune dans tous les jardins, parcs et vergers, même tout près des habitations, ainsi que dans la forêt. Son aire couvre toute l'Europe et la majeure partie de l'Asie et de l'Afrique du Nord. A l'exception des populations les plus septentrionales, qui à la fin de l'automne gagnent le sud par petites troupes, l'espèce ne migre pas en hiver.

La Mésange charbonnière niche deux fois l'an : en avril et en juin ou juillet. Elle construit son nid tendrement rembourré dans des trous d'arbres, des murs et dans des nichoirs. Elle assemble tout d'abord des brins de paille et de la boue, puis elle double son nid en forme de coupe profonde de poils et de plumes. La femelle y pond tous les jours un œuf, et commence à les couver lorsqu'il y en a huit ou dix. Le mâle n'intervient pas dans la couvaison, si ce n'est pour nourrir sans cesse la femelle de chenilles. Au bout de 13 ou 14 jours naissent des poussins dépourvus de duvet ; pour les parents commence alors le nourrissage, travail astreignant et fatigant. Ils apportent principalement des chenilles à leurs petits, et ce jusqu'à 500 fois quotidiennement durant les premiers jours, et même 800 fois avant l'envol des oisillons. Les petits quittent le nid 16 à 21 jours après l'éclosion, mais ils se tiennent ordinairement quelques jours encore sur des branches proches, où les parents continuent à les nourrir.

En hiver, la Mésange charbonnière est un des visiteurs les plus assidus des mangeoires.

Voix : un « pink pink » clair ; au printemps retentit un « tsi tê, tsi tsi tê » ou également un « si tuit » sifflé ; l'oiseau effrayé fait entendre un « tserretetete ».

Longueur : 14 cm.
Mâle et femelle sont de la même couleur.

Œuf : 14,4−20,1 × 11,3−14,8 mm.

Geai des chênes

Garrulus glandarius L.

Le Geai des chênes habite toute l'Europe hormis l'Islande et la Scandinavie du Nord. Il affectionne tous les bois avec des taillis, et il s'étend de la plaine à la montagne. Cependant, on le retrouve le plus fréquemment dans les bois où prédomine le chêne. La plupart des oiseaux de cette espèce sont sédentaires et erratiques après la nidification. Certains individus de l'Europe du Nord viennent parfois hiverner en grandes troupes en Europe centrale.

Au printemps, d'avril à juin, le Geai des chênes recherche les branches touffues des pins à la lisière des forêts pour y construire son nid, à environ 4 mètres au-dessus du sol. Comme matériaux, il emploie des brindilles sèches, des chaumes et des radicelles qu'il entasse en couches. Parfois, il construit son nid essentiellement avec des mousses et le tapisse à l'intérieur avec du liber des arbres. La femelle pond de 5 à 7 œufs qu'elle couve alternativement avec le mâle durant 16 à 17 jours. Les petits quittent le nid 20 à 21 jours après l'éclosion et errent ensuite avec leurs parents. Plus tard, les Geais se rassemblent en groupes de plusieurs familles ; mais, en survolant les terrains découverts, ils se dispersent pour voler individuellement et par intervalles assez longs. Après avoir atteint le bois voisin, la troupe reforme ses rangs.

La nourriture du Geai est aussi bien végétale qu'animale ; il aime vider les œufs des oiseaux. En automne, il se réfugie dans les bois de chênes où il ramasse des glands.

Voix : perçante ou miaulante.

Longueur : 34 cm.

Envergure : 54 cm.
Mâle et femelle sont de la même couleur.

Œuf : 28,2—36,0 × 21,0—25,6 mm.

Pie bavarde

Pica pica L.

La Pie bavarde est généralement connue comme une voleuse d'objets brillants qu'elle accumule dans l'une ou l'autre cachette. Si la Pie sauvage est extrêmement méfiante et farouche, une Pie élevée par l'homme s'apprivoise par contre rapidement et devient alors une compagne agréable dont il faut toutefois écarter des objets tels que lunettes, bagues, cuillers, etc. L'espèce est répandue dans toute l'Europe, en Asie, dans le nord-ouest de l'Afrique et en Amérique du Nord. La Pie bavarde est un passereau sédentaire qui, en hiver, vagabonde par petites compagnies dans les environs de son territoire. En Europe, elle habite ordinairement les talus recouverts de buissons, les bosquets, et les rives broussailleuses des étangs.

Début avril, le couple construit son nid dans un arbre ou un buisson élevé. Ce nid est constitué de branches sèches, surtout épineuses, de touffes d'herbe et d'argile, et rembourré de crin et de brindilles. Au-dessus du nid, la Pie construit encore une sorte de toit avec des branchettes d'épineux. La femelle pond de trois à dix œufs qu'elle couve généralement seule 17 ou 18 jours. Les parents nourrissent leurs petits durant les 24 jours qu'ils passent au nid et quelque temps encore après leur envol.

Le régime alimentaire est constitué de campagnols, de lézards, d'insectes et d'autres invertébrés, ainsi que de graines, de baies et de fruits.

♂

Voix : coassements.

Longueur : 46 cm.
Longue queue caractéristique. Les petits sont d'un noir terne. Mâle et femelle sont de la même couleur.

Œuf : 27,3—41,9 × 21,2—26,4 mm.

Corneille noire
Corvus corone corone L. (1)

Corneille grise
Corvus corone cornix L. (2)

Les Corneilles habitent en abondance dans toute l'Europe. On en connaît deux sous-espèces : la Corneille noire *(C. c. corone)* dont l'aire d'expansion s'étend en Europe occidentale et du Sud-Ouest, et dans une partie de l'Europe centrale, et la Corneille grise ou mantelée *(C. c. cornix)* vivant dans le reste de l'Europe, y compris en Ecosse et en Irlande.

La Corneille est un oiseau sédentaire ou erratique ; en hiver, les individus vivant au nord et à l'est viennent s'établir en grandes troupes en Europe centrale et occidentale. Pendant la période de nidification, elle se tient dans les bois clairsemés, dans les bocages au milieu des champs, dans les parcs fortement boisés des villes, etc. Elle construit son nid déjà en mars, le plus souvent sur un arbre à environ 5 mètres au-dessus du sol. La femelle pond de 4 à 6 œufs qu'elle couve seule pendant 18 à 21 jours. Le mâle lui apporte sa nourriture pendant tout ce temps et nourrit même les jeunes durant les 5 à 7 premiers jours. Ensuite, les deux parents se chargent de nourrir leur progéniture en commun. Les jeunes quittent le nid entre 28 et 35 jours après l'éclosion, puis errent avec leurs parents dans les environs.

Le plus petit parmi les Corvidés est le Choucas des tours *(Corvus monedula)* qui fréquente tous les lieux où il trouve des cavités : vieilles ruines, vieux arbres creux dans les grands parcs, carrières abandonnées, etc.

Choucas des tours

Corneille noire

Voix : un « krack » profond ou un croassement « arrk » ; au printemps, chant composé des mêmes notes.

Longueur : 47 cm.

Envergure : 95 à 100 cm.
Mâle et femelle sont de la même couleur.

Œuf : 35,5−52,7 × 26,0−29,7 mm.

Tortue de Horsfield

Testudo horsfieldi GRAY

Tortue grecque

Testudo graeca L.

La Tortue de Horsfield est une petite tortue terrestre que l'on trouve dans la région de la basse Volga, au Turkestan, en Iran, en Afghanistan et dans le nord du Pakistan. Sa carapace est nettement aplatie et sa queue se termine par une pointe cornée. Elle vit dans les steppes et les régions semi-désertiques et on la trouve dans certaines régions jusqu'à plus de 1200 m d'altitude. Elle passe l'hiver et les périodes de sécheresse estivale dans des abris souterrains. Elle se reproduit au printemps. Environ deux mois après, la femelle pond de 3 à 5 œufs qui éclosent en août. Les petites tortues mesurent alors de 3 à 5 cm.

La Tortue grecque a une carapace de couleur jaune ivoire ou vert olive tachetée de noir. Sa queue est arrondie et sans pointe cornée. La partie interne des cuisses est recouverte de tubercules cornés. On trouve la Tortue grecque dans les basses régions couvertes d'arbustes d'Europe méridionale, d'Afrique du Nord et d'Asie du Sud-Ouest.

1 – *Testudo graeca* :
Longueur : 25—30 cm.
Période de reproduction : mai—juin.
Période d'hibernation : novembre à mars.

2 – *Testudo horsfieldi* :
Longueur : 16—20 cm.
Période de reproduction : mai—juin.
Période d'hibernation : novembre à mars, souvent estivation durant les étés très secs.

Gymnodactyle de Kotschy

Gymnodactylus kotschyi STEINDACHNER

Gecko verruqueux

Hemidactylus turcicus L.

Le Gymnodactyle de Kotschy a le dos gris ou brun, souvent rayé et recouvert à la fois d'écailles petites et rondes et d'écailles rugueuses de taille supérieure. Son ventre est blanc porcelaine. Ses pupilles peuvent se contracter verticalement. Il n'a pas de lamelles adhésives au bout de ses doigts.

Il vit en Europe méridionale ainsi que dans les régions tempérées d'Asie occidentale, et ses lieux de prédilection sont les crevasses rocheuses, les tas de pierres et les maisons où il grimpe avec agilité le long des murs et des plafonds. Il est actif le soir et durant la nuit et chasse les insectes et les araignées. Vers la fin du printemps, la femelle pond en général deux œufs dans des lézardes, et les jeunes gymnodactyles naissent en été.

Chez le Gecko verruqueux, la coloration du dos va du gris au brun avec des taches noires irrégulières. Il peut changer rapidement de couleur suivant son environnement. Deux rangées longitudinales de lamelles adhésives sont situées sous ses doigts.

Il est originaire de la région méditerranéenne, mais son aire de distribution s'étend jusqu'en Amérique du Nord et Cuba, où il a été emmené par bateau. Il recherche les mêmes abris que le Gymnodactyle de Kotschy, dont il est assez proche biologiquement. Sa voix est relativement puissante.

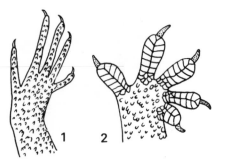

1 – *Gymnodactylus kotschyi* :
Longueur : 8–10 cm.
Période de reproduction : avril–mai.
Période d'hibernation : début décembre à mars.

2 – *Hemidactylus turcicus* :
Longueur : 8–10 cm.
Periode de reproduction : avril–mai.
Période d'hibernation : novembre à mars.

Lézard des souches

Lacerta agilis L.

La coloration de cette espèce est très variable. Le dos et les flancs, de couleur brune ou gris-brun sont en général marqués de taches rondes, sombres et pique-tées de points blanchâtres. Au printemps et en été les flancs du mâle sont d'un beau vert pré, et parfois même le dos prend cette même teinte, tandis que chez les femelles la couleur brune est prédominante.

On trouve le Lézard des souches et ses nombreuses sous-espèces dans toute l'Europe ainsi qu'en Asie centrale et occidentale. Il vit aussi bien dans les plaines et les régions accidentées, de préférence dans les endroits ensoleillés et abrités en bordure des prés et des bois, sur pentes herbeuses ou couvertes de buissons, sur les troncs et dans les anciennes carrières ; on en rencontre aussi beaucoup dans les jardins et dans les parcs. Le Lézard des souches se nourrit de criquets, de mouches, de scarabées, d'arai-gnées et autres arthropodes. Il passe l'hiver sous terre, et à la fin du printemps ou au début de l'été, la femelle pond de 5 à 15 œufs allongés protégés par une enveloppe semblable à du cuir qu'elle dépose dans un trou peu profond creusé dans le sol. Au bout de 6 à 8 semaines, de petits lézards mesurant 3 à 4 cm font leur apparition.

♀

♂

Longueur : 16—20 cm.
Période de reproduction : mai—juin.
Période d'hibernation : d'octobre à fin mars.

Lézard vert

Lacerta viridis (Laur.)

Le dos vert pré du mâle est recouvert d'une multitude de petites taches noires. Le dos des femelles est brun-vert, les petits sont de couleur brune et présentent parfois des raies longitudinales. Au moment de la reproduction, la gorge des mâles est bleu vif. Le ventre est jaune très clair ou blanc et la queue fait deux fois la longueur de la tête et du tronc réunis.

On le trouve en Europe centrale et méridionale et en Asie Mineure à basse altitude ; par contre, plus au sud, il vit dans les montagnes jusqu'à 1700 m d'altitude. Il préfère les régions arides recouvertes de buissons, mais est également abondant dans les bois clairs et ensoleillés, en bordure des champs et dans les vignobles. Il se nourrit essentiellement d'insectes, de petits lézards et de rongeurs.

Il s'accouple en général en avril, aussitôt après l'hibernation, et entre fin mai et juillet, la femelle pond de 6 à 20 œufs. A l'éclosion (6 à 8 semaines après) les jeunes lézards mesurent 4 cm de long.

Il existe un certain nombre de sous-espèces du Lézard vert dans les Balkans et dans certaines îles de la Méditerranée.

1♂

2♀

3

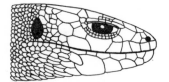

Longueur : 30—50 cm.
Période de reproduction : fin mai à juillet.
Période d'hibernation : dépend du climat ; en Europe centrale, fin octobre à avril.

1, 2 — adultes
3 — jeune

Lézard vivipare

Lacerta vivipara Jᴀᴄǫᴜɪɴ

C'est un lézard au dos gris-brun ou brun foncé. Il présente parfois une ligne plus sombre le long de la colonne vertébrale, et des rayures sombres disconti- nues dorso-latérales sur chaque flanc. Une bande sombre bordée de taches claires peut également apparaître sur chaque flanc. Chez les femelles le ventre est gris ou jaune, tandis que chez les mâles sa couleur varie du jaune d'œuf à l'orange avec de petites taches noires. La queue est épaisse et relativement courte.

On le trouve en Europe et en Asie, dans les endroits humides en plaine et en montagne ; on rencontre des Lézards vivipares jusqu'à 3000 m d'altitude. Ses mouvements sont assez lents, et il hiberne dans des abris souterrains très profonds. L'accouplement a lieu en mai ou juin et, trois mois après, la femelle donne naissance à des petits mesurant 3 cm dont le nombre varie entre 3 et 10.

La viviparité de cette espèce est une forme d'adap- tation à un environnement froid ; dans certaines régions de plaine d'Europe méridionale il est parfois ovipare. Il se nourrit essentiellement de petits in- sectes.

Longueur : 15 – 16 cm.
Période de naissance des jeunes : août – septembre.
Période d'hibernation : suivant les régions, de septembre – octobre à mars – avril ; dans les régions chaudes, le Lézard vivipare n'hiberne pas.

1, 2 – adultes
3 – jeune

éclosion des jeunes lézards

Lézard des murailles

Lacerta muralis (LAUR.)

C'est un lézard mince, avec une tête plate et pointue et une fine queue dont la longueur est pratiquement le double de celle du corps. Son dos noir est marqué de taches sombres ou d'un fin réseau. Chez les femelles, les taches forment souvent une raie longitudinale de couleur sombre bordée de lignes plus claires de chaque côté. Les flancs présentent des lignes pointillées. Chez les mâles, on trouve des taches bleues sur les bords de la région ventrale.

Ce lézard vit dans les régions rocailleuses et ensoleillées d'Europe centrale et méridionale et d'Asie Mineure. Il est capable d'escalader des rochers et de se déplacer avec une rapidité extrême. Sa nourriture est constituée de divers arthropodes et particulièrement d'insectes.

Deux à trois fois par an la femelle creuse un petit trou dans le sol où elle dépose 2 à 8 œufs. Deux mois après, au moment de l'éclosion, les petits lézards mesurent 2 à 3 cm de long.

Il existe en Europe un grand nombre de sous-espèces du Lézard des murailles, particulièrement dans les îles de la Méditerranée.

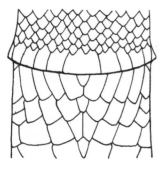

Les écailles de la gorge forment une collerette caractéristique.

Longueur : 18–25 cm.
Période de reproduction : mai – juillet (deux à trois fois).
Période d'hibernation : en Europe centrale, de novembre à mars ; en Europe méridionale, pas d'hibernation.

Lézard de Tauride
Lacerta taurica PALL.

Ablepharus kitaibelii BIBR. ET BORY

Le Lézard de Tauride est un joli lézard à la tête courte et légèrement pointue et à la queue fine et allongée. Il est relativement abondant dans le sud de la partie européenne de l'U.R.S.S. et dans la péninsule des Balkans. On le trouve, au nord, jusqu'en Hongrie et en Roumanie. Il vit dans des plaines herbeuses ou couvertes de petits arbustes bas et se nourrit de petits insectes. La femelle pond de 2 à 6 œufs au printemps et ils éclosent au cours de l'été.

Ablepharus kitaibelii est un animal fin, au dos brillant dont la coloration va du gris au brun-roux. Deux larges rayures sombres courent sur ses flancs. Le ventre est gris-blanc et les pattes sont courtes. L'espace entre les membres antérieurs et les membres postérieurs est assez important. La queue est très longue.

On le trouve dans toute l'Asie occidentale et en Europe dans la péninsule des Balkans. Plus au nord il atteint les régions méridionales de la Tchécoslovaquie. Cet animal vit sur les pentes sèches et pierreuses, souvent sous des chênes. Dans la journée il reste caché sous les pierres et à partir de la tombée de la nuit il chasse les petits insectes dont il se nourrit. Contrairement à la majorité des scinques, il est vivipare.

1 – *Lacerta taurica* :
Longueur : 15–18 cm.
Période de reproduction : mai–juin.
Période d'hibernation : décembre à février.

2 – *Ablepharus kitaibelii* :
Longueur : 10–11 cm.
Période de reproduction : mai–juin.
Période d'hibernation : dans les régions septentrionales de novembre à mars, dans le sud de décembre à février.

Orvet

Anguis fragilis L.

C'est un saurien dépourvu de pattes, au dos brun, gris ou vert olive ; chez les femelles et les petits, une ligne dorsale médiane de couleur sombre apparaît ; chez les vieux mâles, on trouve parfois des écailles bleu azur parmi celles de couleur normale sur le dos et les flancs.

On le trouve en de nombreuses sous-espèces dans toute l'Europe, jusqu'en Suède méridionale et en Finlande, dans le sud-ouest de l'Asie et le nord-ouest de l'Afrique. Il vit aussi bien en plaine qu'en montagne, sous des feuilles mortes, des pierres, des branchages ou dans des lézardes. Il se nourrit de vers de terre, de limaces et de larves d'insectes qu'il chasse aussi bien sous terre qu'en surface. En cas de danger, il peut se débarrasser de sa queue comme les lézards.

Souvent il passe l'hiver dans des abris souterrains jusqu'en avril. Sa période de reproduction commence peu de temps après et la femelle donne naissance au début de l'été à des jeunes dont le nombre varie entre 8 et 20. A la naissance, ceux-ci sont enveloppés dans une membrane transparente qui se rompt aussitôt.

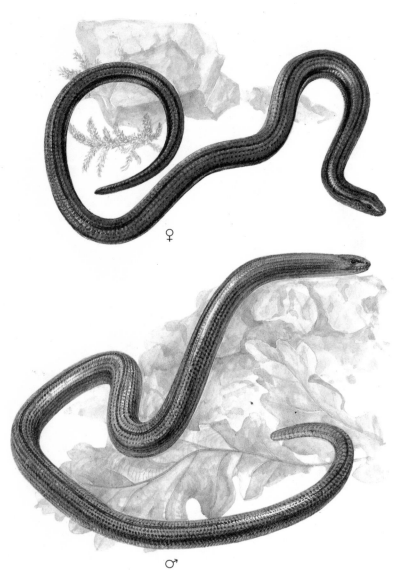

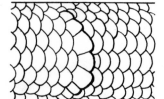

écailles dans la région anale

Longueur : 40 à 45 cm.
Période de reproduction : juin—juillet.
Période d'hibernation : novembre à mars—avril.

Couleuvre d'Esculape

Elaphe longissima (Laur.)

C'est une couleuvre de grande taille, au dos brun clair
ou brun foncé couvert d'écailles tachetées de blanc. Le
ventre est blanc-jaune. Chez les animaux les plus
jeunes, on remarque parfois des taches en forme de
croissant, de couleur jaune ou orange, souvent bordées de noir, sur la partie postérieure de la tête.

On rencontre cette couleuvre dans le sud de
l'Europe et le sud-ouest de l'Asie ; elle est plus rare en
Europe centrale, où son aire de distribution s'étend
vers le nord jusqu'en Pologne. Elle vit de préférence
dans les endroits ensoleillés et abrités, en région
sèche, et particulièrement sur des pentes broussailleuses et pierreuses dans des forêts chaudes et clairsemées d'arbres à feuilles caduques. Elle grimpe avec
agilité dans les arbres et les buissons où elle chasse
oiseaux et écureuils. Cependant elle se nourrit essentiellement de souris et de campagnols qu'elle étouffe
en s'enroulant autour d'eux.

L'accouplement a lieu en avril ou mai ; au début de
l'été, la femelle pond de 5 à 8 œufs ; généralement les
œufs éclosent en septembre et laissent apparaître des
jeunes mesurant environ 20 cm.

En Europe centrale et méridionale, il existe de
nombreuses sous-espèces de la Couleuvre d'Escu-
lape.

Longueur : 1,8–2 m.
Période de reproduction : juin–juillet.
Période d'hibernation : fin octobre–fin mars.

jeune

écailles dans la région anale

Couleuvre lisse

Coronella austriaca (LAUR.).

C'est un petit serpent gris, brun ou brun-noir avec deux à quatre lignes sombres pointillées, souvent confluentes et s'étendant le long de son dos. De chaque côté de la tête, il présente une raie sombre allant des narines à la gorge ; il y a une autre marque sombre sur l'arrière de la tête. A cause de ces taches sombres, on prend souvent la Couleuvre lisse pour une vipère, bien que les taches ne soient jamais disposées de manière à former la ligne en zigzag caractéristique des vipères ; de plus, la tête de la Couleuvre lisse est beaucoup plus étroite que celle de la vipère, et son corps est plus allongé.

On la trouve en Europe centrale et septentrionale, dans les endroits secs, pierreux ou caillouteux. C'est un serpent diurne qui se nourrit de petits lézards au début, puis de lézards adultes, de petites souris, de jeunes serpents et d'orvets. Il étouffe sa proie en s'enroulant autour d'elle et la dévore. Lorsqu'il est attaqué, il se défend en mordant cruellement son agresseur.

L'accouplement a lieu au début du printemps. Vers la fin de l'été, la femelle donne naissance à des petits qui sortent des œufs au moment de la naissance. Leur nombre varie de 2 à 12. La Couleuvre lisse est donc ovovivipare. Les jeunes serpents mesurent de 13 à 18 cm.

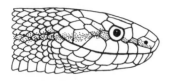

Couleuvre lisse

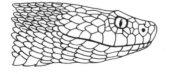

Vipère

Longueur : 70–80 cm.
Période de reproduction : août–septembre.
Période d'hibernation : novembre à mars.

Couleuvre à collier

Natrix natrix (L.)

Son dos est gris-brun, avec parfois des reflets bleuâtres ou verdâtres, ou bien orné de quatre à six lignes pointillées noires qui forment quelquefois des raies uniformes. Le ventre est blanc-jaune tacheté de noir ; chez certains spécimens, il est même complètement noir. Sur la partie postérieure de la tête il y a deux taches en forme de croissant, de couleur blanchâtre ou jaune d'œuf, bordées de noir.

On trouve la Couleuvre à collier en Europe jusqu'en Scandinavie, en Asie jusqu'en Sibérie et également dans le nord-ouest de l'Afrique. Elle fréquente les endroits à végétation luxuriante en bordure des eaux stagnantes et au cours lent. C'est un excellent nageur, ce qui lui permet de chasser également dans l'eau. Les petites couleuvres se nourrissent de têtards et de jeunes grenouilles, tandis que les adultes préfèrent les poissons et les amphibiens, y compris les crapauds.

Suivant les conditions climatiques, elle sort d'hibernation en mars ou avril ; l'accouplement a lieu peu de temps après, et en été la femelle pond des grappes d'œufs recouverts d'une membrane souple parmi les feuilles mortes et les branchages. Souvent plusieurs femelles pondent au même endroit. A l'éclosion les petites couleuvres mesurent de 15 à 20 cm.

A l'intérieur de son aire de répartition, on rencontre de nombreuses sous-espèces de la Couleuvre à collier.

Longueur : 1,3—1,5 m.
Période de reproduction : juillet—août.
Période d'hibernation : fin octobre à mars—avril.

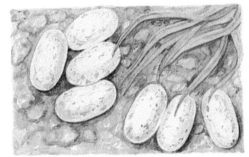

œufs

Péliade
Vipera berus (L.)

La coloration de la Péliade est extrêmement variable :
elle va du gris clair ou gris-jaune au noir en passant par
divers tons de brun. Les mâles sont en général de
couleur grise, les femelles de couleur brune. Une large
bande brune zigzagante, indiscernable chez les espèces de couleur sombre, court le long du dos. Vue du
dessus, la tête large est de forme triangulaire et bien
détachée du corps. D'importants crochets ressemblant à des seringues sont situés sur la partie antérieure de la mâchoire supérieure.

On trouve la Péliade en Europe, en Asie et au
Japon, sauf dans les régions les plus méridionales. Elle
vit aussi bien en plaine qu'en montagne où on la
rencontre à des altitudes relativement élevées. Elle
aime s'installer au soleil sur des tas de pierres, des
souches d'arbres, etc. Elle se nourrit essentiellement
de petits mammifères qu'elle tue grâce à sa morsure
extrêmement rapide. Elle est très farouche et évite en
général les êtres humains. Cependant en cas de
morsure de Péliade, il est nécessaire de voir rapidement un médecin, car son venin est très virulent.

Elle hiberne dans des abris souterrains ; l'accouplement a lieu au début du printemps et au début de l'été
la femelle donne naissance à des petits de 15 à 20 cm
de long et dont le nombre varie entre 5 et 20.

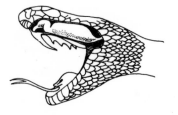

sac à venin gonflé

Longueur : 75—90 cm.
Période de reproduction : juin—juillet.
Période d'hibernation : octobre—novembre
à février—avril.

Vipère des sables

Vipera ammodytes (L.)

Sa couleur varie du gris clair au brun-roux ou brun
foncé. Une ligne dorsale médiane de couleur sombre
en zigzag s'étend sur toute la longueur du dos. Chez les
mâles elle est en général noire. Le corps est large et
aplati, de même que la tête qui présente une forme
triangulaire caractéristique ; l'extrémité du museau
est terminée par une petite corne. Les crochets à venin
sont creux et situés sur la partie antérieure de la
mâchoire.

On trouve la Vipère des sables dans le sud-est et le
centre de l'Europe jusqu'en Autriche et en Hongrie,
et dans le sud-ouest de l'Asie. Les endroits ensoleillés
recouverts de broussailles, les éboulis, les tas de
cailloux, etc. sont ses emplacements préférés.

Suivant les conditions climatiques, elle hiberne
jusqu'en février ou jusqu'en avril. L'accouplement
a lieu peu de temps après, et à la fin de l'été ou au
début de l'automne la femelle donne naissance à de
petites vipères qui mesurent de 15 à 20 cm de long.
Celles-ci se nourrissent d'abord de petits lézards, de
musaraignes et de petits mulots ; à l'âge adulte, elles
se nourrissent de campagnols, de souris et d'oisillons
à qui elles inoculent leur venin qui peut même être
mortel pour l'homme.

Longueur : 90—100 cm.
Période de reproduction : août—septembre.
Période d'hibernation : suivant les conditions
climatiques
octobre—novembre à février—avril.

Salamandre terrestre
Salamandra salamandra (L.)

1

2

Elle a un corps d'un noir luisant marqué de taches irrégulières jaune vif ou orange (2). Chez les spécimens d'Europe occidentale, ces taches se réunissent parfois pour former des raies longitudinales (1). La peau est dépourvue de poil ; de chaque côté de la partie postérieure de la tête, deux glandes dermiques en forme de croissant contiennent une sécrétion venimeuse. La tête et le corps sont aplatis et la queue est de section ronde.

On la rencontre dans les collines et les régions montagneuses d'Europe centrale et méridionale, d'Asie orientale et du nord-ouest de l'Afrique. Elle vit dans les forêts humides et touffues jusqu'à plus de 1000 m d'altitude, à proximité des torrents limpides et froids. Dans la journée, elle se dissimule sous des pierres, des feuilles ou des morceaux d'écorce, ne sortant qu'après le coucher du soleil ou lorsqu'il pleut. Elle se nourrit de divers invertébrés (vers, limaces et insectes) et hiberne dans des abris souterrains qu'elle quitte en mars ou avril. L'accouplement a lieu peu de temps après ; puis la femelle dépose dans l'eau une cinquantaine de larves aux quatre membres bien développés et munies de branchies externes. Il existe plusieurs sous-espèces de la Salamandre terrestre.

Dans les Alpes, le Jura français et les régions montagneuses occidentales de Yougoslavie et d'Albanie on trouve la Salamandre noire *(Salamandra atra)*, d'une coloration brillante uniforme. Elle ne passe pas par l'état larvaire ; la femelle porte ses petits pendant un an et ils naissent complètement développés.

Longueur : 20−28 cm.
Période de reproduction : l'accouplement a lieu en mars ou avril ; les œufs sont souvent fécondés l'année suivante, les larves éclosent au printemps et la métamorphose a lieu au bout de 2 à 3 mois.

Salamandre noire

Triton vulgaire

Triturus vulgaris (L.)

Ce Triton est de couleur brun olive ; les mâles présentent des taches circulaires de couleur noire. Au moment de la reproduction, les mâles sont dotés d'une haute crête ininterrompue qui commence juste derrière la tête et se termine à l'extrémité de la queue ; cette crête se prolonge même sur la partie inférieure de la queue. Les femelles sont dépourvues de crête ; leur couleur va du brun au brun-jaune et elles sont plus petites.

On trouve le Triton vulgaire dans toute l'Europe, des îles Britanniques à la Sibérie centrale, et même jusque dans le sud de la Scandinavie. Il évite cependant les régions couvertes de forêts ininterrompues. Il vit dans les mares les plus petites et se nourrit de divers invertébrés. Dès la fin du mois de février ou le début du mois de mars, il quitte ses quartiers d'hiver et s'accouple dans l'eau. La femelle pond de 200 à 300 œufs qu'elle fixe sur des plantes aquatiques ; le développement des larves dure en général trois mois, parfois plus dans les eaux très froides. Peu de temps après l'accouplement, les adultes regagnent la terre ferme tout en demeurant à proximité de l'eau. Il existe des croisements en milieu naturel entre le Triton vulgaire et le Triton de Montandon *(Triturus montandoni)*.

Dans le sud de l'Europe, on trouve un grand nombre de sous-espèces du Triton vulgaire.

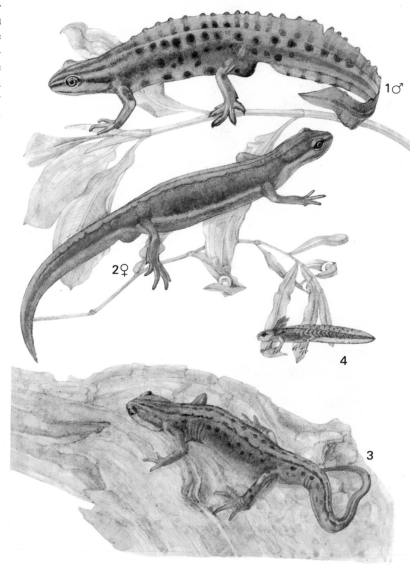

Longueur : 8—10 cm.
Période de reproduction : accouplement en avril ou mai ; métamorphose des larves en juin et juillet.

1, 2 — forme aquatique
3 — forme terrestre
4 — larve

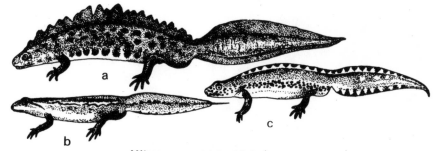

Mâles au moment de la période de reproduction :
a — Triton à crête *(Triturus cristatus)*
b — Triton de Montandon *(T. montandoni)*
c — Triton alpestre *(T. alpestris)*

Sonneur à ventre rouge

Bombina bombina (L.)

Sonneur à pieds épais

Bombina variegata (L.)

Le dos du Sonneur à ventre rouge est gris-noir ou gris-brun avec des taches sombres. Le ventre noir est tacheté de rouge ou d'orange.

On le trouve en Europe centrale et orientale où il vit en plaine, dans les mares et les étangs. C'est un excellent nageur qui se nourrit de larves de moustiques et de moucherons, de crustacés et de mollusques. En cas de danger, il cherche à intimider l'ennemi par sa position : il se met sur le dos et présente son ventre aux couleurs vives. Les sécrétions de sa peau sont venimeuses.

Le dos du Sonneur à pieds épais est gris ou brun, souvent tacheté. Le ventre jaune est orné de taches noires ou bleutées.

On le trouve dans le sud et l'est de l'Europe, à l'exception de la péninsule Ibérique, dans les régions montagneuses jusqu'à 1800 m d'altitude. Biologiquement il ressemble au Sonneur à ventre rouge. Il en existe un grand nombre de sous-espèces en Europe.

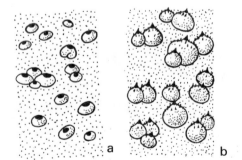

Verrucosités dorsales :
a – Sonneur à ventre rouge
b – Sonneur à pieds épais

Bombina bombina :
Longueur : 4,5 cm.
Période de reproduction : l'accouplement a lieu plusieurs fois en avril et en mai ; les têtards se métamorphosent en septembre et octobre.

Bombina variegata :
Longueur : 5 cm.
Période de reproduction : accouplement de mars à mai, métamorphose des têtards en septembre.

1 – *Bombina bombina* – vue dorsale
2 – *Bombina bombina* – vue ventrale
3 – *Bombina variegata*

Grenouille rieuse

Rana ridibunda Pall.

C'est une grenouille de grande taille ressemblant par la couleur à la Grenouille verte. Les sacs vocaux des mâles sont situés aux coins de la gueule et sont de couleur grise ou noire. La peau est verruqueuse et la taille des femelles est supérieure à celle des mâles.

Son aire de répartition s'étend du nord, du centre et du sud-est de l'Europe jusqu'au Japon en passant par toute la zone tempérée de l'Asie. Elle se tient de préférence à proximité des eaux stagnantes ou lentes suffisamment chaudes. En Europe centrale et septentrionale elle vit en plaine, tandis qu'en Europe méridionale on la trouve jusqu'à 2000 m d'altitude. Elle se nourrit de divers invertébrés et de petits vertébrés, et peut causer de graves dommages dans les étangs d'alevins. Elle hiberne au fond d'eaux suffisamment profondes et sa période d'activité va d'avril à octobre ou novembre. Elle se reproduit au printemps, et trois ou quatre mois après, les têtards se métamorphosent en minuscules grenouilles.

En Europe, il existe deux sous-espèces de la Grenouille rieuse, et on rencontre également en milieu naturel des croisements de Grenouille rieuse et de Grenouille verte.

Longueur : femelles 12 cm, parfois 15 cm, mâles 9 à 10 cm.
Période de reproduction : accouplement en avril et mai ; métamorphose des têtards en juillet et août.

têtard

Grenouille rousse

Rana temporaria (L.)

Le dos de cette grenouille est de couleur brune et en général tacheté de noir. Son ventre blanc sale est moucheté de gris-brun. Son dos présente parfois une ligne longitudinale médiane de couleur claire. Une large tache sombre s'étend de la bordure orbitale postérieure aux membres antérieurs. La Grenouille rousse diffère de la Grenouille oxyrhine par sa tête aplatie et son museau obtus. Ses pattes postérieures sont plus courtes que celles d'autres grenouilles. Elle ressemble à la Grenouille oxyrhine.

On trouve la Grenouille rousse dans deux zones séparées, d'une part une zone occidentale comprenant l'Europe centrale et septentrionale, d'autre part une zone orientale comprenant l'Extrême-Orient, le nord-est de la Chine et le nord du Japon. Elle vit dans les bois, les champs, les prés et les tourbières, toujours dans des endroits humides et à proximité de l'eau. Dans le sud, elle préfère les plateaux et les régions montagneuses, tandis que dans le nord on la rencontre aussi en plaine. Elle se nourrit de limaces et de divers articulés. Souvent les Grenouilles rousses se réunissent et s'enterrent dans la vase pour hiberner. L'accouplement a lieu dès le début du printemps, à une époque où la glace n'a pas encore totalement fondu à la surface de l'eau. En général, les œufs flottent en larges grappes à la surface des eaux peu profondes. Au bout de deux à trois mois, les têtards se métamorphosent en grenouilles.

Longueur : 8–10 cm.
Période de reproduction : accouplement en mars et avril, plus tard si l'altitude est élevée ; les têtards se métamorphosent en juin et juillet.

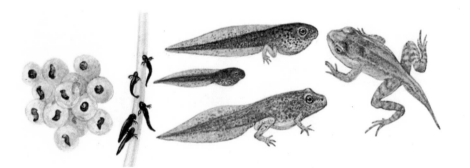

développement larvaire de la Grenouille

Grenouille agile
Rana dalmatina BONAP.

Grenouille oxyrhine
Rana arvalis NILSS.

La coloration du dos de la Grenouille agile va du brun clair au brun-rose. Elle présente une large tache noire entre ses yeux et ses membres antérieurs. Ses pattes postérieures extrêmement longues lui permettent d'effectuer des bonds de plus de 2 m.

On la trouve en Europe centrale et méridionale et dans le nord-ouest de l'Asie, où elle vit dans les forêts d'arbres à feuilles caduques, en plaine. Elle retourne dans l'eau seulement pour s'accoupler. Elle se nourrit de vers de terre, d'araignées et de petits insectes. Les femelles pondent des grappes d'œufs au début du printemps ; vers la fin de l'été, les petits têtards se métamorphosent en grenouilles.

La Grenouille oxyrhine a le dos et les flancs bruns souvent tachetés de noir. Une large ligne médiane de couleur claire court le long de son dos, bordée de chaque côté par de fines raies noires. La partie antérieure du museau est longue et pointue et on peut voir une tache sombre derrière chaque œil.

On la trouve en Europe centrale et septentrionale, dans des endroits tourbeux et marécageux ne dépassant pas 600 m d'altitude. Elle se nourrit de limaces et de divers arthropodes. Elle se reproduit au printemps, et au cours de l'été les têtards se métamorphosent en petites grenouilles de 1 cm de long, qui mettent trois ans à atteindre l'âge adulte.

1 – *Rana arvalis* :
Longueur : 6—7,5 cm.
Période de reproduction : accouplement de mars à mai ; métamorphose des têtards en juillet et août.

2 – *Rana dalmatina* :
Longueur : 7—9 cm.
Période de reproduction : accouplement en mars et avril ; métamorphose des têtards en août.

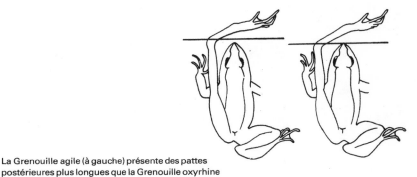

La Grenouille agile (à gauche) présente des pattes postérieures plus longues que la Grenouille oxyrhine (à droite).

Rainette commune

Hyla arborea (L.)

C'est une grenouille élancée, à large tête, dont les doigts sont terminés par des disques adhésifs. Une raie latérale noire, bordée de blanc, court sur chaque flanc. La peau est vert pré et lisse sur le dos, tandis qu'elle est gris pâle et légèrement granuleuse sur le ventre. Sur la gorge, le mâle présente un sac vocal qui se gonfle et prend la forme d'une vessie lorsqu'il coasse.

On trouve la Rainette dans les zones tempérées d'Europe et d'Asie ainsi que dans le nord-est de l'Afrique. Les régions humides couvertes de végétation luxuriante sont ses lieux d'habitation préférés. Si au printemps elle demeure à proximité de l'eau, en été et en automne elle préfère s'installer dans les arbustes et dans les arbres, car c'est une excellente grimpeuse, grâce aux disques adhésifs de ses doigts. Elle est parfaitement invisible dans le feuillage, car elle possède la propriété de changer rapidement de couleur, passant ainsi du vert au gris et même au brun. Elle se nourrit de petits insectes et d'araignées. L'accouplement a lieu au printemps et les femelles pondent leurs œufs en grappes. Après la métamorphose, les petites Rainettes mesurent de 15 à 20 mm de longueur.

Dans le sud de l'Europe, on trouve la Rainette méditerranéenne *(Hyla meridionalis)* qui est une proche parente de la Rainette commune, mais ne présente pas de raies latérales sombres sur les flancs.

♂

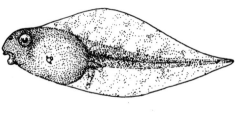

têtard

Longueur : 5 cm.
Période de reproduction : accouplement d'avril à juin, métamorphose des têtards en août et septembre.

Rainette en train de coasser

Crapaud commun

Bufo bufo (L.)

C'est un Crapaud puissant, à la tête large et massive. Il est de couleur brune, grise ou brun sombre et son dos et ses flancs sont couverts d'abondants tubercules. Son ventre est jaunâtre ou blanc sale et ses yeux sont de couleur cuivre. Derrière la tête il présente deux glandes de grande taille, en forme de croissant, qui sécrètent une exsudation irritante. En général, les mâles sont nettement plus petits que les femelles.

On trouve le Crapaud commun à peu près dans toute l'Europe, en plaine comme en montagne. Il vit dans les champs, les prairies, les parcs et les jardins, souvent à proximité des habitations, et progresse par petits bonds. Ce sont des animaux nocturnes qui chassent limaces, vers de terre et arthropodes qu'ils consomment en grandes quantités. Ils quittent leurs abris souterrains au début du mois de mars et s'accouplent dans l'eau. Les œufs sont réunis en rubans de 3 à 5 m de long que la femelle fixe sur des plantes aquatiques. Au moment de l'éclosion les têtards sont très petits, ne mesurant que $\frac{1}{2}$ cm de long. Ils mettent environ quatre mois à se métamorphoser.

En Europe, il existe de nombreuses sous-espèces du Crapaud commun.

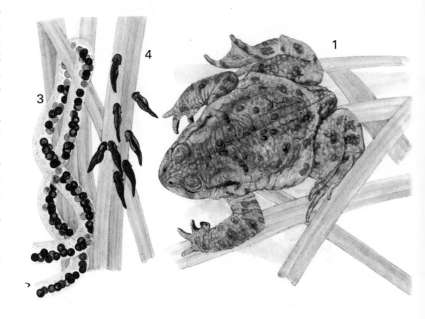

Longueur : mâles 8 cm, femelles 13 cm ; dans les régions méridionales, ils sont plus longs.
Période de reproduction : accouplement en mars, métamorphoses des têtards en juin et juillet.

1, 2 – adultes
3 – rubans d'œufs
4 – têtards

têtard

1

2

3

Pélobate brun

Pelobates fuscus (Laur.)

C'est une grenouille à peau lisse, au dos brun clair ou gris orné de petits points rouges et de taches allant du vert olive au brun noisette. Le ventre est gris-blanc, parfois moucheté de sombre. Les yeux proéminents ont une pupille qui se contracte verticalement. La peau est lisse. La face intérieure des membres postérieurs présente une projection cornée assez remarquable qui lui permet de s'enfouir rapidement dans le sol.

Son aire de répartition s'étend de l'Europe centrale à l'Asie occidentale. Il vit en plaine, dans les régions sablonneuses. Pendant la journée, il reste caché sous terre et ne sort qu'à la tombée de la nuit pour attraper vers, mollusques et autres invertébrés. Au moment de la reproduction, il retourne dans l'eau où la femelle attache un long ruban de plusieurs milliers d'œufs à des plantes aquatiques. Ces œufs éclosent au bout de plusieurs jours et les têtards mettent trois à quatre mois pour se transformer en petites grenouilles. Parfois cependant ils hibernent dans l'eau et ne se métamorphosent complètement qu'au printemps suivant. Dans ce cas-là, ils atteignent une longueur exceptionnelle de 17 cm.

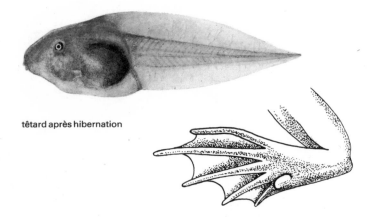

têtard après hibernation

Longueur : 5—8 cm.
Période de reproduction : accouplement en mars et avril, métamorphose des têtards en juin et juillet, parfois au printemps suivant.

1 – adulte
2 – ruban d'œufs
3 – têtards

Lamproie marine

Petromyzon marinus L.

La Lamproie marine, la plus grosse de l'espèce, peut atteindre un mètre de long. Au printemps, les Lamproies quittent la mer pour remonter dans les rivières où on peut les observer de mars à juin. Entre juin et juillet, elles se rassemblent dans les endroits peu profonds à eau courante et fond pierreux. A l'aide de leurs ventouses, les femelles enlèvent des pierres au fond de la rivière et aménagent une frayère. Pendant la remontée des cours d'eau à contre-courant, le tube digestif des Lamproies adultes dégénère ; elles cessent donc de se nourrir et périssent aussitôt après le frai. A leur naissance, les larves ont les yeux recouverts d'une peau et présentent une bouche édentée pourvue de deux lèvres. Elles vivent dans les eaux douces, dans la vase au fond des rivières, pendant quatre ans environ. Une fois adultes, elles descendent vers la mer. La bouche de la Lamproie adulte a la forme d'un entonnoir avec de fines dents cornées sur les bords. Au milieu de l'orifice buccal se trouve une puissante langue fonctionnant comme un piston. Dans la mer, la Lamproie vit en parasite de différents poissons. Elle se nourrit du sang et de la chair broyée de son hôte, sur le corps duquel elle laisse souvent de profondes blessures en forme de disque.

La couleur prédominante de la Lamproie marine est un gris-vert à marbrures noires. Le ventre est blanc. Elle vit le long des côtes européennes entre la Scandinavie et l'Italie orientale. On ne la trouve pas dans la mer Noire et rarement dans la Baltique. Par endroits, on la pêche au verveux pendant la migration ; cependant, sa valeur économique est faible.

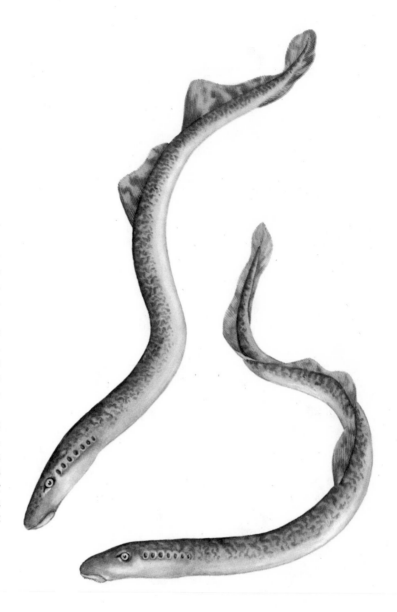

Taille et poids maximums : 100 cm, 1 kg.
Signes distinctifs : Dents caractéristiques disposées sur le disque buccal. La nageoire dorsale est divisée en deux parties, la postérieure étant reliée à la nageoire caudale.

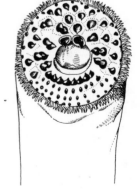

détail de la bouche en forme de disque

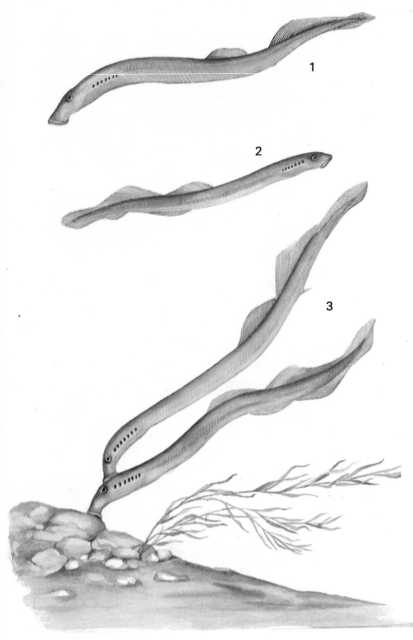

Lamproie de ruisseau
Lampetra planeri (BLOCH)

Lamproie des Carpates
Eudontomyzon danfordi REGAN

La Lamproie de ruisseau atteint 15 cm environ. Elle ne vit pas en parasite et fraie de mai à juin dans les ruisseaux de montagne. Les deux partenaires construisent leur frayère sur un fond sableux : ils creusent une cuvette circulaire dans laquelle la femelle pond les œufs. Le mâle s'enroule autour d'elle et les féconde. Les larves vivent de quatre à cinq ans dans des dépôts de sable et d'humus en se nourrissant de détritus de matières organiques et de diatomées. Pendant la métamorphose de la larve, le suçoir se développe, le tube digestif se réduit et l'individu acquiert sa maturité sexuelle. Après le frai, les deux géniteurs périssent.

La Lamproie de ruisseau vit dans les rivières se jetant dans la mer du Nord et la Baltique ; on la trouve également dans le nord-est de l'Italie et en Albanie.

La Lamproie des Carpates présente une certaine analogie avec la Lamproie de ruisseau, bien qu'elle vive dans des cours d'eau plus importants. Elle atteint 20 cm environ et ne diffère de la première que par la disposition des dents sur le disque buccal. Après le frai, l'adulte mène une vie parasitaire ; il se fixe sur les poissons, déchire leurs flancs de ses petites dents acérées et se nourrit de leur sang et de leur chair. Après le frai, la Lamproie des Carpates vit encore deux ou trois ans. De même que chez l'espèce précédente, les larves sont plus grandes que les adultes.

Elle vit dans les affluents du Danube et dans les rivières du bassin danubien qui se jettent dans la mer Noire. On ne la trouve cependant pas dans le lit du Danube.

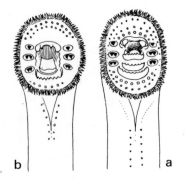

Détail de l'entonnoir buccal :
a – Lamproie des Carpates
b – Lamproie de ruisseau.

1 – *Eudontomyzon danfordi* :
Taille et poids maximums : 20 cm, 100 g.
Signes distinctifs : Disposition caractéristique des dents cornées sur le disque buccal. Espèce d'eau douce, sédentaire.

2 – *Lampetra planeri* :
Taille et poids maximums : 15 cm, 50 g.
Signes distinctifs : Disposition caractéristique des dents cornées sur le disque buccal. Les deux parties de la nageoire dorsale sont reliées. Espèce non migratrice.

3 – *L. planeri* – le frai.

Lamie
Lamna nasus (BONNATERRE)

Alopias, Renard marin
Alopias vulpinus (BONNATERRE)

Petite Roussette
Scyliorhinus canicula (L.)

La Lamie est un requin relativement rare vivant dans la zone pélagique de l'Atlantique central, dans la Manche, dans la mer du Nord et en Méditerranée, ainsi que dans la partie occidentale de la Baltique. Elle vit surtout dans les eaux de surface jusqu'à une profondeur de 150 m et recherche des eaux plus fraîches que les autres espèces de requins. C'est un bon nageur. En été, la femelle met bas de 1 à 5 petits mesurant environ 60 cm de longueur. C'est une espèce dangereuse pour l'homme.

Le Renard marin vit en Méditerranée, dans l'Atlantique et en mer du Nord. Il met au monde, en été, de 2 à 4 petits que l'on peut rencontrer près du rivage. Les adultes vivent en pleine mer à proximité de la surface, parfois en couples. Le Renard marin est sans danger pour l'homme.

La Petite Roussette est un requin courant en Méditerranée, en mer du Nord, dans l'Atlantique et dans la Manche. Elle vit près des fonds sableux ou vaseux à des profondeurs de 3 à 400 m. Elle est ovipare. Au moment de la ponte, les femelles tournoient autour des rochers ou des végétaux aquatiques jusqu'à ce que les expansions des œufs s'accrochent au support et tirent l'œuf à l'extérieur du corps. Le développement embryonnaire dure de 8 à 9 mois.

œuf de la Petite Roussette

1 – *Lamna nasus* :
Longueur : 3–4 m.
Poids : 100 à 150 kg.
Caractères : corps haut, puissant, nageoire caudale en demi-lune.

2 – *Alopias vulpinus* :
Longueur : 3–6 m.
Poids : jusqu'à 500 kg.
Caractères : corps mince, nageoire caudale présentant un lobe supérieur très allongé, nageoires pectorales longues, tête courte portant de menues dents à une seule pointe.

3 – *Scyliorhinus canicula* :
Longueur : 60–100 cm.
Poids : jusqu'à 9 kg.
Caractères : corps mince et allongé, court museau arrondi, le lobe supérieur de la nageoire caudale peu relevé au-dessus de l'axe longitudinal du corps.

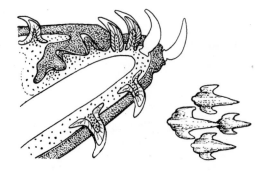

Ecailles placoïdes, section et vue dessus. Composées de dentine et d'émail, elles correspondent aux vraies dents.

Aiguillat
Squalus acanthias (L.)

Raie bouclée
Raja clavata (L.)

Torpille marbrée
Torpedo marmorata (Risso)

L'Aiguillat vit au voisinage des rivages envasés de l'océan Atlantique, de la Manche, de la mer du Nord, de la mer Noire, de la Baltique et de la Méditerranée. Il vit jusqu'à 950 m de profondeur. Il se nourrit de petits poissons pélagiques, de crustacés, etc. La femelle met bas, après une gravidité de 18 à 22 mois, de 4 à 8 petits longs d'une vingtaine de centimètres. Les jeunes naissent en été. Les épines des nageoires dorsales de l'Aiguillat communiquent avec des glandes à venin.

La Raie bouclée présente une face dorsale couverte d'une grande quantité de fines écailles placoïdes de forme typique. Ces écailles en forme de clous forment une rangée suivant l'axe longitudinal du corps. Les nageoires pectorales sont grandes, en forme d'ailerons. Elle vit à une profondeur variant de 20 à 500 m. C'est un poisson d'activité nocturne, ovipare, l'éclosion des œufs survenant environ 5 mois après la ponte.

La Torpille marbrée vit dans les eaux peu profondes, entre 2 et 20 m de fond (exceptionnellement jusqu'à 100 m). C'est une espèce vivipare, la femelle mettant au monde de 5 à 35 petits. Dans la région antérieure du corps, un organe électrique pair borde la colonne vertébrale. Il peut produire et libérer une décharge électrique dont la tension peut atteindre de 40 à 220 V et l'intensité de 7 à 10 A.

diagramme du mouvement d'une Raie

1 – *Squalus acanthias :*
Longueur : jusqu'à 1,2 m, les mâles étant plus petits que les femelles.
Poids : 10 à 12 kg.
Caractères : corps allongé, tête aplatie, bord antérieur des nageoires dorsales muni d'une épine.

2 – *Raja clavata :*
Longueur : jusqu'à 1,2 m.
Poids : 20—30 kg.
Caractères : corps rhomboïdal, queue en fouet, museau pointu ; face dorsale couverte d'« épines ».

3 – *Torpedo marmorata :*
Longueur : jusqu'à 1,5 m.
Poids : plus de 30 kg.
Caractères : corps discoïdal, courte queue puissante, nageoires pectorales charnues bordant le corps.

Esturgeon commun

Acipenser sturio L.

L'Esturgeon commun est un gros poisson pouvant ateindre un poids de plus de trois cents kilos. C'est un poisson migrateur qui remonte en eau douce en avril—mai. Il porte une trentaine de plaquettes osseuses sur les flancs et de 9 à 13 sur le dos. Il fraie en juin et juillet dans les fosses profondes des rivières à courant rapide. La ponte est très abondante, jusqu'à 2,5 millions d'œufs. La femelle et les alevins restent peu de temps dans les eaux douces. Ils se nourrissent de divers invertébrés marins comme les crustacés, les vers et les mollusques. Les Esturgeons de plus grande taille se nourrissent de poissons vivant au fond de l'eau.

L'Esturgeon commun vit le long des côtes de toute l'Europe entre le cap Nord et la mer Noire. Autrefois, il remontait le Rhin jusqu'à Bâle, l'Elbe jusqu'à la Vltava, à Prague, l'Oder jusqu'en amont de Wrocław et la Vistule jusqu'à Cracovie. Il vit également dans le delta du Danube, mais rarement en amont du fleuve.

A l'heure actuelle, son importance économique est négligeable alors que, vers la fin du siècle dernier, c'était un poisson abondant dans tous les grands cours d'eau. Sa disparition est due à la pêche intense, à la pollution des eaux ainsi qu'à la construction de nombreux barrages qui l'empêchent de remonter le courant. De nos jours, on ne le rencontre plus guère que dans la région de la mer Noire.

Taille et poids maximums : 300 cm, 300 kg.
Signes distinctifs : Environ 30 plaquettes osseuses sur les flancs, 9 à 13 sur le dos ; des barbillons non ciliés et de forme cylindrique ; un museau assez plat.

1 – vue latérale de la tête
2 – alevin
3 – poisson adulte

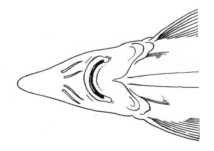

vue, dessous de la tête

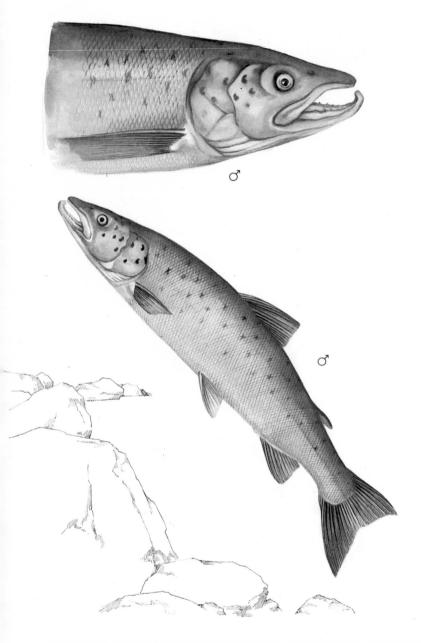

♂

♂

Saumon atlantique
Salmo salar L.

Le Saumon atlantique est un gros poisson de mer gris dont les flancs sont parsemés de petites taches noires en forme de croix ou d'étoile. Pendant les mois d'été et d'automne, il remonte très haut dans les cours supérieurs des rivières où l'eau est pure et riche en oxygène. Pour frayer, la femelle creuse une grosse cuvette, y pond des œufs que le mâle féconde. Après le frai, elle les enfouit dans le sable. Dès le début de la reproduction, les géniteurs cessent de se nourrir puis, épuisés, meurent presque tous. Les jeunes Saumons nés dans les frayères rejoignent d'ordinaire la mer après deux ou trois ans de vie en eau douce. Dans les rivières, ils se nourrissent de petits invertébrés, en mer exclusivement de poissons.

Les Saumons regagnent leurs frayères par bancs. Ils remontent les cours d'eau européens depuis la Petchora jusqu'aux rivières de l'Espagne du Nord-Ouest. Ils sont également nombreux en Islande, au Groenland et le long de la côte atlantique de l'Amérique du Nord. Ils ont cependant disparu de bon nombre de rivières européennes en raison des grands barrages et de la pollution des eaux.

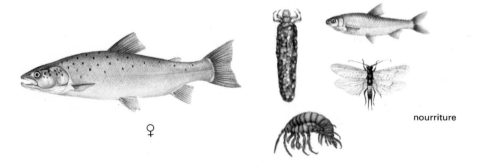

♀

nourriture

Taille et poids maximums : 150 cm, 50 kg.
Signes distinctifs : Des taches noires en forme de croix ou d'étoile sur les flancs. Une nageoire adipeuse grise sur le dos.

Truite de rivière, Truite commune

Salmo trutta m. fario L.

C'est un Salmonidé typique des torrents, des rivières et des lacs de montagne ; il est caractéristique par sa livrée aux couleurs variées et variables. Les truitelles portent sur les flancs de grosses taches gris-bleu distinctes ; les individus adultes ont le dos foncé et les flancs plus clairs avec des taches rouges cernées pour la plupart de bleu pâle. Le ventre varie du jaune pâle au jaune prononcé. Au moment du frai, en automne et en hiver, la Truite de rivière remonte les cours d'eau. La femelle enterre les œufs fécondés dans une frayère en forme de cuvette. La taille de la Truite de rivière varie en fonction du milieu où elle vit. Dans les torrents rapides de haute montagne, elle atteint 20 cm de long et un poids de 100 g, dans les plaines où les rivières sont riches en nourriture, elle peut atteindre plus de 60 cm et 2 kg environ. Elle se nourrit d'insectes aquatiques et de leurs larves ainsi que d'autres animalcules vivant dans l'eau. Les Truites de plus grande taille se nourrissent de poissons, même de leur propre espèce.

La Truite de rivière vit dans les cours d'eau de montagne et les eaux submontagneuses de toute l'Europe. Les Truites vivant dans les rivières tributaires de la mer du Nord et de la Baltique appartiennent à une sous-espèce différente de celles que l'on trouve dans les eaux se jetant dans la mer Noire.

L'importance économique de la Truite dans la pêche en eau douce est considérable. La pêche à la mouche artificielle ou à la cuiller est un des loisirs favoris du pêcheur. Les tentatives de reproduction artificielle de la Truite remontent déjà à plusieurs centaines d'années. A l'heure actuelle, les couveuses artificielles représentent, dans bon nombre de pays européens, la seule garantie que les eaux de montagne seront constamment peuplées de ce beau poisson. En certains endroits, on place la Truite de rivière dans des étangs plus froids ; de bons résultats ont également été obtenus en l'introduisant dans certains étangs à eau courante où ce poisson croît relativement vite.

Taille et poids maximums : 60 cm, 2 kg.
Signes distinctifs : De nombreuses taches noires sur le dos et les flancs, souvent même des taches rouges circonscrites de cercles clairs sur les flancs. La nageoire adipeuse est claire, rouge à son extrémité et avec un liséré foncé.

1 – poisson adulte
2 – alevins
3 – truitelle d'un an
4 – truitelles de deux ans

nourriture

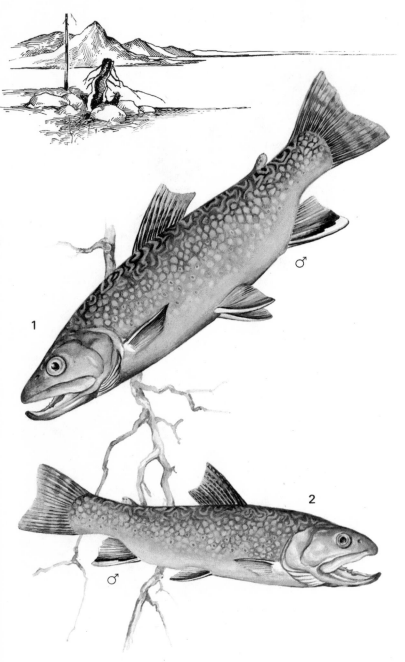

Omble de fontaine

Salvelinus fontinalis (Mitchill)

Ce Salmonidé a été importé d'Amérique du Nord en même temps que d'autres espèces, vers la fin du siècle dernier. En Amérique, on trouve aussi bien des espèces sédentaires d'eau douce que des espèces migratrices. L'Omble de fontaine a le dos vert olive à marbrures claires avec des taches rouges, jaunes et bleues sur le corps. Les nageoires sont jaune clair ou rougeâtres ; les premiers rayons des ventrales, des pectorales et de l'anale présentent une combinaison de blanc et de noir. La bouche est largement fendue. L'Omble d'Amérique présente des similitudes avec la Truite de rivière et le Saumon alpin. Ces espèces se croisent fréquemment. Les hybrides sont stériles et portent le nom de Saumons d'Alsace (croisement avec le Saumon alpin) ou de Poisson tigré (croisement avec la Truite). L'Omble de fontaine fraie en hiver, la femelle creuse elle-même la frayère. C'est le concurrent de la Truite de rivière et du Saumon alpin, au point de vue de l'alimentation.

On l'a introduit dans certaines eaux européennes de montagne, par exemple dans bon nombre de lacs alpins, d'où il a cependant presque disparu. Il ne s'acclimate bien que dans certains lacs des Alpes et dans certains ruisseaux en haute altitude. Dans les eaux européennes, il atteint jusqu'à 50 cm de long et un poids de 1 kg environ. En Amérique du Nord, vit une espèce américaine qui atteint une taille et un poids bien supérieurs. C'est un poisson apprécié des pêcheurs amateurs.

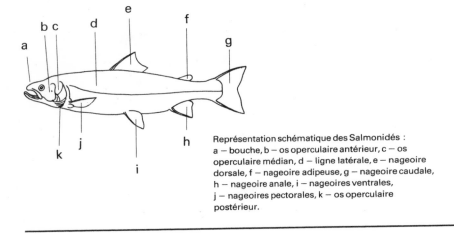

Taille et poids maximums : 65 cm, 3 kg.
Signes distinctifs : Un dos vert olive à marbrures claires, des taches rouges, jaunes ou bleues sur les flancs ; des nageoires jaune clair ; les premiers rayons des nageoires paires et de la nageoire anale présentent une combinaison blanc et noir.

1 – *Salvelinus fontinalis*
2 – forme des lacs de montagne

Représentation schématique des Salmonidés :
a – bouche, b – os operculaire antérieur, c – os operculaire médian, d – ligne latérale, e – nageoire dorsale, f – nageoire adipeuse, g – nageoire caudale, h – nageoire anale, i – nageoires ventrales, j – nageoires pectorales, k – os operculaire postérieur.

Ombre commun

Thymallus thymallus (L.)

C'est un poisson grégaire des rivières sub-montagneuses à fond de sable ou de gravier. Le frai a lieu au printemps. A ce moment, l'Ombre quitte ses quartiers et remonte les rivières jusqu'à ce qu'il trouve un fond graveleux. La frayère est l'œuvre du mâle qui y fait souvent venir une à une les femelles. Par rapport aux Salmonidés, l'Ombre a une tête relativement petite, une bouche fine, petite, au-dessus de laquelle s'avance un museau charnu, de grosses écailles distinctes et une haute nageoire caudale bariolée. Il atteint la taille de 50 cm et le poids de 1 kg ou plus. Les jeunes portent une livrée argent clair et leurs flancs sont souvent parsemés de taches bleuâtres.

Il vit dans les rivières européennes, au pied des montagnes, depuis le Pays de Galles et la France jusqu'à la mer Blanche ainsi que dans le bassin du Pô, en Italie du Nord. Il ne se rencontre ni en Europe méridionale, ni en Scandinavie du Nord, ni en Irlande. Dans les Alpes, il monte jusqu'à une altitude de 1500 mètres, et dans les Carpates, jusqu'à 1000 mètres environ.

Récemment, dans certains réservoirs européens à basse altitude, on a implanté avec un certain succès un autre Thymallidé, l'Ombre du Baïkal *(Thymallus arcticus baicalensis)*, originaire du lac Baïkal et de ses affluents. Il a une coloration en général plus sombre que l'Ombre d'Europe et une bouche plus fendue.

Taille et poids maximums : 60 cm, 1,5 kg.
Signes distinctifs : Le corps couvert de grosses écailles, une bouche petite et une nageoire adipeuse.
La nageoire dorsale est haute et bariolée.

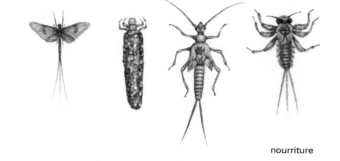

nourriture

Brochet

Esox lucius L.

Le Brochet est le seul représentant des Esocidés en Europe. Il a une nageoire dorsale caractéristique plantée à l'arrière, le dos de la tête aplati et de puissantes mâchoires armées de dents nombreuses. Le dos est gris verdâtre ou brunâtre, les flancs portent des taches ou des bandes jaunes sur un fond verdâtre, le ventre est blanc, parsemé de taches gris clair.

Il atteint exceptionnellement la longueur de 150 cm et le poids de 35 kg ; les Brochets dépassant 1 m de long et pesant plus de 10 kg sont cependant assez rares. Le Brochet est un carnassier se nourrissant depuis sa première jeunesse de la progéniture des autres poissons, puis, une fois adulte, de poissons plus gros et de vertébrés aquatiques. Il se tient surtout dans les cours inférieurs des rivières, dans les bras et les profondeurs herbeuses, mais il ne dédaigne pas de remonter aussi très haut contre le courant. Dans les eaux où abondent les poissons indésirables, il croît très rapidement. Son importance économique dans les étangs et dans les eaux libres est considérable. On le place dans les étangs à carpes où il réduit le nombre des poissons nuisibles. Dans de nombreux pays européens, on pratique l'élevage artificiel du Brochet. On place alors les alevins, pourvus encore de leur vésicule, dans les étangs, des rivières, des eaux de barrages ou dans des lacs. Il fraie dès le début du printemps, le plus souvent sur des prairies inondées.

Il vit dans toute l'Europe, hormis la péninsule Ibérique, la partie méridionale des Balkans et l'Italie du Sud. Il ne se rencontre guère dans les régions côtières de la Norvège occidentale. C'est une espèce répandue dans la zone tempérée et septentrionale de tout l'hémisphère Nord, donc même en Asie et en Amérique du Nord.

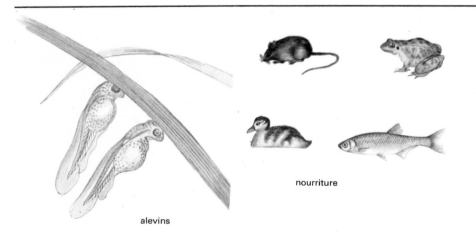

Taille et poids maximums : 150 cm, 35 kg.
Signes distinctifs : Le corps est allongé et en forme de fuseau, la nageoire dorsale plantée très en arrière. Une bouche énorme armée de nombreuses dents inclinées vers l'arrière.

1 – poisson adulte
2 – jeunes brochets

nourriture

alevins

Moderlieschen

Leucaspius delineatus (HECKEL)

Bouvière

Rhodeus sericeus amarus (BLOCH)

Le Moderlieschen est un petit poisson cyprinidé au corps élancé, aux écailles facilement détachables. La ligne latérale n'est développée que sur les premières écailles. Le dos est verdâtre, le ventre et les flancs argentés. Il vit par bancs comptant un grand nombre d'individus, dans les eaux stagnantes ou lentes, fortement garnies de végétaux. Le frai a lieu en avril et mai, les œufs sont déposés en rubans autour des tiges des plantes aquatiques et surveillés par le mâle. Le Moderlieschen se nourrit essentiellement de plancton.

Son aire d'expansion couvre l'Europe centrale et orientale, entre le Rhin et le bassin de la Volga, touchant même la Suède méridionale. Il atteint 7 à 9 cm, mais en général il est encore plus petit. La Bouvière est un petit poisson au corps haut, aux flancs bleu-vert avec une bande s'élargissant vers la queue. Elle abonde dans les eaux stagnantes des cours inférieurs des rivières, dans les méandres peu profonds, dans les bras morts et les creux. Elle ne se tient que dans les régions où se trouvent des moules d'eau douce, dans lesquelles elle dépose ses œufs d'avril à juin. Au moment de la ponte, la femelle se distingue par un long oviposteur rosâtre et le mâle prend une couleur rouge violacé sur les flancs.

La Bouvière est répandue dans toute l'Europe, à partir de la France du Nord-Est et du Rhône jusqu'à la mer Caspienne. On ne la trouve ni au Danemark, ni en Scandinavie, ni dans les îles Britanniques et les péninsules du sud de l'Europe. Elle se nourrit de crustacés, de larves d'insectes et de plancton.

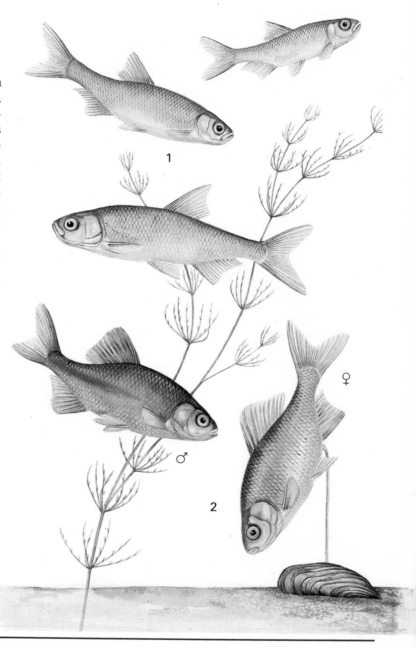

1 – *Leucaspius delineatus* :
Taille et poids maximums : 9 cm, 10 g.
Signes distinctifs : La bouche est inclinée vers le haut. La ligne latérale n'est développée que sur les premières écailles.

2 – *Rhodeus sericeus amarus* :
Taille et poids maximums : 8 cm, 15 g.
Signes distinctifs : Flancs bleu-vert avec une bande s'élargissant vers la queue. La bouche est semi-inférieure, la ligne latérale incomplète.

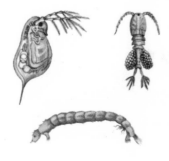

nourriture

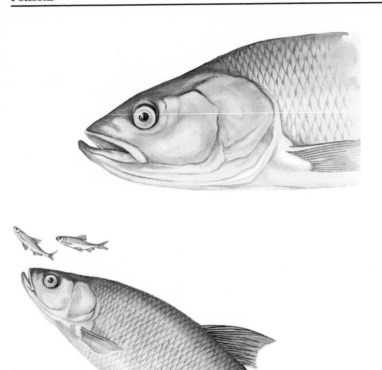

Aspe
Aspius aspius (L.)

L'Aspe est un gros poisson cyprinidé à corps allongé. La bouche, large, s'ouvre jusque derrière l'aplomb de l'œil. La mâchoire supérieure présente une cavité que remplit la partie convexe de la mâchoire inférieure. Le dos est gris-bleu et les flancs argentés. Sa nageoire dorsale se trouve au-delà de la verticale passant par le point d'attache des nageoires ventrales. Derrière elles, le ventre est couvert d'écailles.

L'Aspe est un carnassier vivant dans le cours inférieur des rivières, parfois même dans les bras morts. Il se plaît à nager à fleur d'eau. Sa nourriture se compose de petits poissons au milieu desquels il se précipite avec bruit, parfois même en sautant hors de l'eau. Il chasse également les insectes tombés à la surface. Le frai a lieu entre avril et juin sur un fond caillouteux balayé par le courant. Les alevins se nourrissent d'abord d'aliments planctoniques et de larves d'insectes, puis d'embryons d'autres espèces, enfin, de petits poissons.

En Europe, on le trouve à l'est de l'Elbe, dans les rivières tributaires de la mer du Nord, de la Baltique, de la mer Noire et de la Caspienne. Il ne vit pas en France, en Grande-Bretagne, au Danemark, en Suisse, dans la péninsule Ibérique et dans les régions méridionales de la péninsule balkanique. Son importance économique croît progressivement en allant vers l'Est. C'est un poisson carnassier recherché par les pêcheurs à la ligne.

Taille et poids maximums : 120 cm, 14 kg.
Signes distinctifs : La mâchoire supérieure présente une cavité que remplit la partie convexe de la mâchoire inférieure. La bouche est largement ouverte, jusque derrière l'aplomb de l'œil. Derrière les nageoires ventrales, le ventre est couvert d'écailles.

écaille cycloïde

Barbeau

Barbus barbus (L.)

Barbeau méridional

Barbus meridionalis R<small>ISSO</small>

Poisson cyprinidé robuste, atteignant jusqu'à 1 m de long, le Barbeau vit près du fond dans le courant des rivières. Il a un corps allongé, fusiforme, une bouche placée nettement à la position inférieure de la tête et pourvue de quatre barbillons. Le dernier rayon dur de la nageoire dorsale présente une arête dentelée. La nageoire anale rabattue n'atteint pas la naissance de la caudale. Le frai a lieu en mai et juin. A ce moment, les Barbeaux remontent le courant pour rejoindre leurs frayères situées sur un fond sableux ou caillouteux. Ils vivent en bancs et se nourrissent de la faune et de la flore du fond.

Le Barbeau est présent en Europe occidentale et centrale. On ne le trouve pas en Irlande, au Danemark, en Scandinavie et en Italie. A la périphérie de son aire d'expansion, on trouve de nombreuses sous-espèces de ce poisson (Espagne, Dalmatie, Bulgarie orientale, bassins du Dniestr, du Dniepr et du Bug).

Plus petit, n'atteignant qu'une trentaine de centimètres, le Barbeau méridional se tient également près du fond dans les eaux claires et courantes. Le dernier rayon dur de sa nageoire dorsale est lisse. La nageoire anale est haute, si on la rabat en arrière, elle arrive jusqu'à l'attache de la nageoire caudale.

Le Barbeau méridional est répandu par îlots à partir du nord de la péninsule Ibérique (où vit la sous-espèce *Barbus meridionalis graellsi*) jusqu'à l'Albanie, la Grèce et le Péloponnèse. Dans l'Oder, la Vistule, le Danube, le Dniestr, le Vardar, la Strouma et la Maritza, vit la sous-espèce *Barbus meridionalis petenyi*.

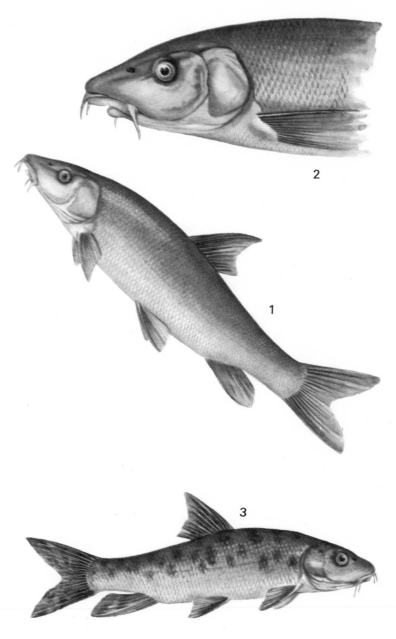

2

1

3

1, 2 – *Barbus barbus* :
Taille et poids maximums : 1 m, 15 kg.
Signes distinctifs : Le dernier rayon dur de la nageoire dorsale présente une arête dentelée. La nageoire anale rabattue n'atteint pas la naissance de la caudale.

Barbus meridionalis :
Taille et poids maximums : 30 cm, 500 g.
Signes distinctifs : Le dernier rayon dur de la nageoire dorsale est lisse. La nageoire anale est haute, si on la rabet en arrière, elle arrive jusqu'à l'attache de la nageoire caudale.

3 – *Barbus meridionalis petenyi*

section de la peau avec ligne latérale

Brème bordelière
Blicca bjoerkna (L.)

La Brème bordelière est un Cyprinidé au corps particulièrement haut, comprimé latéralement ; la bouche est placée quelque peu en dessous de la tête et les yeux sont relativement gros. Le dos, à l'avant, n'est pas couvert d'écailles, de même que le ventre caréné derrière les nageoires ventrales. Les individus plus gros présentent un dos gris-vert, des flancs argentés et un ventre blanc. A leur extrémité, les nageoires sont grises ; l'embase des nageoires pectorales et ventrales est rouge ou orangée. La Brème bordelière atteint rarement la taille de 35 cm de long.

On la trouve en grand nombre, près du fond, dans le cours inférieur des grandes rivières, dans les bras morts et les creux, dans les méandres et dans certains étangs. Elle fraie de fin avril à juin sur les végétaux aquatiques. Sa nourriture se compose de plancton, d'algues et de larves d'insectes.

En Europe, son aire d'expansion s'étend du nord des Alpes et des Pyrénées jusqu'à la Scandinavie méridionale. On la trouve aussi dans la partie orientale de l'Angleterre et dans les rivières tributaires de la mer Noire, à l'est du Danube.

Par endroits, elle se croise avec d'autres Cyprinidés (Brème commune, Gardon) ; les hybrides sont cependant stériles. Son importance économique est relativement faible ; on ne la pêche en grand nombre que dans certains étangs et rivières. Dans l'économie des étangs, elle fait partie des espèces indésirables en raison de sa reproduction considérable qui en fait un poisson surabondant. Sa croissance est relativement lente.

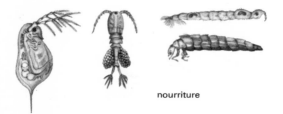

nourriture

Taille et poids maximums : 35 cm, 1 kg.
Signes distinctifs : Un corps haut, comprimé latéralement, les yeux relativement gros. Les flancs sont d'une teinte argentée apparente et l'embase des nageoires paires est rougeâtre.

1 – poisson adulte
2 – jeunes poissons

Carpe

Cyprinus carpio (L.)

Poisson bien connu, la Carpe est originaire des rivières tributaires de la mer Noire et de la mer Caspienne. Très recherchée comme poisson d'étang, elle s'est répandue dans toute l'Europe. Le type original *(Cyprinus carpio* m. *hungaricus)* que l'on retrouve dans la nature, a un corps allongé, cylindrique, recouvert d'écailles ; il vit dans le Danube et dans certains de ses affluents. La Carpe fraie en mai et juin. Ses œufs se collent sur les végétaux aquatiques ou sur les herbes immergées au bord des rives. Les alevins se nourrissent de zooplancton puis, après avoir atteint 2 cm de long environ, de la faune du fond. Dans les eaux fortement herbeuses, la Carpe se nourrit également de végétaux aquatiques. En Europe, c'est le poisson d'eau douce qui jouit de la plus grande valeur économique, c'est pourquoi on en élève plusieurs variétés dans les étangs ; celles-ci servent à repeupler les rivières, les retenues d'eau et les lacs.

La Carpe est également appréciée des pêcheurs amateurs qui la capturent dans les eaux libres où on déverse régulièrement ses alevins. Les étangs d'élevage de la Carpe sont entretenus comme des champs ou d'autres surfaces agricoles cultivées. Pour réaliser un développement massif des aliments des poissons et assurer ainsi une croissance rapide des Carpes, les pisciculteurs aménagent des étangs d'été (c'est-à-dire que l'on vide en été) dans lesquels ils coupent les herbes aquatiques indésirables, répandent des engrais organiques et inorganiques et améliorent la qualité de l'eau par des substances chimiques.

Dans les rivières ou les retenues d'eau, on implante les Carpes soit sous forme d'alevins de 30 à 50 g environ, soit sous forme de jeunes Carpes d'un an pesant 200 à 500 g.

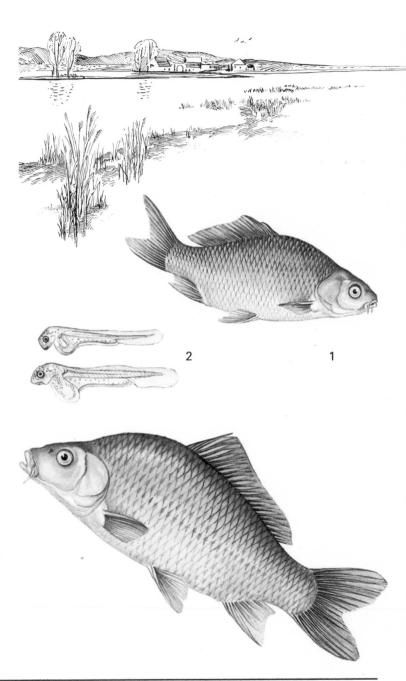

2   1

Taille et poids maximums : 120 cm, 30 kg.
Signes distinctifs : Poisson couvert de grosses écailles ; la nageoire dorsale est longue, la nageoire anale courte. La bouche est ornée de quatre barbillons charnus.

1 – forme d'étang appelée Carpe écailleuse
2 – alevins

formes d'étang appelées Carpe-miroir (a) et Carpe-cuir (b)

Loche d'étang
Misgurnus fossilis (L.)

Loche franche, Loche pierre
Noemacheilus barbatulus (L.)

La Loche d'étang est un petit poisson au corps allongé et comprimé latéralement. La bouche est ornée de dix barbillons. Elle vit près du fond, dans les eaux stagnantes et vaseuses, dans les méandres des rivières et dans les étangs. Au moment des changements brusques de la pression atmosphérique, elle remonte à la surface et y manifeste une grande mobilité. En cas de pénurie d'oxygène dissous dans l'eau, elle avale de l'air et en assimile l'oxygène par sa muqueuse intestinale. Elle fraie en mai ; les alevins ont des branchies externes particulières sous forme de filaments qui disparaissent rapidement.

En Europe, on la trouve dans les rivières allant de la Seine jusqu'à la Neva et du Danube à la Volga. Elle ne vit pas dans les rivières se jetant dans l'océan Glacial, en Angleterre, en Scandinavie, en Finlande et en Europe du Sud.

La Loche franche est un petit poisson de 10 à 18 cm de long ; elle a le corps cylindrique, avec des marbrures sombres et six barbillons autour de la bouche. Le dos est verdâtre ou brunâtre, les flancs jaunâtres avec des taches brun-noir irrégulières. Le ventre est gris blanchâtre, parfois rosé. La Loche franche vit près du fond dans les eaux courantes, dans les étangs et les lacs. Elle se dissimule habituellement sous des pierres ou des racines. Le frai a lieu en mai sur un fond sableux ou caillouteux peu profond. Elle se nourrit surtout de larves d'insectes aquatiques, par exemple des chironomes. Elle est active surtout la nuit.

Son habitat s'étend à toute l'Europe à l'exception de l'Ecosse du Nord, des régions septentrionales de la Scandinavie, de l'Italie (sauf le nord) et de la Grèce.

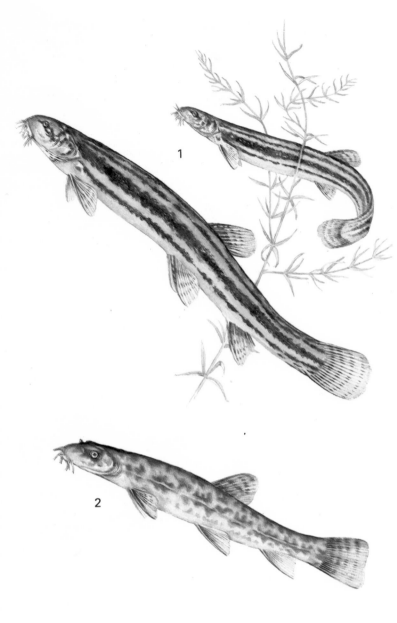

Misgurnus fossilis, alevin

1 — *Misgurnus fossilis* :
Taille et poids maximums : 35 cm, 150 g.
Signes distinctifs : Un corps allongé et comprimé latéralement. La bouche est ornée de dix barbillons, les flancs portent des bandes longitudinales.

2 — *Noemacheilus barbatulus* :
Taille et poids maximums : 18 cm, 80 g.
Signes distinctifs : Un corps allongé, cylindrique, avec des marbrures sombres. Six barbillons se trouvent autour de la bouche. Les écailles sont très petites.

Noemacheilus barbatulus, vue dessus

Silure glane

Silurus glanis (L.)

C'est un gros poisson au corps allongé et sans écailles. Il a une petite nageoire dorsale ; la nageoire caudale est arrondie et touche la longue nageoire anale. Trois paires de barbillons ornent sa bouche ; celle qui est placée sur la mâchoire supérieure est très longue. Le dos est sombre, d'un vert olive ou bleu-gris uni, les flancs sont souvent marbrés. Le Silure vit dans les fleuves, dans les eaux profondes des barrages et des lacs où il se tient près du fond. Il fraie de mai à juillet dans les endroits peu profonds où la femelle construit une sorte de nid. Après la ponte, c'est le mâle qui surveille les œufs et les alevins. Le jour, le Silure se tient caché dans les profondeurs. Il devient actif la nuit et cherche sa nourriture près de la surface. Il se nourrit de différentes espèces de poissons, de petits mammifères et d'oiseaux aquatiques. Il croît très rapidement ; en Europe, il atteint 2 m de long environ et plus de 50 kg. Par endroits, dans le Danube, on trouve des Silures encore beaucoup plus grands. Les jeunes se tiennent souvent en bancs, les plus gros vivent en solitaires.

En Europe, on le trouve à l'est du cours supérieur du Rhin, dans l'Elbe, dans les rivières tributaires de la Baltique, dans les affluents de la mer Noire ainsi que dans ceux de la Caspienne. Il est rare au Danemark. En Grèce vit son parent, l'espèce *Silurus aristotelis*.

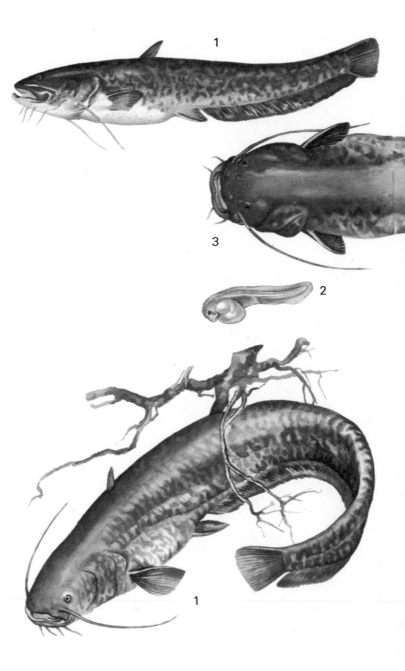

Taille et poids maximums : 3 m, 300 kg.
Signes distinctifs : Poisson au corps dépourvu d'écailles avec une petite nageoire dorsale ; la nageoire caudale est arrondie et touche la nageoire anale. Il a trois paires de barbillons dont une, placée sur la mâchoire supérieure, est très longue. La bouche est large, la tête aplatie en haut.

1 – poissons adultes
2 – alevin
3 – détail de la tête

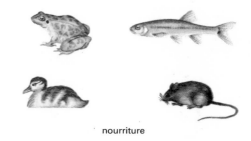

nourriture

Anguille d'Europe

Anguilla anguilla (L.)

Poisson bien connu au corps long et serpentoïde, sans nageoires ventrales. Il est couvert de fines écailles profondément incrustées dans la peau. La nageoire dorsale très longue et la nageoire anale rejoignent la caudale et constituent un long ruban tout le long du corps. L'Anguille fraie dans l'Atlantique au voisinage de la mer des Sargasses, entre les Bermudes et les Bahamas. Les larves écloses se distinguent nettement des adultes ; elles ont la forme d'une longue feuille transparente. Pendant plusieurs années, elles se déplacent lentement avec le courant marin vers les côtes européennes où elles se transforment en petites anguilles serpentoïdes. A l'âge prémature, elles ont le dos vert foncé ou brun-noir, les flancs et le ventre jaunâtres ou blancs. Les femelles remontent le cours d'eau tandis que les mâles restent près des estuaires. Pendant la migration, les adultes ont de grands yeux, les flancs d'un luisant métallique et le ventre blanc argenté. En eau douce, les femelles vivent 12 ans et plus, puis retournent dans l'Atlantique où elles fraient et meurent. L'Anguille d'Europe présente deux formes : à tête étroite et à tête large. Elles diffèrent suivant la nature de la nourriture ; l'Anguille à tête étroite se nourrit d'invertébrés et sa congénère à tête large chasse les batraciens et autres animaux plus gros. L'Anguille se tient au fond de l'eau, sous les racines et dans d'autres abris ; elle ne devient active que la nuit. Elle atteint d'habitude 100 à 150 cm de long et un poids de 4 kg, exceptionnellement 2 m et plus de 7 kg.

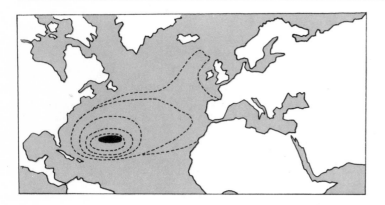

zone de reproduction dans l'Atlantique

Taille et poids maximums : 2 m, 7 kg.
Signes distinctifs : Corps serpentoïde dépourvu de nageoire ventrale. Les nageoires dorsale, caudale et anale forment un ruban continu. De petites écailles sont profondément incrustées dans la peau.

Perche

Perca fluviatilis (L.)

La Perche, un des poissons les plus communs en
Europe, se caractérise par un corps ovale, comprimé
latéralement, deux nageoires dorsales, des écailles
cténoïdes et des nageoires ventrales rapprochées. La
partie supérieure du corps est gris sombre avec des
reflets bleus ou olive, le ventre est plus clair. Les flancs
présentent six à neuf bandes sombres transversales.
Une tache noire orne la partie postérieure de la
première nageoire dorsale. Les nageoires ventrales et
anale sont rougeâtres. La Perche atteint 30 à 50 cm de
long et un poids de 1 à 2, exceptionnellement 5 kg.
Elle vit aussi bien dans les eaux courantes que
dormantes. Les Perches aiment à se rassembler par
bandes dans les bras retirés, près des rives recouvertes
d'une dense végétation aquatique, dans le cours
moyen et inférieur des rivières, dans les bras morts, les
étangs, les lacs et même les retenues d'eau dans les
plaines.Elle se tient surtout au fond. Le frai a lieu en
avril et mai. Les œufs sont pondus en rubans que la
femelle enroule autour des plantes aquatiques et des
branches immergées. Ces rubans ont 1 à 2 m de long et
1 à 2 cm de large. Les jeunes Perches se tiennent
d'ordinaire en bancs, les individus plus vieux vivent en
solitaires. Les Perches surpeuplent très souvent les
retenues d'eau, détruisent les autres espèces de
poissons, puis se multiplient très lentement. Leur
nourriture se compose d'invertébrés aquatiques et de
petits poissons. Les plus âgées et les plus grandes se
nourrissent exclusivement de poissons.

On les trouve dans toute l'Europe à l'exception de
l'Ecosse, de la péninsule Ibérique, de l'Italie, de la
partie occidentale des Balkans, de la Crimée et de la
Norvège du Nord.

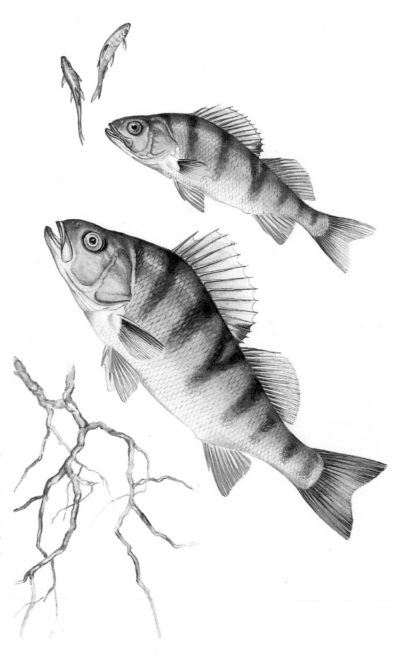

Taille et poids maximums : 60 cm, 5 kg.
Signes distinctifs : Une tache noire à l'extrémité de la
première nageoire dorsale, six à neuf bandes
transversales sombres sur les flancs. Les nageoires
ventrales et anale sont rougeâtres.

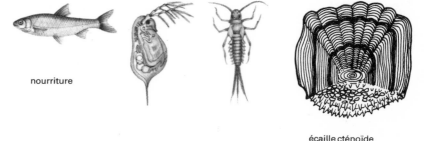

nourriture

écaille cténoïde

Lotte

Lota lota (L.)

La Lotte est le seul représentant des Gadidés vivant en eau douce. Son corps est allongé, comprimé latéralement dans sa partie postérieure. Les nageoires ventrales sont placées en avant des pectorales, leur second rayon présente un prolongement filiforme. Elle a un seul barbillon au milieu du menton. La seconde nageoire dorsale et la nageoire anale sont très longues. Le dos et les flancs sont gris-brun ; tout le corps, les nageoires comprises, porte des marbrures apparentes. Le ventre est blanchâtre. Elle atteint rarement 1 m de long et un poids de plus de 20 kg. Elle vit dissimulée près du fond et sous les berges creusées par les eaux dans les zones à Truites, à Ombres et à Barbeaux des cours d'eau européens. On la trouve parfois dans le cours inférieur des rivières, dans des lacs ou des étangs. C'est un prédateur se nourrissant essentiellement de poissons, de grenouilles et d'autres animaux plus gros. Elle fraie en hiver et pond une quantité considérable d'œufs, presque un million, qu'elle dépose sur un fond pierreux dans les courants peu profonds.

Elle se rencontre dans toute l'Europe située au nord des Balkans et des Pyrénées. En Italie, on la trouve dans le bassin du Pô. Par endroits, surtout dans les régions septentrionales, elle présente une assez grande valeur économique ; sa chair et son foie sont très estimés.

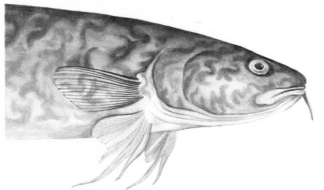

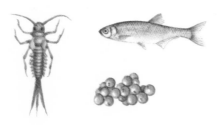

nourriture

Taille et poids maximums : 1 m, 20 kg.
Signes distinctifs : Les nageoires ventrales sont placées en avant des pectorales. La nageoire anale et la deuxième nageoire dorsale sont très longues. Un seul barbillon existe au milieu du menton.

Oursin comestible
Echinus esculentus L.

Oursin cordiforme
Echinocardium cordatum (Penn.)

Etoile rouge
Asterias rubens L.

Ophioderma longicauda Linck

L'Oursin comestible a un corps à symétrie radiale. L'orifice buccal est tourné vers le fond et doté d'un appareil complexe comprenant 5 dents solides, appelé la lanterne d'Aristote. L'orifice anal se trouve à la partie supérieure de la face dorsale. Le test est calcaire, composé de plaquettes, et recouvert par un épiderme. Des pieds ambulacraires sont reliés au système ambulacraire de vaisseaux aquatiques servant à la fois à la locomotion et à la respiration. Les femelles pondent des œufs que les mâles fécondent dans l'eau. Ces œufs donnent naissance à des larves d'abord libres et mobiles, plus tard fixées. La symétrie pentamère apparaît après un cycle évolutif complexe.

L'Oursin cordiforme a un corps de symétrie bilatérale. La bouche ne possède pas de lanterne d'Aristote. Cet Oursin creuse un terrier à quelque 20 centimètres sous le niveau du fond.

L'Etoile rouge a un corps composé d'un disque qui s'amincit progressivement en cinq bras. Le système ambulacraire sert à la locomotion et à la respiration.

Les Ophiures ont des bras longs et flexibles et le système ambulacraire n'intervient donc pas dans la locomotion. La bouche se trouve sur la face ventrale du disque et assure la fonction excrétrice.

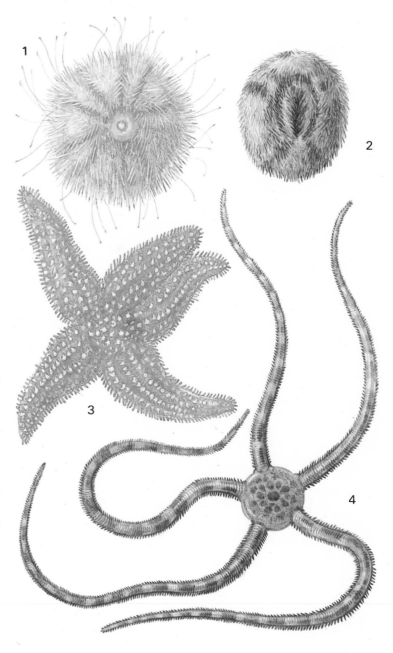

1 – *Echinus esculentus* :
Diamètre : 10 cm, rarement jusqu'à 17 cm.
Distribution : Atlantique du Portugal à la Norvège, la Manche, mer du Nord.

2 – *Echinocardium cordatum* :
Diamètre : jusqu'à 9 cm.
Distribution : mer du Nord, Atlantique, la Manche, Méditerranée.

3 – *Asterias rubens* :
Envergure : 30–50 cm.
Distribution : Atlantique, la Manche, mer du Nord, partie occidentale de la Baltique.

4 – *Ophioderma longicauda* :
Envergure totale : 25–30 cm.
Distribution : Méditerranée, Atlantique.

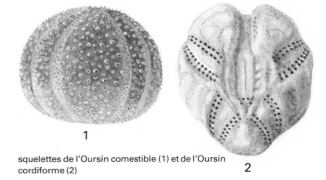

squelettes de l'Oursin comestible (1) et de l'Oursin cordiforme (2)

195

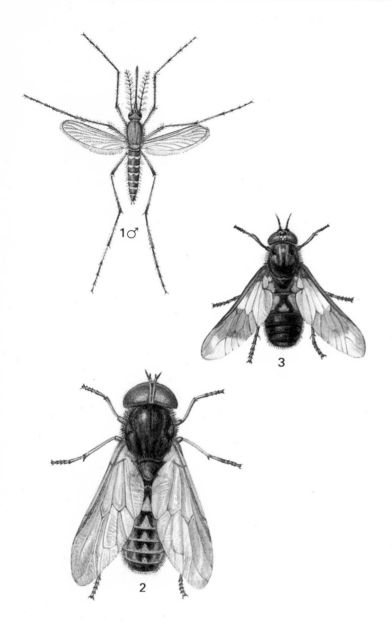

1 ♂

3

2

Aède

Aëdes vexans (MEIG.)

Taon des bœufs

Tabanus bovinus (LOEW.)

Chrysops aveuglant

Chrysops caecutiens (L.)

Comme tous les moustiques, l'Aède présente de longues ailes minces qu'il ne replie jamais sur son corps. Les nervures des ailes sont couvertes d'écailles brunes. L'appareil buccal est piqueur. Les femelles ont des palpes très courts de chaque côté de la trompe, les mâles ont des palpes duveteux à leur extrémité et plus longs que la trompe. Les femelles sont très agressives : elles sucent le sang des mammifères, tandis que les mâles se nourrissent de sucs végétaux. Les femelles pondent leurs œufs sur les sols inondés. Les larves sont aquatiques. Elles ont une forme caractéristique, avec une petite tête, un thorax puissant et un abdomen composé de neuf segments. Le huitième segment porte le tube respiratoire dans lequel débouchent les trachées. Les larves respirent l'oxygène de l'air en se suspendant par l'orifice du tube respiratoire à la surface de l'eau. Elles prélèvent leur nourriture en filtrant l'eau.

La boue aux abords des eaux stagnantes abrite les larves des Taons et des Chrysops. Les femelles pondent leurs œufs sur les végétaux et meurent aussitôt. Une fois les larves écloses, elles descendent dans l'eau où elles vivent en prédatrices. Leur corps cylindrique est doté de fausses pattes et d'un tube respiratoire. Les femelles adultes des deux espèces sont très agressives : elles attaquent les mammifères, poinçonnent douloureusement leur peau et aspirent leur sang. Les mâles se nourrissent de sucs végétaux.

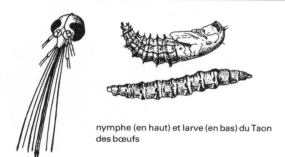

nymphe (en haut) et larve (en bas) du Taon des bœufs

appareil buccal d'un Moustique

1 – *Aëdes vexans* :
Longueur : 5–6 mm.
Stations : abords des eaux, appartements, étables.
Distribution : Europe, Asie, Amérique du Nord.

2 – *Tabanus bovinus* :
Longueur : 20–24 mm.
Stations : ♂ sur les fleurs, ♀ sur les troncs des arbres dans les forêts et au bord des chemins.
Distribution : Europe, Sibérie, Afrique du Nord.

3 – *Chrysops caecutiens* :
Longueur : 8–11 mm.
Stations : rives des eaux, chemins.
Distribution : Europe, Sibérie.

Asile-frelon
Asilus crabroniformis L.

Eristale, Mouche-pourceau
Eristalis tenax L.

Scatophage du fumier
Scatophaga stercoraria L.

Mouche domestique
Musca domestica L.

Différentes espèces d'Asiles et de Syrphes peuvent être observées en été. L'Asile-frelon a un corps allongé, velu, au thorax bien développé, à l'abdomen pointu et aux pattes puissantes. La tête est grosse et bien mobile. L'Asile-frelon est un planeur habile qui se nourrit d'insectes attrapés en plein vol. La femelle pond ses œufs dans la terre, les larves sont prédatrices des larves d'autres insectes.

L'Eristale rappelle un peu une abeille. Elle a un abdomen arqué, une puissante plaque dorsale en forme de quadrilatère, des pattes fortes. C'est un excellent planeur capable de s'arrêter en plein vol et de rester immobile au-dessus d'un point, sans qu'on puisse percevoir les battements de ses ailes. Les larves sont cylindriques, dotées d'un tube respiratoire terminal.

Le Scatophage du fumier se distingue par son vol lent et se nourrit de menus insectes scatophages, nécrophages ou détritophages.

La Mouche domestique est une importante espèce synanthrope. Sa trompe molle est dirigée vers le bas et adaptée à la succion et au léchage, avec sa large extrémité en coussinet. La Mouche pond environ 150 œufs dans des substances en décomposition.

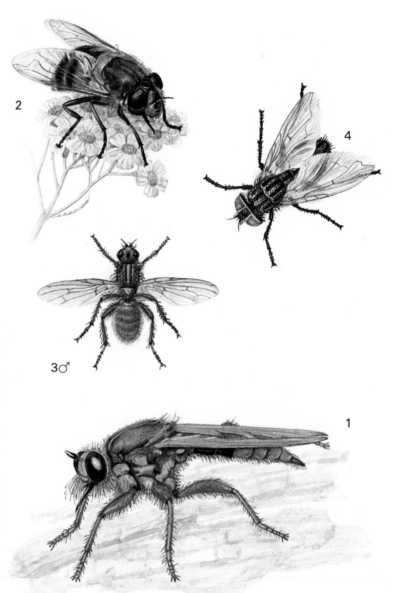

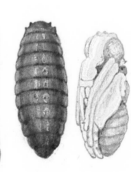

1 – *Asilus crabroniformis* :
Longueur : 17–30 mm.
Stations : clairières forestières.
Distribution : sous-région paléarctique.

2 – *Eristalis tenax* :
Longueur : 15–19 mm.
Stations : sur les fleurs (même dans les maisons).
Distribution : cosmopolite.

3 – *Scatophaga stercoraria* :
Longueur : 9–11 mm.
Stations : excréments frais, plantes environnantes, charognes.
Distribution : région holarctique.

4 – *Musca domestica* :
Longueur : 7–9 mm.
Stations : voisinage des habitations humaines.
Distribution : cosmopolite.

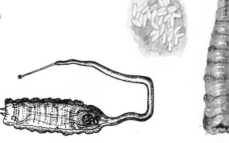

larve de l'Eristale

développement de la Mouche domestique

Grand Porte-Queue, Machaon

Papilio machaon L.

Le Grand Porte-Queue ou Machaon est sans nul doute un des papillons de jour les mieux connus en Europe. On ne le rencontre toutefois pas en Irlande ; en Angleterre, il n'est guère répandu, son existence se limitant à la région de Norfolk ; en Europe tempérée, il est des régions où l'on peut le trouver aisément, mais cet insecte de si belle apparence tend à disparaître depuis quelques dizaines d'années. Inversement, il va se multipliant en Afrique du Nord, en certaines régions d'Europe, dans la zone tiède de l'Asie et dans certaines parties de l'Amérique du Nord. Il faut savoir aussi qu'en montagne, le Grand Porte-Queue s'élève relativement haut puisque, dans les Alpes, on le trouve parfois à 2000 m et qu'au Tibet, on l'a remarqué à 4500 m.

Ce papillon a souvent été décrit, avec ses sous-espèces et ses formes, distinctes en fonction de leur appartenance géographique. En Europe continentale, l'on trouvera *P. gorganus,* en Angleterre *P. britannicus,* en Amérique du Nord *P. aliaska* et deux de ses sous-espèces.

La chenille du Grand Porte-Queue est très colorée et, si on l'irrite, elle fait sortir de son extrémité antérieure une « fourchette » charnue de couleur rouge orange, nommée *osmaterium.* Quant à la chrysalide, elle est généralement de ton vert ou gris-brun. Notons enfin qu'en montagne et dans le Nord, le papillon n'a qu'une seule génération.

nymphose

Papillon : IV–VI ; VII–VIII (dans le Midi, troisième génération partielle IX–X).
Chenille : VI ; VII–IV, parfois aussi X.
Plantes nourricières : fenouil, carotte, céleri, persil, pimprenelle et plusieurs autres Ombellifères. Au Proche-Orient, les chenilles provoquent parfois des dégâts aux agrumes.

1 – chenille
2 – papillon
3 – chrysalide

Flambé

Iphiclides podalirius L.

Le gracieux Flambé constitue un véritable ornement des jardins, des champs et des lisières des bois. On le trouve partout où il y a des arbres fruitiers, des aubépines ou des prunelliers. Il est connu dans toute l'Europe, excepté dans les territoires nordiques. La frontière septentrionale de son aire de distribution traverse la Belgique, en direction de la Pologne et de la Saxe. Certes, on a aperçu quelques spécimens de cette espèce au centre de la Suède et en Angleterre, mais il s'agit d'individus arrivés là par hasard. Dans les Alpes, on rencontre le Flambé à 1600 m d'altitude. En Orient, il pénètre par l'Asie Mineure et l'arrière du Caucase jusqu'en Iran et en Chine occidentale. Certaines années, on trouve le Flambé en grand nombre.

Les chenilles tissent sur les feuilles de petits coussins sur lesquels elles s'attachent très solidement. Fraîchement écloses, elles sont foncées avec deux petites et deux grandes taches de couleur verdâtre sur le côté dorsal ; plus tard, elles deviennent vertes, avec une ligne dorsale jaunâtre et de petites bandes latérales de même couleur.

Les chrysalides estivales sont généralement vertes (celles qui hibernent sont brunes). Notons encore que la disparition progressive des prunelliers (parallèle au déboisement) a provoqué celle du Flambé. Aussi est-il protégé dans certains pays d'Europe centrale.

Papillon : fin IV – commencement VI ; VII
– commencement IX (sauf vers le Nord).
Chenille : V–IX (la durée de développement est d'environ 5 à 8 semaines).
Plantes nourricières : prunelliers, aubépines, putiers, arbres fruitiers.
Chrysalide : hiberne. Son stade se prolonge de 3 à 5 semaines (exceptionnellement 7 jours ou un an).

1 – papillon
2 – chenille
3 – chrysalide
4 – f. *undecimlineatus*

papillon nouvellement éclos   chrysalide

Apollon

Parnassius apollo L.

1♂

2♀

3

L'Apollon est l'un des papillons les plus gracieux ; aussi est-il particulièrement recherché par les collectionneurs. Il doit sa grande popularité à son immense variabilité ; on estime en effet à quelque six cents le nombre de ses formes décrites, bien que certaines d'entre elles n'offrent aucun intérêt dans la systématique de l'espèce. L'Apollon vit dans les vallées, sur les pentes et les prés des montagnes. Dans les Alpes, il s'élève à des altitudes proches de 2000 m ; toutefois, dans les montagnes d'Asie, l'Apollon monte plus haut encore. Il vit dans une région commençant à la péninsule Ibérique et se prolongeant, à travers les Alpes, les Carpates et le Caucase, jusqu'aux montagnes de l'Altaï. Il est inconnu en Irlande, en Grande-Bretagne et au Benelux, dans certaines régions de l'Europe centrale, il a disparu entièrement ou se raréfie considérablement. C'est pourquoi, l'Apollon est protégé dans plusieurs pays européens.

Ce papillon voltige lentement en battant des ailes ; de temps en temps, il plane et se pose ensuite avec plaisir — et sans aucune crainte — sur les fleurs de chardons. La chenille adulte peut mesurer jusqu'à 50 mm ; elle est veloutée, de couleur noire, dotée de petites verrues bleues métallisées et agrémentée latéralement d'une série de taches de couleur orange. La chrysalide est épaisse, ses deux extrémités étant arrondies et de ton bleu givré.

Papillon : VI—IX (VII—VIII en Europe centrale).
Chenille : V—VI. Elle est héliophile, c'est-à-dire qu'elle recherche le soleil ; aussi, lorsque celui-ci est absent, elle se dissimule sous les pierres et se prive de nourriture. Plantes nourricières : les diverses sortes d'orpin, la joubarbe, etc.

1, 2 — papillon
3 — chenille

chrysalide

Piéride du chou

Pieris brassicae L.

La Piéride du chou vit dans toute l'Europe, en Afrique du Nord et même jusque dans l'Himalaya. Le plus souvent, on peut la voir dans les jardins, mais elle est présente aussi dans les champs, les prairies, à la lisière des forêts et dans les vallées montagneuses. La femelle pond 200 à 300 œufs de couleur jaune orange, qui restent généralement collés au revers des feuilles. Après quatre à dix jours, les chenilles éclosent ; elles dévoreront tout d'abord le centre de la feuille puis, après quelques jours, elles en rongeront les bords. Au cours de leur développement, elles mueront à quatre ou cinq reprises. En fonction des conditions climatiques de l'endroit, le développement de la chenille se prolonge trois à quatre semaines, parfois plus.

Avant de se chrysalider, les chenilles vont quitter les endroits où elles se sont développées et se disperser aux environs, afin d'y chercher des sites bien protégés ; elles se chrysalident sous les corniches, sur les clôtures, sur les bornes, etc. La chrysalide, généralement jaune-vert, possède des taches foncées. Dans certains cas, alors que la chenille s'était préparée à devenir chrysalide, on ne peut découvrir qu'un petit tas de cocons jaunâtres de l'*Apanteles glomeratus* (Microhyménoptère), dont les larves se sont développées en parasites au sein même du corps de la chenille.

1♀

2♀

3♂

4

Papillon : IV jusqu'au commencement de VI ;
mi-VII–VIII ; troisième génération partielle en IX–X.
Chenille : VI–VIII ; VIII–IX.
Plantes nourricières : chou-fleur, chou frisé, chou, raifort, cresson, etc. Chrysalide : hiberne. En Europe, la chenille cause d'importants dégâts aux cultures potagères.

1, 3 – papillon
2 – envers des ailes
4 – chenille

chrysalide

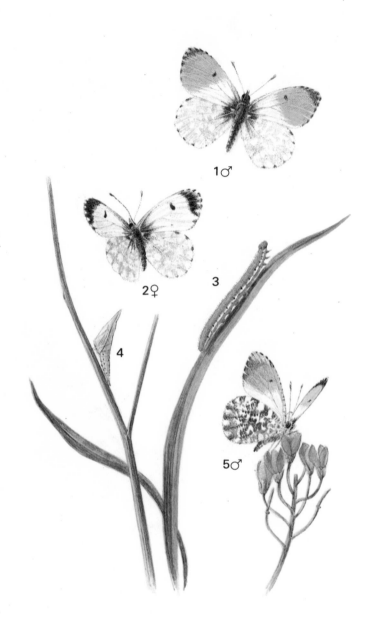

Aurore

Anthocharis cardamines L.

L'Aurore constitue, au printemps, une véritable décoration des prés, des champs et des petits chemins forestiers ; de loin déjà, le mâle se distingue par la grande tache orange qui orne ses ailes antérieures. Il faut savoir qu'en Europe, il n'a qu'une seule génération annuelle et que, dans les Alpes, il monte à 2000 m au-dessus du niveau de la mer. Il faut noter aussi qu'il est très répandu puisqu'il est présent dans l'ensemble de la zone paléarctique, des îles Britanniques au Japon. Dans ce dernier pays, où il a été découvert en 1910 par le collectionneur Nakamura, il est cependant assez rare.

La femelle pond ses œufs au dos des feuilles et, dans certains cas, sur les fleurs. L'œuf ressemble à un tonneau portant 11 à 13 rainures sur la surface ; il est tout d'abord jaune-blanc pour devenir grisâtre peu avant l'éclosion de la chenille. Cette éclosion se produit au bout de deux semaines environ, le développement de la chenille se prolongeant ensuite pendant à peu près cinq semaines. En captivité, on a assez souvent réussi l'élevage d'une seconde génération, celle-ci étant tout à fait normale en pleine nature en Europe méridionale. Généralement, la chrysalide s'attache à la tige de la plante nourricière ; elle est verte lorsqu'elle est jeune et deviendra brune ultérieurement. On note des cas exceptionnels où les chrysalides conservent leur couleur verte jusqu'au moment de l'éclosion du papillon.

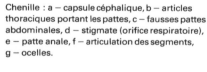

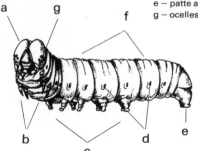

Chenille : a – capsule céphalique, b – articles thoraciques portant les pattes, c – fausses pattes abdominales, d – stigmate (orifice respiratoire), e – patte anale, f – articulation des segments, g – ocelles.

œuf

Papillon : IV–VI (en VII aussi, en montagne).
Chenille : V–VIII.
Chrysalide : hiberne.
Plantes nourricières : alliaire, arabette, biscutelle, cardamine, monnoyère, etc.

1, 2 – papillon
3 – chenille
4 – chrysalide
5 – envers des ailes

Citron

Gonepteryx rhamni L.

Bien qu'il s'agisse d'une espèce peu variable, on a pu en dénombrer jusqu'ici 11 sous-espèces dont, en plus de la forme décrite, une seule vit en Europe. Le Citron est très répandu depuis l'Afrique du Nord et l'Europe occidentale, en passant par l'Asie Mineure et le Proche-Orient, jusqu'à la partie orientale de la région paléarctique. En Europe occidentale et centrale, il doit surtout sa popularité au fait qu'il hiberne et qu'il quitte son abri hivernal dès le début du printemps, alors même qu'aux endroits protégés du soleil subsiste encore de la neige.

Les papillons prennent leur envol au commencement de l'été ; au bout d'une quinzaine de jours, ils tombent dans une léthargie qui va se prolonger quelques semaines. Les Citrons réapparaîtront en automne, retomberont à nouveau en léthargie pour resurgir en mars ou en avril. Certains papillons, qui ont hiberné, peuvent encore être aperçus au mois de mai. En altitude, on les remarque plus tard encore ; il est évident, en effet, que les conditions climatiques de l'endroit et l'altitude du lieu ont une incidence sur l'apparition de ce papillon.

Après un développement qui se prolonge de trois à sept semaines, la chenille va ronger des trous dans le centre des feuilles (plus tard, elle en dévorera les bords).

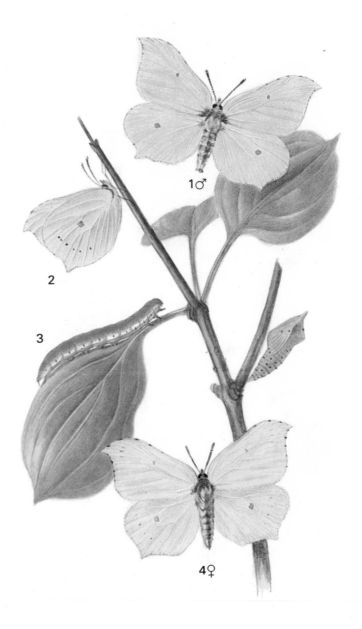

Papillon : de VI jusque V de l'année suivante. En Afrique du Nord, seconde génération partielle en VIII—IX.
Chenille : V—VII.
Plantes nourricières : bourdaine, nerprun.

1, 4 — papillon
2 — envers des ailes
3 — chenille

La chrysalide prend appui sur le crémaster, une excroissance de l'extrémité abdominale. La tête est dirigée vers le haut.

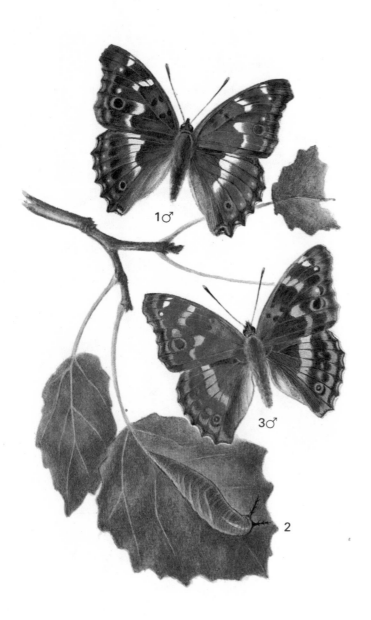

1♂

3♂

2

Petit Mars changeant

Apatura ilia SCHIFF.

Le Petit Mars changeant se donne un air de papillon tropical ; en effet, sur les écailles des ailes antérieures des mâles, une réfraction de lumière produit un éclat bleu-violet très attrayant.

L'aire de dispersion de ce papillon est très étendue ; elle englobe les territoires de l'Europe occidentale et centrale, l'Asie Mineure, la zone tempérée de la région paléarctique et s'étend jusqu'au Japon. Le Petit Mars changeant n'est pas connu en Angleterre ni dans quelques îles méditerranéennes. Parmi les quelques formes bien connues qui appartiennent à cette espèce, citons la f. *clytie,* dont les petites taches fauves remplacent les taches blanches du recto. Cette forme est parfois beaucoup plus répandue que la forme originale, décrite des environs de Vienne.

Le plus souvent, on rencontre le Petit Mars changeant dans les plaines, les régions montueuses et sur les bords des étangs et des ruisseaux où poussent les plantes nourricières des chenilles. Il est absent des montagnes. On lui connaît une seconde génération en Europe méridionale, alors qu'on ne lui en connaît qu'une en Europe tempérée.

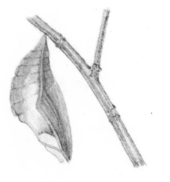

chrysalide

Papillon : V—VII (dans le Midi, également VIII—IX).
Chenille : VII—V ; hiberne.
Chrysalide : son stade se prolonge 2 à 3 semaines ; elle apparaît généralement en VI.
Plantes nourricières : tremble, peuplier et différentes espèces de saule.

1 – papillon
2 – chenille
3 – f. *clytie*

Grand Mars changeant

Apatura iris L.

Cette espèce est très répandue. Son aire de dispersion commence en Angleterre, passe par toute la zone tempérée de la région paléarctique pour aboutir au Japon. Le papillon voltige dans les forêts touffues et s'attarde sur les bords des ruisseaux et des rivières. Souvent, il s'installe dans les chemins marécageux des forêts pour se désaltérer. Les Grands Mars changeants sont des papillons peureux ; il est en effet très difficile de les capturer, sauf lorsqu'ils boivent.

Dans les forêts, le Grand Mars changeant se montre parfois le plus nombreux des papillons de jour ; il y voltige au-dessus des chemins pour y trouver les crottins des chevaux. Ce papillon préfère les régions de plaines et montueuses ; en montagne, il vole rarement, on réussit à capturer le mâle, les femelles séjournant au sommet des arbres.

La femelle colle des œufs aux feuilles des saules. La chenille, d'abord brunâtre, deviendra verte plus tard et s'ornera de petites taches jaunâtres et de bandes latérales. Elle hiberne après sa seconde mue.

Parmi les formes les plus remarquables, on connaît la f. *iole,* qui se distingue par l'absence presque totale des taches claires.

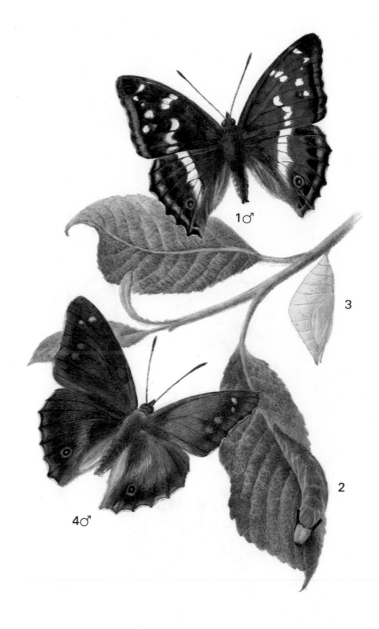

Papillon : VI—VIII.
Chenille : VIII—V ; hiberne dans un cocon sur une branche ou sur la feuille à proximité du bourgeon.
Chrysalide : son stade dure 2 à 3 semaines ; apparaît généralement en VI.
Plantes nourricières : les différentes sortes de saule et le tremble.

1 – papillon
2 – chenille
3 – chrysalide
4 – f. *iole*

tête de la chenille

œuf

Petit Sylvain

Limenitis camilla L.

Sylvain azuré

Limenitis reducta STDGR.

Ces deux espèces sont similaires, mais on peut aisément les distinguer d'après les taches noires qui ornent le bord extérieur de l'envers des ailes postérieures. Tandis que le Petit Sylvain possède deux rangées de ces taches, le Sylvain azuré n'en possède qu'une.

Le Petit Sylvain est connu de l'Angleterre et de la Suède jusqu'au Japon. On le trouve sur les chemins forestiers et dans les clairières. Dans les Alpes, il s'élève aux environs de 1500 m. Il apparaît généralement seul, parfois en nombre quelque peu important. La chenille est de couleur jaune-vert, avec des points blancs et des épines brunes. La chrysalide est verte avec, sur sa tête, deux excroissances.

Le Sylvain azuré cherche les pentes buissonneuses ensoleillées et les lisières des forêts. Il est connu en Europe méridionale, en Asie Mineure au-delà du Caucase et en Iran. Parfois très répandu, il a deux générations annuelles. A la limite septentrionale (passant par l'Europe centrale) de l'aire de dispersion de cette espèce, on ne lui connaît qu'une seule génération ; au contraire, dans le Sud, il en a trois successives au cours d'une année. Sur les pentes méridionales des Alpes, il atteint quelque 1300 m d'altitude. Sur la chenille, on remarque deux rangées d'épines rouges. La chrysalide est gris-brun avec des taches métallisées.

chrysalide du Petit Sylvain

Limenitis camilla :
Papillon : V−VII.
Chenille : VII−V.

1 − papillon
2 − envers des ailes

Limenitis reducta :
Papillon : V−IX
(généralement en deux générations)
Chenille : VII−V. Les chenilles des deux espèces vivent sur les chèvrefeuilles et se chrysalident après hibernation, généralement en V.
Chrysalide : son stade dure moins de 15 jours.

3 − envers des ailes
4 − papillon

Grand Sylvain
Limenitis populi L.

La couleur fondamentale du mâle est brun foncé, presque noire. Sur ses ailes antérieures, on remarque quelques taches blanches et, près du bord extérieur de l'aile, quelques « demi-lunes » de couleur brique (orange). Sur ses ailes postérieures, les taches blanches forment une bande quasi continue. Le fond de l'envers des ailes est brun clair et les taches blanches y ont des reflets gris-vert, teintés de bleu. Parfois, on trouve aussi des mâles démunis de taches blanches sur la face des ailes (f. *tremulae*) ; parfois même cette forme se montre plus nombreuse que celle décrite ici.

La femelle possède un dessin blanc plus prononcé encore, surtout sur ses ailes postérieures. Le Grand Sylvain vole dans les forêts feuillues ou mixtes, et ce dans presque toute la partie tempérée de l'Eurasie. Il est très répandu en Europe centrale, mais en aucun endroit précis il n'existe en masse. Il est rare aux Pays-Bas et au Danemark. Les papillons demeurent près des ruisseaux et des rivières, là où poussent les arbres sur lesquels se développeront les chenilles. Ils voltigent près des cimes des arbres et ne s'approchent du sol que pour se désaltérer. Ils s'installent sur les chemins boueux et sur toute matière en voie de décomposition (par exemple les restes de fruits, d'alimentation, de déchets animaux, etc.). La chenille est jaune-brun, tachée de noir. Le papillon éclôt généralement après trois à quatre semaines.

Papillon : VI−VII (parfois aussi VIII).
Chenille : jusqu'en V.
Plantes nourricières : tremble, peuplier.
Les chenilles hibernent et se chrysalident sur le dessus des feuilles.

1 − envers des ailes
2 − chenille
3 − papillon

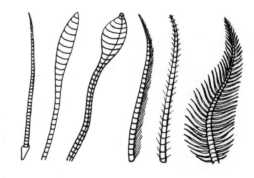

différents types d'antennes

Moyen Nacré
Fabriciana adippe SCHIFF.

1♂

2

3

4♀

Cette espèce de papillon est connue depuis l'Afrique du Nord et l'Europe occidentale jusqu'au Japon. Elle se répartit en une série de races géographiques. La forme décrite est celle des environs de Vienne. Dans les Alpes allemandes et bavaroises, on connaît la ssp. *bajuvarica,* en Espagne et au Portugal la ssp. *chloro-dippe,* au Nord de l'Europe la ssp. *norvegica.* Beaucoup de races géographiques ont été décrites d'après des échantillons d'Asie orientale (particulièrement des vastes territoires de Chine et du Japon). Il faut mentionner la f. *cleodoxa,* démunie des taches argentées du revers des ailes postérieures. Sa couleur dominante est le vert-olive, parfois jaune-vert, avec un reflet verdâtre. En Europe du Sud-Est, cette forme est souvent plus nombreuse que la forme décrite à l'origine.

On peut rencontrer le Moyen Nacré dans les chemins forestiers et les clairières. Il vit en des endroits semblables à ceux où l'on trouve des espèces similaires. Un signe distinctif est celui que constitue le dessin du verso des ailes postérieures. La femelle pond des œufs verdâtres, qui deviendront ultérieurement rougeâtres. La chenille est de ton gris-noir avec des épines brun-roux. La chrysalide est de couleur gris-brun, avec des taches bleues métallisées.

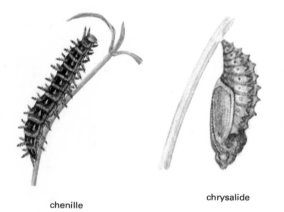

chenille   chrysalide

Papillon : VI—VIII (parfois aussi IX).
Chenille : dans certaines régions VIII—V (d'après d'autres observations, les chenilles éclosent en III et se développent jusqu'en V—VI, moment où elles se chrysalident).
Plantes nourricières : les différentes espèces de violettes.

1, 4 — papillon
2 — envers des ailes
3 — f. *cleodoxa* — envers des ailes

Tabac d'Espagne

Argynnis paphia L.

Le Tabac d'Espagne est surtout connu en Europe
septentrionale depuis le centre de la Finlande et de la
Suède et le sud de la Norvège, d'où son aire de
dispersion passe par le Danemark en traversant le
nord-ouest de l'Allemagne pour atteindre la Méditerranée. En ce qui concerne les pays de l'Afrique du
Nord, il est connu en Algérie. Il existe également vers
l'est où on le remarque dans les vastes territoires de la
Sibérie jusqu'au Japon. La forme décrite à l'origine
provient de Suède.

Le Tabac d'Espagne se répartit en une série de races
géographiques ne se distinguant que fort peu l'une de
l'autre. La ssp. *immaculata,* provenant de Corse et de
Sardaigne, est une race insulaire très intéressante, les
bandes argentées du revers des ailes postérieures
étant réduites. Parmi les spécimens normalement
colorés, relevons une forme foncée de la femelle,
connue des collectionneurs sous le nom de f. *valesina.*

La femelle pond ses œufs sur les troncs des pins et
des épicéas (parfois sur la plante nourricière des
chenilles). La chenille adulte est de ton brun-noir avec
une large bande dorsale jaune et avec des taches
latérales noires et jaunes. La chrysalide est foncée
avec points dorés. Cette espèce n'a qu'une seule
génération.

Papillon : VI—IX.
Chenille : VIII—VI. Elle se chrysalide après hibernation,
généralement en V, et dans des endroits plus élevés en
VI.
Chrysalide : son stade se prolonge approximativement
durant 3 semaines. Plantes nourricières : les différentes
espèces de violettes, surtout la violette du chien.

1, 2 — papillon
3 — f. *valesina*
4 — chenille

envers des ailes

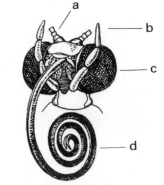

Tête d'un papillon :
a — antenne (raccourcie), b — palpes, c — œil à facettes,
d — trompe.

Carte géographique
Araschnia levana L.

La Carte géographique est une espèce très connue. Elle fréquente les chemins forestiers, les parcs, les prairies et autres lieux similaires. Souvent aussi on la trouve aux endroits semi-ombragés où poussent les orties. Célèbre par sa variabilité et répandue depuis l'Europe occidentale jusqu'au Japon (on ne la trouve pas en Angleterre), elle vit généralement en colonies.

Les exemplaires printaniers (gen. vern. *levana*) sont remarquables par la couleur rouge brique de leurs ailes au dessin foncé ; quant aux exemplaires d'été (gen. aest. *prorsa*), ils sont noirs avec des taches claires (tantôt blanchâtres, tantôt jaunes). Une troisième génération apparaîtrait localement mais on ne peut que difficilement la confirmer, le développement des chenilles s'effectuant très irrégulièrement, ce qui n'exclut pas qu'il puisse s'agir d'exemplaires relevant d'une seconde génération, mais éclos tardivement.

La femelle pond, au dos des feuilles, des œufs verdâtres, arrondis, liés en chaînette et formant comme une petite pyramide. Les chenilles vivent sur les feuilles, d'abord en communauté, puis plus tard en solitaires. Lorsqu'elles se sentent dérangées, elles se laissent tomber de la plante nourricière au sol.

ponte avec jeunes chenilles

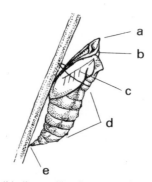

Chrysalide d'un papillon diurne : a – tête, b – fourreau des antennes, c – fourreau alaire, d – segments abdominaux, e – crémaster avec crochets d'ancrage.

Papillon : IV–V (parfois en VI) ; VII–IX, éventuellement une troisième génération plus tard.
Chenille : V–VII. Le développement se prolonge pendant 4 semaines.
Plantes nourricières : les différentes espèces d'orties.

1 – gen. vern. *levana* (forme de printemps)
2 – chenille
3 – envers des ailes
3 – gen. aest. *prorsa* (forme d'été)
4 – gen. aut. *porima* (forme d'automne)
5 – gen. vern. *levana*, envers des ailes
6 – chrysalide

Belle Dame

Vanessa cardui L.

Cette espèce, qui appartient aux papillons migrateurs les plus connus, évite les forêts. Par contre, on la trouve très souvent dans les champs, les steppes et les prairies. Venant du sud, elle arrive en Europe continentale en avril, pour y demeurer jusqu'à la fin de l'été (en Europe septentrionale et en Angleterre, on remarque les spécimens immigrés un peu plus tard, généralement en juin). Les passages de la Belle Dame ont été observés jusqu'en haute montagne. Ces précisions sur l'aire de dispersion de cette espèce nous proviennent de Grande-Bretagne. On nous a informés ainsi d'invasions très importantes en 1948 et en 1952, années au cours desquelles la Belle Dame se présentait en grand nombre dans toute l'Europe septentrionale et occidentale.

La dispersion géographique de ce papillon est considérable, puisqu'il est connu dans le monde entier (excepté l'Amérique du Sud). Il est, notamment, un des rares papillons observés en Islande et en Irlande. La femelle pond ses œufs un par un sur les feuilles de la plante nourricière de la chenille. Ils sont verdâtres, leur surface étant ornée de formes géométriques en relief. Quant à la chenille, elle est très variable. La chrysalide, pour sa part, est brune ou grisâtre avec de petites taches à reflets dorés. Le papillon éclôt approximativement après deux semaines.

Papillon : arrive du sud en IV—VI ; dans la génération suivante, il apparaît jusqu'en X.
Chenille : VI—IX. Dans le Sud, elle est souvent nuisible aux cultures.
Plantes nourricières : chardon, orties, etc.

1 — envers des ailes
2 — papillon
3 — chrysalide
4 — chenille

Représentation schématique d'un papillon :
a — tête, b — trompe, c — thorax et pattes, d — abdomen,
e — ailes, f — antennes.

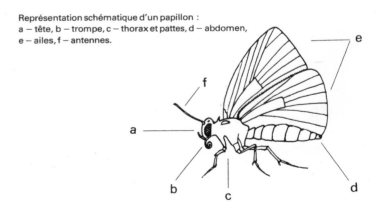

Morio

Nymphalis antiopa L.

Le Morio se trouve au centre de l'intérêt des collectionneurs de papillons, car il constitue un sujet favorable pour l'observation de l'influence de la température sur la variabilité des ailes. Une de ses formes, la f. *hygiaea*, est reprise sur la planche ci-contre. Le Morio n'est pas exigeant en ce qui concerne ses endroits de prédilection ; on peut en effet le rencontrer partout dans les forêts feuillues, dans les plaines et en montagne. Ses lieux d'existence préférés sont les berges des rivières, des ruisseaux et des étangs, où poussent les plantes nourricières des chenilles. Avec délice, il suce la sève des arbres blessés et le jus des fruits trop mûrs.

Le Morio vit non seulement en Europe et en Asie, mais aussi en Amérique du Nord. La forme décrite à l'origine provient de Suède, apparaît en Europe centrale et occidentale et est citée en Amérique du Nord, où l'on connaît encore deux autres races géographiques : la ssp. *hyperborea* et la ssp. *lintnerii*. D'autres sous-espèces décrites proviennent d'Asie orientale. Le Morio hiberne en des endroits bien dissimulés, d'où il prendra son vol dès les premiers jours ensoleillés du printemps. Parfois encore très répandu, ce papillon semble avoir une tendance à disparaître depuis quelques dizaines d'années.

chenille suspendue juste avant la nymphose

Papillon : VI—IX (après hibernation du III ou IV jusque V ; en montagne, il hiberne encore en VI).
Chenille : en VI—VII.
Plantes nourricières : saule, bouleau, peuplier, orme, etc.

1 – papillon
2 – chenille
3 – f.*hygiaea*
4 – chrysalide

Paon de jour

Inachis io L.

Grâce au dessin remarquable de ses ailes, le Paon de jour est à ce point devenu populaire qu'on ne le confond plus avec aucune autre espèce de papillon. Il est connu dans presque toute l'Europe et dans les régions tempérées de l'Asie, y compris le Japon. Malgré l'étendue de son aire de dispersion, cette espèce ne constitue que quelques formes géographiques. Comme tous les autres papillons analogues, le Paon de jour connaît des formes distinctes, résultant de l'action des différences de température sur les jeunes chrysalides.

Ce magnifique papillon peut être admiré presque partout : dans les forêts, dans les parcs, dans les jardins et également en montagne ; il s'installe généralement sur les fleurs de chardon et d'autres plantes. Il voltige dans la nature presque toute l'année. Dès le début du printemps, il quitte les greniers, les caves et les grottes où il hibernait, pour s'installer sur les fleurs de l'osier blanc, nous donnant ainsi une image typique de la nature printanière.

La femelle pond ses œufs au dos des feuilles de la plante nourricière. Les jeunes chenilles grimpent alors vers la pointe des feuilles, où elles vont tisser un nid pour y vivre en communauté. Notons enfin que la chrysalide possède de petites taches dorées et brillantes très visibles.

Papillon : VII–IX ; après hibernation : III–V ; en montagne aussi en VI.
Chenille : V–VI et, ensuite, VII–IX. Le stade de l'œuf se prolonge durant une semaine ; celui de la chenille de 2 à 3 semaines et celui de la chrysalide de 10 à 14 jours.
Plantes nourricières : orties diverses, houblon.

1 – envers des ailes
2 – papillon
3 – chrysalide
4 – chenille

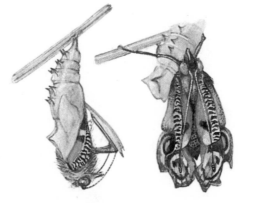

éclosion du papillon

détail de l'aile postérieure gauche

Robert-le-diable

Polygonia c-album L.

On reconnaît ce papillon à une petite tache blanche — dont la forme nous rappelle la lettre « C » — et qui se trouve au revers des ailes postérieures. Cependant, la diversité dans la configuration de cette tache est à ce point variable qu'elle a donné beaucoup de formes différentes qui, si elles n'ont pas une importance essentielle, offrent certaines curiosités ; citons notamment : *o-album, delta-album, j-album, g-album,* etc. Quant aux spécimens dont la tache du revers des ailes postérieures est absente, ils n'ont pas échappé à l'attention des collectionneurs ; c'est ainsi qu'on peut les trouver dans les collections sous le nom de *c-extinctum* ou *extincta.*

Le Robert-le-diable hiberne. Les œufs éclosent en été, les spécimens se présentant soit sous la forme type, soit sous une forme beaucoup plus claire *(f. hutchinsoni).* Les premiers hibernent, tandis que les seconds vont très rapidement s'accoupler, leur progéniture allant apparaître encore au cours de la même année (mois d'août et de septembre), relevant de la forme type qui hiberne. C'est pourquoi l'on ne rencontrera dans la nature, au printemps, que des spécimens dotés de la coloration typique et non le *hutchinsoni.* Notons enfin que l'aire de dispersion du Robert-le-diable s'étend des îles Britanniques jusqu'au Japon.

chenille suspendue juste avant la nymphose

Papillon : VI−VII ; VII−V.
Chenille : V−VII ; (mais aussi en VII−VIII).
Plantes nourricières : ortie, houblon, orme, noisetier, groseillier, etc.

1 − papillon
2 − chrysalide
3 − envers des ailes
4 − chenille
5 − *f. hutchinsoni*

Tircis

Pararge aegeria L.

Le Tircis passe presque inaperçu dans la nature. Ce petit papillon recherche les chemins forestiers, les clairières, les parcs, etc. On peut le trouver aussi au voisinage de petits groupes d'arbustes et des touffes d'herbes propres aux forêts ombragées de haute futaie. Il vole lentement, battant des ailes, et s'installe ensuite très rapidement sur la végétation du sol.

L'aire de dispersion de cette espèce est très vaste ; elle s'étend de l'Europe occidentale et de l'Afrique du Nord jusqu'en Asie centrale. Ce papillon a été aperçu dans les Alpes à une altitude de 1500 m ; dans les montagnes d'Afrique du Nord, on l'a remarqué dans des endroits plus élevés encore. Il se répartit en une série de races géographiques. La forme décrite à l'origine provient du sud de l'Europe, mais on la trouve aussi en Afrique du Nord (Maroc, Algérie, Tunisie). Dans ce cas la couleur des taches sur les ailes est orange, tandis que celle des spécimens de l'Europe centrale est jaune. De Grande-Bretagne, on a décrit la ssp. *tircis* (existant aussi en Irlande). Les populations de l'Europe occidentale sont connues également sous la dénomination ssp. *tircis,* et celles de l'Europe centrale sous l'appellation *egerides* (certains auteurs considèrent ces deux sous-espèces comme identiques).

La chenille est de ton vert clair, avec une ligne dorsale foncée ornée de blanc. Latéralement, elle possède deux lignes blanches. Quant à la chrysalide, elle est verdâtre ou brunâtre.

Papillon : III—VI ; VII—IX ; localement en X.
Chenille : VI—VII et du IX jusqu'au printemps suivant.
Les chenilles hibernent (il en est de même parfois des chrysalides, dont éclosent les papillons de la première génération).
Plantes nourricières : les différentes espèces de pâturins.

1 – papillon
2, 3 – ssp. *tircis*
4 – chenille

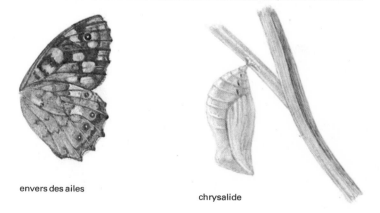

envers des ailes

chrysalide

1

2

3

4

Franconien
Erebia medusa SCHIFF.

Grand Nègre
Erebia aethiops ESP.

Le Franconien est l'espèce du genre *Erebia* la plus répandue en Europe, tant en plaine que dans les régions vallonnées et les hautes montagnes. Dans les Alpes, ce papillon s'élève à quelque 2600 m, alors que dans les Carpates, il vit à une altitude de 1600 à 1900 m. La description de l'espèce trouve son origine sur du matériel des environs de Vienne (Autriche). Dans toute l'étendue de son aire de dispersion, le Franconien se répartit en plusieurs races géographiques importantes. Parmi les plus connues, citons la ssp. *hippomedusa,* provenant des lieux les plus élevés des Alpes italiennes et autrichiennes (le papillon y vit dans les prairies humides).

Le Grand Nègre préfère les régions vallonnées, sans dédaigner pour autant la montagne. A quelque 1700 ou 2000 m, on trouve des spécimens plus petits avec dessin rouge-brun très réduit (f. *altivaga*). L'aire de dispersion du Grand Nègre s'étend de l'Europe occidentale aux monts Saïan, dans le nord-ouest de la Chine ; il est absent de la Scandinavie. La chenille vit dissimulée. La chrysalide est brun-jaune et vit dans un léger cocon.

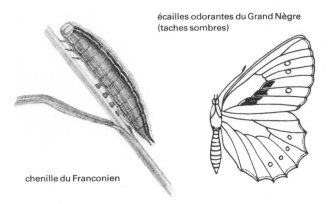

écailles odorantes du Grand Nègre
(taches sombres)

chenille du Franconien

Erebia medusa :
Papillon : V–VI (jusqu'en VII en montagne).
Chenille : de l'été au printemps.
Plante nourricière : digitaire sanguine.

1 – papillon
2 – envers des ailes
4 – chrysalide

Erebia aethiops :
Papillon : VII–IX.
Chenille : du VIII jusqu'en VI.
Plantes nourricières : pâturin, agrostide, dactyle.

3 – papillon

Demi-deuil

Melanargia galathea L.

En Europe tempérée on ne peut confondre le Demi-deuil avec aucun autre papillon ; toutefois, dans le sud de l'Europe, en Asie Mineure et en Afrique du Nord, plusieurs espèces lui ressemblent. Le Demi-deuil se répand depuis l'Europe occidentale jusqu'en Iran et en Afrique du Nord. En montagne, il s'élève jusqu'à 1700 m (plus haut encore dans l'Atlas).

Cette espèce de papillon recherche les clairières, les chemins forestiers, les abords des forêts, les pentes buissonneuses et les talus le long des voies de chemin de fer. Le Demi-deuil aime s'installer sur les fleurs des différentes espèces de la scabieuse.

La femelle est plus grande que le mâle ; elle pond ses œufs librement (aussi tombent-ils souvent de la plante) ou les laisse choir en plein vol. La chenille se développe depuis le mois de mai jusqu'en juin ; elle hiberne en effet après la première ou la seconde mue. Elle se cache durant le jour et sort la nuit afin de chercher sa nourriture.

Le Demi-deuil est une espèce très variable tant individuellement que géographiquement ; ainsi, on a décrit toute une série de sous-espèces. La forme décrite à l'origine vit en Europe centrale (en Afrique du Nord, on a décrit la ssp. *lucasi*). Aux formes individuelles particulières appartient la f. *procida*, papillon à dessins noirs prédominants, que l'on trouve en différents endroits (spécialement dans le Midi).

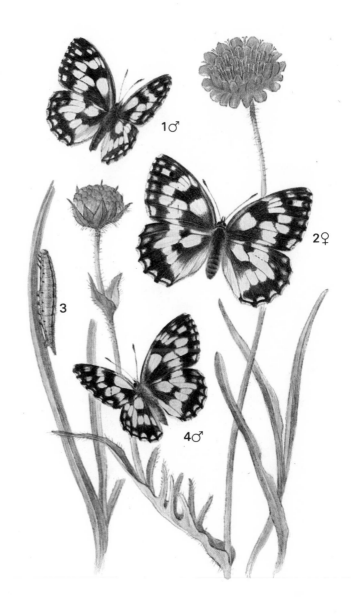

Papillon : VI—VIII.
Chenille : à partir de l'été jusqu'en V—VI.
Plantes nourricières : le dactyle et différentes espèces de graminées.

1, 2 – papillon
3 – chenille
4 – forme jaune

chrysalide

Thécla du chêne

Quercusia quercus L.

Thécla du bouleau

Thecla betulae L.

Le Thécla du chêne est un habitant fidèle des bois de chênes. Il séjourne généralement dans les cimes de ces arbres ; aussi échappe-t-il souvent à l'attention, surtout dans les forêts où les arbres sont élevés. Il voltige autour des chênes et souvent, il se pose sur les feuilles. Cette espèce est répandue dans une zone s'étendant de l'Afrique du Nord et de l'Europe occidentale jusqu'en Asie Mineure et au-delà du Caucase.

Le mâle possède une tache violette sur la presque totalité du dessus de ses ailes ; chez la femelle, cette tache est plus vive, mais limitée à la moitié basilaire des ailes antérieures. La chenille est brun-rouge avec, le long de sa bande dorsale noire, des taches jaunes ou rouges. La chrysalide est brune avec des taches et des petits points plus foncés. Son stade s'étend sur deux semaines.

Le Thécla du bouleau séjourne dans les forêts mixtes et dans les parcs. En montagne, il n'atteint jamais plus de 1000 m d'altitude. Il occupe une zone s'étendant de l'Europe occidentale (y compris l'Angleterre et l'Irlande) jusqu'à la Mongolie, la Chine et la Corée. Il ne se montre jamais en grande quantité. Les ailes antérieures de la femelle sont ornées d'une grande tache orange foncé. Sa chenille est verte, avec une double ligne dorsale jaune et une tête brune. La chrysalide est brune, avec des nervures dorées ; son stade s'étend sur une période de dix à vingt-deux jours.

œuf du Thécla du bouleau

Quercusia quercus :
Papillon : VI—VIII.
Chenille : IV—VI. Œuf hiberne.
Plante nourricière : chêne.

1, 2 — papillon
3 — envers des ailes

Thecla betulae :
Papillon : VII—X.
Chenille : V—VI.
Œuf hiberne.
Plantes nourricières : bouleau et prunellier.

4 — papillon

Bel Argus

Lysandra bellargus ROTT.

Argus bleu nacré

Lysandra coridon PODA

Le Bel Argus vit dans les champs, sur les talus des chemins de fer et dans les champs de trèfle. On le trouve également sur les pentes sèches et dans les terrains vagues. Son aire de dispersion s'étend à travers toute l'Europe jusqu'en Iran et en Asie. En Angleterre, il apparaît dans les régions méridionales (en Irlande, on ne le connaît pas). Il passe la nuit dans les fleurs. Localement, il est assez répandu, surtout dans les champs de trèfle et de luzerne en fleurs. La chenille est bleu-vert, avec des lignes dorsales et latérales foncées et des taches rouge-jaune. La chrysalide est vert-brun.

L'Argus bleu nacré séjourne dans des endroits similaires à ceux où vit le Bel Argus et spécialement là où le sol est calcaire. Souvent d'ailleurs, l'on peut trouver les deux espèces simultanément. L'Argus bleu nacré est connu dans presque toute l'Europe (excepté en Irlande, en Scandinavie, au Danemark et au Portugal). En Angleterre, il est très recherché par les collectionneurs ; on y a d'ailleurs décrit et désigné une dizaine de formes différentes.

Une différence considérable de couleur distingue les mâles et les femelles de ce papillon, ce qui est vrai du reste pour la majorité des espèces de cette famille. A l'origine, l'espèce a été décrite de Styrie, en Autriche. La chenille est bleu-vert et possède des lignes jaunes ainsi qu'une série de points de même couleur. La chrysalide est brun-jaune.

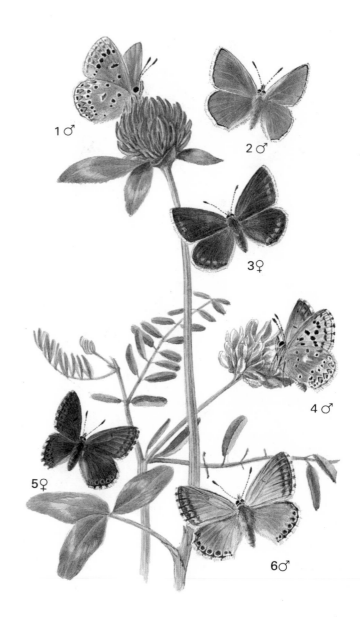

Lysandra bellargus :
Papillon : V–VI ; VII–VIII.
Chenille : en VII (ensuite, à partir de l'automne jusqu'en V).
Plantes nourricières : les différentes espèces de lotier, d'*Hippocrepis* et d'astragale (réglisse sauvage).

1 – envers des ailes
2, 3 – papillon

Lysandra coridon :
Papillon : VI–VIII.
Chenille : à partir de l'automne jusqu'en VI.
Plantes nourricières : les différentes espèces de *Coronilla*, d'astragale, d'*Hippocrepis*, etc.

4 – envers des ailes
5, 6 – papillon

Lysandra bellargus f. *ceronus*

Ecaille martre
Arctia caja (L.)

Fermière
Epicallia villica (L.)

Les Ecailles comptent parmi les plus colorés des papillons de nuit. La famille est relativement pauvre en espèces, mais celles-ci existent dans le monde entier. Les espèces de petite taille sont parfois classées à part : famille des *Nolidae* et *Lithosiidae*. Les chenilles sont toujours velues.

L'Ecaille martre est une espèce incroyablement variable et il est quasiment impossible de trouver deux individus présentant les mêmes motifs. Pour ce qui est des ailes antérieures, les variations tendent à éliminer ou la coloration claire, ou la coloration sombre. Le nombre de taches bleues des ailes postérieures est également variable. L'Ecaille martre existe de la plaine jusqu'en montagne où elle dépasse la limite supérieure de la forêt. Elle abonde surtout aux environs de 600 m d'altitude. On la trouve en Europe et en Asie jusqu'au Japon, ainsi qu'en Amérique du Nord.

Les ailes de la Fermière portent des motifs tout aussi variables. Citons les formes : *radiata* aux taches liées en bandes continues et *paucimaculata* chez qui les taches des ailes antérieures disparaissent plus ou moins. La Fermière vit dans les régions chaudes d'Europe et d'Asie et peut pulluler par endroits.

Les deux espèces représentées sont attirées par la lumière et actives de nuit jusque vers minuit.

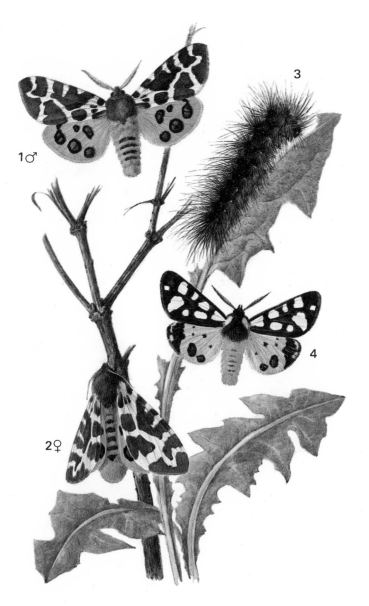

Ecaille martre au repos

chrysalide de l'Ecaille martre

Arctia caja :
Papillon : VII–VIII.
Chenille : IX – hiberne – VI.
Plantes nourricières : polyphage, différentes espèces.

1, 2 – papillon
3 – chenille

Epicallia villica :
Papillon : V–VI.
Chenille : VII – hiberne – IV.
Plantes nourricières : polyphage, différentes espèces.

4 – papillon

Lichenée rouge, Mariée

Catocala nupta (L.)

Mormonia du chêne, Fiancée

Mormonia sponsa (L.)

Voici deux espèces représentant les Lichenées rouges dont il existe une vingtaine d'espèces en Europe et en Asie. Pendant la journée, ces gros papillons de nuit se reposent sur les troncs des arbres, bien dissimulés par la coloration grise de leurs ailes antérieures marquées de riches ondulations de couleur sombre, rappelant l'écorce fendillée du chêne, de l'aulne, etc. Si un oiseau parvient néanmoins à le surprendre, le papillon écarte rapidement les ailes antérieures et découvre ses ailes postérieures rouges, ce qui a sur l'oiseau un effet d'intimidation : l'agresseur s'envole alors effrayé, laissant le papillon sain et sauf. Au bout d'un moment la Lichenée reprend son attitude de repos et cache à nouveau ses ailes voyantes. Il arrive aussi qu'elle profite de la surprise de l'oiseau pour s'envoler d'un zigzag rapide.

La Mariée accompagne les forêts feuillues et les vallées humides, riches en espèces végétales, de la région paléarctique occidentale. A l'est, on peut la suivre dans la partie européenne de l'U.R.S.S. et jusqu'au Caucase, à travers la Sibérie jusqu'en Extrême-Orient. En Europe, c'est la Lichenée la plus courante de la fin de l'été. Elle se laisse facilement capturer à l'aide d'appâts ou de signaux lumineux.

La Fiancée est une espèce thermophile vivant dans les forêts de chênes d'Europe centrale et méridionale. A l'est, sa présence s'arrête dans les régions du Caucase et de l'Oural. A la différence des autres espèces, la Fiancée présente des ailes postérieures d'un carmin très intense.

Catocala nupta :
Papillon : VII–X.
Chenille : V–VII.
Plantes nourricières : saule, peuplier.
Œuf hiberne.

1 – papillon
2 – chenille

Mormonia sponsa :
Papillon : VII–IX.
Chenille : V–VI.
Plante nourricière : chêne.
Œuf hiberne.

3 – papillon
4 – chenille

chrysalide de *Mormonia sponsa*

Catocala nupta au repos

221

Disparate

Lymantria dispar (L.)

Patte étendue

Dasychira pudibunda (L.)

Etoilée

Orgyia antiqua L.

Quelque 1800 espèces de lymantriidés sont actuellement connues dans le monde. Il s'agit de papillons de taille moyenne, aux ailes larges, présentant un dimorphisme sexuel très marqué. Les mâles diffèrent des femelles par la forme de leurs antennes et la coloration de leurs ailes. Un grand nombre de papillons nuisibles appartiennent à cette famille.

Le Disparate existe de nos jours dans tout l'hémisphère Nord. Lorsqu'il fut introduit en Amérique, en 1869, il s'y multiplia à toute vitesse en devenant un véritable fléau. En Europe, il s'attaque aux chênaies et parfois aux arbres fruitiers des régions chaudes. Il pullule certaines années et les troncs des arbres sont alors littéralement recouverts de pontes protégées par les poils clairs que la femelle prélève sur son abdomen.

La Patte étendue est originaire de la zone tempérée européenne et asiatique jusqu'au Japon. C'est un papillon relativement discret, contrairement à ses chenilles jaunes, densément velues, annelées de rouge et très visibles sur les arbres feuillus.

L'Etoilée compte parmi les espèces chez lesquelles la femelle présente une forme bizarre aux ailes atrophiées. Plutôt qu'un papillon, on dirait un tonnelet ambulant, bourré d'œufs. Seul le mâle est capable de voler. La chenille aux couleurs vives et aux poils implantés en touffes a également une forme curieuse. L'espèce existe dans toute la région paléarctique à l'exception des régions les plus chaudes d'Europe et de toute l'Afrique du Nord.

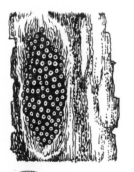

Orgyia recens : ponte, œuf et papillon au repos

Lymantria dispar :
Papillon : VI–VIII.
Chenille : IV–VII.
Œuf hiberne.

1, 2 – papillon
3 – chenille
4 – chrysalide

Dasychira pudibunda :
Papillon : IV–VII.
Chenille : VII–X.
Chrysalide hiberne.

5 – papillon
6 – chenille

Orgyia antiqua :
Papillon (2 générations): VI–VII et VIII–X.
Chenille : IV–VI et VII–X.
Œuf hiberne.
Plantes nourricières (des 3 espèces) : arbres et arbustes à feuilles caduques.

7 – papillon ♂
8 – papillon ♀, aptère
9 – chenille

Grand Paon de nuit

Saturnia pyri (DEN. ET SCHIFF.)

C'est dans la famille des saturniides que l'on trouve les plus grands papillons du monde entier, dont l'envergure dépasse 20 cm. Les ailes portent le plus souvent de grands ocelles et chez certaines espèces la paire postérieure se termine par de long éperons. L'appareil buccal est le plus souvent atrophié et les mâles possèdent de longues antennes pectinées. En Asie orientale, plusieurs espèces de paons sont élevées pour la belle et fine soie produite par leurs chenilles. Celles-ci sont généralement immenses et très voraces et peuvent ravager les cultures fruitières.

Le Grand Paon de nuit est le plus grand papillon européen : son envergure atteint 16 cm. Les mâles se distinguent des femelles par leurs antennes puissamment pectinées et leur taille légèrement plus petite. Par contre, la coloration est identique chez les deux sexes. Le Grand Paon de nuit est un papillon thermophile dont la frontière septentrionale passe par l'Europe centrale. Il vit dans un paysage de steppe boisée broussailleuse, dans les pays plus peuplés, dans les vergers et les jardins plantés d'arbres fruitiers. En Europe, on peut l'observer au début du printemps où il tourbillonne autour des réverbères et ressemble plus à une chauve-souris qu'à un papillon. Pendant la journée, il reste au repos, les ailes légèrement étendues, sur les troncs des arbres ou les murs des bâtiments touchés par l'éclairage nocturne. Les chenilles gigantesques sont couvertes de tubercules colorés. Elles consomment une très grande quantité de nourriture avant de se chrysalider vers la fin de l'été dans un gros cocon pyriforme dont les fibres brutes sont accrochées aux troncs et aux branches d'arbres fruitiers comme les noyers, les abricotiers, les cerisiers, etc.

1 ♂

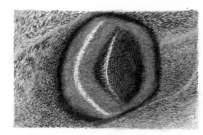

2

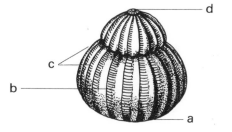

4

3

Papillon : IV—VI.
Chenille : V—VIII.
Chrysalide hiberne.
Plantes nourricières : arbres fruitiers de la famille des rosacées.

1 – papillon
2 – chenille
3 – cocon
4 – chrysalide

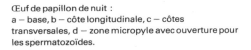

Œuf de papillon de nuit :
a – base, b – côte longitudinale, c – côtes transversales, d – zone micropyle avec ouverture pour les spermatozoïdes.

détail de l'ocelle

Sphinx tête de mort

Acherontia atropos (L.)

La famille des *Sphingidae* compte plus de 800 espèces dont seule une faible proportion, une vingtaine, vivent en Europe. Certaines espèces de Sphinx comptent parmi les plus grands des papillons, avec une envergure atteignant 20 cm. Ce sont des papillons au corps puissant, fuselé, allongé, aux ailes antérieures étroites, de longueur très supérieure à celle des ailes postérieures, et renforcées par une solide nervuration. Le corps entier est adapté à un vol rapide : les Sphinx sont des „champions de vitesse", à la fois très rapides et très endurants, capables de parcourir des distances de mille kilomètres. Il n'y a aucune différence entre les mâles et les femelles, ni pour la coloration, ni pour la forme des antennes. Les Sphinx ont généralement une très longue trompe enroulée en spirale au repos. Ils l'utilisent pour pomper le nectar des fleurs en plein vol. Ils sont capables de vol sur place et de déplacements fulgurants. Les chenilles sont glabres, généralement très colorées, avec une corne à l'extrémité abdominale. Elles se nymphosent dans le sol ou dans la terre meuble superficielle.

Le Sphinx tête de mort doit son nom au curieux dessin, en forme de crâne, qui orne son thorax. Originaire d'Afrique et du sud-ouest asiatique, il quitte ces régions pour s'avancer très au nord et y former sa génération d'été. Les chrysalides sont souvent déterrées lors de la récolte des pommes de terre. Elles peuvent se transformer en papillons lorsqu'on les place au chaud, mais il est rare qu'elles terminent leur cycle évolutif dans la froidure automnale. Les apiculteurs trouvent parfois ces papillons dans leurs ruches où ils sont entrés par l'ouverture, attirés par le parfum du miel. Bien entendu, les abeilles n'ont que faire de ces intrus et règlent leur sort sans délai.

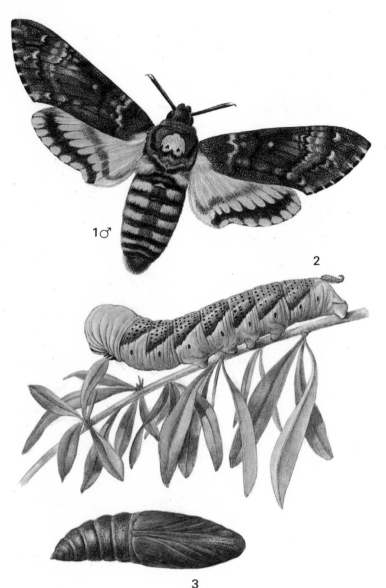

1♂

2

3

papillon au repos

Pour la nymphose, la chenille creuse une petite loge dans le sol.

Papillon : V—VI et VIII—XI.
Chenille : VII—VIII.
Espèce migratrice.
Plantes nourricières : pomme de terre, lyciet et d'autres solanacées.

1 – papillon
2 – chenille
3 – chrysalide

Sphinx du troène
Sphinx ligustri L.

Sphinx du liseron
Herse convolvuli (L.)

Le Sphinx du troène est un des rares papillons à être restés classés dans le genre créé et nommé par Linné. En effet, de nouveaux travaux sur la systématique des lépidoptères ont classé la plupart des espèces dans des groupes nouveaux. Le Sphinx du troène est distribué dans toute la zone paléarctique, à l'exception des régions les plus froides, où il pénètre durant l'été sans y passer l'hiver. Il est relativement abondant dans les régions où il vit. Les papillons sont visibles vers le mois de mai, à la tombée de la nuit, lorsqu'il fait encore chaud : ils volettent alors en aspirant le nectar des fleurs tubulées de différents arbustes ornementaux. Les chenilles abondent sur les arbustes feuillus des parcs vers la fin de l'été, mais il est assez difficile de les y découvrir. C'est généralement par leurs gros excréments noirs, bien visibles sur les sentiers balayés des parcs, qu'elles finissent par se trahir.

Le Sphinx du liseron n'est en Europe qu'un visiteur arrivant des chaudes régions méridionales. Il a pour patrie les zones tropicales d'Afrique, d'Asie et d'Australie. Il vit également en Amérique, et entrepend chaque année des migrations atteignant des milliers de kilomètres. La génération d'été naît ensuite en Europe. Les papillons éclosent en automne et la population se trouve augmentée d'une nouvelle vague d'arrivants méridionaux. Les Sphinx du liseron volent en août et en septembre, à la tombée du jour, le plus souvent au voisinage de phlox en fleurs. La chrysalide est tout à fait intéressante : elle mesure environ 6 cm de longueur, elle est d'un brun brillant et laisse clairement voir le gigantesque étui de la trompe, roulé en spirale.

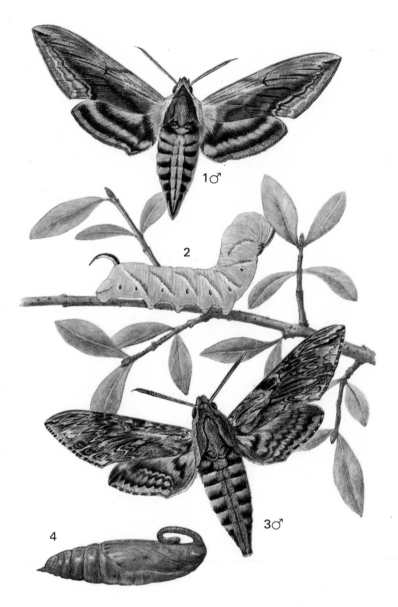

Sphinx ligustri :
Papillon : V–VII.
Chenille : VII–IX.
Chrysalide hiberne.
Plantes nourricières : lilas, troène, *Symphoricarpus*, etc.

1 – papillon
2 – chenille

Herse convolvuli :
Papillon (2 générations) : V–VI (migrateur) et VIII–IX.
Chenille : VI–VIII.
Plante nourricière : liseron.

3 – papillon
4 – chrysalide

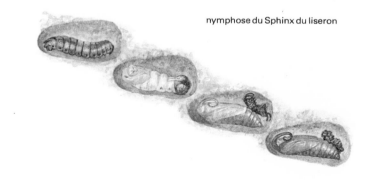

nymphose du Sphinx du liseron

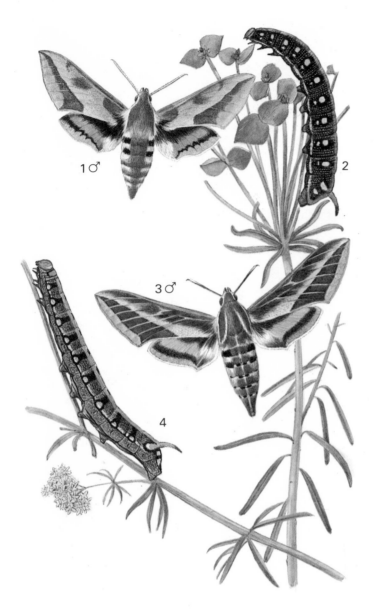

1♂

2

3♂

4

Sphinx de l'euphorbe
Celerio euphorbiae (L.)

Sphinx rayé
Celerio lineata (F.)

Jadis, le Sphinx de l'euphorbe, originaire de la zone tempérée et subtropicale de l'Europe et de l'Asie centrale, comptait parmi les Sphinx les plus courants d'Europe centrale. A l'époque des moissons, on pouvait aisément découvrir ses chenilles multicolores sur les Euphorbes petits-cyprès *(Euphorbia cyparissias)* de toutes les lisières des champs. De nos jours, l'espèce a complètement disparu d'un grand nombre de stations et ne reste relativement courante que dans les régions méridionales où elle hiverne partiellement et où ses populations sont régulièrement alimentées par de nouveaux arrivages en provenance du Sud. Lorsque l'année est chaude, la deuxième génération parvient à éclore et on trouve des chenilles tard dans l'arrière-saison. Les papillons ont une activité vespérale et nocturne. Le soir, on les voit voleter autour de fleurs tubiformes, vers minuit, ils sont surtout attirés par la lumière ultraviolette. Le Sphinx de l'euphorbe est une espèce variable. On trouve notamment une forme rosée *rubescens,* plus rarement f. *latifolii* aux ailes postérieures jaunes. Ces formes sont relativement rares dans la nature, mais assez courantes en élevage ce qui montre que leur développement est favorisé par des conditions plus abritées.

Les représentants du vaste genre *Celerio* sont distribués dans le monde entier. En Europe, le Sphinx rayé est représenté par la sous-espèce *Celerio lineata livornica,* qui est distribuée en Afrique, en Asie méridionale, en Australie. La forme type, au contraire, *Celerio lineata lineata,* qui a servi à caractériser l'espèce, vit dans toute l'Amérique. Le papillon est très mobile et très bien adapté au vol. Il pullule certaines années (les chenilles sont des ravageurs de la vigne) et on le voit alors se disperser très loin dans toutes les directions.

Œuf du Sphinx de l'euphorbe avec la tête translucide de la chenille.

Sphinx de l'euphorbe au repos

Celerio euphorbiae :
Papillon : IV—VI et VIII.
Chenille : V—VII et VIII—X.
Chrysalide hiberne.
Plante nourricière : euphorbe.

1 — papillon
2 — chenille

Celerio lineata :
Papillon : V—VI (migrateur) et VII—IX.
Chenille : VI—VIII.
Plantes nourricières : vigne, gaillet, épilobe.

3 — papillon
4 — chenille

Sphinx de la vigne
Deilephila elpenor (L.)

Petit Sphinx de la vigne
Deilephila porcellus (L.)

Sphinx de l'œnothère
Proserpinus proserpina (Pall.)

Le Sphinx de la vigne est une espèce qui a pour patrie
l'Europe, mais qui existe également dans toute l'Asie,
à l'exception de la zone la plus septentrionale. Il
abonde aux altitudes moyennes et en basse montagne,
mais peut monter aussi très haut en montagne. Il est
relativement rare dans les régions méridionales chaudes. Les papillons voltigent à la nuit tombante autour
des épilobes, des knauties et d'autres fleurs épanouies,
riches en nectar. Les chenilles vivent vers le milieu de
l'été, surtout sur l'épilobe et le laurier de Saint-Antoi-
ne *(Epilobium* et *Chamaenerion),* où on les trouve
sous deux formes, l'une verte, l'autre brune.

Le Petit Sphinx de la vigne peut être observé dans
tous les sites herbeux, riches en espèces à fleurs, en
mai et en juin. Il volette, comme tous les autres sphinx,
à la tombée du jour autour des silènes, des compa-
gnons, des viscaires et d'autres fleurs, surtout en
plaine. Comme l'espèce précédente, celle-ci existe en
Europe et en Asie. Sa coloration est très variable et va
du vert au carmin soutenu.

Le Sphinx de l'œnothère est une espèce rare que
l'on rencontre surtout en plaine aux bords des rivières
et des étangs où elle trouve les plantes dont elle se
nourrit. Il semblerait qu'elle soit en voie de disparition
rapide depuis quelques années. Il existe surtout en
Europe méridionale où il a pénétré depuis l'Orient en
traversant l'Asie chaude.

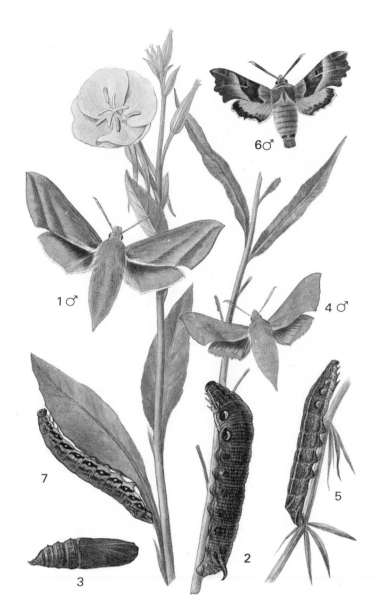

Deilephila elpenor :
Papillon : V–VII.
Chenille : VI–IX.
Chrysalide hiberne.
Plantes nourricières : polyphage,
surtout différents épilobes, gaillet.

1 – papillon
2 – chenille
3 – chrysalide

Deilephila porcellus :
Papillon : V–VII.
Chenille : VII–IX.
Chrysalide hiberne.
Plantes nourricières : comme pour
D. elpenor.

4 – papillon
5 – chenille

Proserpinus proserpina :
Papillon : IV–VI.
Chenille : VII–VIII.
Chrysalide hiberne.
Plantes nourricières : épilobes,
œnothère.

6 – papillon
7 – chenille

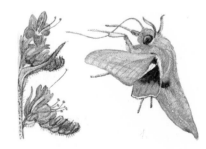

Sphinx de la vigne

Sphinx du caille-lait
Macroglossum stellatarum L.

Sphinx gazé
Hemaris fuciformis L.

Sphinx du chèvrefeuille
Hemaris tityus L.

Les trois espèces présentées ici sont de menus Sphinx diurnes, permettant de vérifier l'exceptionnelle aptitude au vol de toute la famille. Les touffes d'écailles pygidiales qui sont disposées à la manière des plumes caudales des oiseaux se joignent à la forme aérodynamique de leur corps pour les équilibrer dans leur vol énergique.

Le Sphinx du caille-lait est un important papillon migrateur vivant dans les régions relativement chaudes de la zone paléarctique, et récemment introduit en Amérique. Il n'hiverne généralement pas, sauf en cas de saisons exceptionnellement douces, dans la zone tempérée européenne ou asiatique où ses nymphes sont incapables de survivre aux rigueurs de l'hiver. Les papillons n'hésitent pas à monter en altitude jusqu'aux prairies alpines où ils arrivent au moment du plein épanouissement des plantes montagnardes. Parfois, ce Sphinx pullule à l'automne de certaines années.

Le Sphinx gazé et le Sphinx du chèvrefeuille sont également diurnes : on les voit vers le mois de mai, lors de journées ensoleillées, alors qu'ils viennent rendre visite aux sauges ou aux viscaires en fleurs. Leur excellente adaptation au vol leur permet de s'aventurer même en haute montagne. Ce ne sont pas des papillons rares, mais ils sont très timides. Les deux espèces vivent en Europe et en Asie occidentale et centrale.

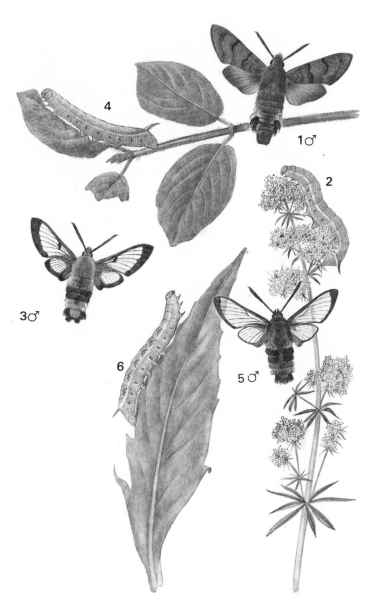

Sphinx gazé au repos

chrysalide du Shinx du caille-lait

Macroglossum stellatarum :
Papillon (2 générations) : V−VII
(migrateur) et VIII−X.
Chenille : VI−VIII et IX−X.
Chrysalide hiberne.
Plantes nourricières : gaillet,
aspérule.

1 − papillon
2 − chenille

Hemaris fuciformis :
Papillon : V−VII.
Chenille : VII−VIII.
Chrysalide hiberne.
Plantes nourricières :
chèvrefeuille, symphorine.

3 − papillon
4 − chenille

Hemaris tityus :
Papillon : V−VII.
Chenille : VII−VIII.
Chrysalide hiberne.
Plantes nourricières :
oligophage, dipsacacées.

5 − papillon
6 − chenille

Zérène du groseillier, Phalène mouchetée
Abraxas grossulariata (L.)

Abraxas sylvata (Sc.)

Phalène d'automne
Ennomos autumnaria (Wern.)

Géomètre du sureau, Phalène souffrée
Ourapteryx sambucaria (L.)

Les invasions de chenilles arpenteuses de la Phalène mouchetée sur les groseilliers de nos jardins ne sont plus de nos jours en Europe qu'un souvenir. Sa distribution est générale sur un vaste territoire paléarctique comprenant le Japon. C'est chez la Zérène du groseillier, autre nom de la Phalène mouchetée, qu'on a découvert la possibilité, pour les femelles, de produire deux types d'ovules aux noyaux cellulaires de morphologie différente, tandis que les mâles ne produisent qu'un seul type de spermatozoïdes. Ce type de reproduction existe également chez les oiseaux et on le nomme ou type « Abraxas » en l'honneur de notre papillon, ou type « oiseau ».

Abraxas sylvata est une espèce forestière de même distribution que la Phalène mouchetée.

La Phalène d'automne est courante au début de cette saison. Elle peuple une immense aire recouvrant toute la région holarctique de la plaine jusqu'en montagne, mais elle est tributaire de la présence d'arbres feuillus.

Le Géomètre du sureau est l'un des plus grands géométrides européens. A première vue, rien ne le rapproche de la famille. C'est une espèce de la région paléarctique occidentale. En Europe, elle vit toujours en plaine et dans les contrées chaudes ; on la trouve sporadiquement en Asie.

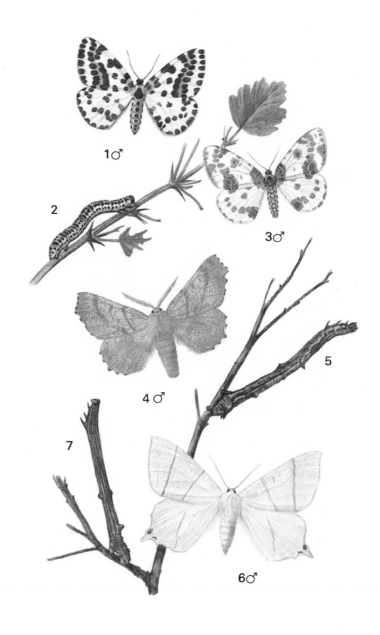

Abraxas grossulariata :
Papillon : VI–VII.
Chenille : VIII–VI (hiberne).
Plantes nourricières (des 4 espèces) :
polyphages, arbres et arbustes feuillus.

1 – papillon
2 – chenille

Abraxas sylvata :
Papillons : VI–VIII.
Chenille : VIII–IX.
Chrysalide hiberne.

3 – papillon

Ennomos autumnaria :
Papillons : VIII–X.
Chenille : V–VII.
Œuf hiberne.

4 – papillon
5 – chenille

Ourapteryx sambucaria :
Papillon : VI–VIII.
Chenille VIII–V (hiberne).

6 – papillon
7 – chenille

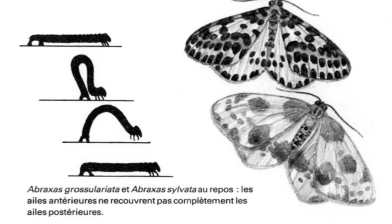

Abraxas grossulariata et *Abraxas sylvata* au repos : les ailes antérieures ne recouvrent pas complètement les ailes postérieures.

Queue fourchue
Cerura vinula (L.)

Stauropе du hêtre, Ecureuil
Stauropus fagi L.

Petite Queue fourchue
Harpyia hermelina Gz.

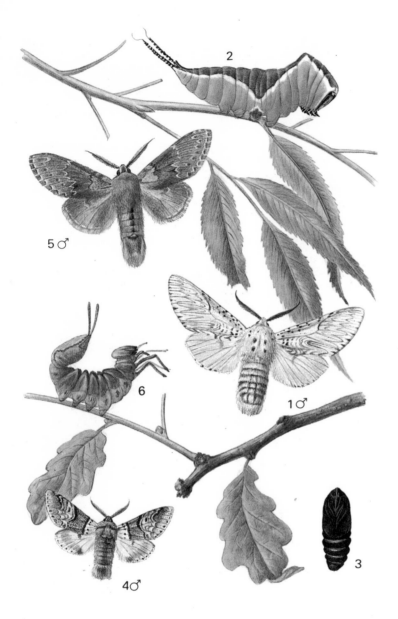

La famille des notodontidés comprend environ 2000 espèces de papillons de taille moyenne, distribués dans le monde entier mais surtout en Amérique du Sud, en Afrique et en Asie antérieure. Cette famille se distingue surtout par ses chenilles qui peuvent être glabres et de forme bizarre, avec des appendices sur le corps, ou encore cylindriques et velues, généralement de couleurs très vives. Les papillons au repos sont reconnaissables à leurs poils dorsaux groupés en forme de dents.

Les espèces représentées sont distribuées en Europe et en Asie. C'est la Queue fourchue qui pénètre le plus à l'est, jusqu'aux confins du Japon. La Petite Queue fourchue pénètre jusqu'à l'Altaï. Ces deux papillons sont relativement rares. Ils sont attirés par la lumière. Les chenilles épaisses et vivement colorées vivent sur les saules, les aulnes, les trembles. Leur segment postérieur porte deux fouets évaginables apparaissant seulement lorsque la chenille est excitée. Les chenilles du Stauropе du hêtre sont également intéressantes. Leurs pattes antérieures sont plus longues que normale et leur abdomen relevé se replie quelquefois vers l'avant sur le thorax. Au repos, la chenille fait penser à une grosse araignée. Le Stauropе du· hêtre est lié à la zone des forêts feuillues de l'Europe et de l'Asie tempérée. En Asie méridionale, ses pullulations causent parfois des ravages dans les forêts de chênes et de hêtres.

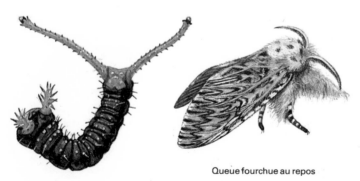

Chenille de la Queue fourchue fraîchement éclose qui présente à son extrémité la fourche caractéristique.

Queue fourchue au repos

Cerura vinula :
Papillon : IV−VII.
Chenille : VI−IX.
Chrysalide hiberne.
Plantes nourricières :
oligophage, saule,
peuplier, tremble.

1 − papillon
2 − chenille
3 − chrysalide

Stauropus fagi :
Papillon : IV−VIII.
Chenille : VI−IX.
Chrysalide hiberne.

Plantes nourricières :
polyphage ; arbres feuillus,
surtout hêtre et charme.

5 − papillon
6 − chenille

Harpyia hermelina :
Papillon : V−VIII.
Chenille : VII−IX.
Chrysalide hiberne.
Plante nourricière :
oligophage, peuplier,
tremble.

4 − papillon

Zygène de la filipendule, Sphinx-bélier

Zygaena filipendulae (L.)

Zygène de l'esparcette

Agrumenia carniolica (Sc.)

Zygène de la coronille

Polymorpha ephialtes (L.)

La famille des *Zygaenidae* comprend environ un millier d'espèces distribuées pratiquement dans le monde entier, à l'exception de l'Amérique. Il s'agit de papillons de petite taille, vivement colorés, très variables et caractérisés par un grand nombre de traits morphologiques inhabituels. La nervuration des ailes est très primitive du point de vue évolutif, les antennes sont pectinées ou plus souvent renflées en massue. La trompe est ordinairement bien développée. Les chenilles courtes et épaisses, finement velues, sont dotées d'une courte tête rétractile. Elles se chrysalident en cocons fusiformes brillants et parcheminés, fixés longitudinalement aux brins d'herbe et aux tiges des plantes. La nymphe présente des segments abdominaux libres entre eux et les pattes sont également dans des gaines distinctes. Les Zygènes sont des papillons diurnes que l'on voit souvent posés sur les fleurs des composacées et des dipsacacées.

Il existe un grand nombre d'espèces de Zygènes rouges. La Zygène de la filipendule est l'espèce la plus courante en plaine et en montagne jusqu'à 2000 m d'altitude. La Zygène de l'esparcette est une espèce thermophile, courante dans des sites steppiques, surtout sur les calcaires européens et centre-asiatiques. Ces deux espèces sont d'origine orientale. La Zygène de la coronille est eurosibérienne et sa variabilité individuelle et géographique en fait un objet de curiosité pour un grand nombre de chercheurs et de généticiens.

Zygaena filipendulae :
Papillon : VI—IX.
Chenille : VIII—V (hiberne).
Plantes nourricières : lotier corniculé, coronille, etc.

1 – papillon
2 – chenille
3 – cocon

Agrumenia carniolica :
Papillon : VII—VIII.
Chenille : IX—V (hiberne).
Plantes nourricières : lotier, esparcette.

4 – papillon

Polymorpha ephialtes :
Papillon : VI=VIII.
Chenille : VIII—V (hiberne).
Plante nourricière : coronille.

5 – papillon, forme typique
6 – f. *peucedani*
7 – f. *icterica*
8 – chenille

Zygène de l'esparcette

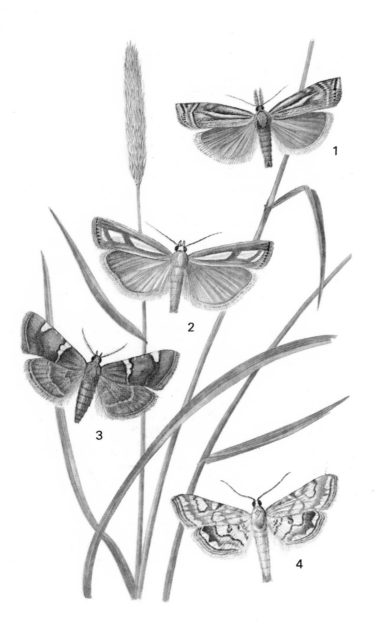

1

2

3

4

Teigne des prairies
Crambus nemorellus (L.)

Catoptria permutatella (H. S.)
Pyralis regalis DEN. ET SCHIFF.
Nausinoë nymphaeata (L.)

Les pyralidés représentent une immense famille de papillons de taille petite à moyenne, comprenant plus de 20 000 espèces répandues dans le monde entier. Elle recèle un grand nombre de ravageurs qui sont de véritables fléaux de plein champ ou des entrepôts de stockage.

La Teigne des prairies, connue jusqu'à une époque récente sous le nom de *Crambus pratellus,* est un représentant de la sous-famille des *Crambinae* qui comprend de très nombreux papillons, présents à peu près dans toutes les localités. Les Crambes se reconnaissent à leurs longs palpes labiaux tendus en avant et à leurs ailes qui, repliées, entourent tout le corps. Ce sont des papillons d'activité nocturne, souvent attirés par la lumière. Leurs chenilles se nourrissent essentiellement d'herbes.

Pyralis regalis ressemble à une espèce fréquente dans les entrepôts, la Pyrale de la farine *(Pyralis farinalis),* mais ses couleurs sont un peu plus vives. Cette Pyrale vit à l'extérieur, dans des sites secs et chauds. Son extension en Europe et en Asie est surtout connue d'après les papillons capturés car la chenille n'a été découverte qu'à une date récente.

Nausinoë nymphaeata représente un groupe peu nombreux de papillons dont le mode de vie est absolument inhabituel chez les lépidoptères, car les chenilles sont aquatiques et se nourrissent de végétaux croissant sous la surface.

Pyrale de la farine

Crambus nemorellus :
Papillon : V—VII.
Chenille : VIII—V (hiberne).
Plantes nourricières : herbacées.

1 – papillon (env. 20 mm)

Catoptria permutatella :
Papillon : VI—VIII.
Chenille : VIII—V (hiberne).
Plantes nourricières : mousses.

2 – papillon (env. 23 mm)

Pyralis regalis :
Papillon : VII—VIII.
Chenille : IX—V (hiberne).
Nourriture : feuilles sèches et fanées.

3 – papillon (env. 18 mm)

Nausinoë nymphaeata :
Papillon : VI—VIII.
Chenille : VIII—V (hiberne).
Plantes nourricières : plantes aquatiques comme le nénuphar et le nymphéa.

4 – papillon (env. 28 mm)

Tordeuse du noisetier
Pandemis corylana (F.)

Tordeuse des résineux
Archips piceana (L.)

Tordeuse du chêne
Tortrix viridana (L.)

Tordeuse du pommier
Hedya nubiferana (Hw.)

Les tortricidés sont une immense famille de papillons de taille petite à moyenne, comprenant presque 5000 espèces répandues dans le monde entier, le plus souvent en dehors des zones tropicales. Les ailes sont de forme caractéristique et l'appareil buccal est développé. Les Tordeuses vivent longtemps et les papillons de certaines espèces peuvent hiverner. Les chenilles sont libres ou vivent enfermées dans des feuilles enroulées, dans les bourgeons, les tiges, les fleurs ou les fruits. Certaines espèces sont des fléaux forestiers ou fruitiers.

La Tordeuse du noisetier et celle des résineux appartiennent aux espèces fréquentes, de grande taille, aux ailes ornées d'un riche réseau de rayures.

La Tordeuse du chêne est un dangereux ravageur des chênaies. Ses chenilles peuvent complètement défeuiller une forêt entière. Le nombre de telles calamités a augmenté de façon importante après l'introduction dans les forêts d'une lutte chimique inconsidérée qui a eu pour effet de détruire les ennemis naturels de la Tordeuse et de permettre sa multiplication explosive.

La Tordeuse du pommier est une espèce courante dans les vergers. Ses chenilles gris-vert dévorent les jeunes feuilles et les pousses de l'année. Les papillons au repos ressemblent à s'y méprendre à de la fiente d'oiseau sur une feuille et sont donc parfaitement à l'abri des oiseaux insectivores.

Pandemis corylana :
Papillon : VII–IX.
Chenille : V–VII.
Œuf hiberne.
Plantes nourricières : polyphage ; arbres et arbustes feuillus.

1 – papillon

Archips piceana :
Papillon : VI–VII.
Chenille : IX–V
(hiberne).
Plantes nourricières : oligophage ; résineux.

2 – papillon

Tortrix viridana :
Papillon : VI–VII.
Chenille : IV–VI.
Œuf hiberne.
Plante nourricière : chêne.

3 – papillon
4 – chenille

Hedya nubiferana :
Papillon : VI–VIII.
Chenille : IV–V.
Œuf hiberne.
Plantes nourricières : polyphage ; arbres et arbustes feuillus, arbres fruitiers.

5 – papillon

chrysalide de la Tordeuse du chêne

Tordeuse du chêne au repos

Apiforme
Sesia apiformis (CL.)

Sésie du pommier
Aegeria myopaeformis (BORKH.)

Sésie taon
Sciapteron tabaniforme (ROTT.)

Sésie du framboisier
Bembecia hylaeiformis (LAS.)

Les Sésies forment un curieux groupe de lépidoptères, tant par leur aspect que par leur mode de vie. Leur forme et leur coloration imitent en effet divers insectes redoutés, le plus souvent du groupe des hyménoptères : abeilles, guêpes, frelons, sphex, etc., mais elles sont elles-mêmes inoffensives. Leurs ailes étroites ont souvent un éclat métallique et présentent de grandes surfaces transparentes, dépourvues d'écailles. L'abdomen est strié de jaune et de noir, parfois de rouge, et se termine par des touffes de longs poils caractéristiques. La plupart des Sésies volent de jour par temps ensoleillé. Elles aiment à se poser sur les feuilles ou les fleurs des arbustes et apprécient notamment les composacées. Les chenilles vivent à l'intérieur des tiges, des racines, des branches, des troncs. Leur développement prend une année ou plus. De nombreuses espèces sont très nuisibles, surtout dans les vergers. L'élevage des Sésies est très difficile et la capture des chenilles ou des papillons demande une technique particulière.

Les espèces représentées donnent une petite idée de la richesse de cette famille qui comprend quelque 800 espèces distribuées surtout en Amérique du Sud, en Asie et en Afrique. La sous-région paléarctique en recèle environ 220, l'Europe centrale une trentaine. Le mode de vie d'un grand nombre d'espèces reste encore très mystérieux.

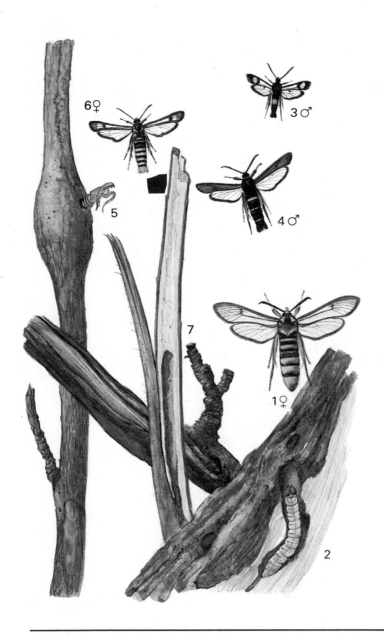

Apiforme au repos

Sesia apiformis :
Papillon : V—VII.
Chenille : VII—V (hiberne deux fois).
Plante nourricière : dans le bois du peuplier

1 — papillon
2 — chenille

Aegeria myopaeformis :
Papillon : V—VIII.
Chenille : VIII—V (hiberne).
Plantes nourricières : dans le bois des arbres fruitiers, surtout du pommier.

3 — papillon

Sciapteron tabaniforme :
Papillon : V—VIII.
Chenille : VII—V (hiberne une ou deux fois).
Plante nourricière : dans le bois du peuplier

4 — papillon
5 — galle avec l'exuvie de la nymphe

Bembecia hylaeiformis :
Papillon : VI—VIII.
Chenille : VIII—V (hiberne).
Plante nourricière : framboisier.

6 — papillon
7 — rameau dévasté

Teigne du fusain
Hyponomeuta cagnatellus (H<small>B</small>.)

Hyponomeuta plumbellus (D<small>EN</small>. <small>ET</small> S<small>CHIFF</small>.)

Ethmia pusiella (L.)

Les hyponomeutidés sont une petite famille de lépidoptères répandue dans le monde entier. Il s'agit de papillons de petite taille, d'activité nocturne, fortement attirés par la lumière. Les chenilles de certaines espèces vivent socialement dans de grands nids. La nymphose et l'éclosion des adultes surviennent également au même moment, si bien que les papillons pullulent souvent sur les lieux de leur présence.

La Teigne du fusain et *Hyponomeuta plumbellus* représentent un genre comportant de nombreuses espèces voisines. Les papillons sont blancs, tachetés de noir, les chenilles jaunes, également tachetées de noir. Leur mode de vie est cependant très différent. La Teigne du fusain est une des plus grandes et des plus fréquentes espèces du genre. Ses chenilles couvrent au printemps les fusains d'une toile blanche, avant de les dévorer jusqu'à la plus petite feuille. Elles se chrysalident en groupe au pied de l'arbuste. *Hyponomeuta plumbellus,* de taille plus petite, vit également sur les fusains. Deux à trois autres espèces voisines sont des ravageurs des pommiers ou des pruniers.

L'espèce *Ethmia pusiella* a été choisie pour représenter la petite famille des *Ethiidae* qui comprend environ 200 espèces dans le monde entier. Les chenilles de couleurs vives, amincies aux deux extrémités, sont très agiles et très mobiles. Elles se déplacent à la même vitesse en avançant ou en reculant. *Ethmia pusiella* existe dans toute l'Europe jusqu'à l'Oural et en Asie Mineure. C'est une espèce relativement rare, inféodée aux clairières forestières herbeuses et riches en plantes à fleurs, ainsi qu'aux bords des chemins.

Hyponomeuta cagnatellus :
Papillon : VI–VIII.
Chenille : IV–VI.
Œuf hiberne.
Plantes nourricières : fusain, nerprun.

1 – papillon (env. 27 mm)

Hyponomeuta plumbellus :
Papillon : VI–VIII.
Chenille : IV–VI.
Œuf hiberne.
Plantes nourricières : fusain, prunellier, etc.

2 – papillon (env. 19 mm)

Ethmia pusiella :
Papillon : VI–VIII.
Chenille : V–VI.
Œuf hiberne.
Plantes nourricières : oligophage ; borraginacées (myosotis, pulmonaire, grémil).

3 – papillon (env. 30 mm)

Hyponomeuta evonymellus

Teigne du blé

Nemapogon granellus (L.)

Scardia boleti (F.)
Euplocamus anthracinalis (Sc.)
Euplocamus ophisus (Cr.)

La famille des *Tineidae* regroupe quelque 2000 espèces de papillons du monde. Tous sont relativement petits, discrets, de coloration voisine. Leurs chenilles se nourrissent de végétaux secs, de graines, de céréales, de fourrure, de plumes, de laine, de bois en décomposition, etc. La famille comprend d'importants ravageurs d'entrepôts de stockage, qui ont réussi à se répandre dans le monde entier.

La Teigne du blé est de nos jours une espèce cosmopolite. Introduite dans les entrepôts du monde entier, elle est également courante dans les ménages où elle se repaît de champignons séchés, de fruits, etc.

Scardia boleti est une des grandes espèces de la famille. Elle vit dans les forêts où ses chenilles creusent des galeries dans les polypores du bois. Elles se chrysalident à l'intérieur de ces galeries, et les papillons éclos s'envolent en laissant dépasser l'exuvie abandonnée dans l'ouverture de la galerie. Elle y restera jusqu'à ce que les intempéries la fassent disparaître.

Euplocamus anthracinalis et *E. ophisus* sont des espèces parentes, fort décoratives, d'origine orientale. La première vit dans les régions chaudes de toute l'Europe, la deuxième surtout dans les Balkans. Ce sont des papillons diurnes qui volent surtout par temps ensoleillé. Ils ne sont pas rares dans les stations favorables. Leurs chenilles vivent dans les souches en décomposition.

Euplocamus anthracinalis

Nemapogon granellus :
Papillon : IV–IX.
Chenille : toute l'année, hiberne.
Plantes nourricières : polypores, plantes et champignons secs, bois en décomposition, graines, etc.

1 – papillon

Scardia boleti :
Papillon : VI–VIII.
Chenille : IX–V (hiberne).
Plantes nourricières : polypores, surtout *Polyporus igniarius*.

2 – papillon

Euplocamus anthracinalis :
Papillon : IV–VI.
Chenille : VIII–IV (hiberne).
Plantes nourricières : bois de chêne, de hêtre, etc. en décomposition, polypores.

3 – papillon

Euplocamus ophisus :
Papillon : IV–VI.
Chenille et plantes nourricières comme chez *E. anthracinalis*.

4 – papillon

Cossus gâte-bois
Cossus cossus (L.)

Zeuzère du marronnier
Zeuzera pyrina (L.)

Dyspesse de l'oignon
Dyspessa ulula (BORKH.)

Phragmataecia castaneae (HB.)

Les cossides constituent une famille caractérisée par un grand nombre de traits primitifs. On en connaît quelque 600 espèces au monde, surtout dans les régions tropicales. Certains cossides des tropiques comptent parmi les plus grands papillons existants. Les chenilles aux mandibules puissantes perforent le bois, les tiges ou les racines des végétaux et sont très nuisibles.

Le Cossus gâte-bois est distribué en Europe et en Asie. Les chenilles déprécient le bois des arbres feuillus de la même manière que les larves des Capricornes.

La Zeuzère du marronnier (ou du poirier) a une distribution analogue à l'espèce précédente et fut également introduite en Amérique au siècle dernier.

La Dyspesse de l'oignon est une petite espèce paléarctique de taille et de coloration variable. Les chenilles vivent dans le sol où elles attaquent les bulbes d'ail.

Phragmataecia castaneae se caractérise par son dimorphisme sexuel. Les femelles sont plus grandes et leur abdomen est beaucoup plus long que celui des mâles. La coloration est discrète, dans des tons de brun typiques des espèces vivant dans les roselières.

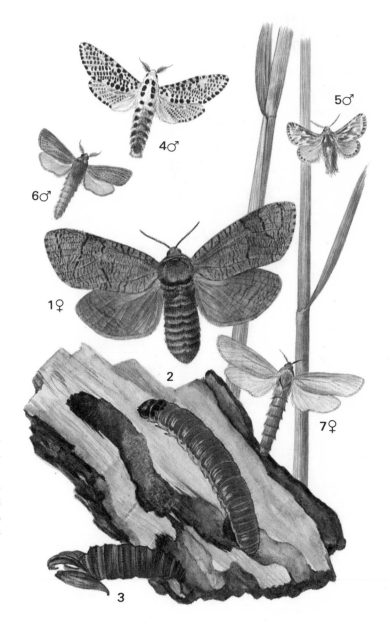

Cossus cossus :
Papillon : VI–VIII.
Chenille : VIII–V (hiberne deux fois).
Plantes nourricières : polyphage ; bois des arbres feuillus.

1 – papillon
2 – chenille
3 – exuvie de la chrysalide

Dyspessa ulula :
Papillon : IV–VII.
Chenille : VI–IV (hiberne).
Plante nourricière : ail.

5 – papillon

Zeuzera pyrina :
Papillon : VI–VIII.
Chenille : VIII–V (hiberne deux fois).
Plantes nourricières : polyphage ; bois des arbres feuillus, arbres fruitiers.

4 – papillon

Phragmataecia castaneae :
Papillon : V–VII.
Chenille : VIII–VI (hiberne deux fois).
Plante nourricière : roseau.

6, 7 – papillon

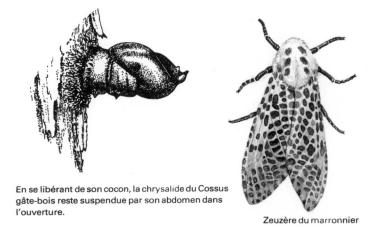

En se libérant de son cocon, la chrysalide du Cossus gâte-bois reste suspendue par son abdomen dans l'ouverture.

Zeuzère du marronnier

1♀

1

2

3

Fourmi fauve
Formica rufa F.

Fourmi noire des bois
Lasius fuliginosus (Latr.)

Fourmi rouge
Manica rubida (Latr.)

Les Fourmis sont des insectes sociaux, formant de vastes familles subdivisées en castes de morphologie différente. Ces castes se composent de mâles et de femelles sexués et de femelles avortées, aux organes sexuels atrophiés. Les ouvrières constituent le noyau de la société : elles assument toutes les tâches en liaison avec les soins procurés à la descendance, avec la défense ou la construction de la fourmilière, etc. Mâles et femelles sont ailés et perdent leurs ailes après le vol nuptial. Les mâles meurent à ce moment et les femelles fondent une nouvelle fourmilière. Les Fourmis sécrètent des substances hormonales dont la composition et la fréquence d'émission servent à la communication entre les membres de la fourmilière. Elles accumulent également à l'intérieur de leur corps de l'acide formique qui leur sert à se défendre.

Les Fourmis de la famille des formicidés ont un pédoncule abdominal à un seul article, celles de la famille des myrmicidés ont un pédoncule à deux articles.

La Fourmi fauve se construit une fourmilière d'aiguilles sèches. Comme la femelle est incapable de commencer seule la construction du nid, elle s'installe dans une fourmilière de son espèce, ou dans une fourmilière de la Fourmi noir-cendré *(F. fusca)*. La population des Fourmis fauves finit par supplanter celle de ses hôtes. La Fourmi noire des bois construit des nids papyracés de particules de bois en décomposition.

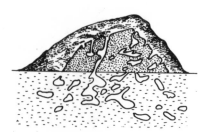

section du nid de la Fourmi fauve

1 – *Formica rufa* :
Longueur : 6–11 mm.
Stations : bords des clairières et des chemins forestiers en forêts de résineux.
Distribution : Europe, Caucase, Sibérie, Amérique du Nord.

2 – *Lasius fuliginosus* :
Longueur : 3–5 mm.
Stations : troncs et souches creux d'arbres feuillus, surtout de chênes, dans des clairières.
Distribution : Europe, Inde, Amérique du Nord.

3 – *Manica rubida* :
Longueur : 5–9 mm.
Stations : sous les pierres et dans le sol, en basse montagne et en montagne.
Distribution : sous-région paléarctique.

Cynips aptère
Biorrhiza pallida (OLIV.)

Cynips des galles du chêne
Cynips quercus-folii L.

Cynips du chêne
Neuroterus quercusbaccarum (L.)

Cynips des galles du rosier
Diplolepis rosae L.

Les Cynips sont de petits insectes au corps brillant, latéralement aplati. Leur développement présente une alternance de générations asexuées (parthénogénétiques) et sexuées. La génération asexuée est composée de femelles qui se multiplient sans l'intervention de mâles. Les femelles pondent leurs œufs dans les tissus des feuilles, des bourgeons, etc. L'œuf a une action irritante sur le tissu végétal qui a pour effet d'isoler l'œuf au sein d'une galle. L'œuf, comme plus tard la larve et la nymphe sont donc isolés par la galle du reste de la plante. La forme de la galle est spécifique de l'espèce.

La génération asexuée du Cynips aptère forme des galles sur les racines du chêne, celles de la génération sexuée se forment sur les bourgeons terminaux des rameaux. Les femelles fécondées du Cynips des galles du chêne pondent leurs œufs à la face inférieure des feuilles. Les galles foliaires protègent le développement des femelles ailées de la génération asexuée. Celles-ci pondent à leur tour leurs œufs sur les bourgeons du chêne : des galles pubescentes se forment, abritant des mâles et des femelles. Le Cynips du chêne a un développement similaire. Le Cynips des galles du rosier est à l'origine des galles pluriloculaires caractéristiques des églantiers.

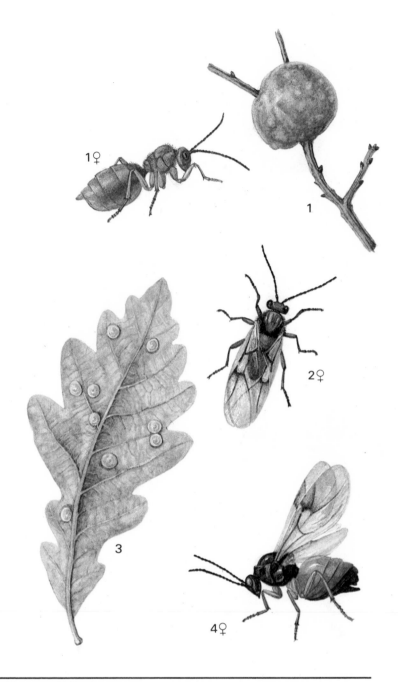

1♀ 1

2♀

3

4♀

1 — *Biorrhiza pallida* :
Génération sexuée : longueur 1,7 −2,8 mm ; époque : VI−VII.
Génération asexuée : longueur 3,5 −6 mm ; époque : XII−II.
Distribution : Europe, Asie Mineure, Afrique du Nord.

2 — *Cynips quercus-folii* :
Génération sexuée : longueur : 2,3 −2,5 mm ; époque : V−VI.
Génération asexuée : longueur 3,4 −4 mm ; époque : fin de l'hiver.
Distribution : Europe, Asie Mineure.

3 — *Neuroterus quercusbaccarum* :
Génération sexuée : longueur 2,5 −2,9 mm ; époque : VI.
Génération asexuée : longueur 2,5 −2,8 mm ; époque : III.
Distribution : Europe, Asie Mineure, Afrique du Nord.

4 — *Diplolepis rosae* :
Longueur : 3,4−4,3 mm (♀).
Reproduction par parthénogénèse ; époque : printemps.
Distribution : Europe.

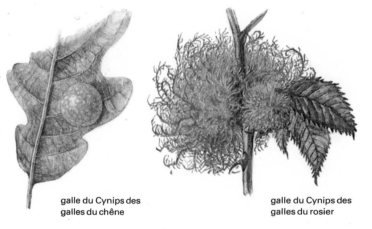

galle du Cynips des galles du chêne

galle du Cynips des galles du rosier

Frelon
Vespa crabro L.

Guêpe germanique
Paravespula germanica F.

Abeille domestique
Apis mellifera L.

Bourdon des fruits
Bombus pomorum PANZ.

Les Guêpes et les Frelons sont des insectes sociaux, formant des groupes nombreux, composés de femelles, de mâles et d'ouvrières − femelles aux organes sexuels atrophiés. La société est fondée par la femelle hivernante, la reine, qui construit les premières fondations du nid et élève la première génération d'ouvrières. Celles-ci reprennent alors toutes les tâches et la reine continue seulement à pondre les œufs. A la fin de l'été apparaît une génération capable de reproduction. A l'automne, tout le nid meurt à l'exception des femelles fécondées qui passent l'hiver. Les alvéoles sont ouverts vers le bas et les larves y sont suspendues la tête en bas, si bien que les restes de leur alimentation organique tombent à l'extérieur sans polluer le nid. Guêpes et Frelons possèdent des aiguillons lisses qui leur permettent d'infliger des piqûres répétées.

Abeilles et Bourdons sont également sociaux. Les Bourdons forment des essaims annuels, que les reines fondent à nouveau chaque année au printemps. Elles pondent entre 200 et 400 œufs dans leur vie. L'Abeille domestique construit de nombreux rayons de cire composés d'alvéoles hexagonaux. Une seule reine existe par essaim. On y trouve aussi plusieurs dizaines de faux bourdons et plusieurs milliers d'ouvrières dont la tarière est transformée en un dard muni de crochets. La reine peut survivre plusieurs années. Elle ne s'accouple qu'une seule fois dans sa vie, au cours du vol nuptial.

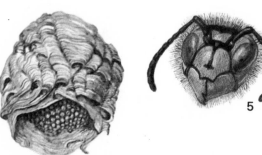

nid du Frelon

La guêpe commune *(Paravespula vulgaris)* (5) est une proche parente de la guêpe germanique.

1 − *Vespa crabro* :
Longueur : 19−40 mm.
Nid : arbres creux, quelquefois sous les toits, jamais dans le sol.

2 − *Paravespula germanica* :
Longueur : 10−19 mm.
Nid : surtout dans le sol, parfois dans d'autres endroits protégés par le haut : sous les branches, les poutres, etc.

3 − *Apis mellifera* :
Longueur : 14−18 mm.
Nid : synanthropes dans des ruches, sauvages dans les arbres creux.

4 − *Bombus pomorum* :
Longueur : ♀ 20−24 mm.
Nid : dans le sol.

Cicindèle champêtre

Cicindela campestris L.

Parmi la faune européenne, les Cicindèles représentent, par la forme de leur corps et leur mode de vie, une famille homogène de coléoptères élancés et très agiles. La plus connue d'entre elles est la Cicindèle champêtre. Depuis le début du printemps, elle court et vole d'un endroit à l'autre sur les sentiers, au milieu des champs et dans les bois, sur les talus et les pentes sablonneuses. Elle est essez farouche et, à l'approche de l'homme ou d'un animal, elle s'envole aussitôt plus loin. Elle est carnassière et chasse les larves et les imagos de divers insectes. Malgré ses puissantes mandibules, elle n'arrive pas à disséquer sa proie en morceaux, mais elle la décompose en lui injectant des sucs gastriques qu'elle exsude de son corps, puis elle la suce à l'état liquide.

Les œufs, que la femelle pond dans le sol, donnent naissance à des larves qui creusent des terriers en forme de trous de 10 à 50 centimètres de long. Elles s'installent alors à l'orifice de ces trous, en s'appuyant fermement de leur corps contre la paroi et en bouchant la sortie par leur grosse tête et leur prothorax. De là, elles guettent les insectes qui passent à proximité et les saisissent dans leurs mâchoires. Une fois développées, elles se laissent glisser au fond du trou où elles se transforment en nymphes. L'adulte se développe au bout d'un ou de deux hivers ; dans les régions plus élevées, ce développement peut même se prolonger jusqu'à 4 ans.

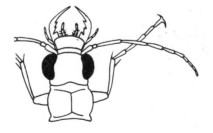

Taille : 12–15 mm.
Habitat : plaines, montagnes.
Expansion : toute l'Europe, la Sibérie, l'Afrique du Nord.

détail de l'appareil buccal et de la tête

larve

Calosome sycophante

Calosoma sycophanta (L.)

Très beaux coléoptères, proches parents des Carabes, les Calosomes sycophantes et leurs larves se tiennent sur les arbres. Ils chassent les chenilles et les nymphes des papillons, surtout les chenilles du Disparate *(Lymantria dispar)*, de la Nonne *(Lymantria monacha)*, de l'*Orgyia chrysorrhoea*, de la Feuille-morte du pin *(Dendrolimus pini)*, du Bombryx processionnaire du chêne et de nombreux autres Lépidoptères nuisibles des forêts de conifères et de feuillus. Les Calosomes sycophantes sont de bons voiliers. Ils apparaissent dans les bois vers le début de juin, donc au moment où il y a suffisamment de nourriture pour eux et leur progéniture. Ils se tiennent dans les arbres jusque vers la fin août. Leur bilan alimentaire pendant cette période est considérable : 400 chenilles environ. Si l'on ajoute encore à ce chiffre tout ce que les larves dévorent, on ne peut contester leur grande utilité pour nos forêts et la nécessité de les protéger.

La femelle pond un peu plus de 100 œufs. Vers la fin de l'été, ces coléoptères se réfugient dans le sol pour hiberner. Ils en ressortent la saison suivante, car leur vie est exceptionnellement longue : 2 à 3 ans. A maturité, les larves pénètrent dans le sol où elles se préparent une loge pour s'y transformer en nymphes. Le coléoptère adulte sort de sa coque la même année encore, mais il attend généralement jusqu'à l'été suivant pour s'envoler.

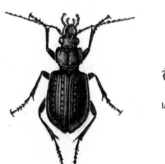

Le voisin Calosome inquisiteur *(C. inquisitor)* vit dans les arbres et sur les chemins et se nourrit de chenilles. Ses larves sont également prédatrices.

larve du Calosome sycophante

Taille : 25—35 mm.
Habitat : forêts.
Expansion : Europe (rare en certaines régions), Sibérie, Asie Mineure, Afrique du Nord, Amérique du Nord (introduit).

Carabe dur comme le cuir,
Procruste chagriné

Carabus coriaceus L.

Par sa taille le Procruste chagriné occupe le premier
rang parmi les coléoptères carabiques d'Europe centrale, au nombre desquels figurent encore le Carabe
embrouillé *(Carabus intricatus)*, le Carabe des jardins
(Carabus hortensis), le *Carabus violaceus* et autres.
Comme la plupart d'entre eux, il affectionne les
endroits obscurs sous les feuilles, sous les pierres ou
les vieux troncs en décomposition. Dérangé de son
abri, il s'enfuit ou se dresse sur ses pattes de derrière
pour se défendre. Il sort pour chasser à la tombée de la
nuit. Il est très vorace et attaque notamment les
limaces, les escargots, les vers de terre et diverses
larves d'insectes nuisibles dont il fait sa nourriture. Il
est donc très utile. Il ne fait pas exception parmi les
Carabiques quant à sa digestion extra-orale, que nous
décrivons en détail à propos du Carabe à reflets
d'or.

Tout comme ses congénères, il ne peut pas voler,
mais, par contre, il est parfaitement bien adapté à la
course grâce à ses longues pattes. On distingue le mâle
de la femelle à la largeur des articles des pattes
antérieures. On retrouve cette différence également
chez d'autres espèces.

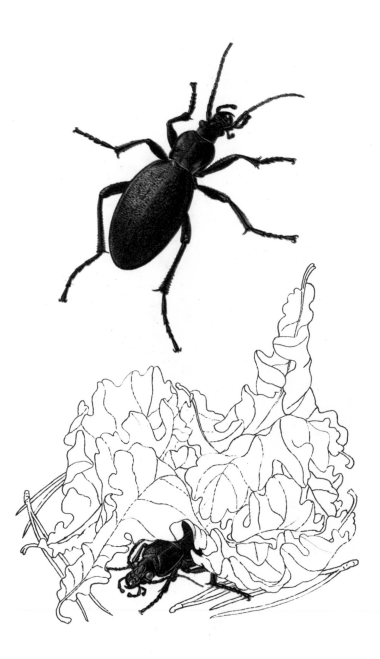

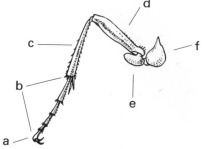

Taille : 26–42 mm.
Habitat : forêts sous-montagneuses.
Expansion : presque toute l'Europe, à part
la Grande-Bretagne.

Patte : a — griffe, b — pied (tarse), c — jambe (tibia),
d — cuisse (fémur), e — trochanter, f — hanche

Carabe embrouillé
Carabus intricatus L.

Le Carabe embrouillé fait partie des plus gros Carabidés. A la différence de la plupart d'entre eux, dont les élytres sont plutôt bombés et aux contours ovales, les siens sont presque plats, sensiblement élargis à la partie postérieure et brusquement terminés en pointe. Observés à la loupe, ils rappellent un paysage sous-montagneux fortement dénivelé.

Le Carabe embrouillé se tient dans la forêt. On le trouve dans les feuilles mortes, sous des poutres ou dans la mousse ; souvent aussi il grimpe sur les arbres, à plusieurs mètres de hauteur, où il se dissimule sous l'écorce. Il est très carnassier et bien qu'il ne sache pas voler, il est équipé de longues pattes qui en font un prédateur suffisamment agile pour capturer sa proie. Il chasse des limaces, des petits escargots, des chenilles, des larves d'insectes et des vers de terre. Cependant, il dédaigne les cadavres, qu'il évite. Il complète parfois son menu de viande avec des sucs sucrés ; il recherche volontiers les arbres écorchés pour y sucer la sève ou le jus des fruits. Il approvisionne probablement ainsi son corps en produits liquides. Ce coléoptère très utile hiverne dans les vieilles souches.

Une autre espèce voisine très répandue est le Carabe sylvestre *(Carabus nemoralis)* qui vit à la lisière des bois et dans les jardins.

larve du Carabe sylvestre

Taille : 24—35 mm.
Habitat : forêts, jardins.
Expansion : Europe centrale, les Balkans, Grande-Bretagne.

Carabe barré

Carabus cancellatus ILLIGER

Du printemps à l'automne, ce beau coléoptère se rencontre dans les champs, les terrains pierreux, le bord des ruisseaux et à la lisière des forêts. Il se nourrit aussi bien de proies vivantes que mortes. Dans les champs de pommes de terre, il chasse les larves des Doryphores et, dans les jardins, les chenilles du Piéride du chou. Sa grande utilité a déjà maintes fois été démontrée.

Vers la fin du printemps, la femelle pond 45 œufs environ, de 4,5 millimètres de long et presque ovales. Pendant la ponte, elle allonge son abdomen et l'enfonce dans le sol en s'appuyant sur ses pattes postérieures et médianes, et en étirant librement vers le haut ses pattes antérieures. Le Carabe barré meurt d'ordinaire au cours de la même année ; il n'hiberne et ne survit que rarement jusqu'au printemps suivant. L'œuf se développe rapidement et donne naissance à une larve blanche qui demeure cependant constamment dans le sol jusqu'à son complet développement. Son épiderme durcit et prend une coloration sombre typique. Elle ne chasse pas immédiatement et se nourrit un certain temps de ses réserves corporelles. Quelques jours après, elle sort de la terre et commence à chasser. A remarquer que, malgré ses pattes courtes, elle est très agile et court rapidement. A son dernier stade de développement, elle s'enfouit dans le sol où elle construit une loge ovale dans laquelle elle se nymphose.

Taille : 18—26 mm.
Habitat : champs, jardins, prés humides.
Expansion : Eurasie.

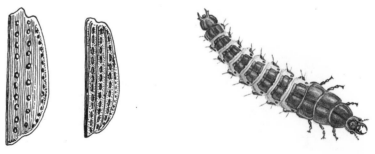

Cannelures des élytres du Carabe doré (à gauche) et du Carabe barré (à droite).

larve du Carabe barré

Agonum sexpunctatum (L.)

De nombreux coléoptères cherchent un abri sur les routes de campagne ou les talus pour se dissimuler sous une pierre. En fouillant à ces endroits, on découvre assez souvent de grands et de petits coléoptères, des Carabidés, des Staphylinidés ou des Elatéridés. Si l'on cherche dans les régions sous-montagneuses, on pourra même y découvrir un beau petit coléoptère remarquable par son corselet d'un vert brillant et ses élytres d'un rouge or. C'est l'*Agonum sexpunctatum*. Certes, dans nos pays, il existe encore de nombreuses autres espèces du genre *Agonum*, mais celle-ci présente des couleurs si apparentes qu'on ne peut la confondre avec aucune autre. Comme bon nombre de coléoptères aux couleurs métalliques, l'*Agonum sexpunctatum* a également une coloration assez variable. Son corselet est parfois bleu et ses élytres sont bronzés, bleuâtres, bleu-violet, noirâtres ou nettement noirs. Naguère, on donnait aux coléoptères des noms en fonction de leur coloration, mais cette nomenclature est de plus en plus abandonnée par l'entomologie moderne.

En regardant avec une loupe à fort grossissement, on peut observer, au voisinage de la suture centrale de chaque élytre, une rangée de six petits points. C'est cette constatation qui avait amené, il y a deux cents ans, le célèbre naturaliste suédois Carl Linné à donner à cette espèce le nom de « *sexpunctatum* » (c'est-à-dire à six points).

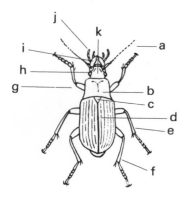

Schéma du corps d'un coléoptère : a – antenne, b – corselet, c – scutellum, d – élytres, e – pattes médianes, f – pattes postérieures, g – pattes antérieures, h – œil à facettes, i – mandibule, j – palpe maxillaire, k – tête.

Taille : 7–9 mm.
Habitat : routes champêtres, talus, lisières des forêts.
Expansion : Eurasie.

Dytique marginé (bordé)

Dytiscus marginalis L.

Le Dytique marginé est un coléoptère qui vit dans l'eau mais remonte de temps en temps à la surface pour respirer. Il sort l'extrémité de son abdomen en appuyant ses pattes de derrière sur la membrane qui recouvre le liquide, et aspire une bulle d'air dans une sorte de chambre. Bien que son élément soit l'eau, il n'est cependant pas adapté pour y respirer. La réserve d'air qu'il emporte dans l'eau ne lui permet pas d'y rester longtemps : aussi doit-il remonter à la surface quatre à sept fois par heure. Le mâle a des élytres lisses et la femelle, le plus souvent, striés. Mais on distingue les deux sexes surtout par la présence de ventouses que l'on observe chez le mâle sur les tarses des pattes médianes et surtout sur les pattes antérieures, où elles sont arrondies et apparentes et cerclées d'un anneau de poils fins. Le Dytique marginé est un carnassier ; il chasse de petits animaux aquatiques, mais ne dédaigne pas les cadavres.

La femelle pond ses œufs dans les feuilles des plantes aquatiques. Les larves sont très carnassières. Ne pouvant découper en morceaux le corps de leur proie, elles lui injectent des sucs gastriques qui la décomposent en un liquide qu'elles sucent ensuite grâce à un canal traversant chaque mandibule. Les larves viennent également prendre des réserves d'air à la surface. A maturité, elles sortent de l'eau pour se réfugier sur le sol où elles se nymphosent dans des cocons arrondis.

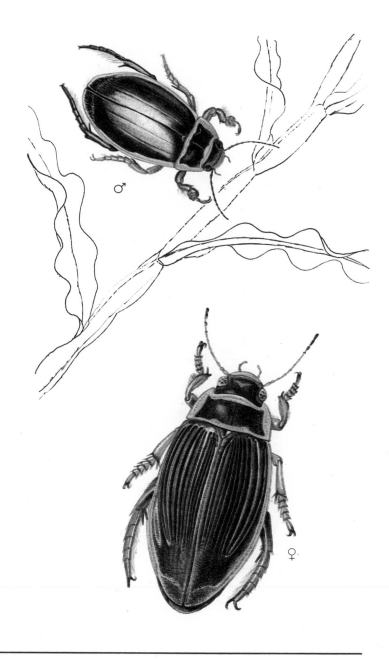

Taille : 35 mm.
Habitat : les lacs et les étangs, les bras de rivières.
Expansion : presque toute l'Europe sauf les Balkans ; la Sibérie, le Caucase, le Japon, l'Amérique du Nord.

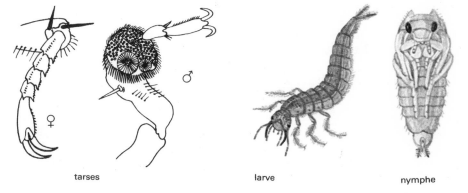

tarses   larve   nymphe

Gyrin nageur

Gyrinus natator (L.)

Pendant les journées ensoleillées, la surface des eaux lentes présente un spectacle varié. Des Dytiques et des Hydrophiles y prennent leurs réserves d'air, des Hydromètres aux longues pattes courent de toutes parts, tandis que les Gyrins argentés dansent en tourbillonnant. Ceux-ci sont très bien adaptés pour vivre sur l'eau. Leur corps est cymbiforme, lisse, sans la moindre excroissance. Leurs pattes médianes et postérieures ont la forme de rames, leurs antennes sont courtes et fortes pour les gêner le moins possible dans leurs mouvements sur l'eau. La particularité morphologique qui les distingue des autres coléoptères sont leurs yeux. Chacun d'eux est divisé en deux parties ; la partie supérieure sert certainement à percevoir tout ce qui se passe au-dessus de l'eau, tandis que la partie inférieure, immergée, permet de suivre l'activité dans l'eau.

Le Gyrin nageur est carnivore ; il chasse les menus insectes aquatiques se trouvant à la surface de l'eau ainsi que ceux qui y tombent occasionnellement. Les larves sont également carnassières ; elles se tiennent près du fond et se reconnaissent facilement aux trachéobranchies en forme de touffes placées sur les segments abdominaux et qui leur servent pour la respiration. A maturité, les larves remontent à la surface et nagent vers le bord où elles construisent une loge. Elles s'y nymphosent en collant des grains de terre avec des substances qu'elles sécrètent.

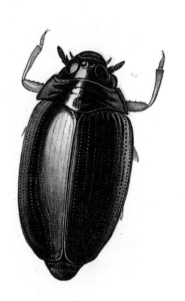

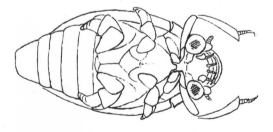

face ventrale

larve

patte natatoire

Taille : 5−7 mm.
Habitat : la surface de l'eau.
Expansion : presque toute l'Europe, la Sibérie, la Mongolie, l'Afrique du Nord.

Oxypore roux
Oxyporus rufus (L.)

Les chercheurs de champignons sont souvent désa-
gréablement surpris en coupant un beau cèpe dont le
pied pullule de larves blanchâtres plus ou moins
grosses ou est perforé d'une quantité de petits trous
brunâtres. Déçus, ils jettent le cèpe aux « vers »,
comme on appelle vulgairement tous ces menus êtres
qui ne sont autres que des larves d'insectes. Celles-ci
grandissent rapidement ; leur corps vermiforme se
transforme en nymphe qui, après un certain temps,
donne naissance à un diptère ou un coléoptère. Les
insectes qui affectionnent les champignons sont assez
nombreux et de diverses familles. L'affinité de certains coléoptères pour les champignons est si forte
qu'ils y passent toute leur vie et tous les stades de leur
métamorphose. Ainsi fait, par exemple, l'Oxypore
roux. C'est un véritable mycétobionte, et le plus gros
des Staphylinides vivant dans les champignons. Il
commence à apparaître dans les forêts déjà au mois de
mai et se multiplie surtout en juillet et août lorsque
culmine la saison des champignons. Il se tient à la
partie inférieure du chapeau ou à l'intérieur du pied,
et là, de ses puissantes mandibules, il creuse des
galeries de la largeur de son corps, à la recherche de
quelque larve charnue. Ses larves préfèrent cependant
les tendres tissus des champignons.

Taille : 7 – 11 mm.
Habitat : champignons.
Expansion : presque toute l'Europe, la
Sibérie, le Caucase.

La tête des Staphylinides possède un
puissant appareil buccal.

Le Staphylin à raies d'or *(Staphylinus caesareus)*
chasse les larves d'autres insectes sur les
charognes et les restes végétaux.

Nécrophore fouisseur
Necrophorus vespillo (L.)

Les Nécrophores occupent les premiers rangs de la « police sanitaire » des coléoptères. Ils recherchent les cadavres de petits animaux pour les enterrer. Dans ce travail, ils ne sont pas guidés par le souci de maintenir l'ordre, mais plutôt par l'instinct d'accumuler des réserves de nourriture pour leur progéniture. Chaque cadavre attire un grand nombre de Nécrophores, mais seul le couple le plus fort s'en empare. Il ne lui faut que quelques heures pour faire disparaître le cadavre dans une galerie oblique creusée dans le sol, où la femelle devient le maître absolu. Elle rogne le cadavre jusqu'à le transformer en boule, puis, dans une galerie particulière aboutissant jusqu'à lui, elle dépose 10 à 12 œufs. Après quoi, elle revient vers le cadavre qu'elle continue à lisser et à nettoyer. Ensuite, elle ronge un petit orifice dans sa chair et se nourrit d'abord elle-même. Ce faisant, elle lui injecte des sucs gastriques qui décomposent les tissus du cadavre préparant ainsi la nourriture pour les futures larves. Celles-ci naissent 5 jours plus tard, s'approchent du cadavre et attendent d'abord que la femelle les nourrisse en leur injectant dans l'orifice buccal une goutte de liquide brunâtre. Quelques heures après, les larves commencent à se nourrir elles-mêmes. A chaque mue, elles sont de nouveau nourries par la femelle. Leur développement est très rapide ; au bout de 1 semaine elles se nymphosent, et, 2 semaines après, apparaît un jeune coléoptère.

Necrophorus humator

larve du Nécrophore fouisseur

tarse

Taille : 10−24 mm.
Habitat : forêts, champs.
Expansion : région paléarctique, Amérique du Nord.

Ver luisant, Noctiluque

Lampyris noctiluca L.

Pendant les chaudes nuits d'été, de menues étincelles
scintillent en grand nombre au-dessus des prés. Ce
sont les mâles des Lampyridés ou Noctiluques, qui
volent d'un endroit à l'autre à la recherche de leurs
compagnes qui les attendent dans l'herbe. Les mâles
ailés et les femelles aptères portent sous leur corps un
organe particulier, luminescent, recouvert d'une fine
membrane transparente. Ils émettent de la lumière
dont la longueur d'onde varie entre 518 et 656 nm. Si
l'on compare cette luminescence à la lumière fabri-
quée par l'homme, celle des Noctiluques est bien plus
perfectionnée. En effet, elles produisent de la lumière
« froide » grâce à une transformation beaucoup plus
parfaite de l'énergie : elles travaillent donc sans
aucune perte, alors que l'homme n'est capable de le
faire que pour dix pour-cent. Les scientifiques n'ont
encore pu résoudre ce problème de la production de la
lumière « froide » ; on sait seulement qu'il s'agit de la
décomposition de substances très compliquées, où
l'oxygène amené par les trachées joue un rôle très
important. Il faut remarquer que ces Vers luisants sont
aptes à émettre de la lumière à tous les stades de leur
évolution, qu'ils soient adultes, larves ou embryons.

Les larves des Noctiluques vivent dans l'herbe. Elles
sont carnassières, mais on n'est pas encore arrivé
à déterminer avec précision la composition de leur
nourriture.

Taille : ♂ 11–12 mm, ♀ 16–18 mm.
Habitat : prés, lisières des forêts.
Expansion : presque toute l'Europe, le Caucase, la
Chine, la Sibérie.

larve

Organes luminescents situés sur la face ventrale de
la Petite Luciole *(Phausis splendidula)*.

Rhagonycha fulva (Scopoli)

Vers la fin de l'été, le nombre des coléoptères qui pullulaient dans les champs, les prés, les bois et les jardins commence à diminuer sensiblement. Bon nombre d'entre eux meurent, tandis que ceux appelés à vivre plus longtemps se préparent à hiverner. C'est l'époque où, pendant quelques jours, on voit apparaître sur les ombelles blanches de différentes plantes ombellifères, ou sur le mille-feuille, un nouvel habitant, le *Rhagonycha fulva*. C'est un beau coléoptère au corps allongé et aux élytres mous. Dans certains prés, il est souvent si abondant que chaque ombelle de fleur en porte plusieurs individus à la fois. Il ressemble beaucoup à ses congénères dont il ne diffère que par ses antennes noires et des taches noires au bout des élytres. Chez certains, ces taches n'existent qu'à l'extrémité des élytres, chez d'autres, elles s'allongent presque jusqu'à la moitié de leur longueur.

Le *Rhagonycha fulva* est un carnassier qui chasse divers insectes sur les fleurs. Il explore et découvre sa proie grâce à ses longues antennes. Il ne se montre pas trop difficile pour sa nourriture et saisit tout ce qu'il trouve sur les fleurs, qu'il s'agisse d'un puceron ou d'une menue larve d'insecte. Sa larve, également carnassière, hiberne et continue à se développer pendant l'année suivante.

Taille : 7—10 mm.
Habitat : les fleurs dans les prés.
Expansion : Europe, Moyen Orient.

Malachie bronzée

Malachius aeneus (L.)

Certains coléoptères sont équipés de dispositifs défensifs capables de les sauver lorsqu'ils sont attaqués par leurs ennemis. Rappelons, par exemple, les Carabiques qui, grâce à leurs spéciales glandes pygidiales, lancent des jets de liquide malodorant et pulvérulent contre leurs attaquants. Mieux équipé encore, le Carabus bombardier se montre un véritable maître quant à la précision de ses jets. Les Coccinelles, les Chrysomélidés et les Méloés possèdent des dispositifs défensifs quelque peu différents : ils ont des substances malodorantes et toxiques diluées dans le sang. A l'approche du danger, ils les exsudent sous forme de fines gouttelettes à l'endroit où s'articule le tibia au fémur. La Malachie bronzée a un dispositif défensif tout à fait différent, sous la forme de masses glandulaires rougeâtres placées sur la face inférieure de son corps — entre la tête et le thorax — et sur le thorax. Ce dispositif dégage probablement des gaz malodorants qui repoussent tout attaquant. Il nous est encore difficile d'affirmer que les couleurs peuvent aussi avoir un effet d'intimidation, car on ne connaît pas encore la façon dont les insectes peuvent les percevoir.

Du printemps à l'automne, la Malachie bronzée se tient sur les fleurs exposées au soleil, où elle se nourrit de pollen et chasse les pucerons. Ses larves carnassières se développent dans les souches pourries et sous l'écorce.

Sur les fleurs, on trouve également en grand nombre une espèce voisine, la Malachie à deux taches *(Malachius bipustulatus)*.

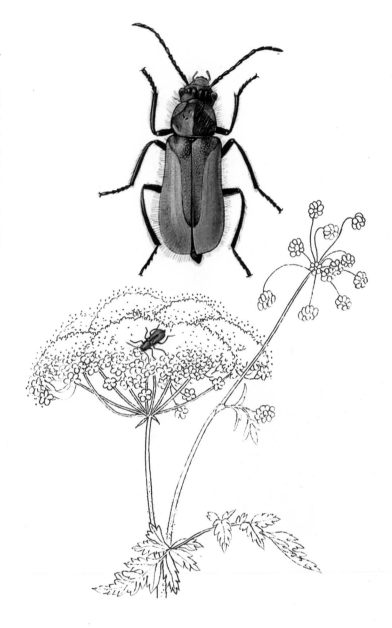

Taille : 6–7 mm.
Habitat : sur les fleurs.
Expansion : presque toute l'Europe, la Sibérie, l'Asie Mineure, l'Iran, l'Amérique du Nord.

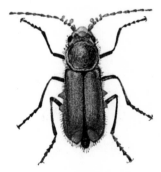

Malachie à deux taches *(Malachius bipustulatus)*. Noter les pustules renflées sur les antennes et de chaque côté du corps.

Thanasin, Clairon des fourmis

Thanasimus formicarius (L.)

Le nom d'espèce de ce coléoptère, *formicarius* (de fourmi), pourrait nous conduire à l'idée qu'il vit parmi les fourmis ou les chasse. Il n'en est rien. Cette appellation scientifique lui a été donnée en raison de sa coloration générale et de la forme allongée de son corps, qui rapellent les grosses fourmis des forêts. Cette analogie se retrouve également dans les noms qui lui ont été donnés dans différents pays.

Le Thanasin ou Clairon des fourmis se rencontre, depuis le début du printemps jusqu'à l'automne, sur les troncs d'arbres abattus non écorcés, ainsi que disposés en stères. Il abonde surtout sur les troncs de pins, mais on le trouve aussi sur l'épicéa et les feuillus. Chasseur infatigable, il court sur les troncs à la recherche des Scolytidés. Une fois sa proie à portée, il la renverse habilement sur le dos, la coupe entre le pro- et mésothorax et dévore le reste du corps. Si les Scolytidés envahissent les forêts, les Thanasins s'y manifestent en très grand nombre. Au printemps, la femelle pond 20 à 30 œufs sous l'écorce. Les larves en sortent déjà au bout d'une semaine, mais ne croissent que très lentement et se développent jusqu'à l'automne. D'abord pubescentes, elles se nourrissent de toutes sortes de résidus. A la deuxième mue, elles s'attaquent déjà aux Scolytidés ou à d'autres insectes vivant sous l'écorce. Larves et adultes hivernent.

larve du Clairon des fourmis

Taille : 7—10 mm.
Habitat : forêts.
Expansion : Europe, Afrique du Nord, Amérique du Nord (introduit).

Sur les ombelles des carottes sauvages *(Daucus carota)* on observe souvent le Clairon des abeilles *(Trichodes apiarius)*. Les larves vivent en parasites dans les ruches.

Adelocera murina (L.)

Les élytres et le corselet noirs de cet Elatéridé sont ornés de fines écailles grises, blanches, brunes et rousses différemment disposées. Parfois, celles-ci sont si nombreuses qu'on a de la peine à discerner la coloration fondamentale des élytres et du corselet. Le coléoptère semble alors couvert de touffes de moisissure grisâtre. Il se rencontre en grand nombre au printemps et ne disparaît qu'aux derniers jours de l'automne. Il vit dans les vallées, les régions sous-montagneuses et les montagnes. C'est un habitant typique des champs, des prés, des jardins et des forêts. Comme chez la plupart des Taupins, la femelle dépose ses œufs dans le sol. Ses larves minces, atteignant presque 3 centimètres de long, aux téguments durs et coriaces, vivent dans le sol. Leur importance pour l'agriculture n'est pas encore évidente, car les informations quant à leur nourriture sont très contradictoires. Certains estiment ces larves comme très nuisibles car, selon eux, elles se nourrissent des racines de diverses plantes cultivées et causent des ravages notamment dans les champs de céréales et sur les légumes. D'autres les considèrent au contraire comme très utiles, car ils ont découvert que ces larves sont carnassières et se nourrissent aussi bien de larves de Hanneton que de *Phyllopertha*.

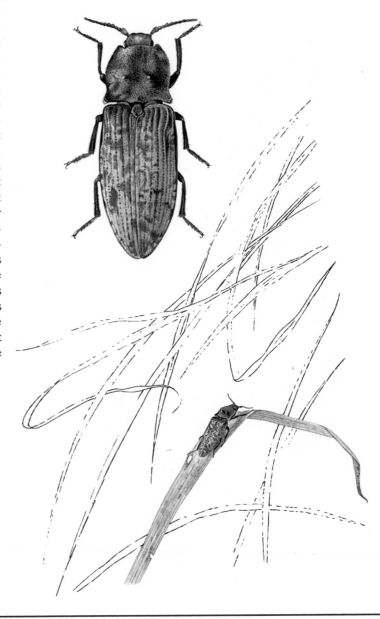

Taille : 11—17 mm.
Habitat : forêts, champs, jardins.
Expansion : Europe, Caucase, Sibérie, Amérique du Nord.

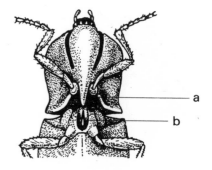

Face ventrale montrant la corne du corselet (a) et la cavité correspondante (b).

Scintillatrix rutilans (F.)
Anthaxia nitidula L.

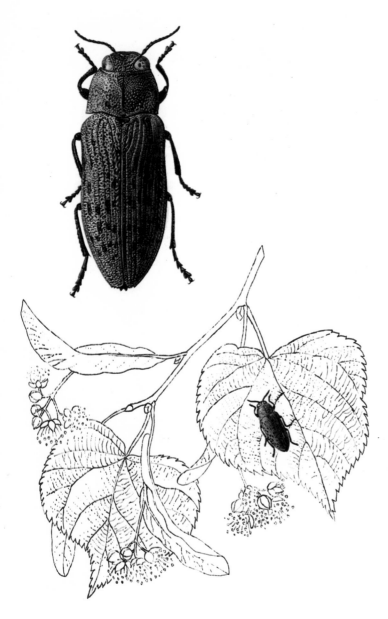

Les Buprestidés, coléoptères très farouches et agiles, aiment tous la chaleur et c'est surtout dans les régions tropicales et subtropicales que l'on peut trouver les espèces les plus grandes et les plus belles.

Bien que de moindre taille, le *Scintillatrix rutilans* fait partie des Buprestidés aux couleurs les plus belles et les plus variées de la faune européenne. Son corps lance des reflets métalliques verts, cuivrés et noirs. Parfois il se manifeste encore en août. Il affectionne les allées de tilleuls composées surtout de vieux arbres malades, sous l'écorce desquels il dépose ses œufs. Le cycle évolutif complet dure de 2 à 3 ans. Ses larves plates se dissimulent sous l'écorce du tronc ou sous de grosses branches où elles creusent des galeries en zigzag. A maturité, elles ne quittent pas leurs abris et s'y nymphosent.

Sur plus de 13 000 espèces, on n'en connaît en Europe que quelques dizaines. Une vingtaine font partie du genre *Anthaxia*. Un des plus beaux d'entre eux est l'*Anthaxia nitidula*. A la différence des autres coléoptères, dont les mâles se remarquent par la richesse de leurs couleurs et de leurs formes, chez l'*Anthaxia nitidula,* c'est la femelle qui est plus colorée. Elle se distingue du mâle vert ou bleu-vert par son corselet d'un rouge vif. Cependant, les populations vivant sur les îles Britanniques présentent la même coloration verte chez les deux sexes.

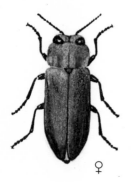

♀

Anthaxia nitidula

Différentes tailles des membres de la famille des Buprestidés (de gauche à droite) : genres *Trachys, Dicerca, Agrilus.*

Scintillatrix rutilans :
Taille : 12–15 mm.
Habitat : tilleuls et leurs environs.
Expansion : Europe centrale et méridionale, Caucase, Transcaucasie.

Anthaxia nitidula :
Taille : 5–7 mm.
Habitat : fleurs.
Expansion : Europe centrale et méridionale, Asie Mineure, Afrique du Nord.

Hydrophile brun

Hydrous piceus (L.)

Les eaux européennes sont habitées par plusieurs centaines de coléoptères divers. Certains affectionnent les ruisseaux limpides, d'autres se plaisent dans les eaux dormantes fortement enherbées. Les plus nombreux d'entre eux sont les Hydrophilides. Les seuls qui peuvent les concurencer par leur nombre sont les Dytiques, avec lesquels ils n'ont presque aucun lien de parenté. Mais tous les Hydrophilidés ne sont pas des coléoptères typiquement aquatiques. Certains vivent au bord de l'eau, d'autres ont entièrement quitté cet élément et se tiennent dans les tas de fumier.

Parmi les espèces exclusivement aquatiques, on compte l'un des coléoptères les plus connus, l'Hydrophile brun. Sa femelle est caractéristique par les grands soins qu'elle donne à ses œufs. A l'extrémité de son abdomen, elle porte un dispositif spécial lui permettant de fabriquer des fils de soie avec lesquels elle tisse judicieusement une sorte de panier. Avant d'entreprendre ce travail, elle cherche une feuille appropriée flottant à la surface, s'y installe et, en agitant son abdomen, tisse une poche à son extrémité dans laquelle elle pond une cinquantaine d'œufs avant de fermer le tout. Pour terminer, elle tisse encore une sorte de cheminée orientée vers le haut et émergeant de la surface.

L'adulte s'approvisionne en air à l'aide de ses courtes antennes à massue. La larve — à la différence de l'imago — est prédatrice et chasse surtout des crustacés ostracodes et des mollusques aquatiques.

Taille : 34—47 mm.
Habitat : eaux dormantes.
Expansion : presque toute la région paléarctique, l'Inde septentrionale, le Pakistan.

détail de la patte

Dermeste du lard

Dermestes lardarius L.

De nombreux coléoptères vivent dans les appartements. Certains ne cherchent que ce qui tombe sous la table après les repas, tandis que d'autres se montrent plus injustes envers leur hôte « nourricier » et causent des dommages sur ses objets précieux. Cette deuxième catégorie comprend les Dermestes, coléoptères assez petits, mais très redoutés. Les Dermestides sont très nombreux, mais le plus connu est le Dermeste du lard. Il n'envahit les appartements que depuis peu. Naguère, il vivait, et vit d'ailleurs encore toujours, dans la nature où il recherche les vieux poils, les plumes, etc. Dans les appartements, au grand désespoir des propriétaires, il trouve suffisamment de nourriture et un milieu particulièrement favorable pour son développement : des fourrures, des couvertures de laine, des tapis, etc. Son apparition dans les logements humains ne doit jamais être négligée : elle constitue pour les propriétaires un avertissement que quelque chose est en désordre. D'habitude, les larves sont dissimulées et on ne remarque leur œuvre de destruction que lorsqu'il est déjà trop tard. On les identifie cependant assez facilement aux poils épais qui recouvrent leur corps et aux deux excroissances qu'elles portent sur l'abdomen. Avant de se transformer en nymphes, elles cherchent un endroit calme et sûr, construisant une coque dans laquelle elles se nymphosent.

Les plus grands ennemis des collections d'insectes sont les larves de l'Anthrène du bouillon-blanc *(Anthrenus verbasci)* qui peuvent détruire complètement les spécimens montés dans les vitrines. Les imagos vivent sur diverses plantes à fleurs.

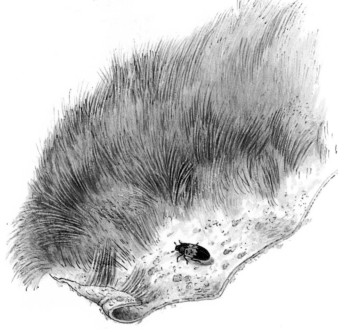

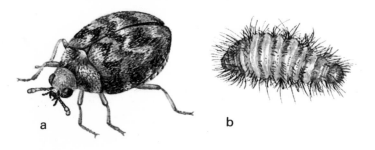

Taille : 7–9,5 mm.
Habitat : synanthrope, nids d'oiseaux.
Expansion : cosmopolite.

a   b

Anthrène du bouillon-blanc : imago (a) et larve (b)

Byturus tomentosus (F.)

Le *Byturus tomentosus* est un coléoptère redouté de ceux qui ramassent les framboises et les mûres sauvages. Nombre d'entre eux sont en effet souvent déçus en découvrant dans ces fruits délicieux une larve blanchâtre et grasse, marquée sur le dos d'une bande brune se rétrécissant vers la queue. Dès le lever du jour, ce coléoptère ramasse, pour se nourrir, le pollen de nombreuses plantes en fleur. Il s'installe sur les framboisiers et les ronces dès que leurs fleurs s'épanouissent. La femelle pond environ 100 œufs, qu'elle dépose un par un dans les différentes fleurs ou jeunes fruits. Les larves naissent quelques jours après et s'enfoncent d'abord dans le réceptacle floral. Leur développement se déroule ensuite assez lentement pendant toute la période de mûrissement des fruits.

A maturité, les larves sortent des fruits et descendent dans le sol où elles se nymphosent dans une loge formée de terre. L'imago se développe déjà en automne, mais attend pour s'envoler le printemps suivant. Il n'est pas rare aussi que la larve hiverne et ne se développe que l'année suivante, prolongeant ainsi son développement jusqu'à 2 ans.

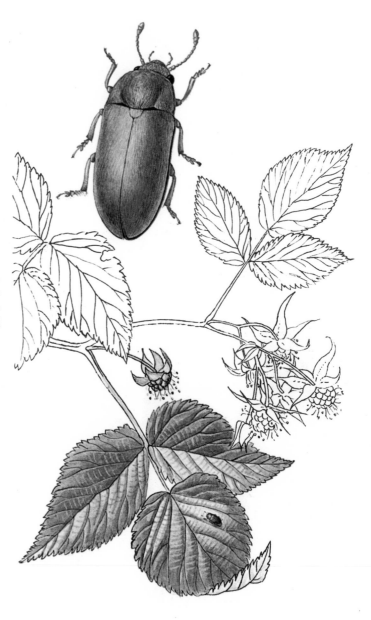

Taille : 3,2—4 mm.
Habitat : forêts (sur les framboisiers), jardins.
Expansion : presque toute la région paléarctique.

larve

Meligethes aeneus (L.)

Les premières fleurs du printemps sont visitées par de nombreux insectes, notamment par le *Meligethes aeneus*. C'est un petit coléoptère sans couleur apparente, qui se fait remarquer surtout par son grand nombre. Les fleurs l'attirent à cause du pollen et nectar dont il fait sa nourriture. Mais après un certain temps, ces plantes ne lui suffisent plus. Les Méligèthes sont alors poussés par leur instinct vers les plantes cultivées comme le colza, le navet rond, le radis noir, et de nombreuses autres Brassicacées. Si celles-ci ne sont pas encore épanouies, les coléoptères s'introduisent dans les boutons qu'ils dévorent, causant de gros ravages. Les pertes ne sont pas aussi grandes s'ils envahissent un champ déjà épanoui ; ils pénètrent alors dans les fleurs, tout comme au début du printemps, et y mangent le pollen et le nectar. A ce moment, les femelles pondent environ 150 œufs, qu'elles collent par un ou par deux sur le pistil ou les étamines. Les larves se développent rapidement, les plus jeunes trouvant une table bien garnie de quantités de grains de pollen sur les étamines. Elles demeurent sur les fleurs 4 semaines environ, après quoi elles vont se nymphoser dans la couche supérieure du sol. Les imagos apparaissent un peu moins de 2 semaines plus tard ; ils se tiennent d'abord sur les plantes puis, vers la fin de l'été, pénètrent dans le sol pour hiverner.

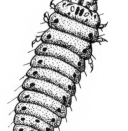

larve

Taille : 1,5−2,7 mm.
Habitat : prairies, puis champs de colza.
Expansion : région paléarctique, Amérique du Nord.

Endomychus coccineus (L.)

Les champignons des arbres, les vieilles écorces
humides couvertes de fibres mycéliennes sur les arbres
pourris ou abattus et les souches servent de refuges
pour des dizaines de coléoptères qui ont une telle
affinité avec les champignons qu'on ne les trouve que
rarement en d'autres endroits. Ce sont d'ordinaire des
espèces petites, voire menues et généralement sans
couleurs apparentes. Le plus souvent, leur coloration
est brunâtre, brun-noir ou brun-jaune, de sorte qu'ils
échappent à notre attention. Toutefois, l'*Endomychus
coccineus* fait exception par sa coloration très frap-
pante. Il doit son nom d'espèce à la couleur de ses
élytres et de son corselet, d'un rouge vif où contrastent
des taches noires. En général, celles-ci existent chez
tous les individus, mais on a observé aussi quelques
exceptions avec des élytres entièrement rouges.

L'*Endomychus coccineus* se rencontre souvent en
communauté, du printemps à l'automne, sur le hêtre,
le chêne, le bouleau, le peuplier et d'autres feuillus.
Les larves et l'imago hivernent.

La famille des Endomychidés n'est représentée en
Europe centrale que par deux dizaines d'espèces
environ. Elle n'est cependant pas insignifiante car,
dans le monde, elle compte environ 1400 espèces,
répandues notamment dans les régions chaudes.

Taille : 4–6 mm.
Habitat : forêts de feuillus, sous l'écorce, dans les
champignons des arbres.
Expansion : toute l'Europe, dans les régions
méridionales seulement en altitude.

patte

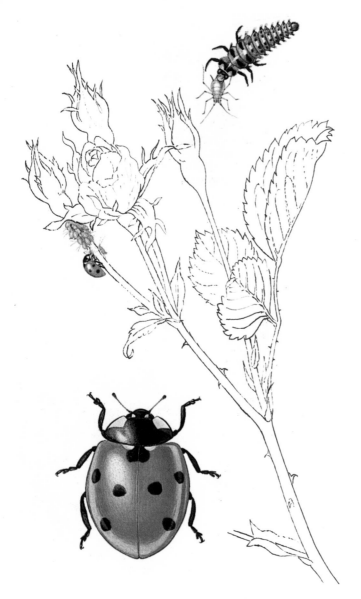

Coccinelle à sept points
Coccinella septempunctata L.

La Coccinelle à sept points *(Coccinella septempuncta-ta)* fait partie des coléoptères les plus connus, que l'on rencontre dès le début du printemps jusqu'à la fin de l'automne dans les bois, les champs, les jardins et le long des sentiers et des routes. En général, elle se présente avec des élytres rouges portant sept points noirs nettement dessinés. Mais cette coloration n'est pas forcément toujours respectée et, dans la large gamme des Coccinelles, il existe de nombreuses variations.

L'adulte et ses larves sont des alliés inappréciables de l'homme dans la lutte contre les insectes nuisibles. Cependant, ils ne chassent pas toutes les espèces nuisibles, mais montrent plutôt un penchant pour les animalcules au corps gras et tendre comme les pucerons et leurs larves et certaines cochenilles. Ils en dévorent de grosses quantités.

Tout comme les autres Coccinellidés, la Coccinelle à sept points se nymphose sur les feuilles. La nymphe est fermement attachée à la feuille et pend la tête en bas. Avant l'arrivée de l'hiver, les Coccinelles recherchent différents refuges pour se mettre à l'abri du froid et du mauvais temps. Elles pénètrent sous l'écorce, dans les vieilles souches, dans la mousse et surtout sous les pierres. Souvent, elles s'y réunissent par dizaines ou par centaines dans l'attente des jours chauds du printemps prochain.

nymphe

Coccinelle chassant des pucerons

Taille : 5,5—8 mm.
Habitat : végétaux attaqués par les pucerons.
Expansion : Europe, Asie, Afrique du Nord.

Anatis ocellé

Anatis ocellata (L.)

Parmi les plus gros Coccinellidés de la faune européenne figure l'Anatis ocellé *(Anatis ocellata)* qui
foisonne dans les forêts de conifères et mixtes. Les
premiers rayons du soleil printanier le tirent de son
sommeil hivernal. Aussitôt que le temps se stabilise un
peu, il rôde sur l'écorce et les branches des arbres en
quête de quelque pitance charnue, surtout les jeunes
punaises des écorces, les cochenilles et leurs larves,
souvent même les larves de certains Tenthrèdes et
d'autres insectes sylvestres nuisibles.

    La femelle pond ses œufs au beau milieu de l'été sur
l'écorce des conifères et l'arête inférieure des aiguilles. Les larves apparaissent déjà après quelques jours,
et tout le développement se déroule très rapidement.
Les larves qui sont allongées, bleuâtres et mouche-
tées, sont aussi carnassières que les adultes et toujours
en quête de quelque nourriture. Transformées en
nymphes, elles sont fermement fixées au tissu végétal.
Les imagos sortent de leurs coques déjà après une
semaine. Tard en automne, on les aperçoit encore
dans la nature. Ils ne se réfugient dans leurs abris, sous
l'écorce des pins, des sapins, des épicéas et de leurs
souches qu'aux premières gelées et y restent jusqu'à la
fin des intempéries de l'hiver.

Taille : 8—9 mm.
Habitat : forêts de conifères attaquées par les
pucerons.
Expansion : Europe, Sibérie, Amérique du Nord
(introduit).

Les Coccinelles ont un corps bombé de forme typique et des
élytres généralement de couleurs vives. La taille, la forme et la
disposition des points sont très variables même chez les
membres de la même espèce. *Propylaea
quatuordecimpunctata* (à gauche), *Thea vigintiduopunctata*
(à droite).

Vrillette ponctuée

Anobium punctatum (De Geer)

Les Anobiidés se ressemblent fortement entre eux. Ils ont le corps cylindrique, la tête cachée sous le corselet et vivent dans le vieux bois, dans les poutres des greniers, les supports, les colonnes, les bois sculptés, les vieux meubles, les cadres des tableaux, etc. Ils creusent des galeries et produisent des bruits particuliers qui les font connaître sous le nom d'Horloge de la mort. Dans le calme de la nuit, ces bruits résonnent en effet comme dans une maison hantée, et c'est pourquoi on les a associés à l'angoisse des mourants. Mais, en les émettant, le coléoptère a de tout autres intentions que d'annoncer la mort. En heurtant la paroi de la galerie avec leurs corselets, les deux sexes se signalent l'un à l'autre.

Les Anobiidés qui sont nés dans le bois en sortent par des trous très fins, autour desquels les femelles vont plus tard déposer leurs œufs. A leur naissance, les jeunes larves ont ainsi un accès facile dans le bois où elles creusent alors leurs propres galeries. Le bois est leur seule nourriture, mais elles ne pourraient le digérer sans l'aide des micro-organismes symbiotes qui se trouvent dans leur tube digestif et qui leur permettent de décomposer la cellulose. Dans des poches situées sur l'intestin, ces micro-organismes se transmettent de génération en génération.

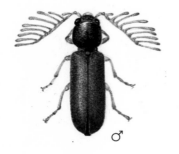

Chez le Ptiline *(Ptilinus pectiniformis)* on note un dimorphisme sexuel très marqué.

forme du corselet chez les Vrillettes

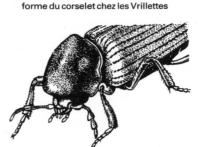

Taille : 3—5 mm.
Habitat : la plupart synanthrope.
Expansion : Europe, Caucase, Amérique du Nord, Australie.

Meloë proscarabaeus L.

Ce coléoptère trapu, avec de courts élytres écartés, se rencontre déjà au printemps sur les routes de campagne et dans les prairies. Si on l'excite, il laisse échapper de ses pattes des gouttelettes jaunes d'hémolymphe. Il intimide l'ennemi par sa coloration et la cantharidine toxique qu'elle contient. Il est cependant surprenant que cette substance n'ait aucun effet sur de nombreux animaux. La reproduction de ce coléoptère est compliquée, et rares sont les larves qui se développent jusqu'au stade de nymphes et d'adultes. C'est la raison pour laquelle la femelle pond plusieurs milliers d'œufs. Les œufs donnent naissance à des larves bizarres, pourvues de trois griffes sur les pattes, et qui portent de ce fait le nom de *triongulins*. Au début, on les considérait comme des êtres différents, mais ce nom leur est resté même après que l'on eût découvert qu'elles ne constituaient, en fait, qu'un stade évolutif des Méloés. Dès lors, on a pris l'habitude d'appeler ainsi les jeunes larves des différents genres et espèces d'insectes. La larve ne peut continuer à se développer que dans la cellule d'une abeille. Une fois qu'il y est introduit, le triongulin se transforme en une autre larve-secondaire. Le stade qui succède s'appelle la pseudonymphe. A cause de ce stade qui, par rapport à la métamorphose courante, est supplémentaire, on a appelé le développement des Méloés et des espèces apparentées l'hypermétamorphose. La pseudonymphe se transforme en larve qui se nymphose.

Taille : 13–32 mm.
Habitat : prairies, lisières des forêts.
Expansion : Europe centrale et méridionale, Caucase.

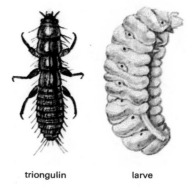

triongulin   larve

Variimorda fasciata (F.)

L'abdomen terminé en pointe, en partie couvert par les élytres, du *Variimorda fasciata* n'est pas le seul trait caractéristique qui le fait classer dans la famille des Mordellidés. Il présente en outre une tête plate assez grosse et cachée sous le corselet, des pattes postérieures longues et fortes, et la partie inférieure du corps très convexe. Ce dernier trait permet, même aux collectionneurs débutants, de la reconnaître, car ils savent combien ce coléoptère est difficile à préparer ; il tombe tantôt d'un côté, tantôt de l'autre. Son abdomen en pointe et ses puissantes pattes postérieures lui permettent de faire des bonds bizarres et des mouvements rotatifs. Posez-en un sur la paume de votre main et vous verrez ! Les Mordellidés se distinguent également par le nombre d'articles de leurs pattes. Les deux premières paires en comptent 5, tandis que la dernière en a seulement 4.

D'ordinaire, la coloration de la majorité des Mordellidés est sombre. Le *Variimorda fasciata* a cependant des élytres aux dessins plus clairs, mais aux contours plus variables. Il aime la chaleur et, en été, affectionne surtout les fleurs des ombellifères et des compositées. Ses larves minces et allongées rongent des galeries dans diverses plantes, parfois même dans les petites branches des pruniers.

Taille : 6−9 mm.
Habitat : sur les fleurs.
Expansion : presque toute l'Europe, le Caucase, l'Asie Mineure, l'Iran.

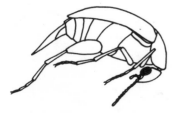

Les Mordellidés ont un corps de forme caractéristique.

Lagria hirta (L.)

Dans les régions tropicales de tout notre globe, on trouve en tout plus de 2000 coléoptères divers appartenant à la famille des Lagriidés. Certains se font remarquer par une très belle coloration, d'autres, au contraire, n'ont rien de remarquable. En Europe, ces coléoptères thermophiles ne représentent leur famille que par 8 espèces et, en Europe centrale, seulement par 3. Et le seul d'entre eux qui y est assez répandu est le *Lagria hirta*. Il présente une forme caractéristique : un corselet étroit, les élytres mous et pubescents recouvrant tout l'abdomen. Le différent nombre d'articles sur les deux premières paires de pattes et la dernière paire le classe dans le groupe des coléoptères hétéromères. Le mâle se distingue de la femelle par l'article terminal des antennes beaucoup plus long.

Le *Lagria hirta* est un herbivore typique ; son indifférence à l'égard de la qualité de la nourriture lui permet d'habiter dans les biotopes les plus divers, où on le rencontre en grand nombre depuis le printemps jusqu'à la fin de l'été. Ses larves sont également herbivores ; cependant, à la différence des adultes, elles se tiennent dans l'obscurité, sous les feuilles mortes dont elles font leur nourriture. Elles ont le corps allongé, pubescent et portent sur la tête 5 yeux simples. Elles hivernent.

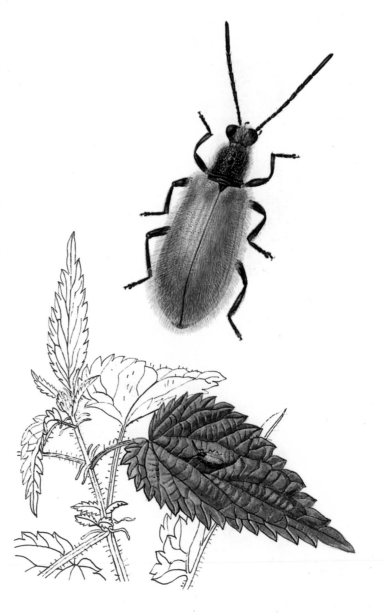

Taille : 7–10 mm.
Habitat : les fleurs dans les prairies humides.
Expansion : Europe, Sibérie.

Ténébrion meunier
Tenebrio molitor (L.)

On trouve presque régulièrement plusieurs espèces de coléoptères dans les entrepôts de farine, dans les boulangeries, les moulins, les magasins et les appartements. L'une des plus connues est l'espèce Ténébrion meunier. A notre grande surprise, nous pouvons même le trouver en été dans notre chambre, sur le tapis. Certes, cela ne signifie pas forcément qu'il soit né dans notre appartement. Souvent, il y entre accidentellement par la fenêtre ou y est attiré par la lumière électrique.

Toute la vie du Ténébrion meunier, qui se déroule, depuis l'œuf jusqu'à l'imago, dans la farine, passe au début assez inaperçue. La femelle pond par petits tas quelques centaines d'œufs dans la farine ou dans diverses fentes. Elle les recouvre ensuite d'une sécrétion gluante, sur laquelle les grains de farine se collent en formant une sorte d'enveloppe. Les larves naissent déjà après 1 ou 2 semaines, passent par des mues successives et croissent rapidement. On pratique souvent l'élevage artificiel de ces « vers de farine » qui constituent une très bonne nourriture pour différents oiseaux d'ornement dans les appartements. A remarquer que les larves élevées portent parfois des rudiments d'ailes sur les segments abdominaux. Au bout de 6 mois, souvent même plus tard, les larves se transforment en nymphes blanches. L'adulte vit environ 3 mois.

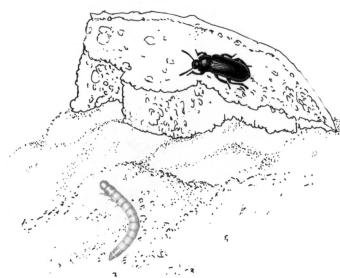

larve   nymphe

Taille : 15 mm.
Habitat : espèce synanthrope.
Expansion : la plupart des continents, sauf les tropiques.

Cerf-volant

Lucanus cervus (L.)

Rares sont les coléoptères qui présentent d'aussi grosses différences entre le mâle et la femelle que le Cerf-volant. Le mâle porte sur la tête de grosses mandibules dont la forme rappelle les bois de cerf. Toutefois, contrairement à ce que certains pensent, ces organes ne remplissent aucune fonction ; ils ne servent ni pour mordre ni pour saisir des proies. Le Cerf-volant se nourrit en effet de sucs sucrés coulant des troncs de chênes écorchés. Il se sert de ses mandibules pour chasser son rival au moment de l'accouplement. Aussi, dans les endroits où les Cerfs-volants sont plus nombreux, de tels affrontements sont-ils assez fréquents.

Le Cerf-volant vit dans les vieilles chênaies comprenant de nombreuses souches, dans le bois vermoulu desquelles se déroule tout son cycle de développement, qui dure habituellement 5 ans. Par rapport à la durée de la vie de la larve, l'adulte ne vit que très peu de temps. Il naît d'ordinaire en automne, mais passe encore tout l'hiver dans sa coque souterraine. Il sort de terre en juin et meurt déjà vers la fin du mois. Il vole surtout avant la tombée de la nuit. La larve est robuste et atteint 9 à 10 centimètres de long. Avant de se nymphoser, elle construit une loge ovale solide qui protège aussi bien la nymphe que l'imago. Dans certains pays, l'espèce est protégée par la loi.

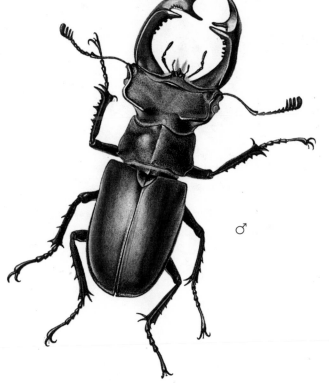

Taille : ♂ jusqu'à 75 mm, ♀ plus petite.
Habitat : forêts de chênes.
Expansion : presque toute l'Europe, l'Asie Mineure, la Syrie.

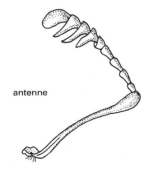

antenne

Nymphe mâle. La forme des mandibules permet de prévoir le sexe de l'imago.

Hanneton commun
Melolontha melolontha L.

Les plus grosses différences entre le mâle et la femelle chez le Hanneton commun *(Melolontha melolontha)* et les espèces apparentées résident dans la forme de leurs antennes. L'éventail situé à l'extrémité des antennes du mâle compte sept longs feuillets tandis que celui de la femelle n'en possède que six plus courts. Celle-ci se distingue encore du mâle par la forme de ses pattes antérieures fouisseuses. Au moment de la ponte, elle s'en sert pour s'enfouir dans le sol et se consacrer tranquillement à son devoir maternel. Le Hanneton commun apparaît déjà vers la fin d'avril sur les feuilles des chênes, des hêtres, des charmes et d'autres feuillus. Le mâle meurt vers la fin mai et la femelle pond jusqu'en juin. Le cycle de développement d'une génération dure de 3 à 4 périodes végétatives. De ce fait, certaines années, correspondant à ce cycle, abondent en Hannetons. Les larves, appelées « vers blancs », muent deux fois. Elles sont blanches, ont le corps ramassé, la tête plus sombre et l'extrémité de l'abdomen foncée et charnue. Elles vivent dans le sol et se nourrissent de racines. Le Hanneton est donc nuisible aussi bien à l'état de larve qu'à l'état adulte.

Cette espèce la plus nombreuse mise à part, on en rencontre en Europe encore deux autres semblables : *Melolontha hippocastani* et *Melolontha pectoralis*.

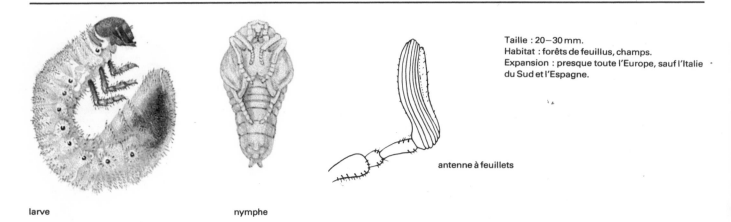

larve   nymphe

antenne à feuillets

Taille : 20—30 mm.
Habitat : forêts de feuillus, champs.
Expansion : presque toute l'Europe, sauf l'Italie du Sud et l'Espagne.

Cétoine dorée, Hanneton des roses

Cetonia aurata (L.)

Depuis la deuxième moitié de mai jusqu'au beau milieu de l'été, les fleurs de l'églantier, de l'aubépine, les ombelles blanches des ombellifères ou les fleurs embaumées des sureaux et des lilas attirent quantité de Cétoines. Tels de petits avions, celles-ci se posent sur les fleurs en plein soleil. En tant que coléoptères, leur façon de voler est un peu exceptionnelle. En effet, elles n'ouvrent pas leurs élytres et n'agitent que leurs ailes membraneuses. Souvent, elles apparaissent même sur les arbres écorchés et les souches fraîchement coupées où elles sont attirées par la sève sucrée, exactement comme les Lucanidés, les Cérambycidés et de nombreux autres coléoptères. La coloration de la Cétoine dorée ou Hanneton des roses est très variable. Le plus souvent, elle est vert mordoré sur les élytres, et rouge or sur la face ventrale, mais ici la nature ne s'est pas montrée avare pour les couleurs, de sorte que certains individus sont dorés, d'autres rouges et verts, bleuâtres, violets ou brunâtres.

Plus l'adulte porte des couleurs éclatantes et variées, plus la larve a une coloration fade. Large, blanchâtre, elle se développe dans le bois pourri des vieux chênes, hêtres, peupliers et saules, ou dans leurs souches. On en trouve même parfois dans les composts et, plus rarement, dans les fourmilières où abonde surtout la larve de la Cétoine *Potosia cuprea*. Après deux mues, la larve se nymphose dans un cocon solide. Le développement dure 1 an.

Taille : 14—20 mm.
Habitat : dans les fleurs.
Expansion : Europe, Sibérie, Asie Mineure, Moyen Orient.

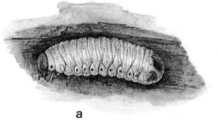

a

b

Potosia cuprea : larve (a) et nymphe (b)

Potosia aeruginosa est une des grandes Cétoines européennes.

Bousier printanier

Geotrupes vernalis (L.)

Le Bousier printanier fait partie des grands Bousiers communs en Europe. L'adulte et les larves se nourrissent d'excréments. Le mâle et la femelle vivent en couple. Lorsque vient le temps de fonder une nouvelle génération, ils construisent un nid, qu'ils remplissent de nourriture. En un endroit convenable, de préférence sous un tas d'excréments, ils creusent d'abord une cavité d'environ 5 centimètres de profondeur puis, au-dessous, plusieurs galeries horizontales d'une vingtaine de centimètres. Le mâle et la femelle les remplissent d'excréments à tour de rôle. Ensuite, à partir du fond du creux, ils forent un puits vertical d'environ un demi-mètre, dans lequel ils aménagent une petite loge qui servira d'abri à la larve, à la nymphe et même, pendant un certain temps, à l'imago. Les deux parents donnent une forme ovoïde à la loge et la remplissent d'excréments. La femelle y dépose ensuite un seul œuf, après quoi elle entoure la loge d'une couche de sable et de terre et remplit encore le puits d'excréments. Le développement ultérieur se déroule alors dans les excréments. L'œuf donne naissance à une larve blanche, qui consomme petit à petit les réserves ainsi préparées. Une fois arrivée à maturité, la larve se transforme en nymphe de laquelle sort, plus tard, le coléoptère adulte.

Le Bousier printanier et ses congénères sont des coléoptères très utiles. Ils débarrassent le sol des matières fécales et contribuent à la formation de l'humus.

Sisyphus schaefferi vit dans les sols sableux des stations chaudes d'Europe.

nids souterrains de divers Scarabées.

Taille : 12—20 mm.
Habitat : les excréments.
Expansion : Europe, Asie Mineure.

Leptura rubra (L.)

Certains Cérambycidés, comme par exemple le Magistrat, apparaissent dès les premiers jours chauds du printemps. Cependant le *Leptura rubra* est une espèce typique de l'été, qui se rencontre en juillet et en août. On pourrait facilement considérer le mâle et la femelle comme des espèces différentes, car ils se distinguent l'un de l'autre aussi bien par la structure du corps que, surtout, par la coloration. Le mâle plus svelte et plus étroit diffère nettement de la femelle, au corps ramassé. Ses antennes sont nettement dentées et, derrière son corselet noir, il porte les élytres d'un jaune sale ; au contraire, le corselet et les élytres de la femelle sont d'un rouge brun velouté.

Le mâle se manifeste souvent sur les fleurs, tandis que la femelle se tient plutôt sur les troncs de résineux abattus et sur les souches, dans lesquelles elle dépose ses œufs. Les larves y creusent des galeries irrégulières en zigzag, qu'elles remplissent de vermoulure. Elles accélèrent ainsi la décomposition des souches et sont même utiles pour l'industrie forestière. Souvent, elles perforent aussi les pieds des pieux dans les palissades et des poteaux télégraphiques en y causant des dégâts. Une fois développé, le coléoptère sort de la souche en creusant un trou arrondi. Comme de nombreux autres Cérambycidés, le *Leptura rubra* émet des sons stridulants audibles au loin. Son développement dure probablement 2 ans.

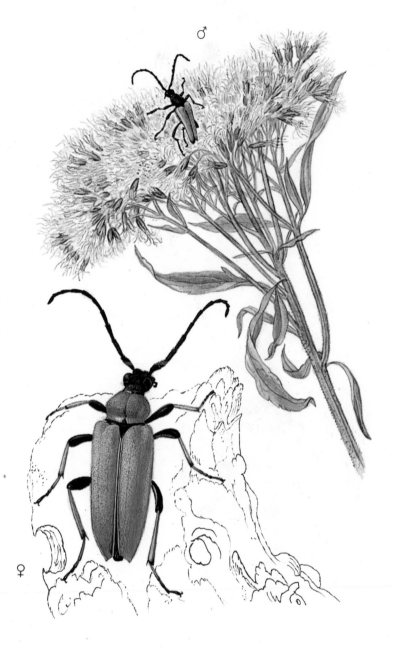

Taille : 10—19 mm.
Habitat : les fleurs.
Expansion : Europe, Sibérie, Afrique du Nord.

larve

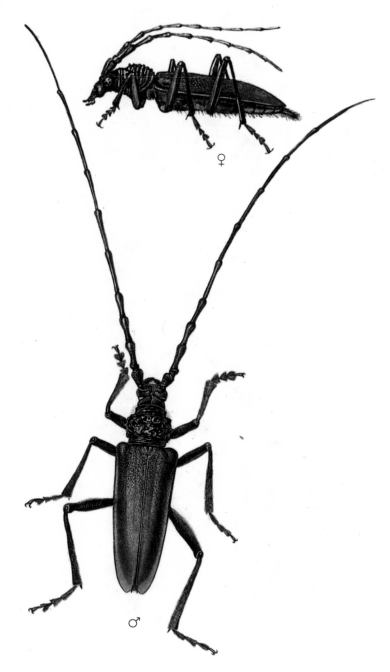

Grand Capricorne
Cerambyx cerdo L.

Un des plus grands Cérambycidés de la faune européenne, le Grand Capricorne, habite sur les vieux chênes, parfois même sur les hêtres, les charmes, les ormes et d'autres feuillus. Il se rencontre en juin et en juillet. A l'apparition de la lumière, il se dissimule dans l'orifice de la galerie qu'il a creusé. Il affectionne les arbres écorchés dont il suce la sève sucrée. Comme de nombreuses autres espèces de Cérambycidés, le Grand Capricorne émet des stridulations intenses, qu'il produit en frottant une grosse excroissance de son corselet contre la plaque striée située sur son thorax.

La femelle pond en moyenne 80 œufs, qu'elle dépose par groupes de 2 ou 3 dans l'écorce d'un chêne. Les larves, qui éclosent au bout d'une quinzaine de jours, mettent tout en œuvre pour percer le vieil arbre jusqu'au liber et au bois. Ce travail leur prend beaucoup de temps et elles n'y arrivent même pas avant l'hiver. Elles hibernent donc à mi-chemin, puis recommencent à creuser au printemps pour n'atteindre le liber qu'en été. Une année plus tard, lorsqu'elles atteignent déjà 7 à 9 centimètres de long, elles pénètrent dans les troncs et y percent des galeries de quelques dizaines de centimètres, à l'extrémité desquelles elles se nymphosent. L'imago naît au cours de la même année, mais passe l'hiver dans sa loge. En bon nombre d'endroits, ce beau Cérambycidé a déjà disparu en raison de la destruction des vieux chênes.

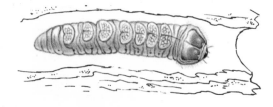

larve

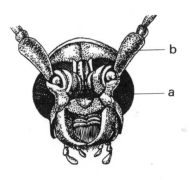

Taille : 24–53 mm.
Habitat : forêts de chênes.
Expansion : Europe.

Tête vue de face : œil à facettes (a) réniforme entourant l'antenne (b).

Plagionotus arcuatus (L.)

Par la combinaison des couleurs − noir et jaune − le
Plagionotus arcuatus rappelle à première vue une
grosse guêpe. Les bandes et les taches jaunes sur les
élytres sont très variables ; souvent elles se confon-
dent et présentent des dessins très divers. Naguère, on
avait l'habitude de donner à ces aberrations des
appellations latines.

Le *Plagionotus arcuatus* fait partie des espèces qui
apparaissent vers la fin du printemps et le début de
l'été. En mai et pendant presque tout le mois de juin,
on le trouve surtout sur les troncs des chênes abattus
ou les stères, pour autant que le bois ne soit pas encore
écorcé. Il est moins fréquent sur le hêtre, le peuplier,
le tilleul, etc. Thermophile, c'est en plein soleil qu'il
manifeste le plus de vie : il court et vole avec agilité sur
les arbres. La femelle pond une trentaine d'œufs,
qu'elle introduit dans les fentes de l'écorce à l'aide de
son long oviscapte. Les larves éclosent déjà au bout de
2 semaines. Elles pénètrent alors dans le liber, où elles
creusent des galeries irrégulières, longues de plusieurs
dizaines de centimètres et allant même parfois jusqu'à
deux mètres, qu'elles bouchent derrière elles avec de
la vermoulure. A maturité, les larves sont plates,
blanches, et atteignent 4 centimètres environ, soit
deux fois la longueur de l'adulte. En automne, elles
pénètrent verticalement dans le bois à une profondeur
de plusieurs centimètres, elles hivernent, et au printemps s'y nymphosent.

Taille : 6−20 mm.
Habitat : forêts de chênes.
Expansion : Europe, Transcaucasie, Asie Mineure,
Afrique du Nord.

La coloration vive, rappelant la guêpe, est un
mimétisme assurant à son porteur l'immunité contre
ses ennemis. 1 − *Plagionotus detritus*, 2 − Guêpe
germanique (*Paravespula germanica*).

Magistrat

Acanthocinus aedilis (L.)

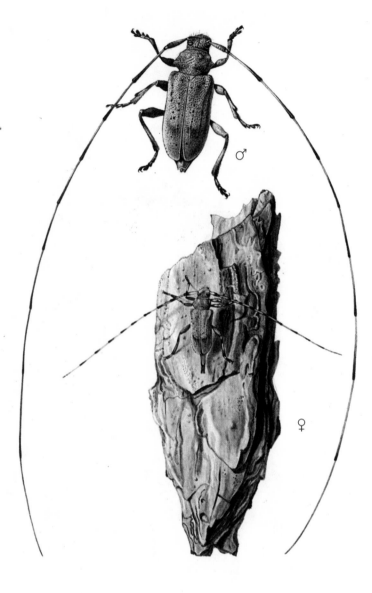

Les deux sexes du Magistrat se distinguent avant tout par la longueur des antennes ; chez le mâle, celles-ci ateignent 3 à 5 fois la longueur de son corps et chez la femelle 1,5 fois. Celle-ci porte en plus un oviscapte proéminent.

Le Magistrat est un des premiers Cérambycidés qui apparaissent au printemps. Il se manifeste déjà en mars et en avril, localement en mai. Certaines années, il donne même une deuxième génération vers la fin de l'été. Il affectionne les troncs des conifères abattus, même disposés en stères, et leurs souches. Il est difficilement visible car sa coloration grisâtre se confond avec celle de l'écorce.

La femelle pond une quarantaine d'œufs dans l'écorce des pins. Elle ronge d'abord un trou, dans lequel elle enfonce son oviscapte rigide qui pénètre jusqu'au liber. La larve vit sous l'écorce des souches ou des troncs abattus ; elle y creuse des galeries irrégulières. Une fois arrivée à maturité, elle construit dans l'écorce une loge ovale qu'elle orne de fins copeaux de bois, et s'y nymphose. La nymphe du Magistrat se reconnaît facilement grâce à ses antennes enroulées en forme de nœuds. Ce Cérambycidé passe l'hiver au stade de l'imago.

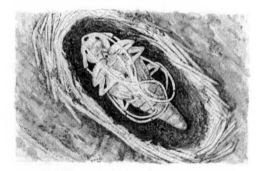

nymphe dans sa loge

Taille : 12−20 mm.
Habitat : forêts de résineux.
Expansion : Europe, Sibérie, Corée, Mongolie.

Cryptocephalus sericeus L.

Certains genres de la très nombreuse famille des Chrysomélidés se caractérisent par une grande richesse d'espèces. L'un d'entre eux, le genre *Crypto-cephalus,* est représenté dans la faune européenne par plusieurs dizaines d'espèces, dont la taille varie entre 1,5 et 9 millimètres. On en trouve des jaunes, des rouges, des noirs, des métalliques, unicolores ou différemment mouchetés. Le nom scientifique du genre a été bien choisi (d'après les mots grecs *kryptos* = caché et *kephalê* = tête) et indique que toutes les espèces qui le composent ont la tête cachée. Celle-ci est en effet enfoncée sous le corselet ; pour mieux la voir, il faut regarder de côté ou de dessous.

Une des espèces les plus courantes est le *Cryptoce-phalus sericeus.* Ce Chrysomélidé présente le plus souvent une coloration verte métallique, comme on le voit sur l'illustration. Ses couleurs sont cependant assez variables et on en rencontre assez souvent des dorés, des pourpres ou des bleus portant des noms différents. Le *Cryptocephalus* se manifeste pendant les mois d'été, au moment où s'épanouissent les épervières, les knautia ou le mille-feuille dont il affectionne les fleurs. Il abonde dans les prairies, sur les talus et les coteaux au voisinage des forêts.

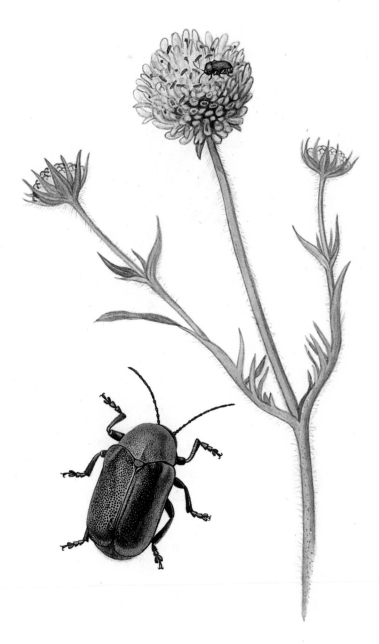

Taille : 7–8 mm.
Habitat : sur les fleurs.
Expansion : Europe, Sibérie, Asie Mineure.

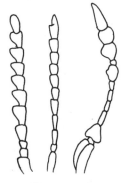

antennes de différentes espèces de Chrysomèles

La Donatie aquatique *(Donatia aquatica)* fait penser à un Capricorne plutôt qu'aux Chrysomèles.

Doryphore de la pomme de terre

Leptinotarsa decemlineata (SAY)

Parmi les coléoptères les plus jeunes de la faune européenne figure le Doryphore de la pomme de terre. Il a été importé dans nos pays il y a environ 100 ans et, comme on a étendu la culture de la plante hôte – la pomme de terre – sur laquelle il vit, il s'est parfaitement acclimaté et est devenu très commun dans la faune de la majorité des pays de l'Europe.

Sa patrie d'origine se trouve en Amérique du Nord. Le Doryphore vivait d'abord sur les feuilles des plantes solanacées sauvages dont il faisait sa nourriture. Mais, vers le milieu du siècle dernier, il a entièrement modifié son régime alimentaire. A cette époque, on importa la pomme de terre et, lorsqu'on commença à la cultiver, le Doryphore envahit cette nouvelle plante ; plus tard, il s'établit même en Europe.

Après avoir hiverné dans son abri, le Doryphore sort au printemps. Aussitôt, la femelle commence à pondre et continue à déposer ses œufs jaunâtres par tas sur les feuilles de la pomme de terre pendant presque tout l'été. Les larves rouges, marquées de deux rangées de points noirs, en sortent peu après. Elles muent trois fois et prennent progressivement une couleur orange. Ensuite elles pénètrent dans le sol pour se nymphoser. L'imago se forme déjà au bout de 2 semaines, mais se repose encore une semaine dans le sol avant de sortir. Généralement, le Doryphore donne deux générations par an.

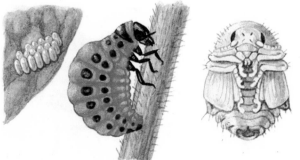

développement du Doryphore

Taille : 6−11 mm.
Habitat : champs de pomme de terre, parfois les prairies et les bois.
Expansion : à l'origine, région néarctique, actuellement cosmopolite.

Casside

Cassida viridis L.

Observée dans la nature, la Casside donne l'impression d'un bouclier à trois éléments, collé sur une feuille avec laquelle elle se confond grâce à sa coloration : elle ne laisse apparaître ses pattes et ses antennes que lorsqu'elle se met en mouvement. C'est un coléoptère phytophage qui affectionne les plantes labiacées, dans les feuilles desquelles il fait des trous ovales.

Au moment de la ponte, la femelle cherche un endroit propice sur la feuille et y dépose ses œufs d'une façon assez singulière. Elle se dresse sur toutes ses pattes écartées et laisse s'écouler de son abdomen une sécrétion blanche. Elle y dépose ensuite son premier œuf, qu'elle recouvre de nouveau de sécrétion et continue ainsi jusqu'à ce qu'elle ait pondu 8 à 15 œufs collés les uns aux autres. Elle recouvre à nouveau le tout d'une couche protectrice. Pendant tout l'été, elle laisse derrière elle plusieurs dizaines de cocons analogues. A leur naissance, les larves ont la même coloration verte que l'adulte. On ne les distingue que par leurs poils fourchus rigides, ainsi que par la fourche qui se trouve à l'extrémité de leur corps et qu'elles recourbent vers l'avant sur leur dos. Comme les adultes, les larves se nourrissent des feuilles de végétaux. Le coléoptère sort de la coque nymphaire au bout d'une semaine environ. Il vit sur les feuilles jusqu'en automne, puis se réfugie dans un abri pour hiverner.

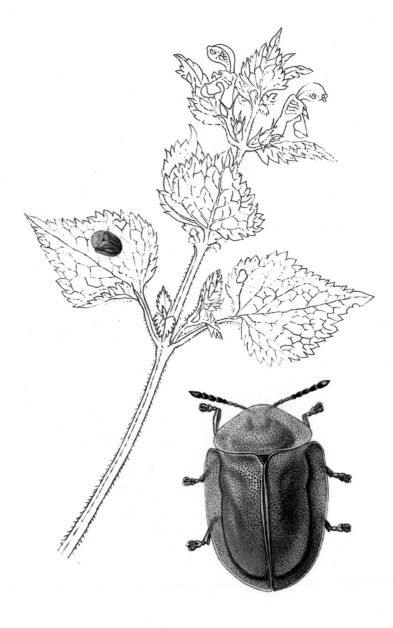

Taille : 7—9 mm.
Habitat : sur les végétaux.
Expansion : région paléarctique Asie Mineure, Moyen-Orient (Syrie).

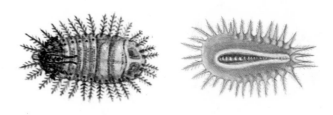

Les larves des Cassides ont une forme étonnante.

Polydrosus mollis (STROEM)

La famille des Curculionidés, qui groupe le plus grand nombre d'espèces de coléoptères, comprend également des espèces à tête allongée et aux antennes le plus souvent coudées. Bon nombre d'entre eux sont noirs ou sombres, et lisses, d'autres ont tout le corps recouvert, par rangées denses, de fines écailles dont la répartition détermine la coloration finale du coléoptère. Pour cette raison, les plus jeunes individus présentent les couleurs les plus éclatantes — verdâtres, grisâtres, brunâtres, etc. — tandis que les plus vieux, qui ont déjà perdu de nombreuses écailles au cours de leur vie, ont les élytres et le corselet plutôt sombres.

Le *Polydrosus mollis* fait partie de ce deuxième groupe. Ses écailles sont le plus souvent d'un brun cuivré, parfois même d'un gris verdâtre. Au printemps, il se tient en grand nombre sur les jeunes branches des bouleaux, des hêtres, des peupliers, et des autres arbres et arbrisseaux. De son rostre, au bout duquel se trouvent les mandibules, il perce la membrane foliaire pour dévorer les tissus plus tendres et juteux contenus dans les feuilles. Souvent, on peut même le trouver sur les jeunes pousses des sapins et des épicéas. Il est très nombreux dans tous les pays européens.

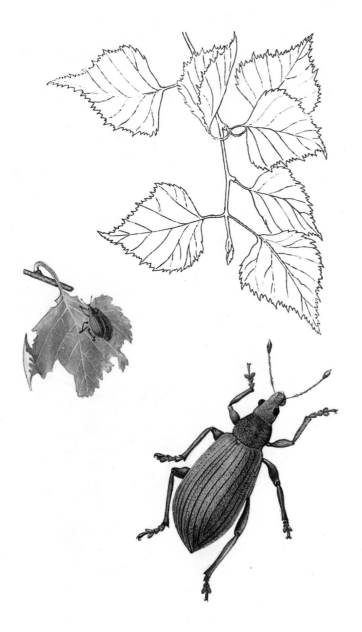

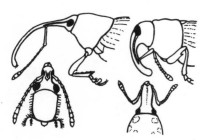

têtes de différentes espèces de Curculionidés

Taille : 6—8,5 mm.
Habitat : surtout les bouleaux, les hêtres et les peupliers.
Expansion : presque toute l'Europe, la Sibérie.

Hylobie du sapin

Hylobius abietis (L.)

Dans les forêts de résineux vivent plusieurs espèces de Curculionidés qui causent des dommages aussi bien sur les jeunes que sur les vieux arbres. Les uns sont nuisibles à l'état de larves, les autres à l'état d'imagos. Parmi ces derniers figure également l'Hylobie du sapin, ainsi que les espèces apparentées.

L'Hylobie du sapin, qui vit en général 3 ans, change de mode de vie suivant les saisons. Au printemps, il recherche les jeunes arbres et forme avec ses congénères des rassemblements dans les clairières. Il se nourrit alors de l'écorce des jeunes arbres, qu'il dévore dans un sens annulaire, causant leur dépérissement. En été, il s'installe au contraire sur les vieux arbres dont il attaque de la même façon les jeunes branches. En automne, il cherche des abris pour hiverner : il s'introduit sous les arbres abattus, dans les feuilles, etc. Pendant la saison d'été, on peut observer les femelles sur des souches fraîches, dans les racines desquelles elles déposent leurs œufs. Les larves d'un jaune blanc, à tête brune, et portant deux taches claires sur les flancs, naissent au bout de 2 à 3 semaines. Elles creusent dans le liber des galeries qu'elles orientent plus tard vers la moelle. En général, elles hivernent et achèvent leur développement l'année suivante, dans une loge creusée dans le bois.

Taille : 7,3–13,5 mm.
Habitat : les forêts de résineux.
Expansion : Europe, Sibérie, Japon.

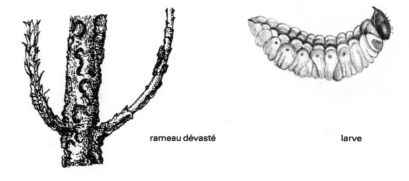

rameau dévasté   larve

Anthonome du pommier

Anthonomus pomorum (L.)

Certaines années, les pommiers en fleurs présentent un plus grand nombre de bourgeons desséchés d'un brun rouille. Ce sont les abris des larves, des nymphes et même des jeunes Anthonomes du pommier qui viennent de naître. Ceux-ci quittent leurs refuges en passant par un petit orifice et s'installent sur les feuilles de l'arbre dont ils font leur nourriture ; ils les dévorent par petits morceaux en commençant par le bas, jusqu'à n'en laisser que le squelette. Avant la cueillette des fruits, déjà vers la fin des vacances d'été, les Anthonomes cherchent un abri propice pour y passer l'hiver, pénétrant sous l'écorce de divers arbres, et même dans le sol. Au printemps, il remontent vers la couronne des pommiers où ils dévorent l'intérieur des jeunes bourgeons, détruisant ainsi une partie des fleurs avant leur épanouissement. Les autres deviennent la proie des femelles et de leur progéniture. La femelle dépose un œuf par bourgeon à fleurs du pommier. La larve s'y développe très rapidement, entourée de la nourriture représentée par les organes floraux. Les bourgeons ainsi attaqués ne se développent plus et se transforment en boulettes brunâtres. La larve y demeure 3 à 4 semaines avant de se nymphoser. L'insecte parfait en sort environ une semaine après.

L'Anthonome du pommier peut parfois se manifester même sur les poiriers.

nymphe dans une fleur de pommier parasitée

Taille : 3,4—4,3 mm.
Habitat : les vergers.
Expansion : Europe, Sibérie, Afrique du Nord (Algérie), Amérique du Nord (entraîné).

Deporaus betulae (L.)

Les Attelabidés, que l'on classait autrefois dans la famille des Curculionidés, diffèrent de ces derniers par des antennes droites, non coudées, ainsi que par de nombreuses particularités dans leur mode de vie. Vers la fin d'avril et le début de mai, les premières femelles du *Deporaus betulae* font leur apparition sur les jeunes feuilles des bouleaux, des aulnes, des charmes, des coudriers et des hêtres. Elles pondent leurs œufs dans des morceaux de feuilles, qu'elles enroulent en forme de cornets suspendus perpendiculairement au pétiole. La femelle commence alors à sectionner la feuille à partir de son extrémité gauche ou droite, en dessinant une courbe en S sur la partie supérieure jusqu'à la nervure principale. De là, elle progresse ensuite par une courbe plus modérée jusqu'à l'extrémité opposée de la surface foliaire. Elle revient enfin à son point de départ, saisit la feuille et, à l'aide de ses pattes, en enroule une moitié en forme de cornet, puis procède de la même manière en enroulant l'autre moitié par-dessus. Elle pénètre alors dans le cornet dont elle parachève la forme et assure l'étanchéité, puis, sous la cuticule foliaire, elle construit une menue pochette transparente dans laquelle elle dépose un seul œuf. Généralement, chaque cornet contient 2 œufs. Enfin, elle « coud » solidement tout le cornet de son rostre. La jeune larve ne consomme qu'une partie de la feuille. Le cornet se dessèche rapidement et tombe à terre, la larve en sort et pénètre dans le sol où elle se nymphose.

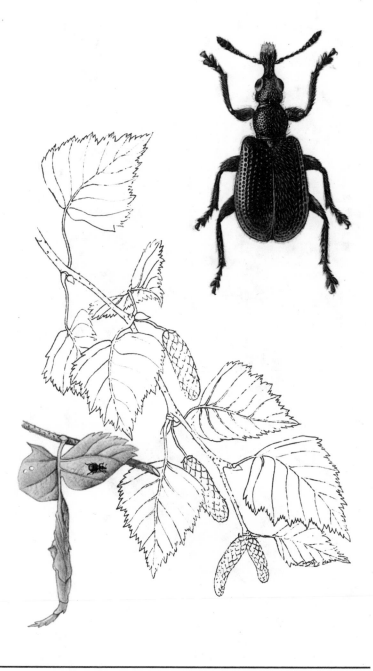

Taille : 2,5—4 mm.
Habitat : les bouleaux.
Expansion : presque toute l'Europe, la Sibérie, la Mongolie, l'Afrique du Nord.

Les espèces des Attelabidés diffèrent considérablement par la forme de leur tête :
1 — Rhynchite doré *(Rhynchites auratus)*, 2 — Apodère du noisetier *(Apoderus coryli)*.

1　　　　　　**2**

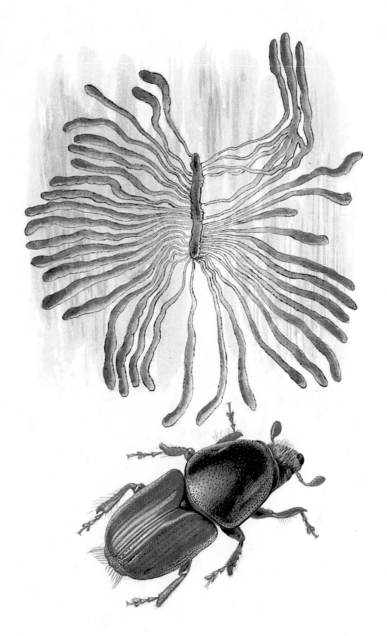

Scolyte destructeur

Scolytus scolytus F.

Parmi les Scolytidés vivant sur les arbres feuillus, le Scolyte destructeur est bien connu. La femelle creuse d'abord dans le bois une chambre nuptiale puis, après fécondation, fore une galerie courte (2 à 6 cm), mais assez large, sur les bords de laquelle elle dépose ses œufs. A leur naissance, les larves creusent à leur tour des galeries bien plus longues que celle dans laquelle elles sont nées.

L'espèce donne deux générations par an. Les larves ayant hiberné donnent naissance à une première génération d'insectes parfaits, qui apparaissent en avril—mai. Ceux-ci se posent d'abord dans les couronnes des arbres où ils se nourrissent de jeunes rameaux. Peu après, ils s'enfoncent dans la partie inférieure des gros troncs d'ormes où ils fondent une deuxième génération, qui fait son apparition en juillet (août). Sur les ormes, le Scolyte se manifeste le plus souvent en compagnie d'autres espèces apparentées, notamment le *Scolytus multistriatus* qui vit dans les branches et les troncs moins gros : les galeries larvaires sont bien plus nombreuses.

Les Scolytidés, notamment l'espèce *Scolytus multistriatus,* nuisent à l'orme en transportant également les spores du champignon *Ophiostoma ulmi,* qui provoque le dessèchement et le dépérissement de l'arbre. Cette maladie de l'orme, à l'extension de laquelle participent également de nombreux autres insectes, est connue dans toute l'Europe.

Le Blastophage du pin *(Myelophilus piniperda),* un des plus néfastes ravageurs du pin.

Taille : 3—6 mm.
Habitat : les vieux ormes.
Expansion : Europe. Espèce nuisible redoutée.

Scolyte typographe

Ips typographus (L.)

Doté d'un corps cylindrique et relativement grand, le Scolyte typographe est un coléoptère nuisible qui s'attaque aux vieux épicéas malades et en voie de dessèchement, sur lesquels se sont déjà manifestés d'autres insectes nuisibles. Cependant, s'il est en très grand nombre, il envahit même les arbres sains.

Le siège de toute la génération future est choisi par le mâle. Celui-ci creuse dans l'écorce épaisse une chambre nuptiale où il attire deux à trois femelles par son odeur spécifique. Selon le nombre de ces dernières (qui peut aller jusqu'à sept) le système de galeries creusées par celles-ci est plus ou moins compliqué. Tout en creusant, chaque femelle pond progressivement environ 60 œufs, qu'elle dépose dans des niches latérales. Les larves se développent rapidement et creusent à leur tour des galeries indépendantes, de 5 centimètres de long environ, perpendiculaires à la galerie de la mère et élargies au bout. La larve blanche présente un épiderme mou ; elle est apode et aveugle. Au bout de sa galerie, elle forme une loge dans laquelle elle se nymphose. Avant de quitter son abri sombre sous l'écorce, l'insecte parfait continue encore de se nourrir en creusant une galerie irrégulière ramifiée communiquant avec la loge nymphaire. Ensuite, il sort de l'arbre par un orifice occasionnel ou par un trou qu'il creuse lui-même.

Taille : 4,2–5,5 mm.
Habitat : les forêts de conifères (épicéas).
Expansion : Europe, Sibérie, Chine du Nord.

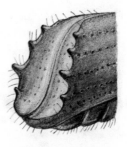

extrémité de l'élytre

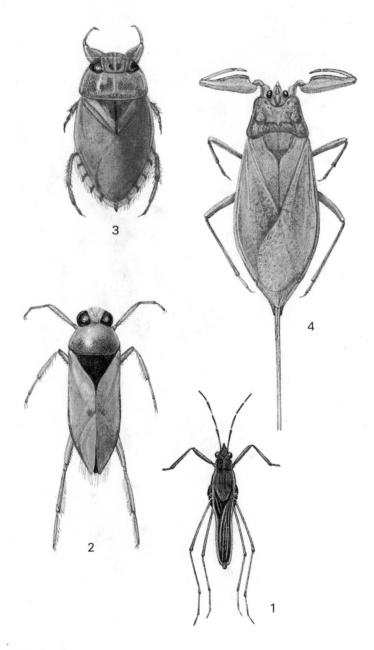

Gerris lacustre
Gerris lacustris (L.)

Notonecte glauque
Notonecta glauca L.

Naucore commun
Ilyocoris cimicoides (L.)

Nèpe cendrée
Nepa cinerea L.

Le mode de vie de nombreux hétéroptères les rend tributaires du milieu aquatique. Des groupes de Gerris élancés vivent à la surface libre ou enherbée des eaux. On les voit soit immobiles, posés sur leurs longues pattes, soit encore courant agilement et rapidement sur la surface sans s'enfoncer dans l'eau, grâce au dessous densément velu de leurs pattes : l'air retenu entre les poils les rend imperméables à l'eau. Les pattes de la première paire servent à la capture des proies, les deuxième et troisième paires sont locomotrices.

D'autres espèces d'hétéroptères vivent sous la surface, mais respirent l'oxygène de l'air ce qui les oblige à remonter de temps en temps à la surface pour respirer. Le Notonecte glauque présente une première paire de pattes en forme de pinces servant à la capture, les deux autres paires sont natatoires et couvertes de longs poils. Le Notonecte nage le ventre en l'air. Il est capable d'un vol agile.

Le Naucore possède un gigantesque rostre formé de trois articles qui lui permet d'aspirer les sucs de sa proie. Les pattes antérieures sont adaptées à la capture des proies, les deux autres paires servent à la natation.

La Nèpe cendrée vit dans la vase près des rives. Ses pattes antérieures servent à la prise des insectes, les deux autres paires sont locomotrices.

Pour prendre l'air à la surface, la Notonecte glauque se met dans une position caractéristique.

1 – *Gerris lacustris* :
Longueur : 8–10 mm.
Distribution : majeure partie de l'Europe, Asie Antérieure, Afrique du Nord.

2 – *Notonecta glauca* :
Longueur : 14–16 mm.
Station : eaux stagnantes.
Distribution : Europe, Caucase, Afrique du Nord.

3 – *Ilyocoris cimicoides* :
Longueur : 15 mm.
Distribution : majeure partie de l'Europe, Caucase.

4 – *Nepa cinerea* :
Longueur : 18–22 mm.
Distribution : majeure partie de l'Europe.

Pyrrhocore aptère, Soldat

Pyrrhocoris apterus (L.)

Scutellère rayée

Graphosoma lineatum (L.)

Punaise potagère

Eurydema oleraceum (L.)

Punaise verte

Palomena prasina (L.)

Punaise rouge des prés

Lygus pratensis (L.)

Aux premiers beaux jours du printemps, on peut voir les Soldats pulluler au pied ensoleillé des arbres où ils s'accouplent et ne tardent pas à pondre leurs œufs, en une dizaine de pontes de 50 à 80 œufs chacune. Les Soldats de la nouvelle génération s'accouplent à nouveau, les femelles pondent une nouvelle série d'œufs qui donneront naissance à la génération hivernante. Le Pyrrhocore aptère se nourrit surtout de graines de tilleul et de divers déchets organiques. A l'origine, les ailes étaient bien développées et leur perte n'est survenue que secondairement durant l'évolution.

Les pentatomidés se reconnaissent à leur écusson central bien visible (partie dégagée du mésothorax). La Scutellère rayée est une espèce thermophile dont le cycle vital est analogue à celui du Soldat. On la trouve également en colonies. La Punaise verte possède des glandes odorantes situées entre le coxa des pattes antérieures et des pattes postérieures et elle laisse leur sécrétion malodorante sur diverses baies dont elle suce les sucs.

La Punaise potagère et la Punaise rouge des prés se nourrissent de la sève des végétaux : la Punaise potagère s'attaque souvent aux légumes, la Punaise rouge des prés au sommet végétatif des plantes fourragères.

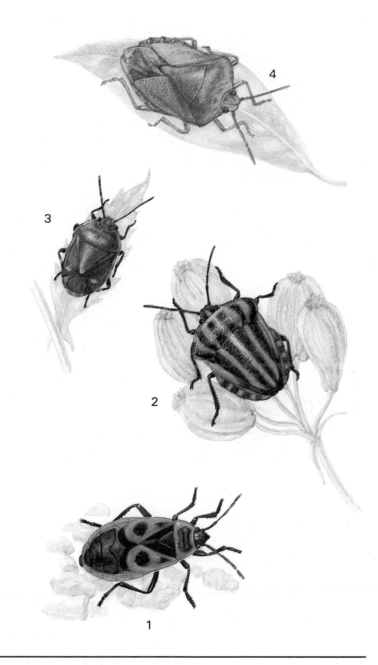

1 – *Pyrrhocoris apterus* :
Longueur : 7−12 mm.
Distribution : Europe, Asie, Afrique du Nord, Amérique Centrale.

2 – *Graphosoma lineatum* :
Longueur : 9−12 mm.
Distribution : Europe centrale et méridionale, Asie Mineure et Antérieure.

3 – *Eurydema oleraceum* :
Longueur : 5−7 mm.
Distribution : Eurasie.

4 – *Palomena prasina* :
Longueur : 12−15 mm.
Distribution : majeure partie de l'Eurasie.

5 – *Lygus pratensis* :
Longueur : 5,8−6,7 mm.
Distribution : sous-région paléarctique.

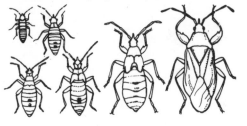

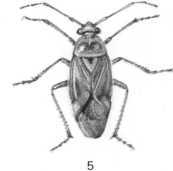

Métamorphose incomplète.
Cinq stades larvaires et imago.

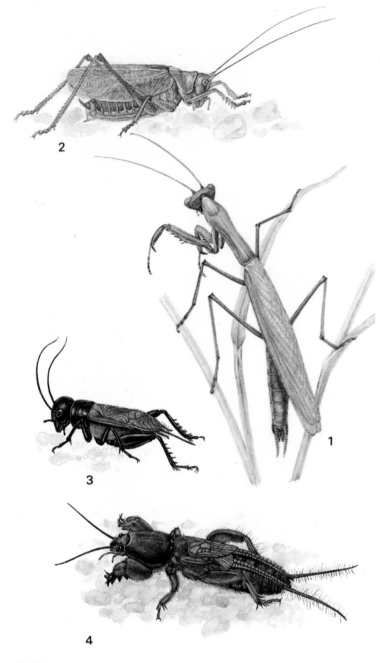

Mante religieuse
Mantis religiosa L. Mant

Sauterelle verte
Tettigonia viridissima L.

Grillon champêtre
Gryllus campestris L.

Courtilière
Gryllotalpa gryllotalpa (L.)

La Mante religieuse a une allure caractéristique avec sa petite tête aux mandibules puissantes et son prothorax allongé portant une paire de pattes adaptées à la prise des proies. Le méso- et le métathorax sont reliés au prothorax en formant un angle qui permet à la mante de redresser la partie antérieure du corps. Elle chasse ses proies en les fauchant de ses pattes antérieures. La femelle pond les œufs sur des végétaux et les couvre d'une sécrétion qui durcit en formant une enveloppe protectrice, l'oothèque. Les œufs hivernent et les larves éclosent au printemps, pour arriver à l'âge adulte en août.

La Sauterelle verte présente des antennes très développées formées d'au moins trente segments. La femelle a une longue tarière grâce à laquelle elle pond ses œufs dans le sol. Chez le mâle, la base des élytres porte des nervures composant un appareil stridulant : en frottant les élytres l'un contre l'autre, il fait entendre son crissement.

Le même appareil stridulant existe chez le mâle du Grillon champêtre. Après l'accouplement, la femelle pond quelque 300 œufs dans un cellier dans le sol.

La Courtilière mâle a également un appareil stridulant sur les élytres. La femelle est dépourvue de tarière et pond ses œufs dans le sol, dans une chambre creusée spécialement à cet effet.

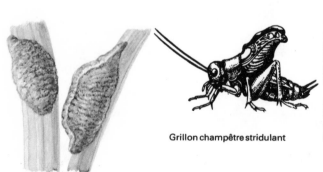

oothèques de la Mante religieuse

Grillon champêtre stridulant

1 – *Mantis religiosa* :
Longueur : 72—75 mm.
Epoque de vie imaginale : V—VII.
Distribution : partie méridionale de la région paléarctique, la limite traversant la Pologne. Introduite en Amérique du Nord.

2 – *Tettigonia viridissima* :
Longueur : 28—42 mm.
Epoque : VII—X.
Distribution : Eurasie.

3 – *Gryllus campestris* :
Longueur : 20—26 mm.
Epoque : V—VIII.
Distribution : Europe centrale et méridionale, sud de la Grande-Bretagne, sud-est asiatique, Afrique du Nord.

4 – *Gryllotalpa gryllotalpa* :
Longueur : 35—50 mm.
Epoque : IV—X.
Distribution : Europe, Asie Antérieure et centrale, Afrique du Nord.

Criquet à ailes rouges
Psophus stridulus (L.)

Criquet à ailes bleues
Oedipoda caerulescens (L.)

Sténobothre ligné
Stenobothrus lineatus (Pnz)

Les Criquets ressemblent aux sauterelles, mais leurs antennes sont courtes. Ils sont absolument végétariens (les sauterelles sont surtout carnassières). Les mâles stridulent en frottant les excroissances des cuisses sur les nervures des élytres. *Tetrix subulata* est fréquent dans les prairies humides et au bord des eaux. Son corselet allongé recouvre l'abdomen.

Le Criquet à ailes rouges ne laisse voir la couleur rouge brique de ses ailes postérieures qu'en plein vol ; au repos, elles sont repliées sous les élytres, dont la couleur est typiquement brun sombre à noire. Au cours du vol, les mâles émettent un curieux son strident. Les femelles ont un court oviscapte qui leur permet de pondre dans les couches superficielles du sol des amas d'œufs entourés d'une secrétion écumeuse. Les œufs hivernent, les larves aptères éclosent au printemps.

Le Criquet à ailes bleues est une espèce variable dont la coloration dépend de la couleur du support sur lequel il s'est développé. Le corps est sombre, roux ou jaunâtre, les ailes membraneuses sont généralement bleu d'azur avec une étroite bande noire, parfois aussi jaune-rosé à flavescentes. La stridulation du mâle est peu typée. Comme l'espèce précédente, les femelles ont un court oviscapte et pondent dans le sol des œufs entourés d'une enveloppe d'écume. Les larves éclosent en avril de l'année suivante et arrivent au stade imaginal en juillet.

Le Sténobothre ligné est de couleur verdâtre ou brunâtre, le bord des ailes postérieures étant sombre. La tarière de la femelle est dentée. Le mode de vie est analogue aux espèces précédentes.

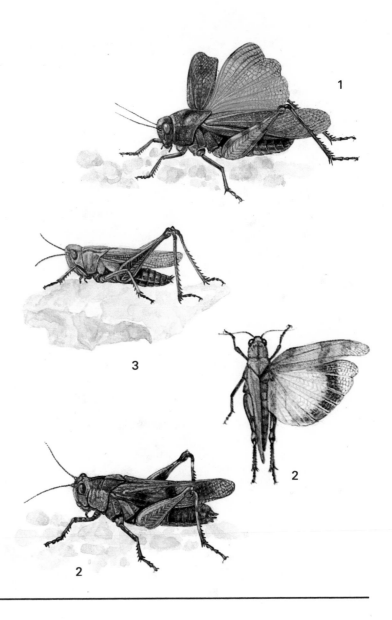

1 – *Psophus stridulus :*
Longueur : 23–25 mm.
Distribution : majeure partie de l'Europe.

2 – *Oedipoda caerulescens :*
Longueur : 16–26 mm.
Distribution : Europe (de la Scandinavie méridionale jusqu'à la Méditerranée), Asie Mineure et Antérieure, Sibérie, Afrique du Nord.

3 – *Stenobothrus lineatus :*
Longueur : 16–25 mm.
Distribution : Europe, Asie occidentale, Sibérie.

Métamorphose incomplète des Criquets. Différents stades larvaires avec des ailes croissant successivement.

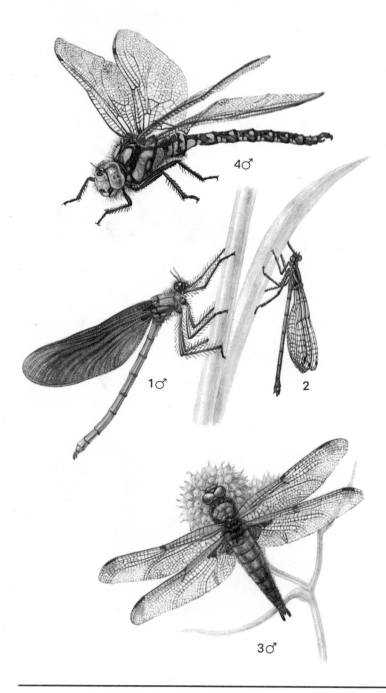

Calopteryx vierge
Calopteryx virgo (L.)

Jeune fille
Pyrrhosoma nymphula (Sulz.)

Libellule quadrimaculée
Libellula quadrimaculata L.

Aeschne bleue
Aeschna cyanea (Müll.)

Les Libellules ont un long abdomen segmenté, des ailes membraneuses densément nervurées et de faibles pattes servant à la fixation à un support. Elles sont adaptées à la capture d'une proie mouvante : leur tête mobile porte de grands yeux et de puissantes mandibules. Leur vol généralement aisé leur permet même de s'accoupler dans les airs : le mâle en position antérieure retient la femelle grâce aux pinces de son extrémité abdominale. La femelle fécondée pond les œufs dans l'eau ou sur les végétaux. Les larves carnassières ont une lèvre inférieure transformée en une sorte de pince qui peut être projetée en avant : le masque. Ces larves aquatiques subissent jusqu'à 20 mues avant de sortir de l'eau pour se transformer en imagos.

Calopteryx et agrions appartiennent au sous-ordre des zygoptères ; leurs deux paires d'ailes sont semblables. Les zygoptères ont un vol lent, par contre les Libellules et les Aeschnes qui appartiennent au sous-ordre des anisoptères volent rapidement, possèdent des ailes antérieures et postérieures de formes distinctes. Au repos, Calopteryx et agrions relèvent leurs ailes perpendiculairement à l'axe du corps, Libellules et Aeschnes les étalent latéralement. Les larves du premier groupe sont minces, avec trois appendices foliacés terminaux servant à la locomotion. Les larves des anisoptères sont au contraire trapues et fuselées et elles respirent par une cavité branchiale formée par un élargissement du rectum.

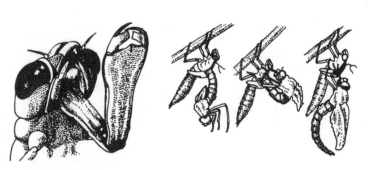

appareil de capture (masque) d'une larve de Libellule

Aeschne bleue sortant de son enveloppe

1 – *Calopteryx virgo* :
Longueur : 50 mm.
Envergure des ailes : 70 mm.
Distribution : Europe, Asie.

2 – *Pyrrhosoma nymphula* :
Longueur : 35 mm.
Envergure : 45 mm.
Distribution : Europe, Asie Mineure.

3 – *Libellula quadrimaculata* :
Longueur : 40—50 mm.
Envergure : 70—85 mm.
Distribution : Europe, Asie, Amérique du Nord.

4 – *Aeschna cyanea* :
Longueur : 65—80 mm.
Envergure : 95—110 mm.
Distribution : Europe, Asie Mineure, Amérique du Nord.

Polydesme
Polydesmus complanatus L.

Iule terrestre
Iulus terrestris PORAT

Lithobie
Lithobius forficatus L.

Les diplopodes ont un corps cylindrique ou ventralement aplati ; les quatre premiers segments exceptés, tous les autres articles sont doubles et portent donc chacun deux paires de pattes et deux paires de stigmates respiratoires. La soudure est parfaite sur la face dorsale, tandis que ventralement on peut distinguer deux plaquettes sur chaque segment. Les coxa des pattes sont très rapprochés, les pattes elles-mêmes relativement courtes et peu puissantes. Chez les chilopodes, les articles sont toujours aplatis, simples, et la plupart d'entre eux portent une seule paire de pattes longues et fortes, dont les coxa sont repoussés vers le bord. Les chilopodes se déplacent à toute vitesse, sont carnassiers, les diplopodes sont au contraire plutôt lents, donnant la préférence aux déchets végétaux. Les sexes des chilopodes sont séparés.

Le Polydesme, un diplopode dont le corps se compose de 19 à 22 articles, vit couramment dans le bois en décomposition sous l'écorce des vieux arbres feuillus. Les femelles pondent leurs œufs dans des nids faits de terre collée.

L'Iule terrestre a jusqu'à 89 paires de pattes. En cas d'agression, l'Iule se roule en colimaçon. Les œufs donnent naissance à des larves dotées de trois paires de pattes ; le nombre de pattes s'accroît ensuite avec les mues. La Lithobie a un corps composé de 19 articles de taille inégale portant des pattes à huit segments.

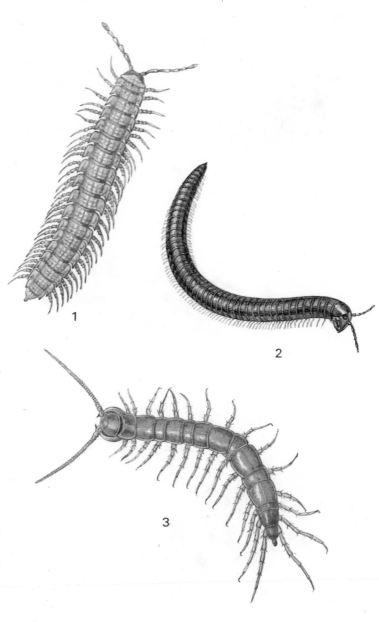

1 – *Polydesmus complanatus* :
Longueur : 15–23 mm.
Distribution : Europe centrale.

2 – *Iulus terrestris* :
Longueur : 17–23 mm.
Distribution : Europe, depuis la péninsule balkanique au nord, jusqu'à la Scandinavie, la Lituanie, l'Estonie.

3 – *Lithobius forficatus* :
Longueur : 18–30 mm.
Distribution : cosmopolite.

Iule terrestre roulé en colimaçon

Polydesme avec œufs

1

2

3

Cloporte des caves
Porcellio scaber LATR.

Cloporte des murs
Oniscus asellus L.

Cloporte commun
Armadillidium vulgare LATR.

En forêt, sous les feuilles humides et sous les pierres, mais aussi synanthropiquement dans les caves, les serres, les remises, etc., on observe couramment deux petits crustacés isopodes, le Cloporte des caves et le Cloporte des murs. Ces deux espèces se plaisent dans l'humidité et l'ombre, ils peuvent abonder par endroits et constituer de véritables foules. Ils se nourrissent de végétaux en décomposition. Leur large corps est voûté du côté dorsal, aplati du côté ventral. Il est protégé par un revêtement, la cuticule, fortement imprégnée de carbonate de calcium, si bien que la surface des articles est densément granuleuse. La tête soudée au premier segment thoracique constitue le céphalothorax. Deux paires d'antennes se trouvent sous le bouclier céphalique : la première est atrophiée, la seconde, articulée, est bien visible. Chez le Cloporte des murs, le lobe frontal est triangulaire, chez le Cloporte des caves, il est fortement rebroussé vers le haut. Chez les deux espèces, les pattes thoraciques sont ambulatoires, et chez les femelles, elles portent de plus de menus appendices qui formeront la cavité incubatrice *(marsupium)* destinée à recevoir les œufs. Les pattes abdominales sont transformées en organes respiratoires.

Au contraire des deux espèces précédentes, le Cloporte commun est plutôt xérophile. On le trouve couramment sous les pierres des lieux secs et ensoleillés, des coteaux, sous le crépi des murs, etc. Il peut se rouler complètement en boule. Son extrémité postérieure est arrondie et large, sa partie frontale présente un bouclier triangulaire médian.

Cloporte des caves, côté ventral

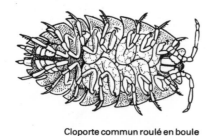

Cloporte commun roulé en boule

1 – *Porcellio scaber* :
Longueur : 11−16 mm.
Distribution : cosmopolite.

2 – *Oniscus asellus* :
Longueur : jusqu'à 18 mm.
Distribution : grande partie de l'Europe, Amérique du Nord.

3 – *Armadillidium vulgare* :
Longueur : 12−17 mm.
Distribution : pratiquement cosmopolite.

Aselle
Asellus aquaticus L.

Triops
Triops cancriformis Bosc.

Ecrevisse
Astacus astacus F.

L'Aselle, un représentant amphibien de l'ordre *Isopoda*, est une espèce caractéristique des eaux douces stagnantes. Elle rampe adroitement parmi les végétaux, dans la vase, sous les pierres et se nourrit de restes végétaux. A la différence des Cloportes terrestres, l'Aselle possède deux paires d'antennes développées. Les segments abdominaux sont soudés en un bouclier continu, le pléotelson.

C'est dans les eaux périodiques des zones inondables par les rivières que l'on trouve, du printemps à l'automne, le Triops *T. cancriformis*. Il peut nager ou ramper sur le sol. Son corps se compose de 32 à 35 articles portant de 48 à 57 paires de pattes. Chez l'espèce voisine, *Lepidurus apus,* que l'on trouve dans les mêmes eaux uniquement au tout début du printemps, le dernier segment abdominal est étiré entre une écaille médiane. La femelle pond ses œufs dans la vase et meurt rapidement. Les œufs doivent passer par une phase de dessiccation de la vase, pour pouvoir se développer au printemps de l'année suivante.

L'Ecrevisse est entièrement protégée par une carapace dure ; au moment de sa croissance, elle quitte la vieille carapace et en reforme une nouvelle, d'abord molle, puis s'imprégnant progressivement de chitine et de carbonate de calcium. L'abdomen se compose de six segments et d'un telson ; il peut se recourber sous le céphalothorax, ce qui permet à l'Ecrevisse de nager la queue en avant. La femelle porte les œufs sur la face ventrale de l'abdomen. Les jeunes éclosent en juin à juillet et passent par cinq mues environ durant la première année de leur vie.

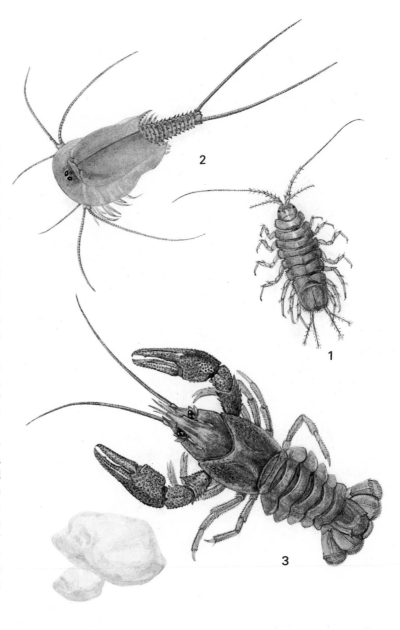

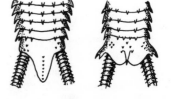

1 – *Asellus aquaticus* :
Longueur : ♀ 8 mm, ♂ 12 mm.
Distribution : Europe centrale et septentrionale.

2 – *Triops cancriformis* :
Longueur : jusqu'à 10 cm (les soies comprises).
Distribution : sous-région paléarctique et néarctique jusqu'à 60° de latitude nord.

3 – *Astacus astacus* :
Longueur : 120–160 mm.
Distribution : Europe centrale, jusqu'au sud de la Scandinavie.

forme du telson chez *Lepidurus apus* (à gauche) et *Triops cancriformis* (à droite)

forme du rostre chez l'Ecrevisse *(Astacus astacus)* (en haut) et chez l'*Astacus leptodactylus* (en bas)

Faucheux
Phalangium opilio L.

Saltique rayée
Salticus scenicus (Cl.)

Pardose lugubre
Pardosa lugubris (Walck.)

Thomise de la marguerite
Misumena vatia (Cl.)

Les Faucheux (ordre Opilionida) se distinguent à première vue des Araignées (ordre Araneae) : chez ces dernières, l'abdomen non segmenté est réuni au céphalothorax par un mince pédoncule, tandis que les opilions ont un abdomen segmenté uni au céphalothorax par toute sa largeur. Les pattes des Faucheux sont beaucoup plus longues que le corps et les articles du pied s'enroulent autour des tiges pendant la marche. La femelle a une longue tarière qui lui permet de déposer ses œufs dans différents interstices. Les œufs hivernent avant de se développer.

Les araignées des familles suivantes ne tissent pas de toile, mais chassent activement des proies mobiles. Elles filent cependant des fibres qu'elles utilisent pour assurer leurs déplacements, pour tisser leurs cocons ou leurs abris. La Saltique rayée guette sa proie, s'en approche prudemment par derrière et la capture par un saut qui dépasse de beaucoup la longueur de son corps.

La Pardose lugubre chasse sa proie au sol. La femelle porte ses œufs dans un cocon collé sous son abdomen. Après leur éclosion, les jeunes grimpent sur le dos de leur mère et y restent pendant un certain temps.

Les femelles de la Thomise de la marguerite guettent, elles, sous les feuilles et les fleurs des composacées. Leurs deux paires de pattes antérieures sont ravisseuses. Elles sont capables de mimétisme chromatique.

femelle de la Pardose lugubre avec les jeunes

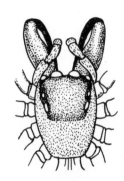

Céphalothorax du mâle de la Saltique rayée. Les différences de taille des yeux sont évidentes.

1 – *Phalangium opilio* :
Taille : 6–9 mm.
Distribution : Europe, Sibérie, Asie centrale, Amérique du Nord, Afrique du Nord.

2 – *Salticus scenicus* :
Taille : 4,5–7,5 mm.
Distribution : Europe, Sibérie, Afrique du Nord, Amérique du Nord.

3 – *Pardosa lugubris* :
Taille : 6–8 mm, ♂ plus petit aux pattes plus longues.
Distribution : sous-région paléarctique (sauf l'Afrique du Nord).

4 – *Misumena vatia* :
Taille : ♂ 4 mm, ♀ 10 mm.
Distribution : région holarctique.

Pholque
Pholcus opilionoides (Schr.)

Tégénaire domestique
Tegenaria domestica (Cl.)

Argiope rayée
Argiopa bruennichi (Scop.)

Scorpion carpatique
Euscorpius carpaticus (L.)

Les araignées des familles *Pholcidae, Agelenidae* et *Aranidae* prennent leurs victimes dans les filets de leurs toiles plus ou moins complexes. La Pholque se tient au bas de sa toile lâche et discrète, puis vient mordre la proie capturée pour lui injecter des enzymes digestives extrêmement puissantes. Elle aspire ensuite les chairs dissoutes si parfaitement que l'enveloppe conserve sa forme initiale. La femelle pond ses œufs dans un cocon globuleux lâche qu'elle transporte avec elle jusqu'à l'éclosion des jeunes.

La Tégénaire domestique est une espèce nettement synanthropique. Sa toile se compose de deux couches : une dense, de soies non adhésives entretissées, au-dessus de laquelle est tendue une deuxième toile lâche qui est le piège lui-même.

L'Argiope rayée installe sa grande toile circulaire au cœur blanc formé de fibres denses, dotée d'un stabilimentum en zigzag oblique à quelque 30 cm au-dessus du sol. La femelle tisse un complexe cocon pyriforme dans lequel elle dépose 300 à 400 œufs. Les œufs hivernent dans ce cocon et les jeunes passent par plusieurs mues.

Le Scorpion carpatique a une forme caractéristique, commune à tous les représentants de sa famille, avec un abdomen terminé par une glande à venin et de grands pédipalpes en forme de pinces qui lui servent à capturer divers arthropodes.

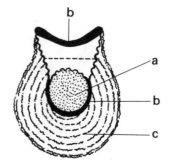

1 – *Pholcus opilionoides :*
Taille : 4–5 mm.
Distribution : Europe centrale et méridionale, Turkestan, Chine.

2 – *Tegenaria domestica :*
Taille : 12–18 mm, le mâle est plus petit et plus pattu.
Distribution : cosmopolite.

3 – *Argiope bruennichi :*
Taille : ♂ 3 mm, ♀ 10 mm.
Distribution : assez rare dans la zone paléarctique tempérée, commun seulement en Europe méridionale.

4 – *Euscorpius carpathicus :*
Taille : 40 mm.
Distribution : Europe méridionale, Afrique du Nord, Asie Mineure. N'est pas indigène en Europe centrale.

Section du cocon de l'Argiope rayée : a – œufs, b – tissu très dense, d – coussin de fibres lâches.

tête de la Tégénaire domestique avec de puissantes chélicères

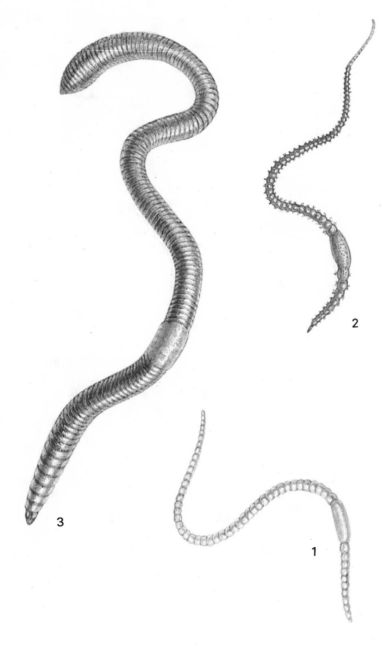

Enchytrée blanc
Enchytraeus albidus HENLE

Tubifex
Tubifex tubifex (MÜLL.)

Lombric terrestre
Lumbricus terrestris L.

Les représentants de ces trois familles appartiennent à l'ordre des oligochètes *(Oligochaeta)*. Leur corps vermiforme est nettement segmenté intérieurement comme extérieurement ; chaque article, hormis le premier, porte au moins quatre touffes de soies. A l'avant du corps, plusieurs articles sont renflés en un bourrelet, – le clitellum – qui excrète, au moment de la multiplication, un mucus qui se gélifie en cocon autour des œufs. Les oligochètes sont hermaphrodites.

Les Enchytrées sont de petits vers fins, fréquents d'avril jusqu'au début de l'été dans les couches superficielles des sols humifères. Ils se nourrissent de restes végétaux et se multiplient rapidement.

Les Tubifex sont des annélides aquatiques. Ils forment souvent de véritables colonies dans la vase, où ils s'abritent la tête tournée vers le bas. Au repos, ils laissent sortir leur partie postérieure. Lorsqu'on les perturbe, ils rentrent entièrement dans leur tube.

Le Lombric terrestre est un annélide puissant : son corps atteint 6 à 9 mm de diamètre. Un mucus humecte constamment la peau ; il assure la respiration et réduit la friction du corps lors du passage dans le sol. Les Lombrics avalent la terre et en digèrent les particules organiques. La terre est ensuite rejetée sous forme de tortillons caractéristiques.

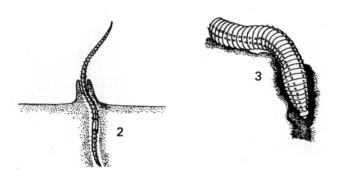

1 – *Enchytraeus albidus :*
Longueur : 20–35 mm.
Stations : sols humides et déchets végétaux en décomposition.
Distribution : cosmopolite.

2 – *Tubifex tubifex :*
Longueur : 25–40 mm.
Stations : vase des eaux stagnantes ou lentes, faible profondeur.
Distribution : régions holarctique et australienne.

3 – *Lumbricus terrestris :*
Longueur : 90–300 mm.
Stations : sols relativement profonds, évite les sols trop secs ou trop humides, ainsi que les sols forestiers.
Distribution : cosmopolite, pas toujours indigène.

Tunicier olive

Chiton olivaceus Sp.

Tunicier cendré

Chiton cinereus L.

Comme le confirment sa morphologie, son anatomie et le type primitif de sa larve, *Chiton olivaceus* compte parmi les plus primitifs des mollusques existants.

La coquille, qui ne recouvre que la région supérieure de l'animal, atteint une longueur de 3−4 cm. Sa structure tout à fait particulière différencie le Chiton des autres mollusques. Elle se compose en effet de huit plaques arquées, mobiles entre elles et se recouvrant comme les tuiles d'un toit. Lorsqu'il est en danger, l'animal peut pratiquement se rouler en boule.

La couleur de la coquille est très variable. Ocre jaune à gris olivacé, parfois noire, rouge, jaune ou orangée, elle porte des stries transversales et longitudinales. La deuxième et la septième plaque sont généralement de couleur contrastante. Ce mollusque vit fixé aux pierres et aux rochers de la zone des ressacs. Il se nourrit d'algues.

Chiton cinereus est une espèce plus petite qui mesure environ 1,2 cm. Sa coquille moins vivement colorée est le plus souvent verte ou brune. Son habitat et son mode de vie sont semblables à ceux de l'espèce précédente. C'est sans doute le Chiton le plus fréquent sur les rivages de Grande-Bretagne.

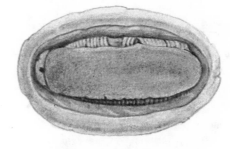

1 – *Chiton olivaceus* :
Longueur : 30−40 mm.
Stations : sous les pierres et rochers.

2 – *Chiton cinereus* :
Longueur : 12−25 mm.
Largeur : 8−16 mm.
Stations : sous les pierres et roches.

Chiton olivaceus, vu dessous

Haliotide tuberculeuse, Oreille de mer

Haliotis tuberculata L.

Haliotis tuberculata représente un type particulièrement primitif de mollusque. La coquille est basse et aplatie et ses spires s'élargissent rapidement en rappelant la forme d'une oreille humaine. Son nom scientifique, ainsi que toute une série de dénominations locales sont dus à cette ressemblance. Ainsi, les Italiens y voient l'oreille de saint Pierre, « Orecchia di San Pietro », les Anglais une oreille de mer, « Sea ear », etc.

La surface de la coquille est gris foncé et s'orne de marbrures brunes ; elle est profondément cannelée transversalement et longitudinalement. L'intérieur est recouvert d'une épaisse couche de nacre et une série d'orifices longeant le bord externe de la coquille permet à l'animal de sortir ses filaments tactiles.

L'Oreille de mer abonde dans les mers européennes, surtout en Méditerranée. On la rencontre souvent sur le fond solide du littoral et de la zone des ressacs où elle vit fortement fixée aux rochers, à la face inférieure des pierres, aux constructions portuaires, etc. Elle se nourrit de plantes et de bouquets d'algues qu'elle trouve sur son support.

C'est un coquillage couramment pêché dans les régions méditerranéennes, surtout pour sa nacre précieuse dont on fabrique divers souvenirs et objets décoratifs. On la consomme par endroits.

Haliotis tuberculata avec le pied sorti

Longueur : jusqu'à 85 mm.
Hauteur : jusqu'à 60 mm.
Stations : mers européennes, zones de battement des marées.

La coquille de *Haliotis tuberculata* est d'habitude couverte de couches d'algues.

Paludine vivipare
Viviparus viviparus (L.)

Paludine fasciée
Viviparus fasciatus (MÜLL.)

Les Paludines sont des mollusques dulçaquicoles prosobranchiés (Prosobranchia), dotés d'une unique branchie située à l'avant de l'unique oreillette cardiaque. Le corps est court, puissant, le pied est large et la tête étirée en un mufle. Les deux longs tentacules en alène ne sont pas rétractiles ; les yeux sont situés sous les tentacules. Les Paludines raclent leur nourriture à l'aide de leur langue râpeuse, la radule, qui porte jusqu'à 7 dents par rangée transversale. L'opercule de la coquille est définitivement soudé à la partie dorsale du pied et il sert de couvercle barrant l'entrée de la coquille. Les Paludines sont à sexes séparés, et le tentacule droit du mâle est épaissi en un organe copulateur. La femelle retient les œufs fécondés dans sa cavité palléale jusqu'à leur éclosion et met au monde des petits déjà formés, portant une coquille menue couverte de diverses sculptures et de bandes de soies.

La Paludine vivipare possède une coquille fragile, translucide, aux parois minces, pointue au sommet et couverte de fines rainures irrégulières. Les spires sont comme gonflées et séparées par de profondes sutures. La Paludine vivipare est distribuée en Europe et dans le Caucase.

La Paludine fasciée possède une coquille plus massive que l'espèce précédente, épaisse, terminée par un apex obtus. Les spires sont légèrement et régulièrement arquées. On la trouve dans les systèmes fluviaux de la majeure partie de l'Europe et de la Grande-Bretagne.

1

2

1 – *Viviparus viviparus* :
Hauteur : 30–45 mm.
Largeur : 25–35 mm.
Coquille : globuleuse-conique, avec 5 tours 3/4 à 6 tours 1/2. Ouverture oblique, plus ou moins ovoïde, présentant au sommet un angle arrondi.
Stations : vase des eaux stagnantes envahies de végétation, basse altitude.

2 – *Viviparus fasciatus* :
Hauteur : 28–35 mm.
Largeur : 22–24 mm.
Coquille : ovoïde-conique, avec 5 à 6 spires. Ouverture oblique, ovale, pointue, présentant un angle obtus au sommet.
Station : entre les pierres au fond des rivières d'une certaine importance et des retenues d'eau communicant avec ces rivières.

Paludine vivipare sortie de sa coquille

Littorine commune, Bigorneau
Littorina littorea L.

La coquille de cette espèce atteint 30 mm de hauteur, elle est ovoïde, aux parois épaisses, munie d'un apex aigu et formée de 6 à 7 spires peu bombées. La surface porte une sculpture caractéristique, faite de raies spiralées grossières, coupées transversalement par les stries de croissance. La coloration est assez variable, le plus souvent grisâtre avec des lignes et des bandes brunes.

Le Bigorneau vit dans la région supérieure de la zone littorale, souvent dans la zone de battement des marées, sur les plantes aquatiques, les pierres et les constructions portuaires. A marée basse, l'animal rentre dans sa coquille solide et referme son opercule sur lui. Il supporte un séjour temporaire hors de l'eau et il lui arrive souvent de venir sur terre ferme en quête de nourriture. Cette particularité est rendue possible par le fait qu'il possède des branchies réduites et fragiles, mais que la paroi de la cavité palléale est richement irriguée et permet l'absorption de l'oxygène atmosphérique.

L. littorea se nourrit d'algues, de déchets organiques et souvent aussi d'animalcules divers.

C'est une espèce très répandue sur le littoral atlantique européen. Elle compte parmi les mollusques comestibles et présente une importance économique certaine. Elle est surtout appréciée et pêchée en Angleterre et sur les côtes ouest de la France.

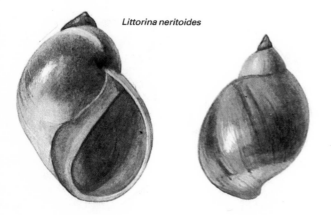

Littorina neritoides

Littorina littorea :
Hauteur : jusqu'à 30 mm.
Largeur : jusqu'à 20 mm.
Coquille : épaisse, ovoïde, apex aigu,
6—7 spires.
Stations : littoraux caillouteux, zones de battement des marées.

Littorina neritoides :
Hauteur : jusqu'à 6 mm.
Largeur : jusqu'à 3 mm.
Coquille : ovoïde, apex aigu, 6—7 spires.

Clathre vrai

Clathrus clathrus L.

Clathrus clathrus possède une coquille turriculée, comportant un grand nombre (12−15) de spires fortement bombées, s'élargissant régulièrement et séparées par une suture profonde, au point d'être parfois complètement décollées les unes des autres. La coquille est consolidée extérieurement par des côtes verticales, régulièrement agencées, qui se rejoignent pour former des lamelles allongées, presque continues. Elle atteint environ 30 mm de hauteur et 12 mm de largeur et comporte un opercule. La coloration est très délicate, le plus souvent blanche ou rose pâle, les lamelles sont parfois rougeâtres ou flammées transversalement. Ces spires librement enroulées, cette sculpture peu commune et cette coloration claire contribuent à donner à l'ensemble l'allure d'une œuvre délicate faite d'albâtre fin. Dans le passé, certaines espèces tropicales de grande taille étaient très prisées et pouvaient valoir des sommes fantastiques.

C. *clathrus* est une espèce carnassière. On le trouve sur les fonds sableux et vaseux, souvent à une centaine de mètres de profondeur. Mais c'est une espèce sporadique et on n'en rencontre jamais de grandes colonies.

Il vit en Méditerranée et dans les eaux littorales européennes de l'océan Atlantique, au nord jusqu'aux rivages germaniques.

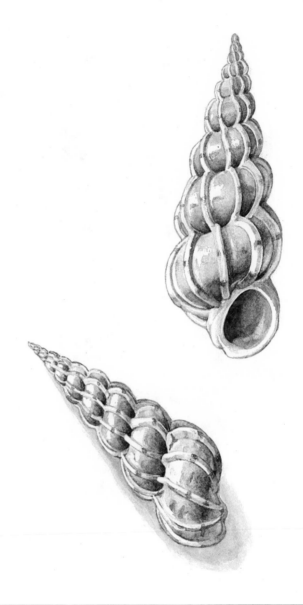

Hauteur : jusqu'à 37 mm.
Largeur : jusqu'à 13 mm.
Coquille : librement enroulée, 15−16 spires.

Clathrus turtonis

Nassaire réticulé

Nassarius reticulatus L.

1

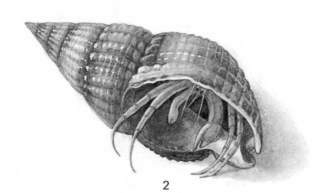

2

Cette espèce possède une coquille solide, de forme ovale-conique, formée de 8–9 spires séparées par une suture très peu profonde. L'ensemble atteint 32 mm de longueur et 18 mm de largeur. La surface, formée par un grand nombre de côtes larges et planes, porte des ornementations en relief. La couleur de la coquille est très variable : elle s'étend du jaune clair jusqu'au brun foncé et les coquilles claires portent des stries brunes.

Nassarius reticulatus est une espèce carnivore qui joue un rôle important dans les services sanitaires marins. Il se nourrit en effet de la chair de divers cadavres de vers, de mollusques, de céphalopodes et de poissons. Grâce à sa puissante radula, il arrache la chair par lambeaux entiers pour s'en nourrir.

La plupart du temps, il vit enfoui dans le sable, mais il en sort rapidement dès qu'il a flairé une proie. Il peut sentir un morceau de viande à une distance de 20 à 30 m. Son plus grand ennemi est l'étoile de mer. Attaqué, il a un réflexe de fuite, matérialisé par une série de 8 à 9 cabrioles qui le mettent rapidement hors d'atteinte.

C'est une espèce commune et abondante sur le littoral européen, de la Norvège jusqu'à la mer Noire en passant par la Méditerranée.

Hauteur : jusqu'à 32 mm.
Largeur : jusqu'à 18 mm.
Coquille : formée de larges côtes, 5–7 spires.
Stations : mers peu profondes, dans le sable et la vase.

Nassarius rampant sous la surface du sable

Limnée d'eau douce
Lymnaea truncatula (Müll.)

Lymnaea stagnalis (L.)

Les Limnées sont des représentants typiques des gastropodes pulmonés basommatophores *(Pulmonata, Basommatophora)*. Bien qu'aquatiques, elles respirent à l'aide de poumons en hissant leur orifice respiratoire au-dessus de la surface. Les yeux sont placés à la base de l'unique paire de tentacules non rétractiles (d'où le nom latin de l'ordre) et le pied ne porte pas d'opercule. La courte tête porte de larges palpes buccaux, les tentacules sont triangulaires. Les Limnées rampent sur les plantes aquatiques ou se déplacent, la coquille en bas, sur la face inférieure de la membrane superficielle de l'eau. Elles se nourrissent de déchets, d'algues, de végétaux aquatiques. Elles sont hermaphrodites et pondent leurs œufs dans l'eau sur les plantes.

La Limnée d'eau douce est distribuée dans la région holarctique, dans les mêmes stations que *Limnaea stagnalis*. Chez la première, la coquille présente des spires fortement arquées, en marches d'escalier, séparées par une profonde suture ; chez la seconde, la forme est fortement étirée, aiguë, et les spires s'accroissent de manière continue. La Limnée d'eau douce sert d'hôte intermédiaire à la douve du foie, *Fasciola hepatica,* un parasite des canaux biliaires du bétail, des ovins et des caprins. Pour que le cycle du parasite se déroule entièrement, ses œufs doivent arriver en milieu aquatique. Les larves qui en sortent, les miracidia, pénètrent dans le sac pulmonaire et le foie de la limnée d'eau douce. Après diverses phases évolutives, elles quittent le mollusque et se fixent sur des végétaux qui sont broutés par le bétail, propageant ainsi la maladie.

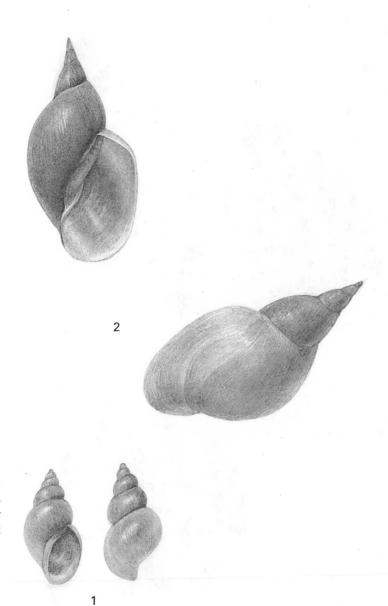

2

1

1 – *Lymnaea truncatula* :
Hauteur : 7–14 mm.
Largeur : 3,5–6 mm.
Coquille : conique, irrégulièrement cannelée, légèrement brillante, translucide, dextre, comportant 5 tours à 5 tours 1/2. Ouverture elliptique, angle obtus vers le sommet.
Stations : surtout petits cours d'eau douce ou endroits humides mais non submergés.

2 – *Lymnaea stagnalis* :
Hauteur : 45–60 mm.
Largeur : 22–34 mm.
Coquille : ovoïde-allongée, fragile, mince, très finement et presque régulièrement rainurée, comportant 7 tours à 7 tours 1/2. Ouverture en oreille retournée, élargie latéralement et vers le bas.
Stations : eaux stagnantes, douces ou saumâtres, en plaine.

Lymnaea truncatula sortie de sa coquille

Planorbe

Planorbarius corneus (L.)

Les Planorbes sont les mollusques pulmonés les plus communs dans les étangs chauds, dans les bras morts des rivières, dans la partie inférieure de leurs cours. On les trouve sur les tiges et les feuilles des plantes aquatiques. Ils se nourrissent des tapis d'algues vertes qui recouvrent les objets immergés. Leur coquille a une forme caractéristique, spiralée dans un plan horizontal, si bien qu'elle paraît plate en vue latérale. Bien sûr, le Planorbe ne la porte pas couchée mais verticalement dressée. Bien qu'elle paraisse dextre lorsqu'on observe un Planorbe en marche, l'orifice respiratoire et l'orifice sexuel se trouvent du côté gauche du corps.

La forme de l'ouverture, l'accroissement des spires et les dimensions de la coquille sont très variables. Chez les jeunes sujets, elle porte de nettes cannelures longitudinales, couvertes de soies régulièrement disposées, qui disparaissent au cours de la maturation de l'individu. Chez les adultes, ces cannelures ne sont visibles que sur les premières spires et s'effacent peu à peu en direction de la dernière.

Le corps comme la tête sont ici petits, la tête porte une paire de tentacules minces, les yeux étant situés à leur base. Le sang des Planorbes contient de l'hémoglobine, pigment sanguin de couleur rouge, contrairement à la plupart des autres mollusques dont le sang contient de l'hémocyanine. Les Planorbes sont hermaphrodites et collent leurs œufs entourés d'une gelée protectrice sur les plantes aquatiques.

Planorbarius corneus existe dans la majeure partie de l'Europe, dans le Caucase, en Sibérie, et en Asie Mineure.

Hauteur : 10–13 mm.
Largeur : 25–33 mm.
Coquille : épaisse et discoïdale, au centre enfoncé et à la face inférieure légèrement arquée, solide, couverte de cannelures fines et irrégulières et souvent d'ornementations. 5 à 5 tours 1/2, bien bombés. Ouverture légèrement oblique, largement réniforme
Stations : eaux stagnantes ou cours lents envahis de végétation ; à basse altitude, inexistant en altitude.

Succinée commune

Succinea putris (L.)

Les Succinées sont également des gastropodes pulmonés, mais elles appartiennent à l'ordre des stylommatophores *(Stylommatophora)* : leurs yeux, ou ommatophores, sont en effet portés par l'extrémité distale de la première paire de tentacules rétractiles. La seconde paire, plus courte, sert de palpes. Le corps est court, l'extrémité postérieure arrondie. A cause de sa forte teneur en eau, il ne peut jamais rentrer complètement dans la coquille. La Succinée doit d'abord subir une dessiccation partielle qui lui permet de se rétracter et de coller l'orifice de la coquille à l'aide d'une membrane de mucus. La coquille a une forme tout à fait caractéristique : comme les spires s'accroissent très rapidement, la dernière est toujours beaucoup plus grande que les précédentes. Elle est pratiquement plane à légèrement arquée sous la suture.

Les Succinées se nourrissent de particules végétales tendres. Elles sont hermaphrodites et chaque individu pond après l'accouplement une centaine d'œufs sur le sol humide. Les mollusques passent la mauvaise saison cachés dans leur coquille enfouie sous des déchets organiques ou dans une fissure.

La Succinée commune est courante dans la zone tempérée de l'Europe et en Asie occidentale et septentrionale. Elle est inféodée au milieu aquatique et vit donc le plus souvent sur les végétaux proches du bord de l'eau ou rampe sur les feuilles des plantes aquatiques au ras de la surface. On la rencontre, aussi, quoique moins souvent, sur les graminées des prairies détrempées, loin des eaux.

Hauteur : 16—22 mm.
Largeur : 8—12 mm.
Coquille : pointue-ovoïde, fine, très translucide, irrégulièrement cannelée. 3 à 4 spires, la dernière très grande, élargie en panse. Ouverture ovale, angle aigu net à la partie supérieure. La coquille est très variable, surtout pour ce qui est de la forme et des dimensions des spires. Celles-ci se recouvrent fréquemment plus ou moins, si bien que les coquilles peuvent être comprimées, avec un disque bas, ou au contraire hautes et fines.
Stations : rives enherbées au voisinage immédiat des eaux, forêts ripariales de plaine.

Limace rouge

Arion rufus (L.)

L'ordre des stylommatophores comprend également des gastropodes de grande taille, sans enveloppe externe, au corps nu, la masse viscérale se trouvant enfermée dans le pied, tandis que sur la face dorsale, le pallium prend la forme d'un bouclier à la droite duquel se trouve l'orifice respiratoire. Nous pensons évidemment aux limaces appartenant aux deux familles *Limacidae* et *Arionidae*. Les arionidés ont une peau rugueuse, un pied large, arrondi, terminé par une pointe obtuse, sans carène dorsale. Le bouclier dorsal est arrondi et l'orifice respiratoire se trouve au niveau de sa partie antérieure. Les limacidés ont au contraire un pied mince, à l'extrémité postérieure pointue, l'axe longitudinal du dos étant souligné par une carène aiguë. Le bouclier est en forme de cape, libre à l'avant, et l'orifice respiratoire débouche au niveau de sa partie postérieure.

La Limace rouge vit en Europe occidentale et centrale, en Grande-Bretagne et en Islande. Sa coloration vive, orangée, rouge, brune ou noire, jointe à sa grande taille la rendent très visible. Le dos, les flancs et le bouclier sont unicolores, la bordure de la sole est presque toujours rougeâtre, striée de noir. Le bouclier est granuleux, les flancs et le dos sont profondément sillonnés ; sous l'effet d'une excitation, les verrucosités épidermiques se contractent en arêtes. Chez les individus de tonalité rouge, le mucus de la partie supérieure du corps est orangé, chez les autres formes, il est incolore tout comme le mucus de la sole chez tous les individus. La Limace rouge est omnivore. Hermaphrodite, elle pond environ 500 œufs dans les fissures des écorces, dans le sol, sous les pierres, etc.

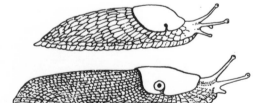

forme typique des Arionidés (en haut) et Limacidés (en bas)

Longueur : 120−150 mm.
Largeur : 17−20 mm.
Coquille : rudimentaire, sous la forme de nombreux granules calcaires sous la peau du bouclier.
Stations : lieux humides des forêts feuillues et mixtes ou des allées, évite les forêts profondes de résineux.

Escargot de Bourgogne
Helix pomatia L.

L'Escargot de Bourgogne est le gastropode le plus courant dans toute l'Europe occidentale, centrale et du sud-est, en Scandinavie méridionale, en Grande Bretagne et dans les pays baltes. C'est une espèce herbivore rongeant les végétaux au moyen de sa radula qui s'avance en frottant contre le maxille supérieur denté. La radula porte quelque 40 000 minuscules dents, recourbées en arrière. Après ce broyage mécanique, les particules sont soumises à l'action chimique des sécrétions des puissantes glandes salivaires débouchant dans la cavité buccale. La coquille de l'Escargot est formée de trois couches de substances sécrétées par des glandes contenues dans le bord turgide du manteau. Elle renferme la masse viscérale roulée en spirale. Le corps de l'Escargot est couvert de mucus sécrété d'une part par des glandes épidermiques, d'autre part par une grosse glande à mucus débouchant sous l'orifice buccal. Le mucus réduit les frictions et permet à l'Escargot de glisser sans à-coups sur une surface rugueuse. En cas de perturbation, au repos ou dans des conditions défavorables, l'Escargot se retire dans sa coquille et se protège par un opercule muqueux qui durcit en formant une pellicule solide. Pour hiverner, il ferme sa coquille par un couvercle calcaire poreux qu'il rejette au printemps ; ce couvercle est sécrété par le manteau. Les escargots sont hermaphrodites ; leurs organes sexuels fabriquent des sortes de flèches calcaires tout à fait spécifiques que les partenaires s'enfoncent mutuellement dans le corps au cours des périodes nuptiales. Après la fécondation, l'Escargot pond dans le sol une soixantaine d'œufs globuleux. Les jeunes naissent avec une coquille organique comportant un nombre réduit de spires.

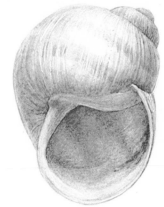

Hauteur : 38—40 mm.
Largeur : 38—40 mm.
Coquille : dextre, uniloculaire, globuleuse à disque conique, très solide, irrégulièrement côtelée dans le sens longitudinal. 4 spires 1/2 à 5 spires, la dernière dominant nettement. Ouverture légèrement oblique, généralement arrondie, plus haute que large.
Stations : bois clairs, forêts feuillues et cultures en régions tempérées, surtout sur calcaire. N'est pas indigène dans nombre de ses stations actuelles où il a été introduit par l'homme qui en fait l'élevage depuis des siècles.

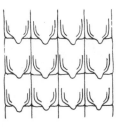

détail de la radula

œufs dans le sol

Dental denté

Dentalium dentale L.

Dental vulgaire

Dentalium vulgare DaCosta

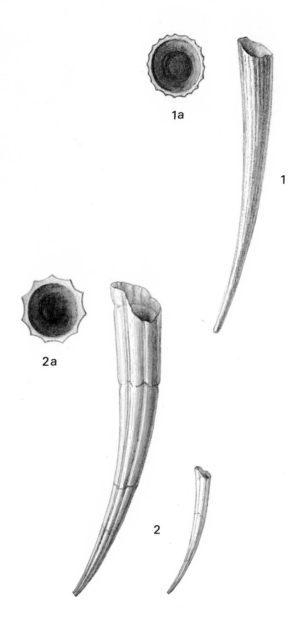

1a

2a

1

2

Dentalium dentale présente une grande coquille, longue de 30 à 50 mm, légèrement recourbée en forme de défense d'éléphant miniature. La surface porte de 18 à 20 cannelures longitudinales. La couleur est généralement blanche, parfois ornée de stries rougeâtres.

La tête porte latéralement deux touffes de longs filaments à l'extrémité renflée en massue, à la fois organes tactiles et tentacules permettant de saisir une proie. La radula peut broyer les coquilles de petits mollusques, de crustacés, les enveloppes de foraminifères, etc.

C'est une espèce qui vit sur les fonds de vase ou de sable, voire parfois de fins graviers, généralement enfouie dans le substrat jusqu'à la pointe de la coquille. Elle est relativement mobile et se déplace rapidement dans le sol.

On la trouve dans la zone littorale et jusqu'à plusieurs centaines de mètres de profondeur.

Dentalium vulgare possède une coquille plus fine, atteignant environ 60 mm de longueur, à la surface d'un blanc laiteux, mate, couverte de très fines cannelures longitudinales.

La morphologie de l'animal, son mode de vie et son alimentation sont les mêmes que pour *D. dentale*.

Cependant, *D. vulgare* a un habitat plus étroit, surtout en ce qui concerne la profondeur. On le trouve plus près du littoral, le plus souvent à une profondeur de 30 à 70 m.

Schéma de la coupe longitudinale de *Dentalium dentale*

1 – *Dentalium dentale* :
Hauteur : 30−50 mm.
Largeur : 4−6 mm.
Coquille : cylindrique, légèrement courbée, en forme de défense d'éléphant.

1a – coupe transversale

2 – *Dentalium vulgare* :
Hauteur : jusqu'à 6 mm.
Largeur : 4−6 mm.
Coquille : comme chez *Dentalium dentale*.

2b – coupe transversale

Anodonte

Anodonta cygnea (L.)

L'Anodonte existe dans la majeure partie de l'Europe, en Sibérie et en Amérique du Nord. Le corps du mollusque est protégé par deux valves symétriques, réunies sur la face dorsale par un ligament souple. A l'intérieur, ces deux valves en coupelle sont reliées par deux forts muscles placés perpendiculairement à la direction du ligament dorsal et exerçant une force en sens contraire de celui-ci. Le périostracum est d'origine organique, la couche médiane *(ostracum)* est épaisse et calcaire, la couche interne *(hypostracum)* est en nacre lisse, présentant un éclat bleu-vert et des irisations caractéristiques. Ces trois couches sont sécrétées par des glandes situées sur la face externe du manteau, et ce pendant toute la vie du coquillage. Le manteau est bilobé et ses bords étroitement jointifs enveloppent le corps proprement dit du mollusque, qui est mou, acéphale et non segmenté. Au niveau de la partie arrondie et large des valves, la cavité palléale est percée d'une ouverture permettant la sortie du pied. A l'extrémité opposée se trouvent deux autres ouvertures : l'orifice inférieur laisse pénétrer l'eau chargée en oxygène et en particules organiques qui constituent l'alimentation du coquillage. Cette nourriture est filtrée par un système de cils porté par les nombreux feuillets branchiaux : l'eau qui arrive aux canaux branchiaux est donc absolument pure. L'orifice supérieur a un rôle excréteur. Les Anodontes sont à sexes séparés, mais peuvent devenir hermaphrodites dans des réservoirs isolés. Les œufs donnent naissance à des larves, les glochidies, qui parasitent pendant un certain temps l'épiderme des poissons.

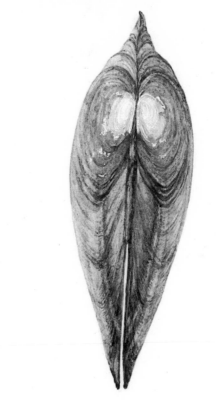

Hauteur : 75−120 mm.
Largeur : 50−60 mm.
Longueur : 150−220 mm.
Coquille : allongée-ovale, bord inférieur droit à faiblement concave, bord postérieur pointu, bord antérieur arrondi. Coquille fine, fragile, stratifiée. La couche externe organique (périostracum) porte des stries d'accroissement concentriques. La silhouette varie suivant que le coquillage vit en eau stagnante ou courante.
Stations : fonds mous des eaux relativement profondes, stagnantes ou au cours lent.

glochidie

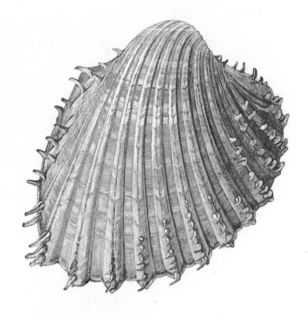

Acanthocarde épineuse
Acanthocardia aculeata L.

Voici une Coque intéressante présentant une grande coquille aux parois relativement fines. Les valves, grossièrement cordiformes sont fortement bombées. L'ensemble atteint environ 80 mm de longueur, 75 mm de hauteur, 50 mm de largeur.

La coquille est très décorative : sa surface s'orne en effet de 20 à 22 côtes rayonnantes très saillantes et portant des sillons longitudinaux, au fond desquels on peut voir des rangées d'excroissances en forme d'épines ou de petites verrucosités. Chez les sujets un peu âgés, les épines sont généralement cassées et seules subsistent les plus récentes et les plus solides. Les côtes et les larges interstices qui les séparent portent de plus de fines stries transversales qui représentent les zones de croissance.

La coloration de la coquille est généralement dans les tons pastel, avec une dominante ocrée ou rougeâtre, portant un dessin plus foncé de stries spiralées de largeur inégale.

Acanthocardia aculeata est une Coque relativement courante que l'on trouve régulièrement en grand nombre sur les fonds mous et envasés du littoral et du sublittoral. C'est un coquillage comestible qui est abondamment pêché sur le littoral atlantique et méditerranéen. La coquille sert à la fabrication de divers objets décoratifs.

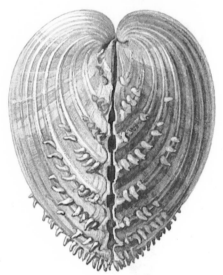

étapes du mouvement *d'Acanthocardia aculeata* en fuite (par exemple devant l'étoile de mer)

Hauteur : 60–75 mm.
Largeur : 40–50 mm.
Longueur : 60–80 mm.
Coquille : fine, cordiforme, avec des côtes décoratives rayonnantes.
Stations : fonds envasés du littoral et sublittoral.

Seiche

Sepia officinalis L.

Chez la plupart des céphalopodes qui vivent encore de nos jours, la coquille fortement réduite est logée sur la face dorsale du corps et recouverte par les pans latéraux du manteau.

L'espèce assez courante *Sepia officinalis* est un bon exemple de cette modification de la coquille. En forme de cuiller, celle-ci est couverte d'une couche cornée sur la face dorsale. De ses cloisons originelles, il ne persiste que des lamelles de calcaire partant de cette couche cornée pour descendre obliquement vers la zone ventrale du corps. Le lecteur aura reconnu le fameux « os de seiche » que la mer rejette souvent sur les plages de sable et que l'on donne souvent aux pensionnaires d'élevages avicoles pour leur assurer un apport de calcaire. La Seiche atteint de 30 à 40 cm de longueur. Elle vit sur le fond des mers peu profondes, de préférence parmi les bouquets d'herbes et d'algues. Elle est particulièrement bien adaptée à la nage entre deux eaux, activité qu'elle pratique intensément. Elle se déplace par une ondulation progressive des pans latéraux du manteau ; parfois, elle fait également appel à l'énergie réactive en chassant l'eau de la cavité palléale par le tube de l'entonnoir. En cas de danger, ce mode de locomotion lui permet de fuir rapidement en effectuant de véritables bonds dans l'eau. Elle compte parmi les espèces comestibles, surtout appréciées et pêchées dans le bassin méditerranéen.

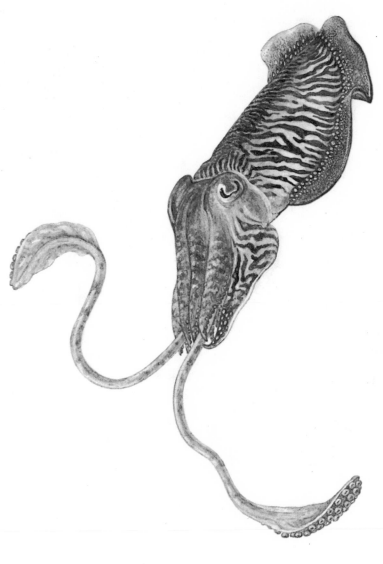

Longueur : 300–400 mm.
Coquille : fortement réduite, recouverte par les pans latéraux du manteau.
Stations : fonds des mers peu profondes, de préférence parmi les bouquets d'herbes.

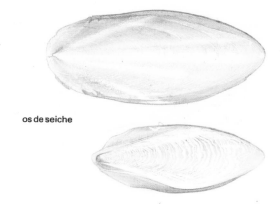

os de seiche

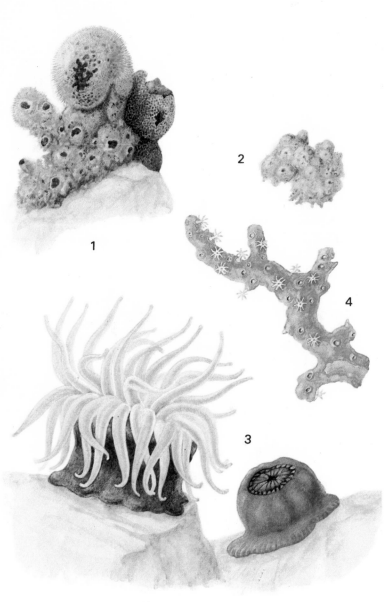

1

2

4

3

Eponge commune
Spongia officinalis L.

Eponge de rivière
Ephydatia fluviatilis (L.)

Anémone commune
Actinia equina (L.)

Corail rouge
Corallium rubrum (L.)

L'Eponge commune vit souvent en grandes colonies. Son squelette est formé de fibres densément entretissées de spongine, les spicules siliceux étant absents. L'eau chargée de particules alimentaires pénètre dans l'éponge par les orifices du réseau de spongine. Les Eponges se multiplient par voie sexuée et asexuée. L'œuf fécondé libère une larve, qui constitue le stade mobile de l'Eponge avant de se fixer au bout de quelques heures.

L'Eponge de rivière forme des coussins amorphes sur les objets submergés. Son squelette est formé par des spicules siliceux réunis en faisceaux par la spongine.

L'Anémone commune se caractérise par son corps musculeux sans squelette. (Cinq à six rangs de tentacules rétractiles portant des cellules urticantes à leur base entourent la bouche. Les filaments urticants lui servent à pêcher de menus poissons.

Le Corail rouge forme des colonies pauvrement ramifiées constituées par bourgeonnement. Le squelette rouge est formé d'aiguilles calcaires consolidées et porte de menus polypes à huit bras qui se nourrissent de particules microscopiques.

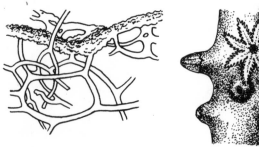

fibres de l'éponge

polype sur un bras de Corail

1 – *Spongia officinalis* :
Taille : jusqu'à 20 cm de diamètre.
Distribution : Méditerranée.

2 – *Ephydatia fluviatilis* :
Taille : jusqu'à 20 cm.
Distribution : la plupart des eaux douces européennes, la Baltique.

3 – *Actinia equina* :
Largeur : 4–7 cm.
Hauteur : jusqu'à 7 cm.
Distribution : Méditerranée, Atlantique, La Manche, mer du Nord.

4 – *Corallium rubrum* :
Hauteur : 20–40 cm.
Diamètre d'un rameau : jusqu'à 6 cm.

Bibliographie sommaire

Bang, P., Dahlström, D.: *Tierspuren,* Munich, 1973
Brink, F. H. van den: *Die Säugetiere Europas,* Hambourg et Berlin, 1968
Burn, D. M. (sous la direction de) : *La Grande Encyclopédie du monde animal,* Paris, 1981
Crook, J. H.: *Social Behavior in Birds and Mammals,* New York, 1970
Cuisin, M. et Dunn, E.: *Le Monde fascinant des oiseaux,* Paris, 1981
Danesch, O., Dierl, W.: *Schmetterlinge,* 1965
Dorst, J., Dandelot, P.: *A Field Guide to the Larger Mammals of Africa,* Londres, 1972
Eibe-Eibesfeldt, I.: *Grundriss der vergleichenden Verhaltungsforschung,* Munich, 1967
Grzimek's Tierleben, vol. 1–13, Zurich, 1974
Grand, V.: *The Origin of Adaptations,* 1964
Hanák, V. et Mazák, V.: *Encyclopédie des animaux : Mammifères du monde entier,* Paris, 1979
Hanzák, J. et Formánek, J.: *Encyclopédie des oiseaux,* Paris, 1976
Hinde, R. A.: *Social Behavior,* New York, 1966
Hugues, D.: *Le Monde fascinant des animaux (Les mille couleurs des animaux),* Paris, 1976
Jakobs, W., Renner, M.: *Taschenleksikon zur Biologie der Insekten,* Iéna, 1974
Knauers Tierreich in Farben, Ed. 1–7, Munich–Zurich, 1970
Lindner, G.: *Muscheln und Schnecken der Weltmeer,* Munich, 1975
Lytgoe J. et G.: *Fishes of the Sea,* Londres, 1971
Odum, E. P.: *Fundamentals of Ecology,* Philadelphie, 1971
Peterson, R., Mountfort, F. et Hollom, P. A. D.: *Die Vögel Europas,* Hambourg et Berlin, 1970
Rietschel – Kluge, R.: *Säugetiere in Farben,* Ravensburg, 1972
Smart, P.: *Kosmos-Enzyklopädie der Schmetterlinge,* Stuttgart, 1977
Staněk, V. J.: *Encyclopédie des papillons,* Paris, 1977
Weismann, E.: *Partnersuche und Ehen im Tierreich,* Ravensburg, 1975

INDEX DES NOMS FRANÇAIS

INDEX DES NOMS LATINS